# Inhaltsverzeichnis

M  Arbeiten mit Basiskonzepten  8
M  Aufgaben richtig verstehen  10

## Energiefluss und Stoffkreisläufe

## Regeln der Natur

### Erkunden eines Ökosystems

1.1  Lebensraum Süßgewässer  14
1.2  Ökosystem See  16
1.3  Angepasstheiten bei Pflanzen  18
1.4  Entenschnäbel sind verschieden  20
1.5  Angepasstheiten beim Wasserfloh  22
1.6  Stoffkreislauf und Energiefluss im See  24

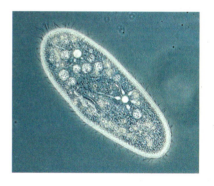

M    Mikroskopieren  26
1.7  Das Pantoffeltierchen – ein Einzeller  28
1.8  Zellen  30
1.9  Zelldifferenzierung  32

1.10  Fotosynthese  34
M     Erkenntnisse durch historische Versuche  36
1.11  Energie  38
1.12  Die Zellatmung – ein Prozess der Energieumwandlung  40
1.13  Fotosynthese und Zellatmung  42
1.14  Glucose wird in zahlreiche Stoffe umgewandelt  44
1.15  Die Bedeutung der Fotosynthese für die Erde  46

| | | | | |
|---|---|---|---|---|
| 1.16 | Wälder sind verschieden 48 | | 1.24 | Sporenpflanzen sind anders als Samenpflanzen 68 |
| 1.17 | Der Wald ist gegliedert 50 | | 1.25 | Blüte und Insekt 70 |
| 1.18 | Der Wald im Jahreslauf 52 | | M | Über das eigene Lernen nachdenken 72 |
| 1.19 | Konkurrenz und ökologische Nischen 54 | | 1.26 | Ameisen leben in Staaten 74 |
| | | | M | Ein Lernplakat erstellen 76 |
| | | | 1.27 | Wechselbeziehungen zwischen zwei Arten 78 |
| | | | 1.28 | Nahrungsbeziehungen im Wald 80 |
| | | | 1.29 | In Nahrungsketten fließt Energie 82 |
| | | | 1.30 | Vielfältiges Leben im Boden 84 |
| | | | 1.31 | Pilze sind wichtig für den Wald 86 |
| | | | 1.32 | Stoffkreisläufe 88 |
| | | | 1.33 | Der Organismus als System und Systemzusammenhänge 90 |

1.20 Standortansprüche von Rotbuche und Waldkiefer 56
M Bestimmen von Bäumen – digitales Herbarisieren 58
M Walderkundung 60
1.21 Ökofaktoren wirken auf Lebensgemeinschaften 62
1.22 Der Wurmfarn 64*
1.23 Moose 66*

### Treibhauseffekt – die Biosphäre verändert sich

2.1 Der Kohlenstoff-Kreislauf 92
2.2 Zusätzlicher Treibhauseffekt und Klimawandel 94
2.3 Energie in der Zukunft 96*
2.4 Nachhaltig handeln 98
M Projektarbeit 99
M Mathematische Verfahren verdeutlichen ökologische Zusammenhänge 100
2.5 Ökobilanzen von Lebensmitteln 102
2.6 Bevölkerungsentwicklung und Nachhaltigkeit 104*
M Wachstumskurven 105

M Basiskonzepte zum Thema „Energiefluss und Stoffkreisläufe" 106

## Evolutionäre Entwicklung

### Den Fossilien auf der Spur

3.1 Zeugen der Vergangenheit 110
3.2 Die Geschichte des Lebens auf der Erde 112
3.3 Archaeopteryx – ein Brückentier 114

### Lebewesen und Lebensräume – dauernd in Veränderung

4.1 Darwin 116
M Eine digitale Präsentation erstellen 118
4.2 Der Stammbaum der Wirbeltiere 120
4.3 Vom Wasser zum Land 122
4.4 Die Stammesgeschichte der Wale 124
4.5 Genetische Variabilität und natürliche Auslese 126
4.6 Geschichte der Menschwerdung 128
4.7 Kultur und Wortsprache 130
4.8 Menschen – verschieden und doch gleich 132
4.9 Wälder verändern sich 134
4.10 Lebensräume werden verändert 136*
4.11 Landschaftsveränderungen und Artenschutz 138*

## Vielfalt und Veränderung – eine Reise durch die Erdgeschichte

### Vielfalt der Lebewesen als Ressource

5.1 Vom natürlichen Wald zur Waldwirtschaft 140
5.2 Wälder – bedrohte Vielfalt 142
5.3 Artenreichtum im Regenwald 144*
5.4 Vielfalt als Lebensgrundlage und wertvolle Ressource 146

M Basiskonzepte zum Thema „Evolutionäre Entwicklung" 148

## Kommunikation und Regulation

### Signale: senden, empfangen und verarbeiten

6.1 Vom Reiz zur Wahrnehmung 152
6.2 Das Auge 154
6.3 Die optische Wahrnehmung 156
6.4 Nervenzellen 158
6.5 Das Gehirn 160
6.6 Nervensysteme im Körper 162
6.7 Reiz – Reaktion 164
6.8 Lernen und Gedächtnis 166
6.9 Erkrankungen des Nervensystems 168*

## Erkennen und reagieren

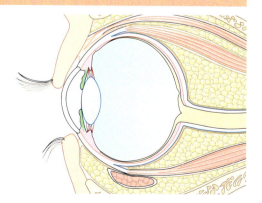

### Krankheitserreger erkennen und abwehren

| | | |
|---|---|---|
| 7.1 | Bakterien | 170 |
| M | Ein schriftliches Referat erstellen | 172 |
| 7.2 | Antibiotika | 174* |
| 7.3 | Viren | 176 |
| 7.4 | Aids | 178* |
| 7.5 | Das Immunsystem | 180 |
| 7.6 | Abwehr von körperfremden Stoffen | 182 |
| 7.7 | Immunisierung | 184 |
| 7.8 | Allergien, Krebs und Autoimmunkrankheiten | 186 |
| 7.9 | Der Rinderbandwurm, ein Endoparasit | 188 |

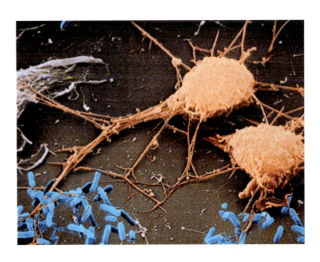

### Nicht zu viel und nicht zu wenig: Zucker im Blut

| | | |
|---|---|---|
| 8.1 | Hormonsystem im Überblick | 190 |
| M | Steuerung und Regelung | 192 |
| 8.2 | Regelung des Blutzuckerspiegels | 194 |
| 8.3 | Diabetes | 196 |
| M | Risiko und Wahrscheinlichkeit | 198 |
| M | Basiskonzepte zum Thema „Kommunikation und Regulation" | 200 |

## Vererbung

### Gene – Puzzle des Lebens

| | | |
|---|---|---|
| 9.1 | Die Bedeutung des Zellkerns | 204 |
| 9.2 | Chromosomen als Träger der Erbinformation | 206 |
| 9.3 | Mitose | 208 |
| 9.4 | Meiose – Bildung der Geschlechtszellen | 210 |
| 9.5 | Genetische Variabilität | 212 |
| 9.6 | Gen – Protein – Merkmal | 214 |
| 9.7 | Mutationen | 216 |
| 9.8 | Gregor Mendels Versuche zur Vererbung | 218 |
| 9.9 | Mendel stellt Regeln zur Vererbung auf | 220 |
| M | Erstellen eines Erbschemas | 221 |
| 9.10 | Die Mendelsche Regel von der Neukombination | 222 |
| 9.11 | Intermediäre Erbgänge | 224 |

## Gene – Bauanleitung für Lebewesen

| | | |
|---|---|---|
| 9.12 | Züchtungsmethoden | 226 |
| 9.13 | Modifikationen | 228 |
| M | Erstellen einer Modifikationskurve mit Excel© | 230 |
| 9.14 | Chromosomentheorie der Vererbung | 232 |

### Genetische Familienberatung

| | | |
|---|---|---|
| 10.1 | Genetisch bedingte Behinderung: Trisomie 21 | 234 |
| M | Untersuchung von Stammbäumen | 236 |
| 10.2 | Anwendungen von Stammbaumuntersuchungen | 238 |
| 10.3 | Der Mensch – Gene und Umwelt | 240 |
| M | Basiskonzepte zum Thema „Vererbung" | 242 |

## Sexualerziehung

11.1 Pubertät 246
11.2 Geschlechtsreife bei Jungen 248
M Rating-Skala 249
11.3 Geschlechtsreife bei Mädchen 250
11.4 Hormonelle Regulation des weiblichen Zyklus 252
11.5 Befruchtung und Einnistung 254
11.6 Die Plazenta 256
11.7 Schwangerschaft und Geburt 258
11.8 Hormonelle Empfängnisverhütung 260
11.9 Partnerschaft und Verhütung 262
M Informationen mithilfe des Internets beschaffen 264

## Individualentwicklung des Menschen

### Embryonen und Embryonenschutz

12.1 Embryonenschutz 268
12.2 Fortpflanzungsmedizin 270
M Ethisches Bewerten 272
12.3 Das menschliche Leben – von der Befruchtung bis zum Tod 274
12.4 Pflegeberufe 276

### Verantwortlicher Umgang mit dem eigenen Körper

13.1 Ernährung im Wandel 278
13.2 Gesunde Ernährung, aber wie? 280
M Versuche durchführen 282
13.3 Nahrung versorgt den Körper mit Energie 284
13.4 Enzyme 286
13.5 Verdauung von Kohlenhydraten 288
M Eine Mindmap in Teamarbeit erstellen 290
13.6 Verdauung im Überblick 292

## Stationen eines Lebens – Verantwortung für das Leben

13.7 Entstehung von Drogensucht 294
M Ein Portfolio anlegen 296
13.8 Die soziale Seite der Sucht 298
13.9 Essstörungen 300

### Organspender werden?

14.1 Die Niere 302
14.2 Organtransplantation: Beispiel Blut 304
14.3 Berufsfeld Labor 306

M Basiskonzepte zum Thema „Individualentwicklung des Menschen" 308

Worterklärungen 310
Stichwortverzeichnis 316
Bildquellen 320

## Arbeiten mit Basiskonzepten

Unter Basiskonzepten versteht man grundlegende Erkenntnisse der Biologie. Fast jedes Thema des Biologieunterrichts lässt sich einem oder mehreren Basiskonzepten zuordnen. Durch die Zuordnung entsteht im Laufe des Biologieunterrichts allmählich eine übersichtliche Struktur, die hilft, die vielen Biologiethemen gedanklich miteinander zu verbinden.
Um die Zuordnung zu üben, ist es sinnvoll, sich zu fragen, welche Basiskonzepte ein bestimmtes Unterrichtsthema berührt. Dazu findest du in diesem Buch Hilfestellungen:
a) In jedem Abschnitt sind unten auf der linken Seite die wesentlichen Basiskonzepte des Abschnitts angegeben.
b) Am Ende der fünf großen Abschnitte des Buches findest du eine Zusammenfassung wesentlicher biologischer Sachverhalte und die Aufgabe, diese Sachverhalte Basiskonzepten zuzuordnen. Durch die Bearbeitung wiederholst du das Wesentliche und lernst Basiskonzepte zuzuordnen.

### Struktur und Funktion

Unter Struktur versteht man in der Biologie den Bau von Lebewesen und ihrer Teile wie Moleküle, Zellen, Gewebe und Organe. Mit ihrem Bau sind sie an bestimmte Funktionen oder Aufgaben angepasst. Zum Beispiel ist ein grünes Laubblatt ein Organ mit einem bestimmten mikroskopisch sichtbaren Bau. Diesem Bau entspricht die Funktion, Licht aufzunehmen und mithilfe der Lichtenergie Glucose herzustellen.

### Variabilität und Angepasstheit

In der Biologie versteht man unter Variabilität biologische Vielfalt. Man spricht zum Beispiel von der Vielfalt der Lebensräume, der Vielfalt der Arten und von der Vielfalt der Erbanlagen. Lebewesen besitzen vielfältige Merkmale und Eigenschaften, die für das Leben in ihrer Umwelt besonders geeignet sind. Solche vorteilhaften Merkmale nennt man Angepasstheiten. Sie ermöglichen das Überleben eines Organismus und tragen dazu bei, dass ein Lebewesen durch Fortpflanzung seine Erbanlagen an Nachkommen weitergeben kann. Angepasstheiten sind durch natürliche Auslese entstanden und erblich festgelegt.

### Steuerung und Regelung

Viele Zustände und Vorgänge im Körper eines Lebewesens werden gesteuert oder geregelt. Dadurch reagiert der Körper auf Veränderungen und kann Bedingungen im Körper stabil halten. Oft sind Nerven und Hormone an Steuerung und Regelung beteiligt. Die Regulation der Konzentration von Glucose im Blut eines Menschen ist ein Beispiel für Regulation durch Hormone. Auch manche Wechselwirkungen zwischen Lebewesen und ihrem Lebensraum unterliegen Regelungsvorgängen.

### Fortpflanzung und Vererbung

Lebewesen haben eine begrenzte Lebensdauer. Durch Fortpflanzung vermehren sich Lebewesen und dadurch wird ihr Fortbestand gesichert. Bei der Fortpflanzung werden Erbanlagen weitergegeben. Erbanlagen enthalten Informationen, die die Entwicklung und die Ausbildung von Merkmalen eines Lebewesens beeinflussen. In der Regel wirken Erbanlagen und Umwelt bei der Ausbildung von Merkmalen zusammen.

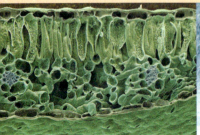   

**Information und Kommunikation**
Lebewesen nehmen mit ihren Sinnesorganen und Sinneszellen Informationen aus ihrem Körper und aus ihrer Umwelt auf. Das Ergebnis der Informationsverarbeitung kann Einfluss darauf haben, was ein Lebewesen tut und wie es sich verhält. Durch Lernen und Gedächtnis können Lebewesen Erfahrungen sammeln. Auch innerhalb eines Organismus findet Verständigung statt, Informationen werden ausgetauscht und weitergegeben. Das ist zum Beispiel bei der Abwehr von Krankheitserregern der Fall. Von großer Bedeutung für jedes Lebewesen sind die Informationen in den Erbanlagen.

**Stoff- und Energieumwandlung**
Alle Lebewesen bestehen aus Stoffen, vor allem aus Kohlenstoffverbindungen. Die Aufnahme, Umwandlung und Abgabe von Stoffen nennt man Stoffwechsel. An der Umwandlung von Stoffen im Körper eines Lebewesens sind bestimmte Proteine, die Enzyme, beteiligt. Energie ist für alle Lebensvorgänge notwendig. Energie tritt in verschiedenen Formen auf. Lebewesen können bestimmte Formen von Energie in andere Formen von Energie umwandeln. Grüne Pflanzen sind Lebewesen, die mithilfe von Lichtenergie energiereiche Nährstoffe wie Glucose selbst herstellen können. Die meisten anderen Lebewesen und der Mensch müssen energiereiche Nährstoffe mit der Nahrung aufnehmen.

**Entwicklung**
In der Biologie hat der Begriff Entwicklung verschiedene Bedeutungen: a) Man kann an Zellen, Lebewesen, Ökosystemen und anderen biologischen Systemen beobachten, wie sie sich im Laufe der Zeit verändern. Zum Beispiel verändert sich ein Laubwald im Verlauf der Jahreszeiten. b) Jedes einzelne Lebewesen entwickelt sich im Laufe seines Lebens und verändert sich dabei. Das nennt man Individualentwicklung. Die Entwicklung eines jeden Menschen von der befruchteten Eizelle bis zum Tod ist dafür ein Beispiel. c) Die vielfältigen Arten von Lebewesen sind im Laufe vieler hunderttausend oder gar Millionen Jahren aus anderen Formen hervorgegangen. Diesen Vorgang bezeichnet man als stammesgeschichtliche Entwicklung oder als Evolution. Auch der Mensch hat eine Stammesgeschichte.

**System**
Wie alle Systeme bestehen auch biologische Systeme aus mehreren Teilen, zwischen denen es Zusammenhänge und Wechselwirkungen gibt. Ein Beispiel sind die verschiedenen Organe eines Menschen und ihre Wechselwirkungen untereinander. Biologische Systeme kann man auf verschiedenen Ebenen betrachten. Man spricht von Systemebenen: die Ebene der Moleküle, der Zellen, der Organe, des Organismus, der Mitglieder einer Art und die Ebene der Ökosysteme. Auch die Biosphäre, also die Gesamtheit der von Lebewesen bewohnten Bereiche der Erde, ist ein System. Zwischen den verschiedenen Systemebenen gibt es vielfältige Wechselwirkungen.

# Aufgaben richtig verstehen

**Methode**

| | |
|---|---|
| ableiten | aus Sachverhalten sachgerechte Folgerungen ziehen |
| analysieren | aus einem Sachverhalt auf eine bestimmte Fragestellung hin wichtige Bestandteile herausarbeiten |
| auswerten | vorgegebene Daten, einzelne Ergebnisse oder Sachverhalte in einen Zusammenhang stellen |
| begründen | einen vorgegebenen Sachverhalt auf seine Ursachen oder Gesetzmäßigkeiten zurückführen |
| beschreiben | Strukturen, Merkmale oder Sachverhalte mit eigenen Worten wiedergeben |
| beobachten | aufmerksame Betrachtung eines Vorgangs mit dem Ziel, entsprechend einer vorgegebenen Fragestellung bestimmte Informationen zu erhalten |
| beurteilen | zu einem vorgegebenen Sachverhalt ein eigenständiges, sachlich begründetes Urteil formulieren |
| bewerten | einen vorgegebenen Sachverhalt oder die Handlung eines Menschen mit nachvollziehbaren Wertvorstellungen beurteilen |
| darstellen | Sachverhalte in gegliederter Form wiedergeben. |
| diskutieren (erörtern) | zu einem vorgegebenen Thema oder Sachverhalt Argumente aus verschiedenen Standpunkten gegeneinander abwägen |
| erklären | einen Sachverhalt erläutern und begründen |
| erläutern | einen Sachverhalt veranschaulichen und verständlich machen |
| Hypothese entwickeln | eine begründete Vermutung auf der Grundlage von Beobachtungen, Experimenten oder Sachaussagen formulieren |
| interpretieren (deuten) | aus vorgegebenen Sachverhalten fachliche Zusammenhänge entsprechend der jeweiligen Aufgabenstellung herausarbeiten und darstellen |
| nennen | Eigenschaften, Sachverhalte oder Begriffe ohne Erläuterungen aufzählen |
| protokollieren | Beobachtungen oder die Durchführung von Experimenten genau und in gegliederter Form wiedergeben |
| skizzieren | das Wesentliche eines Sachverhalts in übersichtlicher Form grafisch darstellen |
| Stellung nehmen | zu einem Sachverhalt oder einer Aussage, die nicht eindeutig ist, nach sorgfältigem Abwägen ein begründetes Urteil abgeben |
| überprüfen | Daten oder Aussagen an Fakten und logischen Gesichtspunkten messen und eventuelle Fehler oder Widersprüche aufdecken |
| vergleichen | Gemeinsamkeiten und Unterschiede ermitteln |
| zeichnen | eine möglichst exakte grafische Darstellung anfertigen |
| zusammenfassen | das Wesentliche in knapper Form herausstellen |

**1** *Eine Auswahl häufiger Arbeitsanweisungen und die Beschreibung der erwarteten Leistung*

Im Unterricht, zu Hause oder bei schriftlichen Leistungsüberprüfungen werden Aufgaben bearbeitet. Sie beinhalten immer eine oder mehrere Arbeitsanweisungen.

Um Aufgaben richtig zu verstehen, ist es notwendig, die Bedeutung der verschiedenen Arbeitsanweisungen zu kennen. In Abbildung 1 sind häufige Arbeitsanweisungen zusammengestellt und die jeweils erwartete Leistung beschrieben.

**1 Eigene Fragestellungen entwickeln.** Entwickle zu jeder Abbildung auf dieser Seite Fragen. Diskutiert, ob sich diese Fragen eurer Meinung nach mithilfe biologischer Kenntnisse und Untersuchungen beantworten lassen.

**2 Aufgaben mit passenden Arbeitsanweisungen erstellen.** Die Abbildungen auf dieser Seite stellen bestimmte biologische Sachverhalte dar. Erstellt zu jeder Abbildung Vorschläge für eine oder mehrere Aufgaben mit den dazu passenden Arbeitsanweisungen aus Abbildung 1. Gebt an, welche Lösung ihr zu der jeweiligen Aufgabenstellung erwartet. Erörtert eure Beiträge mit Blick darauf, ob die erwartete Lösung zur Aufgabenstellung und zur Arbeitsanweisung passt.

*4 Libelle mit Tautropfen*

*2 Normal gefärbter Tiger und weißer Tiger*

*5 Wasserpest im Licht*

a) Die Kerze erlosch nach einiger Zeit.

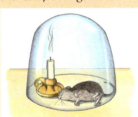
b) Die Kerze erlosch nach viel kürzerer Zeit als beim Versuch a). Die Maus wurde nach kurzer Zeit ohnmächtig.

c) Die Maus wurde ohnmächtig, aber erst nach längerer Zeit als im Versuch b).

d) Die Maus wurde nicht ohnmächtig.

*3 Historische Versuche von Joseph Priestley (1771)*

*6 Fossil*

# Energiefluss und Stoffkreisläufe

## 1.1 Lebensraum Süßgewässer

*1 Beispiele für Gewässer*

**Stehende Gewässer**
**Kleinstgewässer:** Wasserstelle von geringem Ausmaß, häufig nur kurzzeitig Wasser führend
**Tümpel:** natürlich oder künstlich entstandenes Gewässer geringer Tiefe, das austrocknen kann
**Weiher:** natürlich entstandenes Gewässer bis zu zwei Meter Tiefe
**Teich:** von Menschen angelegtes Gewässer bis zu zwei Meter Tiefe
**See:** natürlich oder künstlich entstandenes Gewässer von meist mehr als zwei Metern Tiefe und größerer Ausdehnung

**Fließgewässer**
**Bach:** Fließgewässer bis zu fünf Meter Breite
**Fluss:** Fließgewässer über fünf Meter Breite

*2 Einteilung von Gewässern*

Gewässer werden durch ihre Größe und Tiefe, durch Licht, Sichttiefe, Sauerstoff- und Mineralsalzgehalt, Strömung und Temperatur charakterisiert. Man nennt solche Faktoren **abiotische Faktoren.** Sie sind physikalischer oder chemischer Natur und stehen untereinander in einem Wechselspiel. So erwärmt sich ein flaches Gewässer viel schneller als ein tiefes, und ein schnell fließender Bach hat meistens einen höheren Sauerstoffgehalt als das Tiefenwasser eines Sees.

Da Organismen unterschiedliche Ansprüche an den Lebensraum stellen, wird die Besiedlung eines Gewässers im Wesentlichen durch die abiotischen Faktoren bestimmt. Von großer Bedeutung ist hierbei, ob das Gewässer austrocknen kann oder nicht.

**1 Kleine Gewässerkunde.**
a) Ordne die Gewässer in Abbildung 1 den Steckbriefen in Abbildung 3 zu und begründe deine Entscheidung.
b) Versuche zu den übrigen Steckbriefen die entsprechenden Gewässer zu finden.
c) Ordne die Steckbriefe den Begriffen der Abbildung 2 zu.
d) Erstelle einen ausführlichen Steckbrief für einen Fluss.

**2 Veränderungen von abiotischen Faktoren.** Überlege und beschreibe, wie sich die abiotischen Faktoren in einer Pfütze von der Entstehung bis zur Austrocknung ändern. Begründe, soweit möglich, die Veränderungen.

**1:** meist nur kurze Zeit bestehend, häufig wiederkehrend, sehr geringe Tiefe, kleine Oberfläche, mineralsalzarm

**2:** steile Ufer, sandiger bis schlammiger Untergrund, meist 10–20 m tief, häufig in der Nähe von Autobahnen oder großen Straßen, Wasser stehend

**3:** Wasser meist von Moospflanzen bedeckt, durchsetzt mit inselartigen Büscheln von Seggen, im Frühjahr oft große Bestände von Wollgras, Untergrund sehr weich, keine Fische

**4:** meist 2–3 m tief, keine Strömung, wenig Bewuchs, viele Fische, die etwa gleich alt sind

**5:** Wasser meist trübe, häufige Durchmischung bei Verkehr, nur kurze Zeit bestehend, häufig wiederkehrend, schmale und längliche Form

**6:** große Wasseroberfläche, meist nur für ein paar Wochen vorhanden, Untergrund Gräser und Kräuter, nicht tief

**7:** starke Strömung, sehr sauerstoffreich, geringe Tiefe, Wasser meist klar und kalt

**8:** von Menschen angelegt, inmitten von Blumen und Büschen, Tiefe meist um 1 m, häufig mit Goldfischen

**9:** Strömung nur bei Regen, 1–1,5 m tief, in der Regel runde Form, nur Algen als Bewuchs

**10:** langer, gerader Verlauf, geringe Strömung, trapezförmiger Querschnitt

**3** *Kennzeichen von Gewässern*

## 1.2 Ökosystem See

**1** *Pflanzen und Tiere des Sees*

Ein See ist ein abgrenzbarer Lebensraum mit den verschiedensten Organismen. Diese stehen untereinander in Beziehung, sie bilden eine Lebensgemeinschaft. Eine solche Lebensgemeinschaft nennt man **Biozönose**. Die Lebewesen einer Biozönose sind aber nicht nur von anderen Lebewesen abhängig, sondern auch von den abiotischen Faktoren des Lebensraumes. Die abiotischen Faktoren eines Lebensraumes bezeichnet man als **Biotop**. Werden diese Faktoren zusammen mit der Biozönose betrachtet, spricht man von einem **Ökosystem**. Ein Ökosystem besteht also aus einem Biotop und der zugehörigen Biozönose.

Man kann einen See aufgrund der unterschiedlichen abiotischen Faktoren in verschiedene Lebensräume unterteilen: zum Beispiel den Uferbereich, die Wasseroberfläche und das tiefe Wasser. Diese Bereiche werden jeweils von ganz bestimmten Lebewesen besiedelt, die an die jeweiligen Bedingungen angepasst sind. Man kann den See auch als ein großes Ökosystem mit vielen kleineren Lebensräumen ansehen. Diese Lebensräume des Sees stehen untereinander in Verbindung, man sagt auch, sie sind vernetzt.

Grundlage der Biozönose sind die Pflanzen. Sie bauen durch die Fotosynthese aus anorganischen Stoffen organisches Material auf. Man bezeichnet die Pflanzen daher als **Produzenten**. Das organische Material dient dem Wachstum der Pflanzen und wird von Pflanzenfressern und über die Nahrungskette von Fleischfressern als Nahrung genutzt. Organismen, die von anderen Lebewesen leben, nennt man **Konsumenten**. Organismen, die totes organisches Material abbauen, nennt man **Destruenten**.

**Gelbrandkäfer:** Larven und erwachsene Tiere ernähren sich räuberisch von Kleintieren, z. B. von kleinen Fischen, Kaulquappen, Insekten und von Fischlaich. Sie müssen zum Atmen an die Wasseroberfläche kommen.
**Libellen:** Die Larven ernähren sich von Kleintieren, wie Würmern und Wasserflöhen. Sie besitzen Kiemen. Erwachsene Libellen erbeuten Insekten im Flug.
**Mücken:** Mückenlarven leben von kleinen Algen, die im Wasser schweben. Die Larven hängen an der Wasseroberfläche und atmen durch ein Rohr am Hinterleib. Erwachsene Mücken saugen Pflanzensäfte oder sind Blutsauger.
**Spitzschlammschnecken:** Die Tiere weiden den Algenbelag von Steinen und Wasserpflanzen ab. Sie fressen auch weiche Teile von Wasserpflanzen.
**Teichmuscheln:** Die Muscheln filtrieren Schwebstoffe aus dem Wasser, z. B. einzellige Lebewesen, abgestorbene Pflanzenteile und zersetzte Tiere. Eine einzige Muschel filtriert bis 40 Liter Wasser am Tag.
**Stichlinge:** Diese etwa 10 cm langen Fische ernähren sich von Fischlaich und Kleinkrebsen.
**Stockenten:** Stockenten sind „Allesfresser", sie ernähren sich von Pflanzen und Kleintieren.
**Haubentaucher:** Diese Vögel ernähren sich von kleinen Fischen, die sie beim Tauchen erbeuten.

2 *Ernährung einiger Tiere des Sees*

① Erle, ② Weide, ③ Blutweiderich, ④ Seerose, ⑤ Schilf, ⑥ Rohrkolben, ⑦ Wasserlilie, ⑧ Froschlöffel, ⑨ Wasserpest, ⑩ Hornblatt, ⑪ Tausendblatt, ⑫ Wasserlinse, ⑬ Stichling, ⑭ Haubentaucher, ⑮ Stockente, ⑯ Graureiher, ⑰ Gelbrandkäfer, ⑱ Gelbrandkäferlarven, ⑲ Libelle, ⑳ Libellenlarve, ㉑ Wasserläufer, ㉒ Rückenschwimmer, ㉓ Mückenlarven, ㉔ Wasserfloh, ㉕ Spitzschlammschnecke, ㉖ Teichmuschel, ㉗ Bakterien, Pilze und Einzeller am Boden

**1 Fachbegriffe.**
a) Arbeite die Unterschiede und Gemeinsamkeiten zwischen Produzenten, Konsumenten und Destruenten heraus.
b) Beschreibe anhand von Beispielen aus der Abbildung 1, worin sich die Begriffe Biozönose, Biotop und Ökosystem unterscheiden.

**2 Beziehungen im See.**
a) Ordne die in der Abbildung 1 dargestellten Organismen den Produzenten, Konsumenten und Destruenten zu. Verwende dazu auch Abbildung 2. Begründe die Zuordnung.
b) Stelle in deinem Heft Nahrungsbeziehungen zwischen möglichst vielen der in Abbildung 2 genannten Tiere dar. Verwende ein Pfeildiagramm nach folgendem Schema: Kleinkrebs → Stichling. Der Pfeil bedeutet: „wird gefressen von".
c) Zeige möglichst alle Beziehungen der Spitzschlammschnecke zu den in Abbildung 1 aufgeführten Pflanzen und Tieren auf.
d) Finde Gründe dafür, dass Anglervereine Teichmuscheln in ihre Angelgewässer einsetzen.

**3 Basiskonzepte.** Welche weiteren Basiskonzepte, als die beiden angegebenen, werden in diesem Abschnitt noch angesprochen? Schreibe jeweils die Inhalte zu den entsprechenden Basiskonzepten auf.

17

Arbeitsmaterial

# 1.3 Angepasstheiten bei Pflanzen

Vorkommen im schlammigen Uferbereich bis 2 m Wassertiefe; Vermehrung durch Samen und bis 10 m lange Ausläufer; Stängel und Wurzeln starr und hohl; Pflanzen werden bis 4 m hoch; Bestäubung und Samenverbreitung durch Wind

**1** *Schilfrohr*

Vorkommen im schlammigen Uferbereich bis 4 m Wassertiefe; Vermehrung durch Samen und lange Ausläufer; Stängel und Wurzeln biegsam und hohl, Blätter auf Wasseroberfläche schwimmend; Blüte nur wenige Zentimeter über der Wasseroberfläche; Insektenbestäubung; Früchte schwimmen, sinken nach einigen Wochen zu Boden

**2** *Gelbe Teichrose*

Die Standorte für Schilfrohr und Gelbe Teichrose sind sehr ähnlich, sie überlappen sich zum Teil. Die Wurzeln dieser Pflanzen benötigen Sauerstoff, den sie nicht aus der direkten Umgebung beziehen können. Beide Pflanzen haben im Innern miteinander verbundene Hohlräume, die ein System zur inneren Belüftung bilden. Beide Arten vermehren sich durch Ausläufer und Früchte, die allerdings auf unterschiedliche Art verbreitet werden.

Schilf ist auf flaches Wasser spezialisiert. Die starre Sprossachse ermöglicht ein dichtes Zusammenstehen der Pflanzen. So benötigen die Fotosynthese betreibenden Blätter ebenfalls wenig Platz. Zwischen den Schilfpflanzen bleibt für andere Pflanzenarten wenig Platz und Licht. Im tieferen Wasser ist eine starre Sprossachse ungünstig, weil sie Wellen und Strömungen mehr Widerstand bietet. Die Gelbe Teichrose besitzt eine flexible Sprossachse, die aber nicht starr genug ist, um Blätter außerhalb des Wassers zu tragen. Sie besitzt Schwimmblätter, die vom Wasser getragen werden. Im Überlappungsbereich der Standorte beider Pflanzen konkurrieren die beiden Arten hauptsächlich im Wurzelbereich um den Platz durch die Bildung von Ausläufern. Pflanzen **konkurrieren** untereinander um Licht, Wasser, Mineralsalze und Platz. Die Pflanzen haben im Laufe der Stammesgeschichte **Angepasstheiten** an bestimmte Standorte entwickelt.

**1 Vergleich: Schilfrohr – Gelbe Teichrose.** Vergleiche Schilfrohr und Gelbe Teichrose umfassend anhand der Materialien auf diesen Seiten.
a) Stelle die Ergebnisse tabellarisch dar.
b) Arbeite jeweils die Angepasstheiten der Pflanzen an ihren Standort heraus.

**2 Versuch mit der Gelben Teichrose.** Verbinde ein älteres Blatt der Gelben Teichrose luftdicht mit einer Luftpumpe und drücke vorsichtig Luft in das unter Wasser gehaltene Blatt (Abb. 3).
a) Schreibe deine Beobachtungen auf. Versuche diese Beobachtungen zu erklären.
b) Erläutere die Vorteile eines solchen Aufbaus für die Pflanze. Argumentiere mit den Standortbedingungen der Pflanze.
c) Fertige Querschnitte und Flächenschnitte eines Blattes der Gelben Teichrose an. Lege bei den Flächenschnitten das Blatt mit der Oberseite nach außen über den Zeigefinger, klemme es mit Daumen und Mittelfinger fest und hebe mit der Rasierklinge vorsichtig die oberste Zellschicht ab. Betrachte die Schnitte unter dem Mikroskop.

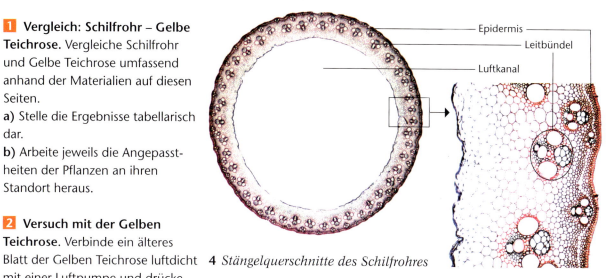

4 *Stängelquerschnitte des Schilfrohres*

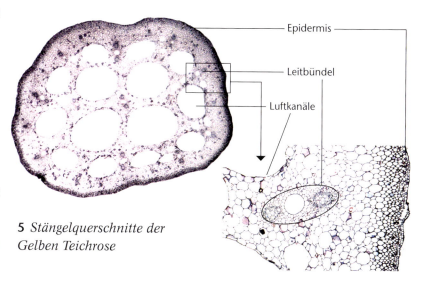

5 *Stängelquerschnitte der Gelben Teichrose*

3 *Versuch*

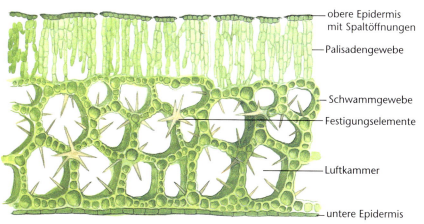

6 *Blattquerschnitt der Gelben Teichrose*

19

Arbeitsmaterial

## 1.4 Entenschnäbel sind verschieden

1 *Zu viel Konkurrenz*

Zwei Bäckereien in direkter Nachbarschaft – gibt es das (Abb. 1)? Wenn zwei benachbarte Bäcker die gleichen Waren anbieten, können sie auf Dauer nur schwierig oder gar nicht nebeneinander existieren. Man sagt, sie machen sich Konkurrenz. Tierarten, die denselben Lebensraum besiedeln, können dort nur gemeinsam leben, wenn sie nicht um die gleiche Nahrung, den gleichen Brutplatz oder den gleichen Schlafplatz konkurrieren. Sie spezialisieren sich und vermeiden so Konkurrenz.

Auf einem Stadtteich leben neben vielen Stockenten noch andere Entenarten: Krickenten (Abb. 4), Gänsesäger (Abb. 3) und Reiherenten (Abb. 2). Krickenten filtern wie die Stockenten mithilfe ihres Seihschnabels Wasserpflanzen, Insekten, Würmer, Schnecken und Fischbrut aus dem Wasser. Während sich Stockenten überall im seichten Wasser aufhalten, sind Krickenten sehr scheu. Sie bleiben immer in Uferbereichen, in denen reichlich Pflanzen wachsen. Hier können sie jederzeit Schutz suchen.

Reiherenten tauchen bis vier Meter tief. Sie fangen ihre Nahrung, die hauptsächlich aus kleinen Wasserinsekten besteht, in den tieferen Bereichen eines Gewässers. Sie suchen auch den Grund des Gewässers nach kleinen Muscheln ab.

Gänsesäger tauchen ebenfalls bis vier Meter tief. Sie ernähren sich überwiegend von Fischen und nur wenig von Wasserinsekten. Am Schnabel der Gänsesäger befinden sich feine Hornzähnchen, mit deren Hilfe sie die Fische gut festhalten können.

2 *Reiherente*

3 *Gänsesäger*

4 *Krickente*

Variabilität+Angepasstheit

a) Schnabel mit Hornleiste, um Nahrung aus Wasser zu filtern

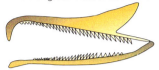
b) Schnabel mit Hornzähnen, um Nahrung festzuhalten

c) Schnabel zum Zerdrücken von kleinernen Muscheln

d) Schnabel mit Hornleiste, um Nahrung aus Wasser zu filtern

**5** *Welcher Schnabel gehört zu wem?*

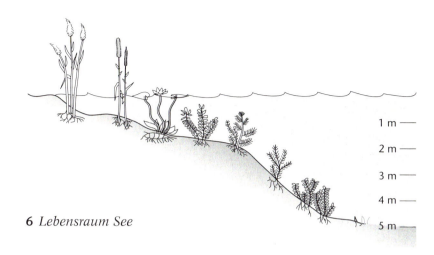
**6** *Lebensraum See*

**1** **Zwei Bäckereien nebeneinander?** Beide Bäcker von Abbildung 1 wollen ihr Geschäft weiterführen. Um Konkurrenz zu vermeiden, einigen sie sich auf mehrere Maßnahmen. Überlege dir verschiedene Möglichkeiten der Konkurrenzvermeidung und schreibe sie auf.

**2** **Welcher Schnabel gehört zu wem?** Ordne mithilfe des Grundwissentextes den dort genannten Vögeln den passenden Schnabel zu (Abb. 5). Begründe.

**3** **Aufteilung des Lebensraumes.** Übernimm Abbildung 6 in dein Heft und trage die folgenden Entenarten dort ein, wo sich die Vögel überwiegend aufhalten: Stockente, Krickente, Reiherente, Gänsesäger.

**4** **Konkurrenzvermeidung bei Spechten.** Bei uns kommen Buntspechte, Schwarzspechte und Grünspechte vor (Abb. 7). Im Frühling ist oft ihr schnelles Trommeln zu hören. Dazu setzen sich die Männchen an einen hohlen Stamm und schlagen mit kräftigen Schnabelhieben auf das Holz. Hierdurch zeigen sie anderen Männchen ihr Revier und locken gleichzeitig Weibchen an. Buntspechte trommeln, indem sie etwa 15-mal blitzschnell hintereinander schlagen. Ein solcher Trommelwirbel dauert keine Sekunde. Schwarzspechte trommeln langsamer, aber länger. Bei ihnen besteht ein Trommelwirbel aus etwa 30 Schlägen und dauert drei Sekunden. Bei Grünspechten übernehmen meistens Rufe die Funktion des Trommelns. Mit Schnabelhieben verschaffen sich die Spechte auch Zugang zu ihrer Nahrung. Buntspechte und Schwarzspechte hacken mit wuchtigen Hieben die Borke auf und legen so Gänge im Holz frei, in denen Insekten leben. Während Schwarzspechte vorwiegend den unteren Bereich der Stämme nach Nahrung absuchen, kann man Buntspechte in den höheren Baumregionen beobachten. Grünspechte stochern in erster Linie in Ameisenhaufen herum, suchen ihre Nahrung also vorwiegend am Boden. Beschreibe, auf welche Weise die drei Spechtarten Konkurrenz vermeiden.

**7** *Spechte*

## 1.5 Angepasstheiten beim Wasserfloh

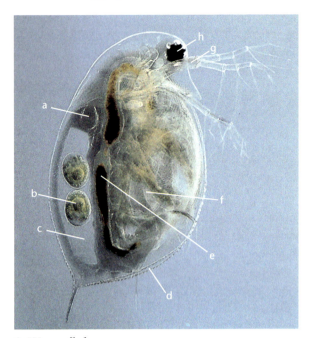

1 *Wasserfloh*

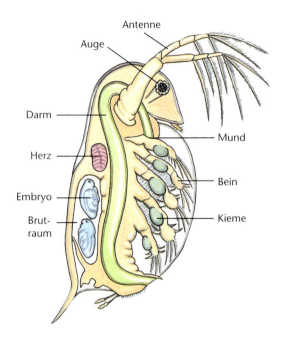

2 *Wasserfloh*

Wasserflöhe gehören zu den Krebsen (Abb. 1, 2). Die Tiere besitzen einen Chitinpanzer. Darüber hinaus ist der Körper von einer dünnen, durchsichtigen Schale eingehüllt. Die Weibchen erreichen eine Größe von drei bis vier Millimetern, die Männchen werden nur etwas über einen Millimeter groß. Die Tiere fressen Algen von Wasserpflanzen ab und durchwühlen den Bodenschlamm auf der Suche nach abgestorbenem organischen Material. Häufig hängen sie an der Unterseite der Wasseroberfläche und filtrieren Plankton aus dem Wasser. Wasserflöhe werden höchstens zwei Monate alt. Sie werden von Büschelmückenlarven, Rückenschwimmern und Fischen gefressen (Abb. 3, 4).

Im Frühjahr schlüpfen nur Weibchen aus den Eiern, die den Winter überdauert haben. Man nennt diese Eier Dauereier. Die geschlüpften Weibchen legen, nachdem sie geschlechtsreif geworden sind, alle drei Tage bis zu zwanzig unbefruchtete Eier, die sich im Brutraum entwickeln. Man nennt sie Jungferneier. Aus ihnen schlüpfen wieder nur Weibchen. Diese Art der Vermehrung bezeichnet man als **Parthenogenese** oder Jungfernzeugung. Nach sechs Tagen sind die geschlüpften Weibchen in der Regel selbst geschlechtsreif und legen Eier. Wasserflöhe haben also sehr viele Nachkommen. Unter bestimmten Bedingungen entstehen aus einigen Eiern auch Männchen (Abb. 6). Die Weibchen entwickeln zu manchen Zeiten zwei Dauereier, die von den Männchen befruchtet werden. Die befruchteten Eier werden bis zur nächsten Häutung im Brutraum aufbewahrt. Dann erhalten sie aus der abgelegten Schalenhaut eine stabile Hülle. Daraus schlüpfen im Frühjahr neue Weibchen. Bei ungünstigen Bedingungen können die Dauereier mehrere Jahre überdauern. Trockenheit, Kälte oder heiße Perioden schaden ihnen nicht.

Nehmen die Fressfeinde der Wasserflöhe in einem Gewässer zu, beobachtet man zwei Abwehrstrategien. Einige Tiere entwickeln innerhalb weniger Tage einen „Helm" und einen verlängerten Stachel am Hinterleib (Abb. 5). Untersuchungen haben gezeigt, dass diese Tiere dadurch schwerer von den Fressfeinden ergriffen werden können. Zusätzlich kann es zu einer Verhaltensänderung kommen: Die Tiere tauchen tagsüber in tiefere Schichten ab und entkommen so den Fressfeinden. Sie kommen nur nachts zur Nahrungsaufnahme nach oben.

**1 Wasserfloh.** Benenne die in Abbildung 1 gekennzeichneten Teile des Wasserflohs.

**2 Mikroskopieren von Wasserflöhen.** Wasserflöhe findet man während des Sommerhalbjahres in den meisten stehenden Gewässern.
a) Gib mit einer Pipette einen Tropfen Wasser mit einem Wasserfloh auf einen Objektträger. Beobachte und beschreibe seine Bewegungen.
b) Bringe einen dünnen Wollfaden in Schlingen in den Wassertropfen ein, um die Bewegungsfreiheit des Tieres einzuschränken, und lege ein Deckglas darüber. Betrachte und zeichne das Tier.

**3 Fortpflanzung der Wasserflöhe.**
a) Erstelle ein Fließdiagramm über die Fortpflanzung des Wasserflohs innerhalb eines Jahres.
b) Berechne aus den Angaben im Grundwissentext, wie viele Nachkommen ein Weibchen in 18 Tagen theoretisch maximal bekommen kann, wenn keine Verluste durch Feinde auftreten würden.
c) In einem Experiment wurde untersucht, wann in einem Gewässer Dauereier und Männchen entstehen (Abb. 6). Stelle begründete Vermutungen auf, welche biologische Bedeutung hinter diesen Ergebnissen steht. Beachte, dass in einem Gewässer im Herbst das Algenwachstum durch tiefe Temperaturen und Lichtmangel zurückgeht.

**4 Feindabwehr.** Beim Fressen von Wasserflöhen werden von den Räubern unbeabsichtigt Stoffe freigesetzt, die man Kairomone nennt. Kairomone im Wasser bewirken die Ausbildung von Helm und Stachel bei einigen Tieren. Die Nachkommen dieser Tiere besitzen ebenfalls dauerhaft Helm und Stachel. Auch das Abtauchen der Wasserflöhe während des Tages ist auf Kairomone im Wasser zurückzuführen.
a) Nenne mögliche Argumente, warum Wasserflöhe in Gewässern mit wenig Fressfeinden ohne Helm vorkommen. Warum bietet die Vererbung des Helms Vorteile?
b) Suche mögliche Gründe, warum das Abtauchen der Wasserflöhe am Tage erfolgt. Welche Vorteile haben Wasserflöhe, wenn das Abtauchen bei fehlenden Kairomonen unterbleibt?

3 *Büschelmückenlarve*

4 *Rückenschwimmer*

5 *Wasserfloh mit Helm und Stachel*

| Bedingungen | Männchen | gebildete Dauereier |
|---|---|---|
| normale Bevölkerungsdichte + 14 Std. Tageslänge | nein | keine |
| sehr hohe Bevölkerungsdichte + 14 Std. Tageslänge | ja | keine |
| sehr hohe Bevölkerungsdichte + 10 Std. Tageslänge | ja | keine |
| Nahrungsmangel + 14 Std. Tageslänge | ja | viele |
| Nahrungsmangel + 10 Std. Tageslänge | ja | sehr viele |
| sehr hohe Bevölkerungsdichte + Nahrungsmangel + 14 Std. Tageslänge | ja | viele |
| sehr hohe Bevölkerungsdichte + Nahrungsmangel + 10 Std. Tageslänge | ja | sehr viele |

6 *Bildung von Männchen und Dauereiern*

## 1.6 Stoffkreislauf und Energiefluss im See

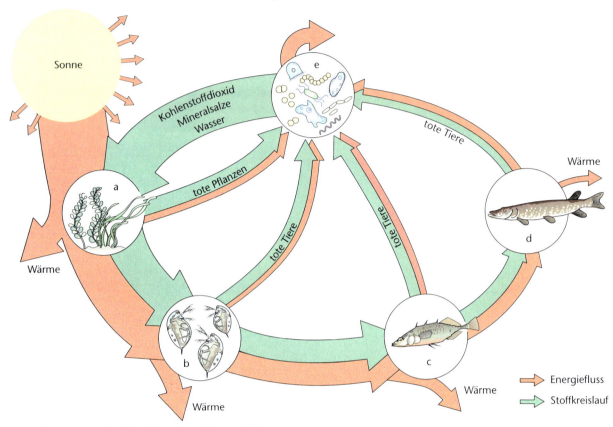

**1** *Schema zum Stoffkreislauf und Energiefluss*

Bei der Fotosynthese wandeln Pflanzen (Wasserpflanzen, Algen und pflanzliches Plankton) Kohlenstoffdioxid und Wasser in organische Stoffe um. In diesem organischen Material ist chemische Energie gespeichert. Die Energie stammt aus der Sonnenstrahlung. Pflanzen stellen also aus anorganischen Stoffen energiereiche Biomasse her. Man bezeichnet sie daher als **Produzenten** (Abb. 1a). Die Pflanzen verwenden die so gebildete Biomasse für ihr Wachstum und ihre Lebensvorgänge. Ein beträchtlicher Teil der Energie wird außerdem, wie bei allen Lebewesen, bei Stoffwechselvorgängen in Form von Wärme entwertet.

Pflanzenfresser wie der Wasserfloh nehmen die Biomasse der Pflanzen als Nahrung auf und beziehen daraus die notwendige Energie für ihre Lebensvorgänge. Man nennt sie **Konsumenten 1. Ordnung** (Abb. 1b). Etwa zehn Prozent der aufgenommenen Biomasse wird zu körpereigener Substanz umgebaut, der restliche Teil wird für die Lebensvorgänge verwendet. Viele Wasserflöhe werden von anderen Tieren, den **Konsumenten 2. Ordnung**, gefressen (Abb. 1c). Diese werden von den **Konsumenten 3. Ordnung** gefressen (Abb. 1d). Auch diese benötigen 90 Prozent der aufgenommenen Biomasse für ihre Lebensvorgänge. Nur zehn Prozent werden in körpereigene Substanz umgewandelt. Von Stufe zu Stufe dieser Nahrungsketten werden also etwa 90 Prozent der Energie entwertet.

Wenn Organismen absterben, wird ihre Biomasse schrittweise von **Destruenten** wie z. B. Bakterien abgebaut. Die in der Biomasse gespeicherte Energie nutzen die Destruenten für ihre Lebensvorgänge. Die Bakterien wandeln die organischen Stoffe wieder in anorganische Stoffe um (Abb. 1e). Es entstehen Mineralsalze sowie Kohlenstoffdioxid und Wasser. Diese Stoffe stehen den Pflanzen wieder zur Fotosynthese zur Verfügung.

**1 Stoffkreislauf und Energiefluss.**
a) Erläutere mit eigenen Worten unter Verwendung der Fachbegriffe die Aussagen der Abbildung 1.
Berechne anschließend, wie viel Prozent der in Station a vorhandenen Energie bei den Organismen der Station e noch vorhanden ist.
b) Warum spricht man in einem Ökosystem von einem Stoffkreislauf, nicht aber von einem Energiekreislauf, sondern vom Energiefluss?

**2 Einfache Fragen!?**
a) Enthält 1 kg Fisch mehr oder weniger chemische Energie als 1 kg Algen?
b) In einem bestimmten Zeitraum benötigen 100 g Wasserflöhe zur Ernährung 1 kg Plankton, während sich 100 g Büschelmückenlarven von 1 kg Wasserflöhen ernähren. 100 g Kleinfische verzehren in der gleichen Zeit 1 kg Büschelmückenlarven. Von wie viel Kilogramm Plankton leben letztendlich die Fische und wo kommt die Energie für das Planktonwachstum her?
c) In Abbildung 1 sind die Ausscheidungen der Tiere nicht berücksichtigt. Stelle Vermutungen auf, wie sie in dem Schema einzuordnen wären. Begründe die Antwort.

**3 Nahrungspyramide.**
a) Versuche eine Deutung des Begriffs Nahrungspyramide (Abb. 2).
b) Vergleiche das Pyramidenmodell mit dem Stufenmodell in Abbildung 3. Stelle Gemeinsamkeiten und Unterschiede gegenüber. Nenne jeweils Vor- und Nachteile der Modelle.

**4 Schadstoffe.** In Abbildung 4 ist der Gehalt der giftigen Chemikalien DDT und PCB in einem Gewässer angegeben. DDT wurde früher als Insektenvernichtungsmittel eingesetzt. Es ist bei uns seit vielen Jahren verboten. PCBs wurden in vielen Kunststoffen verwendet. Beide Stoffe sind sehr schädlich und können von den Organismen nur in sehr geringem Maße abgebaut oder ausgeschieden werden. Überlege, wie die unterschiedlichen Zahlen zustande kommen.

**2** *Nahrungspyramide*

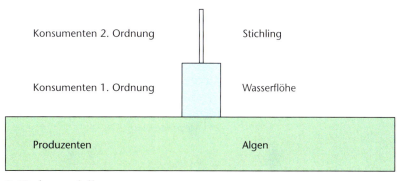

**3** *Stufenmodell*

| Chemikalie | Wasser | Plankton | Fische |
|---|---|---|---|
| DDT | 0,37–57 ng/l* | 63–72 mg/kg | 620–7700 mg/kg |
| PCBs** | 5–60 ng/l* | 110–6100 mg/kg | 1978–17000 mg/kg |

*1 Nanogramm = 0,000 001 Milligramm
**PCBs = polychlorierte Benzole

**4** *Schadstoffgehalte*

# Mikroskopieren

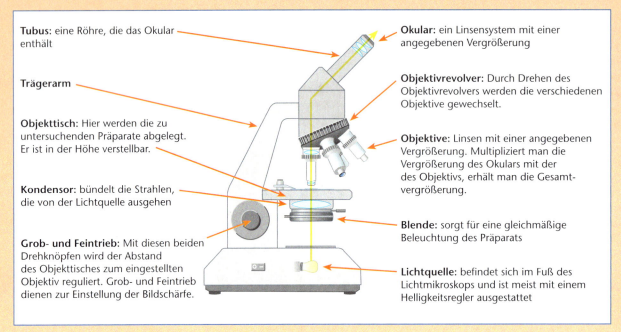

**Tubus:** eine Röhre, die das Okular enthält

**Trägerarm**

**Objekttisch:** Hier werden die zu untersuchenden Präparate abgelegt. Er ist in der Höhe verstellbar.

**Kondensor:** bündelt die Strahlen, die von der Lichtquelle ausgehen

**Grob- und Feintrieb:** Mit diesen beiden Drehknöpfen wird der Abstand des Objekttisches zum eingestellten Objektiv reguliert. Grob- und Feintrieb dienen zur Einstellung der Bildschärfe.

**Okular:** ein Linsensystem mit einer angegebenen Vergrößerung

**Objektivrevolver:** Durch Drehen des Objektivrevolvers werden die verschiedenen Objektive gewechselt.

**Objektive:** Linsen mit einer angegebenen Vergrößerung. Multipliziert man die Vergrößerung des Okulars mit der des Objektivs, erhält man die Gesamtvergrößerung.

**Blende:** sorgt für eine gleichmäßige Beleuchtung des Präparats

**Lichtquelle:** befindet sich im Fuß des Lichtmikroskops und ist meist mit einem Helligkeitsregler ausgestattet

**1** *Aufbau des Lichtmikroskops*

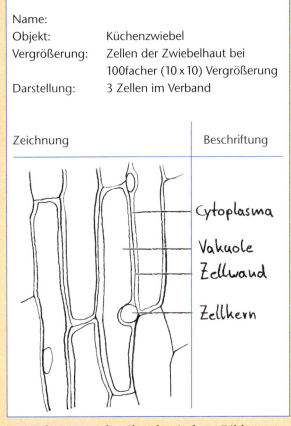

Name:
Objekt: Küchenzwiebel
Vergrößerung: Zellen der Zwiebelhaut bei 100facher (10 x 10) Vergrößerung
Darstellung: 3 Zellen im Verband

| Zeichnung | Beschriftung |
| --- | --- |

**2** *Zeichnung nach mikroskopischem Bild*

1. Beim Transport greift eine Hand unter das Mikroskop, die andere Hand an den Trägerarm.

2. Drehe zu Beginn des Mikroskopierens den Objekttisch ganz nach unten und stelle das Objektiv mit der kleinsten Vergrößerung ein.

3. Lege das Präparat auf den Objekttisch.

4. Verringere durch Drehen des Grobtriebs den Abstand zwischen Objektiv und Präparat. Erhältst du ein scharfes Bild, kannst du mit dem Feintrieb die Feineinstellung vornehmen.

5. Achte darauf, dass sich Objektiv und Präparat nicht berühren.

6. Sorge durch Regulierung der Blende für eine gleichmäßige Ausleuchtung des Bildes.

7. Zeichne mit Bleistift. Öffne beim Mikroskopieren beide Augen. Mit dem einen Auge schaust du durch das Okular, mit dem anderen Auge auf das Zeichenpapier.

8. Hast du das Mikroskopieren beendet, stelle wieder die kleinste Vergrößerung ein.

**3** *Regeln für das Mikroskopieren und Zeichnen*

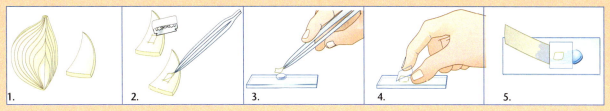

**4** *Präparation von Zwiebelzellen*

**1 Mikroskopieren von Zwiebelzellen.**
**Material:** Mikroskop, Messer, Küchenzwiebel, Rasierklinge, Pinzette, Pipette, Objektträger, Deckgläschen, Filterpapier, Methylenblau (F)
**Durchführung** (Abb. 4):
1. Schneide die Zwiebel längs durch und die entstehenden Hälften in zwei Viertel. Löse anschließend vorsichtig eine Schuppe heraus.
2. In der Innenseite der Schuppe befindet sich ein mattes, transparentes Häutchen. Schneide mit einer Rasierklinge ein kleines Viereck hinein und löse es mit der Pinzette vorsichtig ab.
3. Lege das Zwiebelhäutchen in einen Tropfen Wasser auf dem Objektträger.
4. Lasse nun ein Deckgläschen schräg auf das Zwiebelhäutchen sinken. Überschüssiges Wasser kannst du mit Filterpapier aufsaugen. Bei Wassermangel fügst du Wasser mit einer Pipette hinzu.
5. Färbe das Präparat mit Methylenblau an: Füge an den Rand des Deckgläschens einen Tropfen Methylenblau und sauge ihn mit einem Stück Filterpapier unter dem Deckgläschen hindurch.
6. Mikroskopiere bei verschiedenen Vergrößerungen und fertige eine Zeichnung (100fach) an.

**2 Mikroskopieren von Mundschleimhautzellen.**
**Material:** Mikroskop, Zeichenpapier, Holzspatel, Pipette, Objektträger, Deckgläschen
**Durchführung:**
1. Gib einen Tropfen Wasser auf einen Objektträger.
2. Schabe nun mit einem sterilen Spatel etwas Schleimhaut von der Innenseite deiner Wange und übertrage sie in den Wassertropfen.
3. Verrühre die Schleimhautstückchen vorsichtig mit dem Spatel.
4. Verfahre dann wie bei den Zwiebelhautzellen.
5. Mikroskopiere und zeichne die Mundschleimhautzellen bei kleinster und dann mit steigender Vergrößerung.

**3 Mikroskopieren von Einzellern.** Um Einzeller mikroskopieren zu können, kann man einen so genannten Heuaufguss herstellen (Abb. 5). Dazu gibt man eine Hand voll trockenes Heu in ein Glas, füllt es mit Teich- oder Aquariumwasser und deckt es mit einer Glasplatte ab. Nach wenigen Tagen haben sich Bakterien und andere einzellige Lebewesen stark vermehrt. Oben auf dem Heuaufguss ist eine so genannte Kahmhaut entstanden.
**Material:** Heuaufguss, Objektträger mit Hohlschliff, Deckgläschen, Pipette
**Durchführung:**
Mikroskopiere Flüssigkeit von drei verschiedenen Stellen des Heuaufgusses: direkt unter der Kahmhaut, aus dem freien Wasser und dem Bodensatz. Gib mit der Pipette jeweils einen Tropfen auf die Mitte des Deckgläschens. Hänge dann den Tropfen in die Wölbung des Objektträgers (Abb. 7). Mikroskopiere mit 100facher Vergrößerung und fertige jeweils eine Zeichnung an.

**5** *Heuaufguss*   **6** *Das Pantoffeltierchen, ein Einzeller*

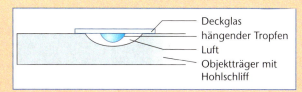

**7** *Technik des hängenden Tropfens*

**Methode**

27

## 1.7 Das Pantoffeltierchen – ein Einzeller

In heimischen Gewässern wie Tümpeln, Teichen und Seen ist das Pantoffeltierchen weit verbreitet (Abb. 1). Es kommt sogar in Pfützen und Wagenspuren vor, die einige Wochen mit Wasser gefüllt sind. Pantoffeltierchen sind zwischen 0,1 und 0,3 Millimeter lang. Damit zählen Pantoffeltierchen zu den „Riesen" unter den **Einzellern**. Das sind Lebewesen, die nur aus einer einzigen Zelle bestehen.

Die Zellmembran grenzt die Zelle nach außen ab und gibt ihr Form (Abb. 2). In der Zellmembran befinden sich tausende von Wimpern, die ständig in Bewegung sind. Die Wimpern hat das Pantoffeltierchen mit bestimmten anderen Einzellern gemeinsam. Daher zählt man das Pantoffeltierchen zur Gruppe der Wimpertierchen.

Mithilfe der Wimpern, die rhythmisch schlagen, kann sich ein Pantoffeltierchen im Wasser **fortbewegen.** Dabei dreht es sich meist um seine Achse (Abb. 5). Weil die Zellmembran elastisch ist, kann sich ein Pantoffeltierchen auch durch manche Engpässe hindurchzwängen.

Ein Pantoffeltierchen kann auf **Reize reagieren,** zum Beispiel wenn es auf ein Hindernis stößt (Abb. 3). Dann kann es rückwärts oder in eine andere Richtung schwimmen und so das Hindernis umgehen. Außer auf Berührungsreize reagiert ein Pantoffeltierchen auf bestimmte Stoffe und auf Temperaturunterschiede im Wasser.

Wie alle Lebewesen hat ein Pantoffeltierchen **Stoffwechsel:** Es nimmt Stoffe aus der Umgebung auf, wandelt sie in der Zelle um und gibt Stoffe an die Umgebung ab. Sauerstoff aus dem Wasser wird über die ganze Zellmembran aufgenommen. Nahrung sind vor allem Bakterien. Sie werden mithilfe von Wimpern in eine Vertiefung in der Zellmitte, den Zellmund, gestrudelt (Abb. 6). Dort wird die Nahrung in kleine Bläschen eingeschlossen. Bei dem Weg durch das Cytoplasma werden Stoffe in diese Nahrungsbläschen aufgenommen, die die

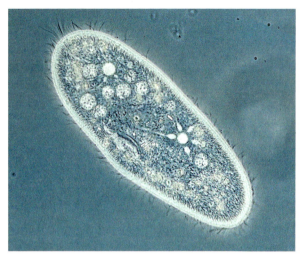

**1** *Pantoffeltierchen*

Nahrung verdauen. Wichtige Nahrungsbestandteile gelangen aus den Bläschen in das Cytoplasma. Unverdauliche Stoffe verlassen durch den Zellafter die Zelle (Abb. 6). Aus der Nahrung bezieht ein Pantoffeltierchen Baustoffe für den Aufbau der Zelle und Energie für die Aufrechterhaltung der Lebensvorgänge. Mithilfe der pulsierenden Bläschen wird dauernd überschüssiges Wasser aus dem Cytoplasma nach außen gepumpt (Abb. 2).

Pantoffeltierchen vermehren sich meistens ungeschlechtlich, können sich aber auch geschlechtlich **fortpflanzen.** Bei der ungeschlechtlichen Fortpflanzung entstehen durch Zellteilung zwei Tochterzellen. Pantoffeltierchen können ungünstige Umweltbedingungen, zum Beispiel Trockenheit, als Dauerform in einer festen Hülle überstehen und in dieser Form zum Beispiel an Grashalmen haften.

Einzeller wie das Pantoffeltierchen haben Merkmale und Eigenschaften, die sie mit allen anderen Lebewesen gemeinsam haben. Zu diesen **Kennzeichen des Lebendigen** gehören selbstständige Bewegung, die Reaktion auf Reize, Stoffwechsel und Fortpflanzung.

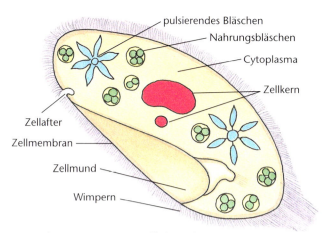

**2** *Schema eines Pantoffeltierchens*

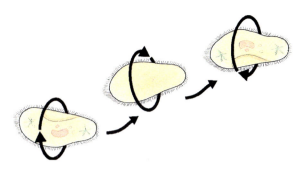

**5** *Bewegung eines Pantoffeltierchens*

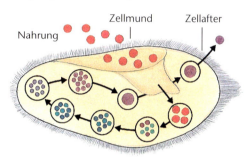

**6** *Nahrungsaufnahme eines Pantoffeltierchens*

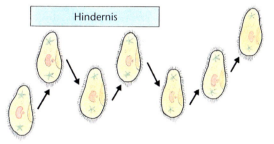

**3** *Ein Pantoffeltierchen reagiert auf Reize*

**1 Einzeller bilden eine lebensfähige Einheit.** Erläutere am Beispiel des Pantoffeltierchens, dass Einzeller eine lebensfähige Einheit mit allen Kennzeichen von Lebewesen bilden.

**2 Einzeller – Vielzeller: ein Vergleich.** Vergleiche einen Einzeller wie das Pantoffeltierchen mit einem Vielzeller, zum Beispiel einem Hund (Abb. 4). Fertige dazu eine Tabelle nach folgendem Muster an:

|  | Pantoffeltierchen (Einzeller) | Hund (Vielzeller) |
|---|---|---|
| Bewegung |  |  |
| Reizbarkeit |  |  |
| Stoffwechsel |  |  |
| Fortpflanzung |  |  |

**3 Bewegungen der Wimpern eines Pantoffeltierchens.** Die Bewegungen der Wimpern eines Pantoffeltierchens erfolgen sehr schnell. Abbildung 7 zeigt zwei Möglichkeiten, wie sich Wimpern bewegen könnten. Die Ziffern geben wie in Zeitlupe den Bewegungsablauf an. Nur eine der beiden Darstellungen trifft für die Wimpern des Pantoffeltierchens zu. Mache jeden der beiden Bewegungsabläufe mit einem leicht ausgestreckten Arm nach. Begründe, welche der beiden Bewegungsweisen für das Pantoffeltierchen zutrifft. Gib an, in welche Richtung sich das Pantoffeltierchen bewegt.

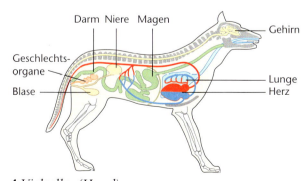

**4** *Vielzeller (Hund)*

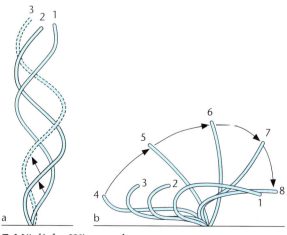

**7** *Mögliche Wimpernbewegungen*

## 1.8 Zellen

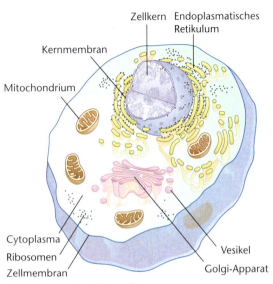

1 *Schema einer Tierzelle*

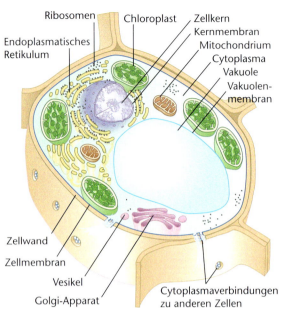

2 *Schema einer Pflanzenzelle*

Alle Lebewesen bestehen aus Zellen. Sie sind die Grundeinheit allen Lebens. Bei den meisten Lebewesen arbeiten viele Zellen zusammen, um alle Lebensvorgänge zu ermöglichen (Abb. 1, 2).

Zellen enthalten innerhalb der Zellmembran eine flüssige, gelartige Grundsubstanz, das Cytoplasma. In ihm finden unzählige Stoffwechselreaktionen statt und es ist Transportmedium für Enzyme, Nährstoffe und Proteine in der Zelle. Im Cytoplasma befinden sich Zellorganellen, in denen ebenfalls Stoffwechselreaktionen stattfinden. Die Organellen sind durch Membranen vom Cytoplasma abgetrennt, so dass verschiedenste Stoffwechselvorgänge gleichzeitig nebeneinander in der Zelle ablaufen können und sich nicht gegenseitig stören. Die Abtrennung von Reaktionsräumen durch Membranen bezeichnet man auch als **Kompartimentierung**.

Der **Zellkern** ist von einer doppelten Membran, der Kernmembran, umgeben. In ihm befinden sich auf Chromosomen die Erbinformationen. Der Zellkern steuert die wesentlichen Prozesse in der Zelle. So werden auf der Grundlage der Erbinformationen Anweisungen aus dem Zellkern an die Ribosomen gesandt, wo sich dann Proteine bilden. In den **Mitochondrien** findet die Zellatmung statt. Mithilfe von Sauerstoff wird energiereiche Glucose vollständig zu den energiearmen Stoffen Kohlenstoffdioxid und Wasser abgebaut. Dabei wird für die Zelle nutzbare Energie frei. In den **Chloroplasten** der Pflanzenzellen findet die Fotosynthese statt. Große Membransysteme in der Zelle bilden das **Endoplasmatische Retikulum** (ER) und der **Golgi-Apparat.** Hier finden der Aufbau, die Speicherung und der Austausch von Stoffen statt. Membranumhüllte Vesikel transportieren Stoffe innerhalb der Zelle oder durch die Zellmembran nach außen.

Man unterscheidet bei Zellen zwei große Gruppen, die Prokaryoten und die Eukaryoten. **Prokaryoten** sind Bakterien. Sie waren die ersten Lebewesen auf der Erde und sind weit verbreitet. Die Prokaryoten-Zelle enthält keinen Zellkern und keine Zellorganellen (Abb. 4). **Eukaryoten** sind Lebewesen mit Zellen, die einen Zellkern und Zellorganellen enthalten. Zu den Eukaryoten zählen Pilze, Pflanzen, Tiere und der Mensch.

**1 Vergleich von Pflanzen- und Tierzelle.**
a) Vergleiche den Aufbau von Pflanzen- und Tierzelle in Form einer Tabelle.
b) Beschreibe den Bau und die Funktion der einzelnen Zellbestandteile.

**2 Modellvorstellung „Die Zelle als Fabrik".** Übertrage das Modell der Fabrik auf die Vorgänge in der Zelle (Abb. 3). Schreibe dazu die Ziffern in dein Heft, benenne bei Zelle und Fabrik die Bestandteile und deren Funktion.

**3 Größen von Zellen und ihren Bestandteilen.** Beschreibe Abbildung 5 und erläutere die wesentlichen Aussagen.

**4 Prokaryoten- und Eukaryotenzellen.** Vergleicht anhand der Abbildungen 1, 2, 4, 5 Prokaryoten- und Eukaryotenzellen.

**5 Zellen, Zellorganellen und das Prinzip der Oberflächenvergrößerung.** Im Gegensatz zu prokaryotischen Zellen haben eukaryotische Zellen umfangreiche innere Membransysteme mit einer großen Oberfläche (Abb. 1, 2). Entwickelt unter Bezug auf den Grundwissentext begründete Vermutungen über die Bedeutung großer innerer Flächen. Überprüft eure Hypothesen selbstständig unter Nutzung geeigneter Informationsquellen.

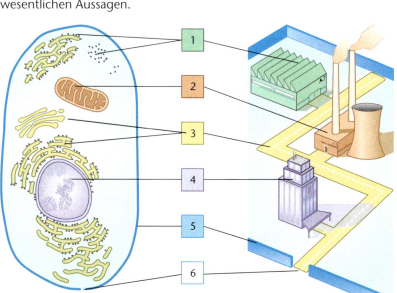

**3** *Vergleich zwischen einer Zelle und einer Fabrik*

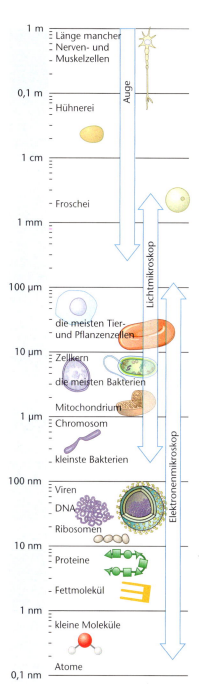

**5** *Größenvergleich*

Die Erbinformationen einer Prokaryotenzelle befinden sich in Form eines ringförmigen Chromosoms, dem Bakterien-Chromosom, im Zellplasma. Daneben gibt es häufig kleine Ringe, die Plasmide, die ebenfalls Erbinformationen enthalten. Die Zellwand verleiht der Zelle Stabilität. Sie ist bei den Bakterien allerdings anders zusammengesetzt und aufgebaut wie die Zellwand der Pflanzenzellen. Manche Bakterien besitzen eine äußere Kapsel aus klebrigem Schleim. Damit heften sie sich an Gegenstände und Zellen. Einige Bakterien besitzen eine Geißel, mit deren Hilfe sie sich fortbewegen.

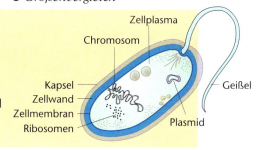

**4** *Zelle eines Prokaryoten*

31

Arbeitsmaterial

## 1.9 Zelldifferenzierung

Nervenzellen sind auf die Informationsweiterleitung spezialisiert.

Muskelzellen sind auf Kontraktionen spezialisiert.

Rote Blutzellen sind auf den Transport von Sauerstoff spezialisiert.

**1** *Spezialisierte Zellen beim Menschen*

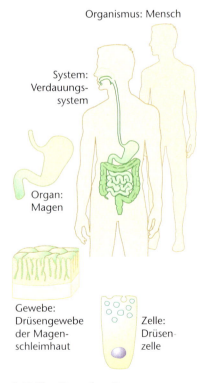

**2** *Zelle, Gewebe, Organ, Organsystem, Organismus*

Im Gegensatz zu Einzellern bestehen Menschen, die meisten Tiere und Pflanzen aus Milliarden von Zellen. Diese Zellen nehmen in Vielzellern die verschiedensten Aufgaben wahr. Der Grundtyp der Tier- und Pflanzenzelle ist entsprechend seiner Aufgabe verändert (Abb. 1). Jeder Zelltyp erfüllt eine bestimmte Aufgabe, so dass eine Arbeitsteilung stattfindet. Man spricht in diesem Zusammenhang von spezialisierten Zellen oder **Zelldifferenzierung.** Sind diese spezialisierten Zellen zu Zellverbänden zusammengeschlossen, spricht man von einem **Gewebe.** Erfüllen wiederum mehrere Gewebe gemeinsam eine oder mehrere Aufgaben, spricht man von einem **Organ.** Die Gesamtheit aller Gewebe und Organe ergänzen sich in ihren Funktionen und bilden den **Organismus.**

Drüsenzellen in der Magenschleimhaut bilden im Verband das Drüsengewebe der Magenschleimhaut (Abb. 2). Der Magen als Organ besteht wiederum aus verschiedenen Gewebetypen, die gemeinsam die Aufgabe der Verdauung erfüllen. Bei der Verdauung spielen allerdings noch andere Organe eine Rolle, wie zum Beispiel der Mund mit Zähnen und Speicheldrüsen sowie der Dick- und Dünndarm. Diese Organe bilden zusammen ein **Organsystem,** das Verdauungssystem. Die Gesamtheit aller Organe und Organsysteme ergänzen sich mit ihren einzelnen Aufgaben zum Organismus, dem Menschen.

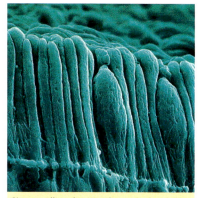

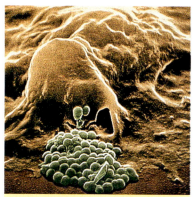

Sinneszellen der Netzhaut sind auf die Aufnahme von Lichtreizen spezialisiert.

Geschlechtszellen sind auf Fortpflanzung spezialisiert.

Weiße Blutzellen sind auf die Abwehr von Fremdkörpern spezialisiert.

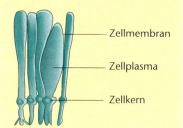
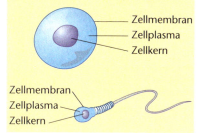
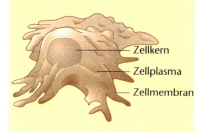

**1 Gemeinsamkeiten und Unterschiede.** Betrachte die verschiedenen spezialisierten Zellen in Abbildung 1. Vergleiche auf Gemeinsamkeiten und Unterschiede bezüglich des Aufbaus und der Funktion.

**2 Von der Zelle zum Organismus.** Ordne die folgenden Begriffe vergleichbar der Abbildung 2 an. Beginne mit den drei Zellen: Mensch, Sinneszelle, Immunsystem, Muskel, Netzhaut, Nervensystem, Skelettmuskel, weiße Blutzelle, Auge, Bewegungssystem, Muskelzelle, Blut.

**3 System.** Lies dir die Definition des Begriffs „System" in Abbildung 3 aufmerksam durch.
a) Begründe, ob es sich bei einem Organsystem um ein offenes oder ein geschlossenes System handelt.
b) Übertrage anschließend die Definition auf den Begriff Organsystem (Abb. 2).

Unter einem System (griech. systema: aus mehreren Teilen zusammengesetztes Ganzes) versteht man einen ganzheitlichen Zusammenhang zwischen Dingen, Vorgängen und Teilen.

Man unterscheidet grundsätzlich zwischen offenen und geschlossenen Systemen. Ein geschlossenes System zeichnet sich dadurch aus, dass es von der Umgebung stofflich isoliert ist. Das kann man näherungsweise mit einer Flüssigkeit in einer geschlossenen Flasche vergleichen. Das System kann lediglich Energie, z. B. in Form von Wärme, mit der Umgebung austauschen.

In einem offenen System können neben der Energie auch Stoffe zwischen dem System und der Umgebung ausgetauscht werden. So ist z. B. eine Pflanze ein offenes System, da sie mit ihren Wurzeln Wasser aus dem Boden und mit den Blättern Kohlenstoffdioxid aus der Luft aufnimmt sowie durch die Fotosynthese Sauerstoff an die Luft wieder abgibt.

*3 Definition: System*

## 1.10 Fotosynthese

1 *Wasserpest im Licht*

2 *a) Versuchsaufbau zum Auffangen der Gasbläschen und b) Glimmspanprobe*

Manchmal kann man beobachten, dass von Wasserpflanzen, zum Beispiel der Wasserpest, kleine Bläschen aufsteigen (Abb. 1). Die Bläschen enthalten ein Gas, das von der Wasserpest gebildet wird. Mit einer Versuchsanordnung wie in Abbildung 2 kann man die Vorgänge beobachten und experimentell untersuchen. Wenn die Wasserpest hell beleuchtet wird, sieht man, wie Gasbläschen von der Pflanze in das Reagenzglas aufsteigen. Das Gas sammelt sich an der Spitze des Reagenzglases. Hält man die glimmende Spitze eines Holzspans in das Gas, flammt der Span hell auf (Abb. 2). Diese Glimmspanprobe ist ein Nachweis dafür, dass es sich bei dem Gas um Sauerstoff handelt.

Heute weiß man, dass alle grünen Pflanzen im Wasser und auf dem Land bei Belichtung Sauerstoff freisetzen. Allerdings ist die Freisetzung von Sauerstoff nur Teil eines umfassenderen Vorgangs, den man als **Fotosynthese** bezeichnet. Bei der Fotosynthese nimmt eine Pflanze die energiearmen Stoffe Wasser und das Gas Kohlenstoffdioxid auf. Licht wird vom grünen Blattfarbstoff Chlorophyll absorbiert. Ein Teil der Lichtenergie wird in chemische Energie, ein anderer Teil in Wärme gewandelt. Mithilfe der chemischen Energie wird aus Kohlenstoffdioxid und Wasser der energiereiche Nährstoff Glucose (Traubenzucker) hergestellt sowie Sauerstoff abgegeben (Abb. 3). Glucose wird zu verschiedenen anderen Stoffen weiterverarbeitet, zum Beispiel zu Stärke, zu anderen Kohlenhydraten, aber auch zu Fetten und Proteinen.

Grüne Pflanzen können also mithilfe von Licht die zum Leben notwendigen Nährstoffe selbst herstellen. Diese Ernährungsweise nennt man **autotroph.** Das Wort bedeutet „sich selbst ernährend".

$$\text{Kohlenstoffdioxid + Wasser} \xrightarrow[\text{Lichtenergie}]{\text{Chlorophyll}} \text{Glucose + Sauerstoff}$$

3 *Fotosynthese*

Um die Bedingungen der Fotosynthese zu untersuchen, wird häufig die Bläschenzähl-Methode angewandt. Der Stängel einer Wasserpest-Pflanze wird frisch angeschnitten und die Pflanze in ein wassergefülltes Glas unter einen umgekehrten Trichter gebracht (Abb. 2a).

Der Trichter ist mit einem umgedrehten, vollständig mit Wasser gefüllten Reagenzglas verbunden. Anschließend wird die Pflanze mit einer starken Lichtquelle bestrahlt. Gezählt werden die Sauerstoff-Bläschen, die pro Minute von der Pflanze aufsteigen. Je mehr Bläschen gebildet werden, desto höher ist die Fotosynthese-Leistung.

**4** *Bläschenzähl-Methode*

| Beleuchtungsstärke in lux | 200 | 1000 | 4000 | 8000 | 16 000 | 24 000 | 32 000 |
|---|---|---|---|---|---|---|---|
| Sauerstoff-Bläschen pro min | 0 | 1 | 4 | 8 | 12 | 13 | 13 |

**5** *Versuchsergebnisse*

**1 Bedingungen der Fotosynthese.** Die Versuche I bis IV zur Fotosynthese wurden durchgeführt.
a) Stelle die Werte aus Versuch I grafisch dar. Werte die Kurve aus und begründe ihren Verlauf.
b) Begründe die Ergebnisse der Versuche II bis IV.
c) Fasse die Ergebnisse der Versuche I bis IV zusammen. Unter welchen Bedingungen findet Fotosynthese statt?

**Versuch I:** Indem man einen Diaprojektor aus unterschiedlicher Entfernung auf eine Probe einstrahlen lässt, kann man die Beleuchtungsstärke variieren. In einer Versuchsreihe ergaben sich die Werte aus Abbildung 5.
**Versuch II:** Der Versuch, wie er in Abbildung 2 dargestellt ist, wurde mit drei verschiedenen Flüssigkeiten durchgeführt: Mineralwasser mit Kohlensäure, Leitungswasser und abgekochtem Wasser. Dann wurde mit der Bläschenzähl-Methode die Fotosynthese-Leistung gemessen (Abb. 4). Sie war am höchsten in dem Ansatz mit Mineralwasser, gefolgt von Leitungswasser. Im abgekochten Wasser konnten keine Bläschen beobachtet werden.
**Versuch III:** Mit Wasserpest-Pflanzen wurden nach der Bläschenzähl-Methode drei Versuchsansätze mit unterschiedlich temperiertem Wasser hergestellt. Die Wassertemperaturen in den drei Ansätzen betrugen 15, 30 und 45 Grad Celsius. Die höchste Anzahl von Sauerstoff-Bläschen pro Minute wurde bei Wasser von 30 Grad Celsius gezählt, deutlich weniger bei Wasser von 15 Grad Celsius und keine Bläschen bei Wasser von 45 Grad Celsius.
**Versuch IV:** Eine Topfpflanze wird zwei Tage im Dunkeln gehalten. An einem Blatt wird dann eine Schablone aus Karton angebracht, die die Blattunterseite ganz abdeckt, auf der Blattoberseite aber eine sternchenförmige Öffnung lässt (Abb. 6). Nun wird die Pflanze mindestens zwölf Stunden belichtet. Dann wird die Schablone entfernt, das Blatt abgetrennt und in kochendes Wasser gegeben. Dadurch werden die Zellen zerstört. Anschließend wird das Blatt in warmem Alkohol (F: leicht entzündlich) geschwenkt. So löst sich das Chlorophyll aus dem Blatt. Wird das nun helle Blatt in eine Petrischale mit Iod-Kaliumiodid-Lösung gelegt, ergibt sich das Bild aus Abbildung 6. Iod-Kaliumiodid-Lösung ist ein Nachweismittel für Stärke. Es färbt Stärke blauviolett (Schutzhandschuhe tragen).

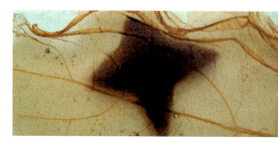

**6** *Versuch zum Stärkenachweis*

35

# Erkenntnisse durch historische Versuche

Versuche folgen meist einem bestimmten Schema (Abb. 1).

**Beobachtung:** Landwirte und Gärtner düngen den Boden mit Kunstdünger. Kunstdünger enthält Mineralsalze.

**Problemfrage:** Brauchen Pflanzen Mineralsalze für ihr Wachstum?

**Hypothesen (Vermutungen):**
1. Pflanzen können ohne Mineralsalze wachsen.
2. Pflanzen können nur mit Mineralsalzen wachsen.
3. Pflanzen wachsen ohne und mit Mineralsalzen.

**Versuch:**

**Planung:** Das Wachstum von Pflanzen, denen Mineralsalze zur Verfügung stehen, muss verglichen werden mit dem Wachstum von Pflanzen, denen keine Mineralsalze zur Verfügung stehen.

**Durchführung:** Auf Watte werden Bohnen herangezogen, bis sie etwa sechs Zentimeter lang sind. Die Reste der nährstoffreichen Keimblätter werden entfernt. Zwei Erlenmeyerkolben werden vorbereitet: In einem befindet sich Wasser mit Blumendünger entsprechend den Angaben auf der Düngerflasche; im anderen Erlenmeyerkolben befindet sich destilliertes Wasser. Die Bohnenpflanzen werden so mit Watte in die Öffnung der Kolben gesetzt, dass die Wurzeln in die Flüssigkeit tauchen. Im Verlauf des zweiwöchigen Versuches wird in den Erlenmeyerkolben die verbrauchte Flüssigkeit nachgefüllt. Die Erlenmeyerkolben werden an einen hellen Ort gestellt. Das Wachstum wird täglich kontrolliert.

kurz nach Versuchsbeginn

Wasser und Dünger | destilliertes Wasser

**Ergebnis:** Die Pflanze im Erlenmeyerkolben mit dem destillierten Wasser wuchs zunächst weiter und bildete neue Blätter aus, die jedoch klein blieben. Doch schon nach fünf Tagen wuchsen der Stängel und die Wurzeln nicht weiter. Dagegen zeigte die Pflanze im Wasser mit Blumendünger ein beträchtliches Wachstum; der Stängel verzweigte sich, es bildeten sich viele Blätter von normaler Größe und Färbung.

**Ergebnis-Auswertung in Bezug auf die Hypothesen:** Die Hypothese 2 wurde für Bohnenpflanzen bestätigt, die Hypothesen 1 und 3 nicht. Bohnenpflanzen benötigen Mineralsalze für ein normales Wachstum.

**Übertragung:** Es müsste untersucht werden, ob auch andere Pflanzen Mineralsalze für ihr Wachstum benötigen.

**1** *Schritte bei einem Versuch und Beispiel für ein Protokoll*

JOHAN VAN HELMONT (1577 bis 1644) pflanzte im Jahre 1635 einen jungen Weidenbaum mit 2,3 kg Masse in einen Kübel, in dem sich getrocknete Erde mit einer Masse von 90,7 kg befand. Die Erde wurde mit einer durchlöcherten Metallplatte abgedeckt. Die Pflanze stand im Freien und wurde mit Regenwasser gegossen. Nach fünf Jahren wog die Weide 76,7 kg und die Masse der Erde hatte sich um 57 g vermindert.

1635   1640

**2** *Versuch von Johan van Helmont*

a) Die Kerze erlosch nach einiger Zeit.

b) Die Kerze erlosch nach viel kürzerer Zeit als beim Versuch (a). Die Maus wurde nach kurzer Zeit ohnmächtig.

c) Die Maus wurde ohnmächtig, aber erst nach längerer Zeit als im Versuch (b).

d) Die Maus wurde nicht ohnmächtig.

**3** *Versuche von Joseph Priestley (1771)*

Die gegenwärtigen Erkenntnisse der Biologie sind im Laufe von Jahrhunderten entstanden. Neue Erkenntnisse bauen auf dem Wissen früherer Forscher und Forscherinnen auf. So konnte im Laufe der Zeit das Wissen, zum Beispiel um die Ernährung der Pflanzen, erweitert und ergänzt werden. Man spricht von einer Erkenntnisspirale (Abb. 4).

---

**Um 1640 n. Chr.:** Der Holländer VAN HELMONT führt einen berühmten fünfjährigen Versuch zur Pflanzenernährung durch (Abb. 2).
**1727:** STEPHEN HALES behauptet, dass Pflanzen ihre Nahrung aus der Luft aufnehmen, was damals niemand verstand.
**1771:** JOSEPH PRIESTLEY entdeckt, dass Tiere in luftdicht abgeschlossenen Räumen sehr viel länger überleben, wenn Pflanzen anwesend sind (Abb. 3). Er beobachtete auch, dass seine Versuche abends und nachts anders abliefen als am Tag, fand dafür aber keine Erklärung.
**1775:** ANTOINE DE LAVOISIER berichtet über ein neues Element, das die Verbrennung ermöglicht und das Lebewesen zum Atmen brauchen. Das neue Gas wird zunächst „l'air vital" genannt, vier Jahre später „Sauerstoff" (Oxygenium).
**1779:** JAN INGENHOUSZ entdeckt und beschreibt, dass Pflanzen nur im Licht Sauerstoff herstellen, im Dunklen dagegen laufend Kohlenstoffdioxid abgeben. Er zeigt auch, dass nur die grünen Pflanzenteile Sauerstoff im Licht herstellen.
**1783:** JEAN SENEBIER weist nach, dass Pflanzen im Licht nur dann Sauerstoff herstellen, wenn auch gleichzeitig Kohlenstoffdioxid anwesend ist, ein Gas, das Tiere bei der Atmung freisetzen.
**1804:** NICOLAS DE SAUSSURE weist nach, dass Pflanzen beim Verbrauch von Kohlenstoffdioxid und der Herstellung von Sauerstoff und Zucker auch Wasser benötigen.
**1837:** RENE DUTROCHET entdeckt, dass das Vorkommen von Chlorophyll, dem grünen Blattfarbstoff, für die Herstellung von Sauerstoff und Zucker notwendig ist.
**1845:** ROBERT MEYER beschreibt, dass bei der Fotosynthese Lichtenergie in chemische Energie umgewandelt wird.
**1862:** JULIUS SACHS entdeckt, dass Zucker und Stärke in den grünen Chloroplasten gebildet werden.
**Im 20. Jahrhundert:** Die an der Fotosynthese beteiligten Moleküle und ihre Umsetzungen in den Chloroplasten werden genau erforscht.

**4** *Erkenntnisspirale zur Fotosynthese*

---

**1 Der Versuch von VAN HELMONT.**
**a)** Schreibe für den historischen Versuch von VAN HELMONT in Abbildung 2 ein Protokoll nach den Schritten in Abbildung 1. Achte dabei besonders auf die Bildung der Hypothesen.
**b)** Erkläre das Versuchsergebnis möglichst umfassend unter der Überschrift „Wie ernähren sich Pflanzen?". Welche Hypothesen werden durch das Ergebnis gestützt, welche nicht?

**2 Die Experimente JOSEPH PRIESTLEYs.**
**a)** Erkläre die Ergebnisse der Versuche PRIESTLEYs in Abbildung 3. Nutze dabei die Erkenntnisse von ANTOINE DE LAVOISIER, JAN INGENHOUSZ und JEAN SENEBIER (Abb. 4).
**b)** Formuliere Hypothesen zu den Versuchsergebnissen, wenn PRIESTLEY seine Versuche im Dunklen durchgeführt hätte?

**3 Versuchsanordnungen entwerfen.** Entwirf eine Versuchsanordnung, mit der JAN INGENHOUSZ zu seinen Erkenntnissen gekommen sein könnte.

# 1.11 Energie

Der Alltag zeigt es uns: Ohne Energie geht nichts. Das Frühstücksei, die Zeitung, das Telefon, das warme Zimmer, aber auch Herzschlag und Gehirntätigkeit – all das wäre nicht ohne Energie. Es gibt in der Natur, bei den Lebewesen und beim Menschen keinen Vorgang, der ohne Energie abläuft.

## Glossar einiger Energie-Begriffe

**Energieformen:** sind unter anderem chemische Energie (z. B. in Nährstoffen), Strahlungsenergie (z. B. Lichtenergie), potenzielle Energie (Lageenergie), kinetische (Bewegungs-) Energie, elektrische Energie, Kernbindungs-Energie ("Kernenergie") und Wärmeenergie.

**Energieerhaltung:** Energie kann weder vernichtet noch neu geschaffen werden. Bei allen Energieumwandlungen bleibt die Energie vollständig erhalten, es ändert sich lediglich die Energieform. Daher sind solche Begriffe wie "Energieverlust" oder "Energieerzeugung" oder "Energieverbrauch" nicht stimmig – auch wenn sie umgangssprachlich häufig genutzt werden.

**Energiewandlung:** liegt dann vor, wenn eine Energieform in eine andere Energieform umgewandelt wird. So betrachtet ist der Mensch ein Energiewandler, der chemische Energie aus der Nahrung unter anderem in Bewegungsenergie und Wärmeenergie umwandeln kann. In einer Batterie wird chemische Energie in elektrische Energie gewandelt. Eine grüne Pflanze wandelt Strahlungsenergie (Licht) in chemische Energie und Wärme um.

**Energiefluss:** bezeichnet die Weitergabe von Energie über eine Kette von Energiewandlern (Abb. 1). Eine Kartoffel-Pflanze wandelt in ihren grünen Blättern Lichtenergie der Sonne in chemische Energie der Nährstoffe und in Wärme um. Die Kartoffel wird von einem Menschen gegessen. Beim Fahrradfahren wird die chemische Energie der Nährstoffe der Kartoffel in Bewegungsenergie und in Wärme gewandelt. Ist der Dynamo am Fahrrad angeschaltet, wird ein Teil der Bewegungsenergie in elektrische Energie und Wärme gewandelt und schließlich ergibt sich Strahlungsenergie (Licht) und Wärme. Wegen der Energieentwertung wird die nutzbare Energie bezogen auf die primär eingesetzte Energie von Stufe zu Stufe deutlich geringer.

**Energieentwertung:** Die verschiedenen Energieformen sind aus Sicht des Menschen unterschiedlich gut nutzbar. Ein Beispiel: Beim Autofahren wird die chemische Energie des Benzins in Bewegungsenergie und zum größeren Teil in Wärme gewandelt. Weil die Wärmeenergie nicht weiter nutzbar ist, spricht man von Energieentwertung. Im Allgemeinen hat die Energieentwertung erhebliche Ausmaße. Wärme ist zwar für die Lebensvorgänge vieler Organismen wichtig, jedoch ist Wärme für alle Lebewesen eine Energieform, die sie nicht mehr in irgendeine andere Energieform wandeln können.

**Erneuerbare (regenerative) Energien:** Ein Sammelbegriff für alle Energien, die immer wieder erneuert werden und nicht erschöpfen. Sonnenlicht, Biomasse, Windenergie, Wasserkraft, Holz gehören unter anderem zu den erneuerbaren Energien.

**Fossile Brennstoffe:** sind Produkte aus Biomasse, die vor mehreren hundert Millionen Jahren aus abgestorbenen Lebewesen durch biologische und geologische Prozesse entstanden. Kohle, Erdöl und Erdgas gehören dazu. Ihre Energie ist letztlich auf das Sonnenlicht längst vergangener Zeiten zurückzuführen.

**Energieeinsparung:** kann auf zweierlei Weise geschehen: Entweder wird an der Energie gespart, etwa die Raumtemperatur im Winter abgesenkt, oder die Effizienz (Wirksamkeit) der Energienutzung wird erhöht, zum Beispiel können konventionelle Glühlampen durch Energiesparlampen ersetzt werden. Im Reich der Lebewesen haben sich im Laufe der Evolution vielfältige Merkmale, Vorgänge und Verhaltensweisen ausgebildet, die sparsam und effizient Energie nutzen.

**Wirkungsgrad der Energie:** das Verhältnis der nutzbaren zur eingesetzten Energie

38    Stoff-+Energieumwandlung

Grundwissen

**1 Energieflussdiagramm.**
a) Erläutere mithilfe der Begriffe auf der Grundwissenseite das Energieflussdiagramm in Abbildung 1. Beachte dabei auch die Bedeutung der Energieentwertung.
b) Die Abbildung 1 kann im Hinblick auf den Energiefluss verbessert werden. Beschreibe und begründe, wie die Verbesserung aussehen könnte.

**2 Energiewandlungen und die Bedeutung des Sonnenlichts.**
a) Erläutere an fünf selbst gewählten Beispielen aus Abbildung 2 Energiewandlungen.
b) Beschreibe, welche verschiedenen Energiewandlungen tierische Lebewesen und der Mensch durchführen?

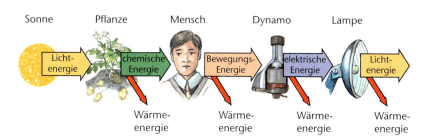

1 *Beispiel für Energiefluss*

c) Begründe, warum das Sonnenlicht die wichtigste Energiequelle auf der Erde ist. Beachte dabei auch, dass die chemische Energie fossiler Energieträger letztlich auf die Energie des Sonnenlichts zurückzuführen ist.

**3 Energiewandlungen und Energiefluss.** Fertige für drei selbst gewählte Beispiele je eine Skizze eines Energieflussdiagramms ähnlich der Abbildung 1 an. Jedes der drei Beispiele soll mit der Sonne beginnen und die Fotosynthese einbeziehen.

| zugeführte Energieform \ abgegebene Energieform | Bewegungs-energie | elektrische Energie | Wärme-energie | Licht-energie | chemische Energie |
|---|---|---|---|---|---|
| **Bewegungs-energie** | Windmühle | Fahrraddynamo | reibende Hände | | |
| **elektrische Energie** | Ventilator | Transformator | Tauchsieder | Leuchtdiode | Batterieladegerät |
| **Wärme-energie** | Dampflok | Thermoelement | Heizkörper | glühende Bremsen | |
| **Licht-energie** | Lichtmühle | Solarzelle | Sonnenkollektor | Spiegel | Fotosynthese |
| **chemische Energie** | Bewegung | Batterie | Gasbrenner | chemisches Licht | Verdauung |

2 *Beispiele für Energiewandlungen*

## 1.12 Die Zellatmung – ein Prozess der Energieumwandlung

Beim Atmen eines Menschen wird Sauerstoff in das Blut aufgenommen. Durch die Verdauung gelangen Glucose und andere Nährstoffe in das Blut. Sauerstoff und Glucose werden mit dem Blut in alle Teile des Körpers transportiert. Beide Stoffe werden für die Zellatmung benötigt (Abb. 1).

Die **Zellatmung** ist ein chemischer Vorgang, der aus mehreren Teilschritten besteht. Er findet laufend in den Mitochondrien der Zellen statt. Mitochondrien sind Zellorganellen, die mit einer Doppelmembran gegen das Zellplasma abgegrenzt sind. **Mitochondrien** sind die Orte der Zellatmung.

Die Zellatmung dient dazu, die chemische Energie der Glucose für die Zellen nutzbar zu machen. Die Schritte bei der Zellatmung laufen schnell und geordnet hintereinander ab. Dabei wird unter Beteiligung von Sauerstoff die energiereiche Glucose zu energiearmen Kohlenstoffdioxid und Wasser abgebaut. Schrittweise wird die chemische Energie der Glucose in **chemische Energie** umgewandelt, die von der Zelle genutzt werden kann. Außerdem wird bei der Zellatmung ein Teil der chemischen Energie der Glucose in Wärmeenergie gewandelt.

Energie aus der Zellatmung ist Grundlage aller Lebensvorgänge. Muskeln benötigen diese Energie, um sich zusammenziehen zu können. Das Gehirn benötigt Energie aus der Zellatmung für die Informationsverarbeitung. Auch die anderen Organe des Menschen sind auf Energie aus der Zellatmung angewiesen. Nicht nur beim Menschen, sondern auch in den Zellen von Tieren, Pflanzen, Pilzen und vielen Bakterien liefert die Zellatmung lebensnotwendige Energie.

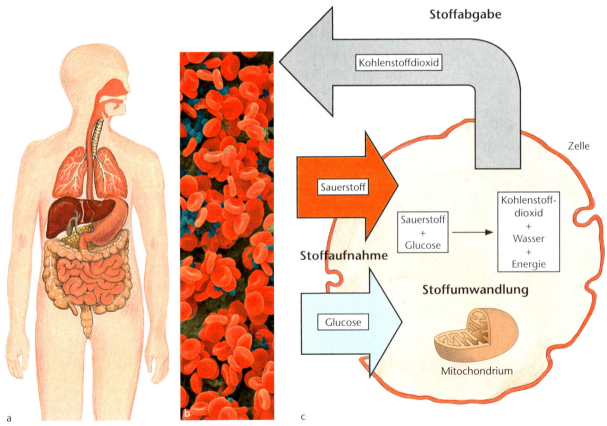

**1** *Zellatmung: a) der Mensch mit seinen Organen, b) das Blut als Transportmedium, c) die Vorgänge in der Zelle.*

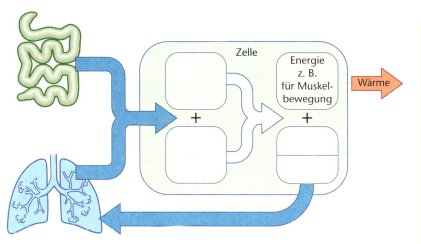

*2 Schema zur Zellatmung*

**1 Zellatmung und Stofftransport reflektieren.** Formuliere zu den in Abbildung 1 dargestellten Vorgängen einen zusammenhängenden Text oder eine grafische Darstellung nach deinen eigenen Vorstellungen. Tausche deine Arbeit mit deinem Nachbarn/deiner Nachbarin aus und diskutiert Vor- und Nachteile. Nimm auf dieser Grundlage Veränderungen in deinem Text oder deiner Darstellung vor.

**2 Diagramm zur Zellatmung.** Übertrage das Schema in Abbildung 2 in dein Heft. Beschrifte das Schema anschließend mit folgenden Begriffen: Kohlenstoffdioxid, Sauerstoff, energiearme Stoffe, Wasser, Glucose, Stoffaufnahme, Stofftransport, Darm, Stoffumwandlung, Stoffabgabe, Lunge.

**3 Zellatmung bei körperlichen Anstrengungen.** Stelle begründete Vermutungen darüber an, welche Veränderungen sich in der Zellatmung von Muskelzellen ergeben, wenn sich jemand körperlich stark anstrengt.

**4 Vergleich Zellatmung – Kerzenflamme.** Vergleiche die Zellatmung mit der Verbrennung in einer Kerzenflamme (Abb. 3). Erläutere Gemeinsamkeiten und Unterschiede.

**5 Reaktionsschema zur Zellatmung.**
a) Formuliere zum Reaktionsschema der Zellatmung einen Merksatz (Abb. 4).
b) Wie viele Wassermoleküle entstehen pro Molekül Glucose bei der Zellatmung? Glucose hat die Summenformel $C_6H_{12}O_6$. Notiere die Reaktionsgleichung.

Ohne Sauerstoff brennt keine Kerze. Wird eine Kerze angezündet, geht am Docht Kerzenwachs in den flüssigen und dann in den gasförmigen Zustand über. Die Verbrennung beginnt, wenn das gasförmige Kerzenwachs seine Entzündungstemperatur erreicht hat. Kerzenwachs enthält viel Kohlenstoff. In der Kerzenflamme werden Temperaturen von 1400 Grad Celsius erreicht. Bei der Verbrennung von Kerzenwachs mit Sauerstoff entstehen unter anderem Kohlenstoffdioxid und Wasser sowie hunderte andere Verbrennungsprodukte. Die chemische Energie des Kerzenwachses wird vor allem in Wärme- und Lichtenergie umgewandelt. Eine Kerzenflamme kann leicht ausgepustet werden.

*3 Verbrennung in der Kerzenflamme*

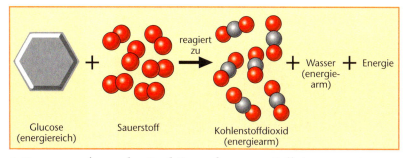

*4 Zusammenfassendes Reaktionsschema zur Zellatmung*

## 1.13 Fotosynthese und Zellatmung

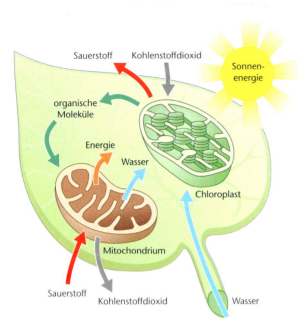

1 *Fotosynthese und Zellatmung*

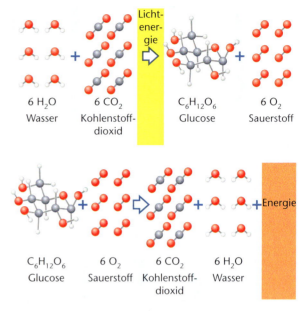

2 *Fotosynthese und Zellatmung in Moleküldarstellung*

Bei der **Fotosynthese** erzeugen grüne Pflanzen mithilfe des Chlorophylls aus Kohlenstoffdioxid und Wasser zwei andere Stoffe, Glucose und Sauerstoff (Abb. 1, 2). Die Chloroplasten sind der Ort der Fotosynthese. Durch Fotosynthese wird ein Teil der Lichtenergie in chemische Energie der Glucose gewandelt. Glucose ist daher ein energiereicher Stoff.

Bei der **Zellatmung** wird die chemische Energie von Nährstoffen, zum Beispiel von Glucose, für die Zellen nutzbar gemacht (Abb. 1, 2). In einer Kette von Teilschritten wird bei der Zellatmung Glucose unter Beteiligung von Sauerstoff zu den energiearmen Stoffen Kohlenstoffdioxid und Wasser umgewandelt. Der Ort der Zellatmung sind die Mitochondrien.

Grüne Pflanzenzellen besitzen Chloroplasten und Mitochondrien (Abb. 1). Im Licht betreiben sie Fotosynthese, bei der Sauerstoff frei wird, und zugleich Zellatmung, bei der Sauerstoff benötigt wird. Im Tageslicht überwiegt allerdings bei den meisten Pflanzen die Sauerstoff-Freisetzung durch Fotosynthese gegenüber dem Sauerstoff-Bedarf für die Zellatmung. Der überschüssige Sauerstoff wird von den Pflanzen abgegeben und steht atmenden Lebewesen zur Verfügung. Grüne Pflanzen und atmende Lebewesen stehen in einer wechselseitigen Beziehung (Abb. 3): Sauerstoff aus der Fotosynthese wird für die Atmung benötigt, Kohlenstoffdioxid aus der Atmung wird für die Fotosynthese benötigt.

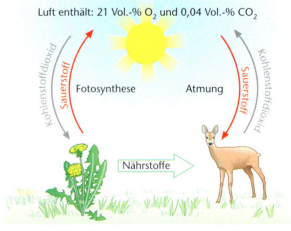

3 *Wechselbeziehungen zwischen atmenden und Fotosynthese betreibenden Lebewesen*

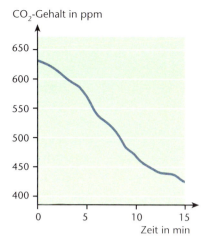

**4** *Versuch zum Kohlenstoffdioxid-Gehalt in einem Gefäß mit Blättern, ppm (parts per million) ist ein Maß für die Konzentration eines Stoffes*

einem Sensor wird der Kohlenstoffdioxid-Gehalt der Luft in der Glocke laufend gemessen.
**a)** Werte das Ergebnis des Versuchs aus (Abb. 4).
**b)** Entwickle Hypothesen was geschieht, wenn die Blätter im Dunklen stehen.

**1** **Fotosynthese und Atmung.** Erläutere die wechselseitigen Beziehungen, die in Abbildung 3 dargestellt sind, in einem Text.

**2** **Efeublätter im abgeschlossenen Gefäß.** Unter einer Glasglocke befinden sich 20 Efeublätter in Wasser (Abb. 4). Die Glocke wird beleuchtet. Mit

**3** **Fotosynthese und Atmung in einem Modellgewässer.** In der Abbildung 5 sind acht mit Wasser gefüllte und luftdicht geschlossene Gefäße gezeichnet. Stelle dir vor, die Gefäße würden so mit Wasserpflanzen und/oder Tieren besetzt wie in Abbildung 5 gezeichnet. Beschreibe für jedes Gefäß, wie sich vermutlich der Sauerstoff-Gehalt und der Kohlenstoffdioxid-Gehalt ändern werden. Begründe deine Vermutungen.

**5** *Fotosynthese und Atmung in einem Modellgewässer*

**43**

Arbeitsmaterial

## 1.14 Glucose wird in zahlreiche Stoffe umgewandelt

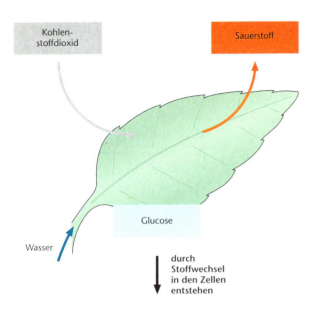

andere Kohlenhydrate:

Fette:

Eiweiße:

Duft-, Farb- und Aromastoffe:

Nucleinsäuren, DNA:

Andere Stoffe: wie pflanzliche Abwehr- und Giftstoffe

 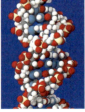 

1 *Die Fotosynthese ist die Grundlage für die Bildung aller pflanzlichen Stoffe*

Unter Stoffwechsel eines Lebewesens versteht man die Aufnahme, Umwandlung und Abgabe von Stoffen. Alle chemischen Reaktionen in einem Lebewesen gehören zu seinem Stoffwechsel. Er wird unterteilt in Bau- und Betriebsstoffwechsel. Mit **Baustoffwechsel** werden diejenigen chemischen Reaktionen bezeichnet, die dem Aufbau und der Speicherung von Stoffen in einem Organismus dienen. Im **Betriebsstoffwechsel** werden dagegen Stoffe abgebaut. Dadurch wird unter anderem Energie bereitgestellt. Bau- und Betriebsstoffwechsel sind in einem Organismus eng miteinander verzahnt.

Glucose (Traubenzucker) ist ein Nährstoff, der zur Gruppe der Kohlenhydrate gehört. **Glucose** ist das Hauptprodukt der Fotosynthese. Sie kann im Stoffwechsel einer Pflanze in eine große Zahl anderer Stoffe umgewandelt werden. Dazu gehören andere Kohlenhydrate aber auch Fette und Eiweiße. Alle organischen Stoffe einer Pflanze lassen sich letztlich auf die Fotosynthese zurückführen (Abb. 1). Bei der Herstellung vieler dieser Stoffe werden zusätzlich Mineralsalze benötigt.

Die Speicherung von Nährstoffen erfolgt zum Teil in Samen und Früchten. In den Früchten der verschiedenen Getreide wie Mais, Weizen und Reis wird das Kohlenhydrat Stärke gespeichert. Stärke besteht aus Glucose-Molekülen, die zu langen Ketten verbunden sind (Abb. 2). Sonnenblumen, Erdnüsse und Oliven sind reich an Fetten und Sojasamen reich an Eiweiß. Manche Pflanzen speichern Nährstoffe in besonderen Speicherorganen wie Knollen. Ein bekanntes Beispiel ist die Kartoffel. Samen, Früchte, Blätter und Speicherorgane von Pflanzen sind für die Ernährung des Menschen von sehr großer Bedeutung (Abb. 1).

Manche Pflanzen werden von Menschen nicht wegen ihrer Nährstoffe genutzt, sondern wegen anderer Stoffe. Dazu gehören unter anderem Duftstoffe, Farbstoffe und Aromastoffe wie die der Rose sowie Abwehrstoffe der Zitrone.

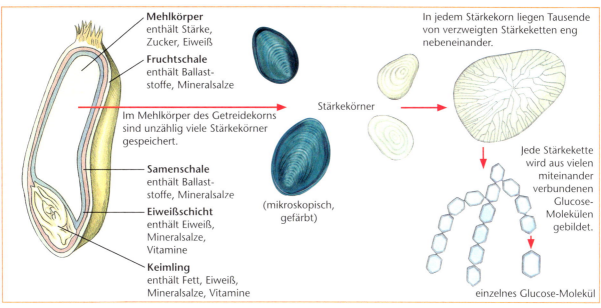

**2** *Weizenfrucht im Längsschnitt, Stärkekörner und Stärke*

**1 Stoffwechsel.** Erarbeite anhand des Grundwissentextes Definitionen für folgende Begriffe: Stoffwechsel, Baustoffwechsel, Betriebsstoffwechsel.

**2 Sich über Fotosynthese informieren.** Erstelle zu Abbildung 1 einen Sachtext mit dem Thema: „Fotosynthese als Grundlage des pflanzlichen Stoffwechsels." Informiere dich dazu in Fachbüchern oder im Internet.

**3 Struktur und Funktion der Weizenfrucht.** Die Weizenfrucht ist in ihrem Aufbau, der Struktur, an ihre Funktion angepasst. Entwickelt dazu eigene Fragestellungen und beantwortet sie.

**4 Stärkekörner mikroskopieren.** Schabe mit einem Spatel oder einem Messer eine kleine Probe von einer frisch angeschnittenen Kartoffel oder reifen Banane ab. Bringe die Probe auf einen Objektträger, gib ein wenig Wasser hinzu und lege ein Deckglas auf. Beginne deine Betrachtung mit der kleinsten Vergrößerung. Betrachte außerdem Proben, die zuvor mit Iod-Kaliumiodid-Lösung gefärbt wurden.
Iod-Kaliumiodid ist ein Nachweismittel für Stärke.

**5 Wie viel Glucose produziert eine Zuckerrübe?** Von Mai bis Oktober wird monatlich der durchschnittliche Gesamtflächeninhalt aller Blätter einer Zuckerrübe bestimmt (Abb. 3). Vereinfachend wird ein Durchschnittswert für die Wachstumszeit (Mai bis August) und für die Reifezeit (September bis Oktober) gebildet. Berechne mit diesen Angaben, wie viel Glucose die Zuckerrübe von Mai bis Oktober erzeugt hat. Gehe davon aus, dass 1 m$^2$ Blattoberfläche in einer Stunde 1 g Glucose erzeugt.

|  | Mai bis August | September bis Oktober |
|---|---|---|
| Anzahl der Tage | 105 | 60 |
| Sonnenstunden pro Tag | 14 | 12 |
| durchschnittlicher Gesamtflächeninhalt aller Blätter einer Zuckerrübe in cm$^2$ | 3284 | 6567 |

**3** *Daten zur Glucoseproduktion einer Zuckerrübe*

# 1.15 Die Bedeutung der Fotosynthese für die Erde

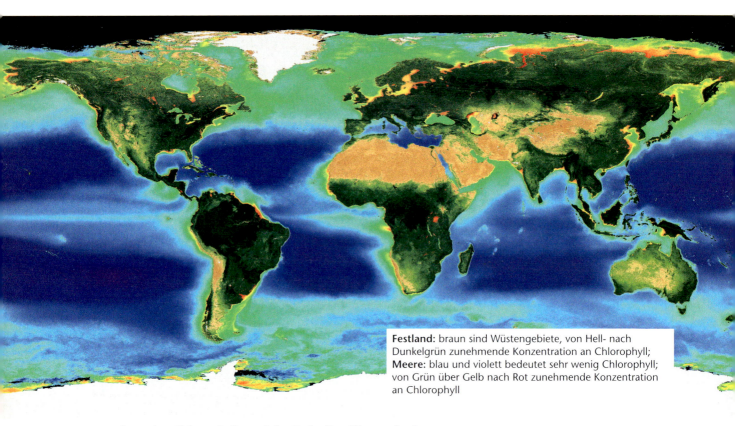

**Festland:** braun sind Wüstengebiete, von Hell- nach Dunkelgrün zunehmende Konzentration an Chlorophyll;
**Meere:** blau und violett bedeutet sehr wenig Chlorophyll; von Grün über Gelb nach Rot zunehmende Konzentration an Chlorophyll

**1** *Verteilung des Chlorophylls auf der Erde, Satellitenaufnahme*

Die Fotosynthese ist einer der wichtigsten biologisch-chemischen Prozesse auf der Erde. Dabei wird eine außerirdische Energiequelle, das Sonnenlicht, genutzt (Abb. 1). In der Frühzeit der Erde, vor etwa vier Milliarden Jahren, gab es noch keine Fotosynthese und die Uratmosphäre war frei von Sauerstoff. Es waren Fotosynthese treibende Lebewesen, die im Laufe von Milliarden Jahren die sauerstoffhaltige Atmosphäre schufen. Erst in einer solchen Atmosphäre konnte sich die Ozonschicht in etwa zehn Kilometer Höhe in der Atmosphäre ausbilden. Ozon ist ein Molekül aus drei Sauerstoffatomen ($O_3$) und kann einen großen Teil der gefährlichen ultravioletten Sonnenstrahlung abfangen.

Pflanzen können mithilfe der Fotosynthese selbst energiereiche Nährstoffe produzieren. Daher nennt man die Pflanzen auch **Produzenten.** Sie sind die Ernährungsgrundlage für Tiere und Menschen, die **Konsumenten.** Pflanzenfresser unter den Tieren ernähren sich unmittelbar von Pflanzen. Aber auch die Fleischfresser sind indirekt auf die Fotosynthese der Pflanzen angewiesen, weil sie oft von pflanzenfressenden Tieren leben.

**Fossile Energieträger** wie zum Beispiel Erdöl und Kohle gehen auf die Fotosynthese in längst vergangenen Zeiten zurück. Aus der organischen Substanz damaliger Lebewesen entstand nach dem Absterben unter bestimmten Bedingungen Erdöl oder Kohle. Der Aufbau energiereicher organischer Substanz durch Fotosynthese wird heutzutage bei den so genannten **nachwachsenden Rohstoffen** genutzt. Dazu gehören pflanzliche Produkte, die vom Menschen nicht zur Ernährung, sondern für andere Zwecke genutzt werden, zum Beispiel Textilfasern, Holz oder Biokraftstoffe.

**1 Bildunterschriften finden.** Betrachte die Abbildungen 2 bis 6. Suche für jedes Bild eine geeignete Bildunterschrift. Beachte dabei den Titel dieses Abschnitts. Vergleicht und diskutiert eure Bildunterschriften.

**2 Plakat: „Die Bedeutung der Fotosynthese".** Erstelle unter Beachtung der Bild- und Textinformationen auf diesen beiden Seiten ein Lernplakat zum Thema „Die Bedeutung der Fotosynthese". Präsentiere der Klasse das Plakat.

**3 Globale Verteilung des Chlorophylls.** Die Abbildung 1 wurde nach Satellitenaufnahmen erstellt. Werte die Abbildung aus. Nimm dazu einen Atlas zur Hilfe. Stelle eine Hypothese auf, zu welcher Jahreszeit die Satellitenaufnahmen vermutlich gemacht wurden.

Dieser Baum ist etwa 25 m hoch und hat ungefähr einen Kronendurchmesser von 15 m. Mit seinen ca. 800 000 Blättern verzehnfacht er seine aktive Oberfläche von 160 m² auf 1600 m² Blattfläche. Durch die unzähligen Spaltöffnungen der Blätter gelangen an einem Sommertag 9,4 m³ Kohlenstoffdioxid aus der Luft in die Zellen der Blätter. Hier verarbeitet es der Baum, angetrieben durch die Energie der Sonne, mit Wasser zu 12 kg Kohlenhydraten (Zucker und Stärke). Dabei wird eine Menge von 9,4 m³ lebensnotwendigen Sauerstoffs frei. Schon 150 m² Blattfläche eines Baumes liefern während der Wachstumsphase den gesamten Sauerstoffbedarf eines Menschen. Daraus folgt, dass dieser Baum 11 Menschen mit Sauerstoff versorgt. Dabei verbraucht er selbst das täglich ausgestoßene Kohlenstoffdioxid von zweieinhalb Einfamilienhäusern. Wird der Baum nun aus irgendeinem Grund gefällt und wollte man diesen einen Baum vollwertig ersetzen, so müsste man 2500 junge Bäume mit einem Kronenvolumen von 1 m³ pflanzen.

2

3

4

5

6

47

Arbeitsmaterial

# 1.16 Wälder sind verschieden

**1** *Wälder – unterschiedlich stark von Menschen beeinflusst*

In Deutschland ist etwa ein Drittel der Fläche bewaldet. Ein Wald ist eine von Bäumen bewachsene Fläche, die groß genug ist, dass ein typischer Waldboden und ein charakteristisches Waldinnenklima entstehen kann. Vor 20 000 Jahren war fast ganz Mitteleuropa von Wald bedeckt. Ohne Einfluss des Menschen würde sich auch heute noch der größte Teil unserer Landschaft zu Wald entwickeln. Ursprünglich kamen in Mitteleuropa fast nur Laubwälder vor. Nadelwälder gab es nur im Gebirge, an wenigen Standorten mit besonderen klimatischen Bedingungen sowie im kontinentalen Klima Osteuropas.

Heute wird der Wald vom Menschen vielfältig genutzt. An die Stelle der ursprünglichen Wälder sind vom Menschen angelegte und bewirtschaftete Wälder getreten. Man kann drei Grundtypen unterscheiden: In einem **Laubwald** wachsen ausschließlich Laubbäume, in einem **Nadelwald** Nadelbäume und in einem **Mischwald** Laub- und Nadelbäume. In den letzten 100 Jahren wurden häufig große Flächen mit einer einzigen Baumart, zumeist mit der schnell wachsenden Fichte, bepflanzt. Diese Bewirtschaftungsform bezeichnet man als **Monokultur.** Es hat sich aber herausgestellt, dass Monokulturen anfällig für Schädlinge und für Sturmschäden sind.

In den Wäldern Deutschlands sind etwa 30 000 Tier-, Pilz- und Pflanzenarten beheimatet. Das sind 90 Prozent aller einheimischen Arten. Während in alten, naturnahen Laub- und Mischwäldern bis zu 10 000 Arten heimisch sind, sind Fichtenmonokulturen mit etwa 2000 Arten artenarm. Der Artenreichtum eines Lebensraumes ist Teil seiner biologischen Vielfalt. Man bezeichnet biologische Vielfalt auch als **Biodiversität.** Naturschutzmaßnahmen haben zum Ziel, die Biodiversität zu bewahren. Angesichts des Artenreichtums der Wälder ist Naturschutz daher in hohem Maße Waldschutz. Heute bemüht man sich darum, auch wirtschaftlich genutzte Wälder möglichst naturnah aufzubauen. Das heißt, dass monotone Nadelholzwälder durch artenreiche Laub- und Mischwälder ersetzt werden.

**2 Biodiversität und Alter eines Waldes.**
a) Werte die Abbildung 2 aus.
– Was ist dargestellt?
– Welche Aussagen lassen sich der Abbildung entnehmen?
– Wie lassen sich die Ergebnisse erklären?
b) Inwiefern sollte dieses Ergebnis Planungen zur naturnahen Gestaltung von Wäldern beeinflussen. Begründe deine Meinung.

**3 Waldzusammensetzung.**
Werte Abbildung 3 aus. Welche Trends sind zu beobachten? Nenne mögliche Ursachen der Veränderungen.

**1 Wälder sind verschieden.**
a) Beschreibe die in Abbildung 1 abgebildeten Wälder jeweils in einem kurzen Text.
b) Wie stark ist in den jeweiligen Wäldern der Einfluss des Menschen? Worin könnten die menschlichen Einflüsse bestehen oder bestanden haben? Begründe deine Annahmen.
c) In welchem der abgebildeten Wälder erwartest du die artenreichste Tier- und Pflanzenwelt? Begründe.
d) Welcher der abgebildeten Wälder würde sich deiner Meinung nach am besten zur Holzgewinnung eignen? Begründe deine Vermutung.
e) Nenne Vorteile die sich Menschen davon versprochen haben, Nadelwaldmonokulturen anzulegen? Begründe, warum man gegenwärtig dazu über geht, Monokulturen wieder durch Laub- oder Mischwälder zu ersetzen.

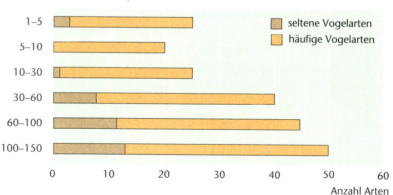

2 *Vogelarten im Nationalpark Bayerischer Wald*

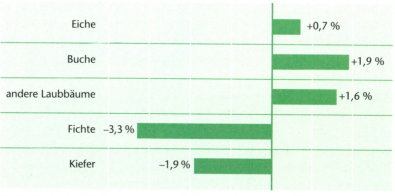

3 *Verändertes Vorkommen von Bäumen in Deutschland 1987–2006*

## 1.17 Der Wald ist gegliedert

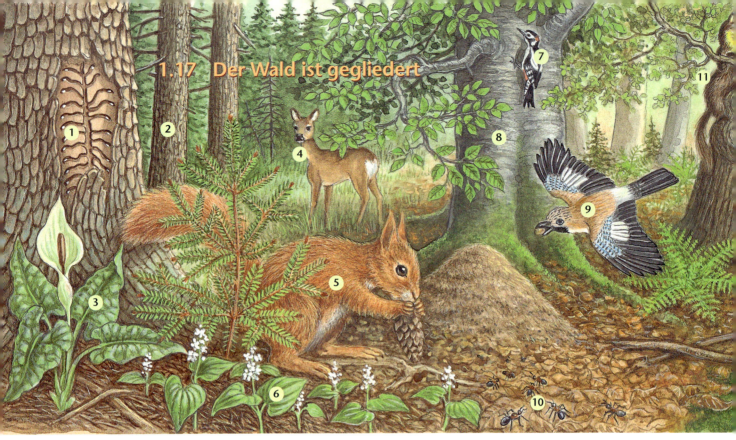

**1** *Ein Mischwald ist Lebensraum für eine artenreiche Lebensgemeinschaft*

Wälder sind Lebensräume für die verschiedensten Lebewesen. Sie beeinflussen sich gegenseitig und sind voneinander abhängig. Die Lebewesen, die in einem bestimmten Lebensraum regelmäßig vorkommen, bezeichnet man als Lebensgemeinschaft oder **Biozönose**. Die Gesamtheit der Lebewesen eines Waldes, eines Sees oder einer Hecke sind Beispiele für Lebensgemeinschaften. Der Raum, in dem eine Biozönose lebt, ist der Lebensraum oder der **Biotop**. Ein Biotop umfasst alle nicht lebenden oder abiotischen Faktoren eines Lebensraumes. Dazu gehören alle chemischen und physikalischen Eigenschaften des Bodens, des Wassers und der Luft ebenso wie das Klima. Beispiele für abiotische Faktoren sind Licht, Mineralsalze des Bodens, Niederschläge. Das Wirkungsgefüge aus Biotop und zugehöriger Biozönose bezeichnet man als **Ökosystem**.

Die Blütenpflanzen eines Waldes lassen sich nach ihrer Wuchsform einteilen. **Bäume** wachsen bei uns bis 40 Meter hoch und haben einen geraden, verholzten Stamm sowie Äste aus Holz. Ausgewachsene Bäume besitzen eine ausgedehnte Baumkrone. Die Bäume bilden mit ihren Kronen die Baum- oder Kronenschicht. **Sträucher** werden bis zu fünf Meter hoch. Sie sind ebenfalls verholzt, jedoch im Vergleich zu Bäumen meistens vom Boden an verzweigt. Hasel und Holunder sind Beispiele für Sträucher. Sträucher bilden die Strauchschicht des Waldes. **Kräuter** und **Gräser** sind niedrig und haben keine verholzten Sprossachsen. Sie wachsen in der Krautschicht. **Farne** und **Moose** sind ebenfalls Pflanzen der Wälder. Sie gehören nicht zu den Blütenpflanzen. In der Moosschicht wachsen die meist nur wenige Zentimeter großen Moose. Sie bevorzugen eine feuchte Umgebung. In der Bodenschicht wurzeln die Pflanzen. Der **Boden** eines Waldes ist ein Lebensraum, in dem auch mikroskopisch kleine Lebewesen in großer Vielfalt vorkommen.

Weil Pflanzen verschiedener Wuchsformen beteiligt sind, lässt sich ein Wald in **Stockwerke** gliedern (Abb. 1). Die Stockwerke sind Lebensräume verschiedener Tiere.

Variabilität+Angepasstheit

Der **Eichenwickler** ist ein Schmetterling. Die Raupen schlüpfen Anfang Mai und fressen die jungen Eichenblätter. Verschiedene Vögel fressen Eichenwicklerraupen.

Der **Buntspecht** meißelt mit seinem kräftigen Schnabel die Borke eines Baumstammes auf der Suche nach Borkenkäferlarven auf. Buntspechte legen in Bäumen Bruthöhlen an.

Die **Haselnuss** ist ein Strauch, der im hellen Mischwald und in Hecken häufig vorkommt. Seine Früchte, die Haselnüsse, sind wichtig für die Ernährung von Vögeln und Nagetieren im Herbst und im Winter.

Der **Buchdrucker** gehört zu den Borkenkäfern und legt seine Eier vor allem unter der Borke der Fichte ab. Die Larven fressen Gänge, die den befallenen Baum stark schädigen können.

Die **Rotbuche** ist in Mitteleuropa weit verbreitet. Ältere Bäume haben eine mächtige Krone. Der Stamm ist glatt und grau. Viele Tierarten fressen ihre Blätter und Früchte, die „Bucheckern".

Die **Fichte** ist ein weit verbreiteter Nadelbaum. Vielerorts sind Fichtenbestände von Menschen angelegt und bilden einen reinen Nadelwald.

Das **Haarmoos** wächst auf feuchtem Waldboden in dichten Moospolstern.

Weitere Lebewesen in Abb. 1: **Aronstab, Baummarder, Eiche, Eichhörnchen, Fuchs, Habicht, Reh, Waldameise, Waldmaus, Holunder.**

Die **Schattenblume** kommt in Laub- und Mischwäldern vor. Sie wächst vor allem an schattigen Standorten. Die roten Beeren werden von Tieren gefressen.

Der **Adlerfarn** kann einen halben bis zwei Meter hoch werden. Er bildet an hellen Stellen im Wald oft große Bestände.

Die **Große Sternmiere** blüht von Mai bis Juni mit weißen Blüten. Der Stängel ist vierkantig. Sie kommt häufig in hellen, krautreichen Laub- und Mischwäldern vor.

Der **Eichelhäher** frisst Eicheln, Bucheckern, Haselnüsse, Beeren sowie Insekten. Im Herbst vergräbt er Eicheln und Bucheckern und sorgt so mit dafür, dass Jungpflanzen nachwachsen.

**1** **Lebensraum Wald.**
a) Ordne jedem fett gedruckten Namen in den grünen Flächen auf dieser Seite eine Ziffer in der Abbildung 1 zu.
b) Gib bei den Pflanzen an, zu welcher Schicht der Stockwerke des Waldes sie gehören.
Gib bei den Tieren an, welche Schicht(en) des Waldes sie bevorzugt für ihre Ernährung nutzen.

**2** **Biozönose – Biotop – Ökosystem.** Lies den Grundwissentext und formuliere dann schriftlich Definitionen für die Fachbegriffe Biozönose, Biotop und Ökosystem.

# 1.18 Der Wald im Jahreslauf

**1** *Buschwindröschen und Scharbockskraut sind Frühblüher im Wald*

Im zeitigen Frühjahr haben Laubbäume und Sträucher noch keine Blätter. Zu diesem Zeitpunkt gelangt in einem Laubwald viel Licht auf den Waldboden (Abb. 3). Das Buschwindröschen und das Scharbockskraut haben schon im zeitigen Frühjahr Blätter ausgebildet (Abb. 1). Beide Pflanzen gehören zu den **Frühblühern** im Wald. Wenn im Mai Bäume und Sträucher ihr Laub entfalten und zunehmend weniger Licht zum Waldboden gelangt, sind Buschwindröschen und Scharbockskraut bereits verblüht. Im Juni sind ihre oberirdischen Teile abgestorben (Abb. 3).

Wie alle Pflanzen benötigen auch die Frühblüher Licht für ihr Wachstum. Mithilfe des Lichts produzieren grüne Pflanzen in ihren Blättern durch Fotosynthese energiereiche Nährstoffe. Ein Teil der Nährstoffe wird von Frühblühern in unterirdischen Speicherorganen gespeichert. Beim Buschwindröschen sind das Erdsprosse und beim Scharbockskraut verdickte Teile der Wurzeln, die man als Knollen bezeichnet (Abb. 1). Mithilfe ihrer Nährstoffspeicher können die Frühblüher im nächsten Frühjahr Blätter ausbilden, bevor die Waldbäume den Waldboden stark beschatten. Buschwindröschen und Scharbockskraut zeigen Angepasstheiten an die Lichtverhältnisse im Jahreslauf.

Die Lichtverhältnisse im Laubwald werden durch die Stockwerke eines Waldes beeinflusst (Abb. 2). Im Sommer fällt auf das oberste Stockwerk, die Kronen der Bäume, das volle Sonnenlicht. Unterhalb dieser Kronenschicht nimmt die Lichtintensität deutlich ab. In der Strauchschicht wachsen Sträucher, die weniger Licht brauchen. Bis zur Krautschicht und bis zur Moosschicht kommt im Sommer nur noch wenig Licht. Dort können im Sommer nur Pflanzen wachsen, die wenig Licht benötigen. Dazu gehört der Waldmeister (Abb. 6). Das Laub der Bäume und Sträucher und ihre Früchte bilden im Sommer und Herbst eine wichtige Grundlage für Nahrungsbeziehungen im Wald. Wenn die Blätter im Herbst auf den Waldboden fallen, werden sie dort von Bodenlebewesen vollständig zersetzt. Die Aktivität der meisten Bodenlebewesen kommt durch die tiefen Temperaturen im Winter zum Erliegen.

**2** *Lichtverhältnisse im Laubwald im Sommer*

Kronenschicht (40 m)
Strauchschicht (5 m)
Krautschicht (1 m)
Moosschicht (20 cm)
Bodenschicht

volles Sonnenlicht    1/4 des Sonnenlichts

Variabilität+Angepasstheit, Fortpflanzung+Vererbung, System

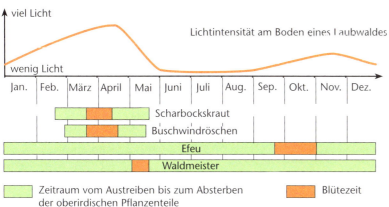

**3** *Lichtverhältnisse und Pflanzenwachstum in einem Laubwald*

**4** *Efeu*

**5** *Vorn Fichtenwald, hinten Laubwald*

**6** *Waldmeister*

**1 Lichtverhältnisse im Laubwald im Jahreslauf.** Beschreibe anhand der Abbildung 3 die Veränderung der Lichtverhältnisse in einem Wald im Jahreslauf. Begründe die Veränderungen.

**2 Stockwerke und Lichtverhältnisse im Laubwald.** Beschreibe anhand der Abbildung 2 den Stockwerkaufbau und die Lichtverhältnisse eines Laubwaldes im Sommer. Erstelle eine ähnliche Zeichnung für einen Wald im Frühjahr.

**3 Angepasstheiten von Pflanzen an die Lichtverhältnisse im Laubwald.**
a) Erläutere die Angepasstheiten von Buschwindröschen und Scharbockskraut an das Leben im Wald (Abb. 1, 3).
b) Efeu ist eine immergrüne Kletterpflanze. Erläutere, wie der Efeu an die Lichtverhältnisse im Wald angepasst ist (Abb. 3, 4)?
c) Erläutere, wie der Waldmeister an das Leben im Laubwald angepasst ist (Abb. 3, 6)?

**4 Lichtverhältnisse.** Abbildung 5 zeigt ein Foto an der Grenze eines Fichtenwaldes zu einem Laubwald. Beschreibe das Foto und werte es aus. Erläutere mögliche Ursachen für die Unterschiede.

53

# 1.19 Konkurrenz und ökologische Nischen

**1** *Aufzeichnung des Gesanges von a) Wintergoldhähnchen und b) Sommergoldhähnchen*

Zu den Vogelarten in unseren Misch- und Nadelwäldern gehören Goldhähnchen. Sie gehören zu den kleinsten Singvögeln der Welt und wiegen nur etwa fünf Gramm. In Mitteleuropa kommen zwei Arten vor, Sommergoldhähnchen und Wintergoldhähnchen. Beide Arten besetzen Reviere, die gegenüber Artgenossen verteidigt werden. Die Reviere von Sommergoldhähnchen und Wintergoldhähnchen können sich aber überlappen, ohne dass es zu Streitigkeiten kommt.

Die Forschung hat gezeigt, dass die Umweltansprüche unterschiedlicher Arten, die im gleichen Biotop vorkommen, niemals völlig gleich sind. Die Arten nutzen ihre Umwelt unterschiedlich. Sie ernähren sich zum Beispiel unterschiedlich, jagen zu unterschiedlichen Zeiten oder an unterschiedlichen Stellen. Dadurch wird die Konkurrenz zwischen Arten vermindert. Dieses Prinzip heißt **Konkurrenzausschlussprinzip.**

Obwohl sich Wintergoldhähnchen und Sommergoldhähnchen auf den ersten Blick sehr ähnlich sind, gibt es Unterschiede in Aussehen, Verhalten und in den jeweiligen Umweltansprüchen. Die Gesänge beider Arten unterscheiden sich (Abb. 1). Winter- und Sommergoldhähnchen jagen ihre Beute häufig an denselben Bäumen. Die Beutetiere sind ähnlich, die Jagdstrategien und die Zusammensetzung der Beute unterscheiden sich jedoch. Wintergoldhähnchen suchen relativ kleine Bereiche gründlich nach Beute ab, Sommergoldhähnchen wechseln schnell zwischen den Zweigen hin und her. Wintergoldhähnchen bevorzugen winzige, Sommergoldhähnchen eher größere Beutetiere. Wintergoldhähnchen ernähren sich überwiegend von Springschwänzen und Insekten, die auch im Winter zahlreich an Fichtenzweigen vorkommen. Sommergoldhähnchen ziehen im Herbst in klimatisch günstigere Gebiete nach Südeuropa.

Die Gesamtheit aller Wechselbeziehungen einer Art mit ihrer Umwelt nennt man **ökologische Nische.** Man kann sagen, unterschiedliche Arten bilden unterschiedliche ökologische Nischen aus. Dadurch, dass Sommer- und Wintergoldhähnchen unterschiedliche ökologische Nischen besetzen, ist ein Nebeneinander beider Arten im gleichen Lebensraum möglich.

## 1 Unterschiede zwischen Wintergoldhähnchen und Sommergoldhähnchen.

a) Formuliere eine kurze Beschreibung von Wintergoldhähnchen und Sommergoldhähnchen, mit der eine Unterscheidung beider Arten möglich ist.

b) Werte die Abbildungen 2 und 3 aus. Beantworte dazu jeweils die folgenden Fragen: Was ist dargestellt? Welche Ergebnisse kann man entnehmen?

## 2 Unterschiedliches Wachstum von Gräsern.

Das Wachstum von drei Grasarten wird unter verschiedenen Bedingungen untersucht. Dazu werden vier Beete angelegt, in denen sich die Bodenfeuchtigkeit kontinuierlich ändert. Abbildung 4 zeigt das Wachstum der Grasarten, wenn sie allein im Beet wachsen (Abb. 4a, b, c) und das Wachstum aller drei Arten in einem Beet (Abb. 4d).

a) Formuliere die Fragestellung, die mit dem Versuch beantwortet werden soll und stelle die Versuchsergebnisse in einer selbst gewählten Form dar. Tauscht eure Darstellungen aus und diskutiert darüber. Verändere deine Darstellung nach der Diskussion.

b) Bewerte den Wahrheitsgehalt der folgenden Aussage: „Die Trespe wächst am besten auf trockenen Böden."

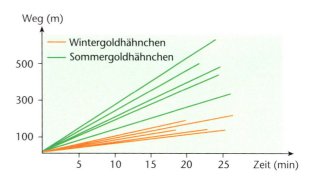

**2** *Fortbewegung von Winter- und Sommergoldhähnchen während der Nahrungssuche*

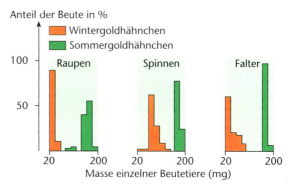

**3** *Beutetiere von Winter- und Sommergoldhähnchen*

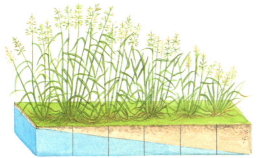

a) Glatthafer

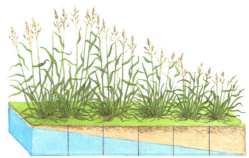

b) Trespe

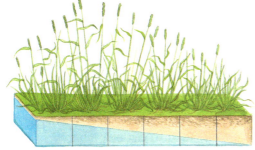

c) Wiesenfuchsschwanz

d) alle drei Grassorten

**4** *Unterschiedliches Wachstum von Gräsern*

# 1.20 Standortansprüche von Rotbuche und Waldkiefer

*1 Rotbuche*

*2 Waldkiefer*

Rotbuchen werden bis zu 40 Meter hoch und bilden mächtige Kronen mit Durchmessern von 30 Metern (Abb. 1). Sie wachsen auf kalkhaltigen und auf leicht sauren Böden. Lediglich auf sehr trockenen oder nassen Böden und in Gegenden mit kalten, langen Wintern kommen sie nicht vor. Die Keimlinge der Rotbuchen können bei sehr geringem Licht wachsen. Dadurch haben Rotbuchen in schattigen Wäldern einen Vorteil gegenüber anderen Baumarten. Mit ihren versetzt stehenden Laubblättern lassen Rotbuchen keine Lücke und nutzen auf diese Weise das Sonnenlicht sehr effektiv. Über die großen Blattflächen verdunstet viel Wasser. Im Winter wäre bei gefrorenem Boden die ausreichende Versorgung dieser Blätter mit Wasser nicht möglich. Die Rotbuche wirft im Herbst ihre Blätter ab. Die Rotbuche gehört wie alle Blütenpflanzen zu den **Bedecktsamern.** Ihre Samenanlagen sind von einem Fruchtknoten eingehüllt. Im Mai bilden Rotbuchen männliche und weibliche Blüten. Die Blüten werden vom Wind bestäubt. Bis zum Herbst reifen die Früchte, die Bucheckern, heran. Bucheckern sind schwer und fallen nicht weit vom Baum zu Boden.

Die Waldkiefer liefert ein begehrtes Nutzholz (Abb. 2). Sie wächst ohne Eingriffe des Menschen auf Böden, die für andere Bäume zu arm an Mineralsalzen und zu trocken sind. Mit den bis zu sechs Meter langen Pfahlwurzeln gelangt sie auch in Trockenzeiten an das Grundwasser. Die Waldkiefer benötigt viel Licht. Im Vergleich zu Laubblättern besitzen Nadeln eine kleine Oberfläche mit einer dicken Wachsschicht. Dadurch ist die Wasserverdunstung eingeschränkt. Waldkiefern werfen das ganze Jahr über einen Teil der Nadeln ab und erneuern diese wieder. Die Blüten der Waldkiefer befinden sich in den Zapfen. Auf den einzelnen Schuppen liegen die Samenanlagen, die nicht von einem Fruchtknoten umschlossen sind. Die Waldkiefer gehört daher zu den **Nacktsamern.** Sie bilden männliche und weibliche Blüten, die vom Wind bestäubt werden. Die leichten Samen werden vom Wind über weite Strecken verbreitet.

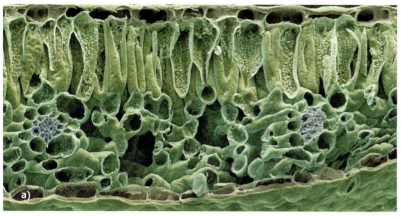 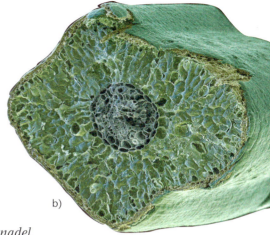

**3** *Querschnitt durch a) ein Rotbuchenblatt und b) durch eine Fichtennadel*

**1 Bau und Leistung von Laub- und Nadelblättern.**
**a)** Vergleiche den Bau des Rotbuchenblattes und der Fichtennadel anhand der Abbildung 3.
**b)** Vergleiche die Blatttypen unter folgenden Gesichtspunkten:
Blattoberfläche, Ausnutzung des Sonnenlichtes, Wasserabgabe über die Blätter. Begründe deine Aussagen jeweils.

**2 Überlebensstrategien von Rotbuche und Waldkiefer.** Unter einer Überlebensstrategie versteht man Angepasstheiten, durch die die Überlebensfähigkeit eines Lebewesens erhöht wird. Waldkiefer und Rotbuche besitzen unterschiedliche Überlebensstrategien. Beschreibe diese Strategien vergleichend in einem Text.
In dem Text sollen die folgenden Begriffe oder Aspekte vorkommen: hohe Fotosyntheserate während der Vegetationsperiode, geringe Wasserverluste, Wasserversorgung der Blätter im Winter, ganzjährige Fotosynthese, Gefährdung bei Herbststürmen, geringere Blattoberfläche, Verbreitung der Samen.

**3 Anpassung an Umweltbedingungen: Sonnen- und Schattenblätter der Rotbuche.** Ein Beispiel für die Anpassung eines Organs an bestimmte Umweltbedingungen sind die Sonnenblätter und Schattenblätter der Rotbuche. Die Sonnenblätter finden sich in den Bereichen der Baumkrone, die viel Licht erhalten, während Schattenblätter an Ästen im inneren und unteren Bereich der Baumkrone vorkommen. Dorthin gelangt relativ wenig Licht. Bei Untersuchungen von Sonnen- und Schattenblättern ergaben sich folgende Ergebnisse: Die durchschnittliche Blattoberfläche betrug bei Sonnenblättern 28 cm$^2$ und bei Schattenblättern 47 cm$^2$. Die Sonnenblätter waren etwa 0,2 mm, die Schattenblätter 0,1 mm dick. Der Gehalt an Farbstoffen, die Licht absorbieren und für die Fotosynthese verfügbar machen, ist bei Schattenblättern pro Gramm Blattmasse doppelt so hoch wie bei Sonnenblättern.
**a)** Vergleiche Sonnen- und Schattenblätter der Rotbuche in Form einer Tabelle. Deute die Unterschiede als Angepasstheiten an die Lichtverhältnisse.
**b)** Entwirf ein Gedankenexperiment, mit dem du nachweisen könntest, dass die Entwicklung eines Schattenblattes nicht erblich, sondern durch Umwelteinflüsse, hier durch die Lichtintensität, bedingt ist. Diskutiert eure Vorschläge.

## Bestimmen von Bäumen – digitales Herbarisieren

**Die Eberesche (Sorbus aucuparia)**

Die Eberesche bevorzugt leicht sauren Boden. Man findet sie auf Kahlschlägen im Wald, an lichten Waldrändern und in Gebüschen. Die Eberesche wird 3–15 m hoch. Von Mai bis Juni erscheinen die weißen doldigen Blütenstände. Im Herbst reifen rote Beeren heran, die gerne von Vögeln gefressen werden. Daher auch der Name Vogelbeere.

**1** *Beispielseite für ein digitales Herbar*

| | |
|---|---|
| 1 | laubartige Blätter (weiter bei Punkt 4) |
| 1+ | nadelförmige Blätter (weiter bei Punkt 2) |
| 4 | einfaches Blatt (weiter bei Punkt 7) |
| 4+ | zusammengesetztes Blatt (weiter bei Punkt 5) |
| 7 | Blätter gelappt oder gebuchtet (weiter bei Punkt 8) |
| 7+ | Blätter anders gestaltet (weiter bei Punkt 12) |
| 12 | Blatt rautenförmig oder eiförmig bis elliptisch (weiter bei Punkt 13) |
| 12+ | Blatt herzförmig (weiter bei Punkt 16) |
| 16 | Blätter beiderseits kahl, Unterseite mit braunen Winkeln zwischen den Blattadern |
| 16+ | Blätter behaart, Unterseite mit weißen Winkeln zwischen den Blattadern **Sommerlinde** |

**2** *Arbeit mit einem Bestimmungsschlüssel; Beispiel: Bestimmung des Blattes s aus Abb. 4*

Ein Herbar ist eine Sammlung von getrockneten und gepressten Pflanzen, die auf Papier aufgeklebt und beschriftet sind. Blätter von Bäumen können auch mit einem Scanner eingescannt werden. Diese Methode hat gegenüber dem Pressen und Trocknen der Blätter Vorteile:

– Ein Vorteil liegt dann darin, dass interessante Blattstrukturen auch vergrößert werden können. Die Bilder und die fertigen Seiten können digital gespeichert, kopiert und präsentiert (z. B. bei einem Referat oder auf einer Internetseite) oder ausgedruckt werden. So kann eine digitale Sammlung von Blättern verschiedener Baumarten entstehen.

– Ein digitales Herbar kann ständig erweitert werden. Die einzelnen Texte und der Seitenaufbau können ergänzt oder verändert werden.

**3** *Blattformen und Blattränder*

58

**4** *Verschiedene Laub- und Nadelblätter*

| | | |
|---|---|---|
| 1 | laubartige Blätter | 4 |
| 1+ | nadelförmige Blätter | 2 |
| 2 | wintergrüne Pflanze | 3 |
| 2+ | Nadeln zu 15 bis 30 in Büscheln, im Herbst abfallend | **Lärche** |
| 3 | Nadeln 1–1,5 cm lang, dunkelgrün | **Fichte (Rottanne)** |
| 3+ | Nadeln 3–8 cm lang, blaugrün | **Waldkiefer (Föhre)** |
| 4 | einfaches Blatt | 7 |
| 4+ | zusammengesetztes Blatt | 5 |
| 5 | handförmig geteiltes Blatt | **Rosskastanie** |
| 5+ | unpaarig gefiedertes Blatt | 6 |
| 6 | 5 bis 7 Fiederblättchen | **Holunder** |
| 6+ | mehr als 7 Fiederblättchen, Blattrand scharf gesägt | **Eberesche** |
| 7 | Blätter gelappt oder gebuchtet | 8 |
| 7+ | Blätter anders gestaltet | 12 |
| 8 | Blätter gelappt | 9 |
| 8+ | Blätter gebuchtet | 11 |
| 9 | Lappen in mehrere dünne Spitzen auslaufend | **Spitzahorn** |
| 9+ | Lappen gebuchtet oder schwach gesägt | 10 |
| 10 | Lappen mit spitzen Einschnitten, Blattrand schwach gesägt | **Bergahorn** |
| 10+ | Lappen mit abgerundeten Einschnitten, Blattrand gebuchtet | **Feldahorn** |
| 11 | Blattstiel sehr kurz (4 bis 8 mm) | **Stieleiche** |
| 11+ | Blattstiel länger (1 bis 3 cm) | **Traubeneiche** |
| 12 | Blatt rautenförmig oder eiförmig bis elliptisch | 13 |
| 12+ | Blatt herzförmig | 16 |
| 13 | Blatt eiförmig oder elliptisch | 14 |
| 13+ | Blatt rautenförmig | 15 |
| 14 | Blattrand glatt oder schwach gewellt | **Rotbuche** |
| 14+ | Blattrand gesägt | **Hainbuche** |
| 15 | Blätter zugespitzt | **Warzenbirke** |
| 15+ | Blätter abgerundet | **Schwarzpappel** |
| 16 | Blätter beiderseits kahl, Unterseite mit braunen Winkeln zwischen den Blattadern | **Winterlinde** |
| 16+ | Blätter behaart, Unterseite mit weißen Winkeln zwischen den Blattadern | **Sommerlinde** |

**5** *Bestimmungsschlüssel*

**1 Bestimmen von Bäumen.**
Bestimme mithilfe des Bestimmungsschlüssels bei fünf Blättern aus Abbildung 4 die Baumart.

**2 Selbstständige Entwicklung eines Bestimmungsschlüssels.** In dem Bestimmungsschlüssel ist die Tanne (d) noch nicht berücksichtigt. Entwickle einen Bestimmungsschlüssel zur Unterscheidung der in Abbildung 4 abgebildeten Nadelbaumarten.

# Walderkundung

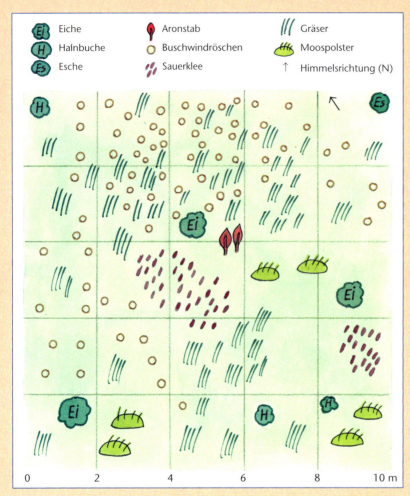

1 *Bestandsaufnahme einer Waldfläche*

2 *Höhenbestimmung von Bäumen*

**1 Bestandsaufnahme einer Fläche.** Wähle in einem Wald eine Fläche von 10 m x 10 m für die Untersuchung aus. Markiere die Eckpunkte der Fläche. Zeichne auf kariertes Papier maßstabsgerecht einen verkleinerten Grundriss der Fläche. Ein Meter im Wald soll zwei Zentimeter auf dem Grundriss entsprechen. Bestimme die Pflanzen mithilfe von Bestimmungsliteratur. Bei dicht stehenden Pflanzen werden keine einzelnen Pflanzen, sondern die Ausdehnung der Fläche notiert. Wenn mehrere Gruppen tätig werden, sollten die Untersuchungsflächen in unterschiedlichen Bereichen des Waldes liegen (z. B. im Waldinnern und am Waldrand).

Führe die Auswertung mithilfe folgender Fragen und Aufgaben durch:

**a)** Wie viele verschiedenartige Bäume und Sträucher wachsen auf der Untersuchungsfläche?
**b)** Wie sind die Pflanzen verteilt? Nenne Ursachen der Verteilung der Pflanzen auf der Untersuchungsfläche.
**c)** Vergleiche die Ergebnisse der einzelnen Gruppen und finde Erklärungen für unterschiedliche Ergebnisse.
**d)** Werte Abbildung 1 in gleicher Weise aus.

**2 Bestimmung der Höhe der Waldbäume.**

**a)** Benötigt wird ein gerader Stock, der genauso lang ist wie dein ausgestreckter Arm. Halte den Stock mit ausgestrecktem Arm senkrecht so vor dich, dass

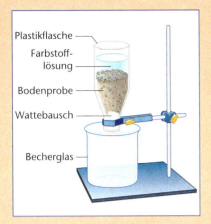

*3 Filterwirkung des Bodens*

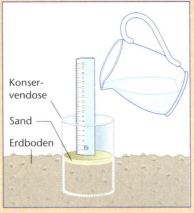

*4 Bestimmung der Versickerungsgeschwindigkeit*

sich die Faust in Augenhöhe befindet (Abb. 2). Verändere deinen Abstand zum Baum, bis du die Baumspitze in einer Linie mit der Spitze des Stockes siehst. Bestimme dann die Entfernung zum Baum. Der Abstand zum Baum plus deine Körpergröße entspricht dann der Baumhöhe. Begründe das Verfahren.
b) Beschreibe die eingezeichneten Dreiecke. Warum kann man davon ausgehen, dass die Längen a bzw. A jeweils gleich sind?

**3 Lichtverhältnisse in einem Wald.** Miss die Lichtverhältnisse in einem Wald an unterschiedlichen Stellen und in unterschiedlichen Höhen. Verwende dazu ein Luxmeter.

**4 Temperatur innerhalb und außerhalb des Waldes.** Miss an einem heißen Tag die Temperatur auf einer freien Fläche und vom Waldrand zum Waldinnern in Abständen von 10 Metern an fünf verschiedenen Stellen jeweils direkt am Boden, in 30 Zentimeter Höhe und in 1,5 Meter Höhe. Wiederhole die Messungen zu verschiedenen Tageszeiten. Lege eine Tabelle an und stelle deine Ergebnisse in Diagrammform dar. Erläutere die Ergebnisse und begründe.

**5 Filterwirkung des Waldbodens.** Schneide von einer Plastikflasche mit einem Fassungsvermögen von zirka 0,3 Litern den Boden ab. Verschließe den Flaschenhals mit Watte. Fülle die Flasche 10 cm hoch mit einer Bodenprobe und befestige sie wie in Abbildung 3 an einem Stativ. Gib den Inhalt einer Tintenpatrone in einen Liter Wasser. Gieße die Farbstofflösung in Portionen auf die Bodenprobe, bis die ganze Lösung verbraucht ist. Vergleiche die Farbstofflösung vor dem Experiment mit der Lösung, die in das Auffanggefäß gelangt. Beschreibe das Versuchsergebnis und begründe. Führe den gleichen Versuch mit weiteren Bodenproben durch. Verwende z.B. auch Kies, Sand oder Gartenerde.

**6 Bestimmung der Wasserdurchlaufgeschwindigkeit verschiedener Böden.**
a) Von einer Konservendose (Höhe etwa 20 cm, Durchmesser etwa 12 cm) werden Boden und Deckel entfernt. Die Dose wird 10 cm tief in die Erde getrieben. Gib anschließend 1 cm hoch Sand auf die Erde, um eine Verschlämmung beim Experiment zu verhindern. Stecke ein Lineal wie in Abbildung 4 in den Boden. Gieße zunächst wenig Wasser auf den Boden, damit die Bodenluft entweicht. Fülle die Dose dann bis zum Rand mit Wasser. Protokolliere, wie lange es dauert, bis alles Wasser versickert ist. Berechne danach die Versickerungsraten in Millimeter Wassersäule pro Minute und pro Stunde. Lege zur Auswertung eine Tabelle nach dem Muster von Abbildung 5 an. Untersuche unterschiedliche Böden.
b) Übertrage die Tabelle aus Abbildung 5 in dein Heft. Ergänze die Werte für die rechte Spalte.
c) Versuche eine Erklärung für die unterschiedlichen Ergebnisse mit verschiedenen Böden zu finden.

| Bodenart | Versickerungsdauer in min | Versickerungsrate in mm/min | Versickerungsrate in mm/h |
|---|---|---|---|
| Sand | 2 | 22 | |
| Waldboden | 8 | 6 | |
| Gartenerde | 7 | 7 | |

*5 Tabelle zur Auswertung von Versuch 6*

# 1.21 Ökofaktoren wirken auf Lebensgemeinschaften

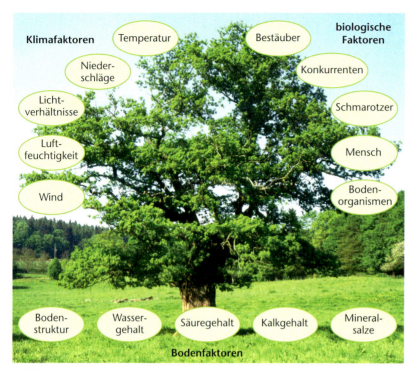

1 *Ökofaktoren, die auf einen Baum wirken*

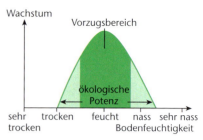

2 *Toleranzkurve der Rotbuche: Umweltfaktor Bodenfeuchtigkeit*

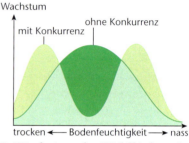

3 *Wachstum der Waldkiefer mit und ohne Konkurrenz*

Jeder Organismus ist in seinem Lebensraum vielfältigen Einflüssen ausgesetzt (Abb. 1). Diese Einflüsse bezeichnet man als **Ökofaktoren.** Wenn diese Einflüsse nicht von Lebewesen ausgehen, spricht man von abiotischen Ökofaktoren. Dazu gehören beispielsweise Licht, Wind und Wasser. Die Ökofaktoren, die von Lebewesen ausgehen, bezeichnet man als biotische Ökofaktoren. Fressfeinde stellen zum Beispiel einen biotischen Ökofaktor dar.

Jedes Lebewesen hat bestimmte Ansprüche an seine Umwelt. Nur wenn diese Ansprüche erfüllt sind, kann es überleben. In Abbildung 2 ist dies für die Rotbuche am Beispiel des Ökofaktors Bodenfeuchtigkeit dargestellt. Den Bereich der Bodenfeuchtigkeit, in dem die Rotbuche wachsen kann, bezeichnet man als **Wachstumsbereich** oder **Toleranz.** Der Bereich, in dem die Rotbuche in einer Monokultur am besten wächst, heißt **Vorzugsbereich.** In einer Monokultur gibt es keine Konkurrenz durch andere Baumarten. Unter natürlichen Bedingungen tritt aber Konkurrenz mit anderen Baumarten auf. Unter diesen Bedingungen setzt sich in der Natur meistens die Rotbuche gegen andere Baumarten durch. Das liegt daran, dass sie als junge Pflanze sehr gut Schatten vertragen kann und als großer Baum selbst viel Schatten erzeugt. Dadurch können in dichten Buchenwäldern fast nur Buchen nachwachsen. Die Waldkiefer wächst ohne die Konkurrenz anderer Baumarten am besten unter ähnlichen Bedingungen wie die Rotbuche. Tatsächlich kommt sie ohne menschliches Eingreifen aber nur an trockenen oder sehr feuchten Standorten vor, die die Rotbuche nicht verträgt (Abb. 3). Trockenheit und hohe Bodenfeuchtigkeit sind Bedingungen, unter denen sich die Waldkiefer in der Natur gegen die Konkurrenz anderer Bäume durchsetzt.

Unter gleichen Umweltbedingungen treten häufig ganz bestimmte Kombinationen von Pflanzenarten auf. Man nennt diese Kombinationen **Pflanzengesellschaften.** Pflanzengesellschaften werden nach den regelmäßig darin vorkommenden Arten benannt. So wachsen in Eichen-Hainbuchen-Wäldern vor allem Stieleichen und Hainbuchen.

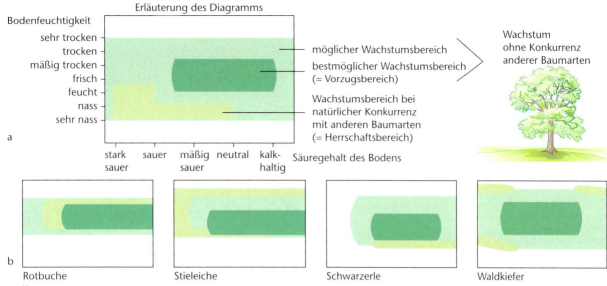

**4** Ökogramme verschiedener Baumarten, a) Lesebeispiel

**1 Waldbäume und ihre Umweltansprüche.** Die Lebensbereiche von Baumarten lassen sich durch Ökogramme beschreiben. In diesen ist grafisch dargestellt, unter welchen Bedingungen eine Pflanze ohne Konkurrenz durch andere Arten wächst und bei welchen Bedingungen sich die Art gegenüber anderen Baumarten duchsetzt. Diese Bedingungen nennt man den Herrschaftsbereich einer Art (Abb. 4).
a) Beschreibe mithilfe der abgebildeten Ökogramme, unter welchen Bedingungen die aufgeführten Waldbäume mit und ohne Konkurrenz anderer Arten wachsen.
b) Zeichne ein 10 cm x 7 cm großes Quadrat und beschrifte die Achsen wie in der Abbildung 4.

Zeichne in dieses Diagramm die Herrschaftsbereiche aller Baumarten aus Abbildung 4 ein. Male die Flächen mit jeweils einer anderen Farbe aus. Beschreibe und interpretiere dein Ergebnis.
c) Stelle Hypothesen auf, wie deiner Meinung nach vom Menschen unbeeinflusste Waldbestände auf stark sauren, trockenen Standorten aussehen könnten.

**2 Die Konkurrenz von Rotbuche und Stieleiche.**
a) Definiere die auf der Grundwissenseite genannten Begriffe Toleranz und Konkurrenz.
b) Rotbuche und Stieleiche haben weitgehend ähnliche Ansprüche in Bezug auf Bodenfeuchtigkeit und Säuregehalt des Bodens (Abb. 4).

Ohne Eingreifen des Menschen fände man auf den meisten Standorten überwiegend Rotbuchenwälder. Begründe diesen Sachverhalt mithilfe der Abbildungen 4 und 6.
c) Beurteile die Konkurrenzfähigkeit von Rotbuche und Stieleiche auf trockenen und mäßig trockenen Böden. Berücksichtige die Abbildungen 4 und 5.

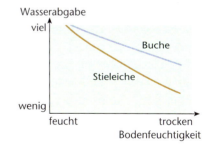

**5** Wasserabgabe über die Blätter bei zunehmendem Wassermangel

| Artname | Schattenempfindlichkeit der Jungpflanze | Schattenerzeugnis des Altbestands | Geschwindigkeit des Jugendwachstums |
|---|---|---|---|
| Rotbuche | gering | groß | groß |
| Stieleiche | groß | gering | mittel |

**6** Wuchseigenschaften von Rotbuche und Stieleiche

## 1.22 Der Wurmfarn

*2 Junger Wurmfarn*

*3 Schleier auf der Blattunterseite*

*1 Wurmfarn*

Der Wurmfarn kommt in schattigen Wäldern vor (Abb. 1). Aus einem unterirdischen Erdspross wachsen Blätter aus dem Erdboden heraus. Sie stehen kreisförmig eng beieinander und werden Wedel genannt. Sie bestehen aus vielen kleinen Einzelblättchen. Die jungen Wedel sind zunächst eingerollt (Abb. 2). Aufgrund ihrer großen Oberfläche verdunsten die Wedel viel Wasser. Farne kommen daher vor allem auf feuchten und schattigen Standorten vor. Der Farn besitzt Wurzeln, die das Wasser aus dem Boden aufnehmen und es durch Leitbündel in die Blätter leiten. Auf den Waldboden gelangt nur wenig Licht. Wegen seiner großen Wedel erreicht den Wurmfarn aber genug Sonnenlicht für die Fotosynthese.

Auf der Unterseite älterer Wedel finden sich nierenförmige Häutchen, die zunächst blassgrün, später braun aussehen (Abb. 3, 4). Diese Häutchen werden Schleier genannt. Unter dem Schleier befinden sich winzige Kapseln. Wenn die Kapseln im Spätsommer austrocknen, reißen sie auf und zahlreiche mikroskopisch kleine braune Sporen fallen heraus. Die Sporen bestehen nur aus einer einzigen Zelle. Fallen sie auf feuchten Boden, entwickelt sich ein kurzer Keimschlauch. Aus ihm wächst ein herzförmiger Vorkeim heran, der etwa die Größe eines Ein-Cent-Stückes hat. Auf der Unterseite des Vorkeims finden sich zahlreiche Wurzelhaare. Am zugespitzten Ende des Vorkeimes sitzen die männlichen Geschlechtsorgane, die Antheridien, die bei Regenwetter bewegliche Spermazellen, die so genannten Schwärmer, freigeben. Die weiblichen Geschlechtsorgane, die Archegonien, befinden sich unterhalb des herzförmigen Einschnitts. Sie entlassen einen Schleim aus Apfelsäure, der sich in der Umgebung verteilt. Schwärmer folgen der Apfelsäure und suchen den Ort der höchsten Konzentration. Auf diese Weise gelangen sie auf den Boden des weiblichen Geschlechtsorganes. Dort befruchten sie die Eizelle. Nach der Befruchtung stirbt der Vorkeim ab und aus der befruchteten Eizelle entwickelt sich eine neue Farnpflanze.

Die Farnpflanze ist ungeschlechlich und bildet Sporen. Der Vorkeim entwickelt Geschlechtszellen, aus denen nach der Befruchtung neue Farnpflanzen heranwachsen. Er ist die geschlechtliche Form des Farnes. Beide Formen wechseln einander ab. Diesen Vorgang bezeichnet man als **Generationswechsel** (Abb. 6).

4 *Bau eines Wurmfarns*

| Art | L | F | Legende ||
|---|---|---|---|---|
| | | | Licht (L) | Bodenfeuchte (F) |
| Wurmfarn | 3 | 5 | | |
| Dornfarn | 4 | 9 | 1 – Tiefschatten | 1 – Starktrocken-Zeiger |
| Frauenfarn | 4 | 7 | 3 – Schatten | 3 – Trocken-Zeiger |
| Mauerraute | 8 | 3 | 5 – Halbschatten | 5 – Frische-Zeiger |
| Eichenfarn | 3 | 6 | 7 – Halblicht | 7 – Feuchte-Zeiger |
| Mondraute | 5 | 7 | 9 – Volllicht | 9 – Nässe-Zeiger |
| Adlerfarn | 6 | 6 | | |
| Rippenfarn | 3 | 6 | | |

5 *Zeigerwerte von Farnen*

**1** **Bau der Farne.** Benenne die mit Nummern gekennzeichneten Teile eines Wurmfarns in Abbildung 4 anhand des Grundwissentextes.

**2** **Ökologisches Optimum der Farne.** Der Biologe ELLENBERG hat in langjährigen Untersuchungen nachgewiesen, dass Pflanzen bestimmte Umweltbedingungen anzeigen. Dafür hat er eine neunstufige Skala entwickelt. Die Abbildung 5 zeigt die Werte für Licht und Bodenfeuchte verschiedener Farne. Errechne die Mittelwerte für alle Farne, lies die Extremwerte ab und lege ein Balkendiagramm an, in dem die Werte aussagekräftig dargestellt sind. Beschreibe deine Erkenntnisse in einem zusammenhängenden Text.

**3** **Generationswechsel der Farne.** Lege eine zweispaltige Tabelle an. Notiere in der ersten Spalte die fortlaufenden Buchstaben der Abbildung 6. Ordne in der zweiten Spalte die richtigen Begriffe aus der folgenden Aufstellung zu:
Vorkeim mit junger Farnpflanze, Spore mit Keimschlauch, Farn mit Sporenkapsel, aufreißende Sporenkapseln, Archegonium, Spore, Schwärmer, Vorkeim, heranwachsende Sporenkapsel, Antheridium, junge Farnpflanze. Kennzeichne geschlechtliche und ungeschlechtliche Abschnitte durch die Schriftfarbe.

6 *Generationswechsel eines Farnes*

**65**

## 1.23 Moose

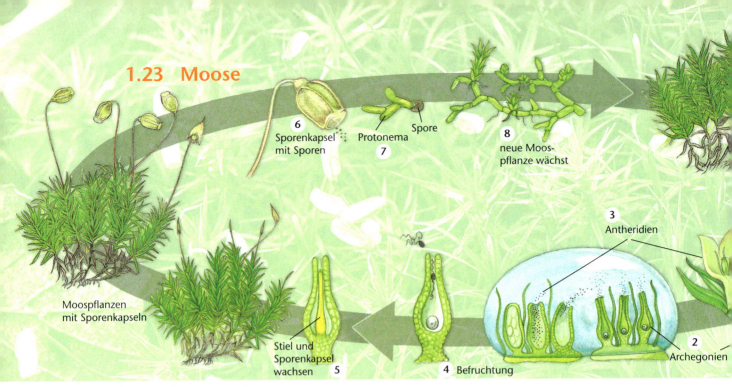

**1** *Fortpflanzung beim Frauenhaarmoos*

Moose besitzen keine Leitungsbahnen, um Wasser zu transportieren. Die Wasseraufnahme erfolgt über die gesamte Oberfläche der Pflanze. Das Wasser kann in speziellen Zellen in großen Mengen gespeichert werden. Durch das hohe Speichervermögen von Wasser haben Moose eine wichtige Funktion im Wasserhaushalt des Waldes. Bei Wassermangel trocknet die Moospflanze vollständig aus, ohne Schaden zu nehmen. Die Lebensvorgänge ruhen in dieser Zeit. Ist wieder Feuchtigkeit vorhanden, quellen die Moospflanzen wieder auf und können erneut Fotosynthese betreiben. Die Verankerung der Moospflanze im Boden erfolgt über Rhizoide. Das sind wurzelähnliche Ausbildungen, die aber nur der Verankerung dienen und keine Funktion bei der Wasseraufnahme haben.

Moose gehören zu den **Pionierpflanzen.** Dies sind Pflanzen, die auf noch unbesiedelten Flächen als Erste wachsen. Indem sie den offenen Boden schnell besiedeln, schützen sie den Boden vor Erosion. Moospflanzen wachsen dicht nebeneinander und bilden so genannte Moospolster (Abb. 1). Sie sind auch in der Lage, an extremen Standorten wie auf Felsen oder an Baumstämmen zu leben.

Moospflanzen bilden entweder männliche oder weibliche Geschlechtsorgane aus (Abb. 1). In den weiblichen Organen, den Archegonien (2), befindet sich die Eizelle. In den männlichen Organen, den Antheridien (3), bilden sich die männlichen Geschlechtszellen. Diese heißen wegen ihrer Beweglichkeit Schwärmer. Moospflanzen mit Antheridien und Moospflanzen mit Archegonien wachsen im selben Moospolster dicht nebeneinander. Wenn es regnet, werden Antheridium und Archegonium vom Wasser eingeschlossen. Sie öffnen sich und die Schwärmer bewegen sich, von einem Duftstoff angelockt, auf die Archegonien zu (4). Nach der Befruchtung wächst aus der Eizelle auf der weiblichen Moospflanze ein Stiel mit einer Sporenkapsel (5). In ihr bilden sich ungeschlechtlich sehr viele kleine Sporen (6). Sind diese herangereift, öffnet sich bei Trockenheit die Sporenkapsel, die Sporen fallen heraus und werden vom Wind verbreitet. Aus einer Spore wächst ein kleines Fadengeflecht, das man Protonema (7) nennt. Auf dem Protonema entwickeln sich nebeneinander neue Moospflanzen (8, 9). Man spricht bei den Moosen von einem **Generationswechsel.** Auf eine geschlechtliche Generation, die Moospflanze, folgt eine ungeschlechtliche Generation, die Sporenkapsel mit ihrem Stiel.

**1** **Der Generationswechsel.** Beschreibe den Generationswechsel der Moose in einem Ablaufschema. Kennzeichne die verschiedenen Generationen farbig. Begründe, warum man von einem Generationswechsel spricht.

**2** **Versuch: Untersuchung von Moosen.** Suche ein Moospolster und trenne einige Pflänzchen zum Mikroskopieren ab. Halte diese Pflänzchen feucht.
a) Lege das restliche Polster an einen trockenen Ort, bis das Moos ganz trocken ist. Entferne eventuell noch vorhandene Erdreste. Wiege das Moospolster. Lege es anschließend für 15 Minuten in Wasser. Lass das überschüssige Wasser abtropfen und wiege das Polster erneut. Bestimme die aufgenommene Masse des Wassers pro Gramm Trockengewicht. Lass das Polster offen in einem Gefäß liegen. Wiege es jeden Tag, bis das Moos den Wert des vollständig trockenen Mooses erreicht hat. Notiere die Zeit, die das Moospolster zum Trocknen benötigt hat.
b) Lege ein trockenes und ein sehr feuchtes Moosblättchen unter das Mikroskop. Fertige von den Blättchen Skizzen an und vergleiche sie. Beschreibe Unterschiede und Gemeinsamkeiten. Gib zu einem trockenen Blättchen unter dem Mikroskop mit einer Pipette etwas Wasser und beobachte es für einige Minuten.

**3** **Die Bedeutung der Moose.**
a) Stelle die Eigenschaften der Moose zusammen, die ein Leben als Pionierpflanzen möglich machen.
b) Beschreibe ausführlich, warum Moose im Wasserhaushalt des Waldes eine so große Rolle spielen.

**4** **Moosbewuchs auf Baumrinden bewerten.** Manche Menschen meinen, dass der Bewuchs der Baumrinde mit Moosen für einen Baum schädlich ist. Informiere dich selbstständig im Internet oder auch bei Experten vor Ort, zum Beispiel einem Förster, über diesen Sachverhalt. Fasse deine Erkenntnisse schriftlich zusammen. Bewerte auf dieser Grundlage den Moosbewuchs auf Bäumen.

2 *Torfmoos*

**67**

# 1.24 Sporenpflanzen sind anders als Samenpflanzen

|  | **Sporenpflanzen** |  |
|---|---|---|
| Wie werden Wasser und Mineralsalze aufgenommen? | | Moose nehmen Wasser und darin gelöste Mineralsalze über die Oberfläche ihrer Blätter auf. Sie besitzen keine Wurzeln. Farne haben wie die Blütenpflanzen Wurzeln mit denen sie Wasser und Mineralsalze aufnehmen. |
| Wie werden Wasser, Mineralsalze und Nährstoffe in der Pflanze verteilt? | Diffusion — Leitung von Wasser und Nährstoffen | Bei den Moosen erfolgt die Verteilung von Wasser und Mineralsalzen von Zelle zu Zelle durch Diffusion. Auch Nährstoffe wie zum Beispiel Glucose können sich so innerhalb eines Blattes verteilen. Farne verfügen wie die Blütenpflanzen über Leitungsbahnen. Durch sie werden Wasser und Mineralsalze von den Wurzeln nach oben geleitet und Nährstoffe von den Blättern zu den Wurzeln. |
| Was sind Samen, was sind Sporen? | | Die Sporen der Moose und Farne sind Zellen die der Vermehrung dienen. Sie haben eine starke Außenwand, die die Zellen schützt. Sie werden ohne geschlechtliche Vorgänge durch einfache Zellteilung in speziellen Behältern, den Sporenkapseln, gebildet. Meist öffnen sich die reifen Sporenkapseln bei Trockenheit. Die Verbreitung der Sporen erfolgt durch den Wind. Sporen haben keine Reservestoffe. Moose und Farne entwickeln keine Samen. |
| Wo finden geschlechtliche Vorgänge statt? | | Die geschlechtlichen Vorgänge der Sporenpflanzen sind Teil des Generationswechsels. In den weiblichen Geschlechtsorganen der Moose findet man die Archegonien mit der Eizelle, in den männlichen die Antheridien mit den männlichen Geschlechtszellen, den Schwärmern. Werden beide von einem Wassertropfen umschlossen, kommt es zur Befruchtung. Aus der befruchteten Eizelle entwickelt sich die Sporenkapsel. Bei den Farnen befinden sich Archegonien und Antheridien auf dem Vorkeim. Aus der befruchteten Eizelle entsteht eine neue Farnpflanze mit Sporenkapseln. |

**68**  Struktur+Funktion, Fortpflanzung+Vererbung

Grundwissen

| | Samenpflanzen |
|---|---|
|  | Samenpflanzen haben Wurzeln. Mit ihnen nehmen sie Wasser und darin gelöste Mineralsalze aus dem Boden auf. |
| 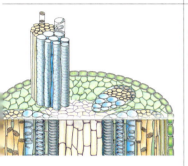 | Samenpflanzen verfügen über Leitungsbahnen. Durch sie werden Wasser und Mineralsalze von den Wurzeln nach oben geleitet und Nährstoffe wie zum Beispiel Glucose von den Blättern zu den Wurzeln. |
| 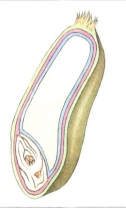 | Samenpflanzen bilden Blüten, aus denen nach der Befruchtung Früchte mit Samen hervorgehen. Ein Samen ist von einer festen Schale umgeben und enthält den Keimling, der auch als Embryo bezeichnet wird. Dies ist bereits die nächste Pflanzengeneration. Der Samen enthält darüber hinaus einen Vorrat an Nährstoffen, mit deren Hilfe der Keimling bei geeigneten Bedingungen austreiben und wachsen kann, bis er selbst Blätter zur Fotosynthese entwickelt. |
| 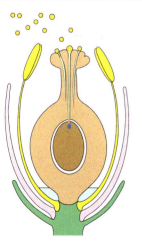 | Die geschlechtlichen Vorgänge finden in der Blüte statt. Nach der Bestäubung wächst von dem auf der Narbe gelandeten Pollenkorn der Pollenschlauch in die Samenanlage im Fruchtknoten. Dort erfolgt die Befruchtung, indem eine Spermazelle aus dem Pollenschlauch mit der Eizelle der Samenanlage verschmilzt. Aus der befruchteten Eizelle entwickelt sich der Keimling im Samen. |

**1** *Baumfarn*

**2** *Brunnenlebermoos*

**1 Samen und Sporen.** Vergleiche in einer Tabelle Sporen und Samen miteinander.

**2 Keimung von Sporen und Samen.** Sporen keimen nur bei Belichtung, Samen keimen auch in der Dunkelheit. Begründe dies anhand der Informationen aus der Übersicht.

**3 Moose und Farne.** Im Erdmittelalter erreichten Farne Baumgröße. Die heutigen Baumfarne erinnern noch an diese Zeit, während Moose auch im Erdmittelalter nur wenige Zentimeter hoch wurden (Abb. 1, 2).
**a)** Vergleiche vom äußeren Bau her die Baumfarne mit den Lebermoosen.
**b)** Begründe, warum Farne größer werden konnten als die Moose.

## 1.25 Blüte und Insekt

1 *Honigbiene mit Pollen*

2 *Mikroskopische Aufnahme eines Schmetterlingskopfes*

3 *Kleiner Fuchs nimmt mit seinem Rüssel Nektar auf*

Viele Insekten werden von Pflanzenblüten durch Farbe und Duft angelockt. Sie ernähren sich vom Nektar, der am Grund der Blüten abgesondert wird. Insekten erreichen ihn mit besonders gestalteten **Mundwerkzeugen**.

Die Honigbiene besitzt einen Rüssel (Abb. 1, 4). Im Rüssel kann sich die lange, behaarte Unterlippe, die so genannte Zunge, vorwärts und rückwärts bewegen. Ihr Ende besitzt die Form eines Löffelchens. Mit diesem Löffelchen wird der Nektar aufgeleckt und dann in den Rüssel gesaugt. Dieses Organ der Biene wird als leckend-saugendes Mundwerkzeug bezeichnet. Der Kleine Fuchs, ein Falter, ernährt sich ebenfalls von Nektar (Abb. 3). Er besitzt einen fast zwei Zentimeter langen Saugrüssel (Abb. 2, 5). Diesen nennt man auch ein saugendes Mundwerkzeug.

Jede Insektenart besucht die Blüten bestimmter Pflanzenarten. Die Blüte der Rundblättrigen Glockenblume ermöglicht Bienen auf den Kronblättern eine leichte Landung (Abb. 7). Der Zugang zum Nektar im Inneren der Blüte ist aber sehr eng. Nur schwere Insekten wie Bienen können sich hineinzwängen und an ihn gelangen. Der Nektar der Rundblättrigen Glockenblume kann daher nur von Bienen gewonnen werden. Der Kleine Fuchs besucht häufig die Rote Lichtnelke (Abb. 8). Die Blüte der Roten Lichtnelke ist lang und im unteren Bereich sehr eng. Mithilfe seines langen Saugrüssels kann der Kleine Fuchs tief in die enge Blüte eindringen und an den Nektar gelangen.

Honigbiene und Kleiner Fuchs sind an den Blütenbau der von ihnen besuchten Pflanzenarten angepasst. Durch ihre unterschiedlichen Mundwerkzeuge sind Biene und Kleiner Fuchs auf bestimmte Blüten spezialisiert. Daher nehmen sie sich nicht gegenseitig den Nektar weg. Man sagt auch: Sie treten nicht in Konkurrenz um den Nektar.

Die Insekten kommen beim Blütenbesuch mit Pollen in Berührung, der sich auf ihrem Körper festsetzt (Abb. 1). In den Blüten finden die Insekten nur wenig Nektar. Schon nach kurzer Zeit fliegen sie zur nächsten Blüte weiter. Die Honigbiene zum Beispiel besucht auf einem Sammelflug meistens nur Blüten derselben Pflanzenart. Mit dem Pollen der einen Glockenblume bestäubt sie andere Glockenblumen. Auf diese Weise ist die Bestäubung der Blüten gesichert. Blütenpflanzen und Blütenbesucher haben Vorteile voneinander. Man spricht von **Symbiose**, wenn die Wechselwirkungen zwischen verschiedenartigen Lebewesen für beide Partner vorteilhaft sind.

**1 Vergleich von Mundwerkzeugen.** Vergleiche die Mundwerkzeuge von Honigbiene und Kleinem Fuchs (Abb. 4, 5). Lege dazu eine Tabelle an (Abb. 6). Erläutere, warum beide Mundwerkzeuge gut für die Aufnahme von Nektar geeignet sind.

**2 Nektaraufnahme.** Vergleiche die Nektaraufnahme von Honigbiene und Kleinem Fuchs in einem ausführlichen Text mithilfe der Abbildungen 4–8. Begründe, ob man auch bei den Blüten von Roter Lichtnelke und Glockenblume von einer Spezialisierung sprechen kann.

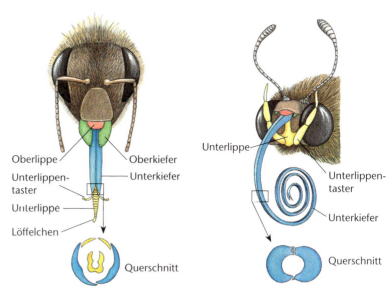

4 *Rüssel der Honigbiene*   5 *Rüssel des Kleinen Fuchses*

| Mundwerkzeug | Honigbiene | Kleiner Fuchs |
|---|---|---|
| Oberlippe | | |
| | | |

6 *Vergleich der Mundwerkzeuge*

7 *Honigbiene in Glockenblume*

8 *Kleiner Fuchs in Lichtnelke*

**3 Bestäubung bei Orchideen.** Die Ragwurz ist eine einheimische Orchideenart.
a) Beschreibe den Bau einer Ragwurzblüte und ihre Bestäubung (Abb. 9, 10).
b) Begründe, ob man bei der Beziehung zwischen Orchideen und Insekten auch von einer Symbiose sprechen kann.

Viele Orchideen können nur von ganz bestimmten Insekten bestäubt werden. Nektar erzeugen die Blüten nicht. Sie locken Insekten an, indem Teile der Blüte oder die ganze Blüte das Aussehen eines Insektenweibchens nachahmen. Oft geht die Nachahmung sogar so weit, dass sie auch den Duft von Weibchen dieser Insektenart ausströmen. Beim Versuch eines Männchens, das vermeintliche Weibchen zu begatten, belädt es sich mit Pollen, den es beim nächsten Fehlversuch auf der Narbe der nächsten Blüte abstreift. Das gilt z. B. auch für unsere heimischen Ragwurzarten.

9 *Ragwurzblüte*   10 *Bestäubung bei der Ragwurz*

71

# Über das eigene Lernen nachdenken

Um in der Schule erfolgreich zu lernen, ist es wichtig, dass man über sein Lernverhalten nachdenkt. Das kann auf unterschiedliche Art und Weise erfolgen. So kannst du deinen Lernfortschritt überprüfen, indem du ein Lerntagebuch führst, einen Selbstbeobachtungsbogen bearbeitest oder zu einem bestimmten Thema ein Begriffsnetz anfertigst.

### Das Lerntagebuch

Das Lerntagebuch ist ein DIN-A4-Heft, in dem du regelmäßig Eintragungen zu deinem Lernprozess vornimmst. Dort kannst du sowohl das eintragen, was du zu einem bestimmten Thema gelernt hast, aber auch deine Fragen und Probleme. Du kannst deine Eintragungen am Ende der Unterrichtsstunde oder zu Hause vornehmen. Durch das Anfertigen eines Lerntagebuches wird es dir gelingen, deinen Lernprozess genauer zu beobachten und zu durchschauen, sodass du langfristig dein Lernen selbstständig steuern kannst.

Folgende Fragen können dir helfen, ein Lerntagebuch zu erstellen:

* Was war das Thema der heutigen Stunde?
* Was habe ich heute gelernt?
* Was wusste ich bereits über das Thema?
* Was habe ich nicht verstanden?
  Formuliere dazu eine Frage an deine Mitschüler oder an deinen Lehrer.
* Was möchte ich noch über das Thema erfahren?

| Fach: | Datum: |
|---|---|
| Wovon handelte die heutige Stunde? | |

| Was habe ich heute gelernt? | Was habe ich nicht verstanden? |
|---|---|
| | Wer beantwortet mir meine Fragen? |
| Was hat mir gefallen? | Was hat mir nicht gefallen? |
| Das merke ich mir für die nächste Klassenarbeit: | Was möchte ich noch über das Thema erfahren? |

Sonstiges: _____

**1** *Beispiel für ein Lerntagebuch*

### Der Selbstbeobachtungsbogen

Ein Selbstbeobachtungsbogen stellt eine Möglichkeit dar, einen bestimmten Aspekt deines Lernverhaltens zu verbessern.
Um einen Selbstbeobachtungsbogen zu erstellen, formuliere ein Ziel, das du erreichen möchtest, und trage es auf deinem Bogen ein.
Tipp: Verwende für das Erstellen eines Selbstbeobachtungsbogen einen Computer.

* Schreibe alle Punkte, die wichtig sind, um dein Ziel zu erreichen, auf deinen Selbstbeobachtungsbogen.
* Fülle nach jeder Stunde bzw. noch am gleichen Tag zu Hause deinen Selbstbeobachtungsbogen aus.
* Sammle deine Selbstbeobachtungsbögen in einer Mappe. So kannst du deine Fortschritte feststellen.
* Wenn du dein Ziel nicht erreichen solltest, überlege dir, woran es liegt und was du ändern könntest.
* Zusätzlich kannst du einen Mitschüler oder deinen Lehrer bitten, deinen Selbstbeobachtungsbogen auszufüllen, um weitere Rückmeldungen zu bekommen.

**Selbstbeobachtungsbogen**

Ziel: Ich will stets meine Hausarbeiten in Biologie vollständig anfertigen und immer dabei haben.

Zeitraum: Mai 2009 bis Schuljahresende          Fach: Biologie

Woche vom: _____

| | | Selbst |
|---|---|---|
| 1 | Ich schreibe meine Hausarbeiten in mein Hausaufgabenheft. | |
| 2 | Ich frage noch in der Stunde meinen Lehrer, wenn ich die Hausaufgaben nicht verstanden habe. | |
| 3 | Ich fertige Hausaufgaben noch an dem Tag an, an dem ich sie aufbekommen habe. | |
| 4 | Ich packe am Abend vor der nächsten Biologiestunde alle benötigten Materialien in meine Schultasche. | |

Bewertung: 4 – immer, 3 – häufig, 2 – selten, 1 – nie

**2** *Beispiel für einen Selbstbeobachtungsbogen*

## Das Begriffsnetz

Mithilfe des Begriffsnetzes kannst du überprüfen, ob du die Zusammenhänge innerhalb eines Themas, die Basiskonzepte, verstanden hast.

Um ein Begriffsnetz zu erstellen, schreibe auf ein DIN-A4-Blatt sechs bis zwölf Begriffe, die zu einem Thema gehören.

Verbinde Begriffe, die miteinander zu tun haben, mit einem Pfeil und ordne sie einem Basiskonzept zu.

Schreibe an jeden Pfeil, in welcher Beziehung die Begriffe zueinander stehen.

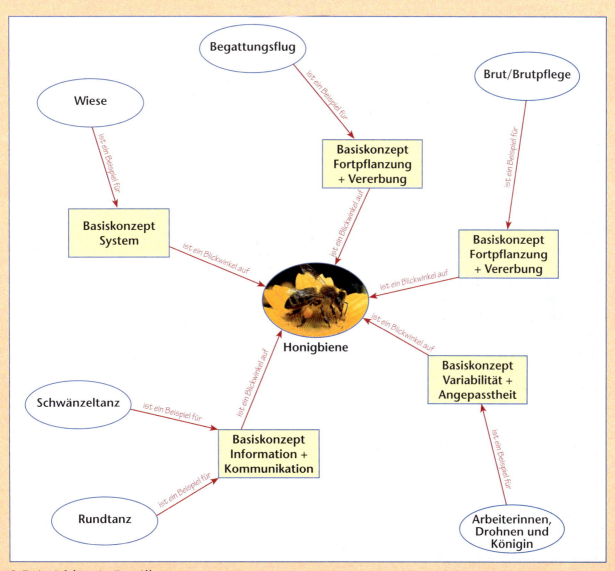

**3** *Beispiel für ein Begriffsnetz*

73

## 1.26 Ameisen leben in Staaten

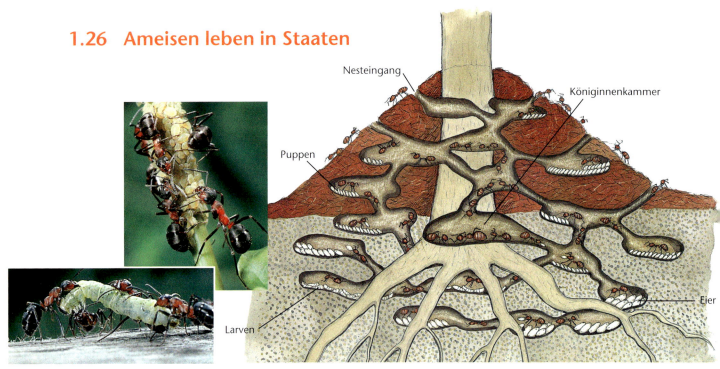

**1** *Schnitt durch einen Ameisenbau und Ameisen bei der Nahrungsbeschaffung*

Ameisen sind wie Bienen **staatenbildende Insekten.** Die Kleine Rote Waldameise lebt in Kolonien mit bis zu 5000 Königinnen, die im Ameisenbau verteilt sind (Abb. 1). Dem Volk können bis 1 000 000 Arbeiterinnen angehören. Da die Königinnen, die bis 20 Jahre alt werden können, nach und nach ersetzt werden, ist das Volk potenziell unsterblich.

An warmen Frühlingstagen schwärmen die geflügelten jungen Weibchen und Männchen aus. Die Weibchen werden von mehreren Männchen begattet. Bald darauf sterben die Männchen. Die jungen Weibchen, die Königinnen, kehren meist in den Ameisenbau zurück und beginnen dort mit der Eiablage, ihrer einzigen Aufgabe. Aus den befruchteten Eiern werden bei hohen Temperaturen des Ameisenbaus Arbeiterinnen mit verkümmerten Geschlechtsorganen. Bei niedrigeren Temperaturen im Frühjahr entstehen Königinnenlarven. Diese werden besonders gefüttert. Im Frühling werden außerdem unbefruchtete Eier gelegt, aus denen Männchen entstehen.

Um die richtige Temperatur für die Entwicklung der Larven und Puppen zu halten, werden viele Brutkammern in unterschiedlichen Regionen angelegt. Larven und Puppen werden entsprechend der Temperatur häufig umgesetzt, manchmal auch außerhalb des Baus gesonnt. Bei schlechtem Wetter werden die Gänge an der Oberfläche des Ameisenbaus geschlossen.

Die Verständigung der Ameisen erfolgt über eine Vielzahl von Duftstoffen und durch das Betrillern der Artgenossen mit den Fühlern. Das Geruchsorgan befindet sich an den Fühlern. Jedes Volk besitzt seinen eigenen charakteristischen Geruch, der sich durch ständiges gegenseitiges Füttern einstellt. Brutpflege, Verteidigung und Nahrungsbeschaffung erfolgen ausschließlich durch Arbeiterinnen, wobei die notwendigen Tätigkeiten über eine jeweilige Mischung von Duftstoffen von den Tieren erkannt und ausgeführt werden. Die jungen Arbeiterinnen sind dabei für die Arbeiten im Nest zuständig, die älteren sorgen für die Nahrung.

Die Waldameisen ernähren sich bis zu 70 Prozent von Honigtau, den süßen Ausscheidungen der Blattläuse (Abb. 1). Ihren Proteinbedarf decken Ameisen hauptsächlich aus tierischer Kost. Sie verzehren dabei Aas und greifen Insekten und deren Larven an.

| Eier, aus denen Weibchen und Männchen schlüpfen | Männchen | Lesebeispiel: |
|---|---|---|
| Eier, aus denen Arbeiterinnen schlüpfen | junge Weibchen | Arbeiterinnen und Königinnen während des ganzen Monats |
| Larven von Weibchen und Männchen | Königinnen | Arbeiterinnen, Königinnen und Eier in der 1. Monatshälfte |
| Larven von Arbeiterinnen | Arbeiterinnen | Arbeiterinnen, Königinnen, Eier und Larven in der 2. Monatshälfte |
| Puppen von Weibchen und Männchen | | |
| Puppen von Arbeiterinnen | | |

Sonnung der Larven und Puppen von Männchen und Weibchen — Nestumgebung
Heranreifen der jungen Männchen und Weibchen — Nestbereich über dem Boden
Schwärmen — Nestbereich im Boden

**2** *Das Jahr der Kleinen Roten Waldameisen im Schema*

**1 Das Jahr im Ameisenstaat.**
Beschreibe das Leben und die Aktivitäten im Laufe des Jahres von Königinnen, Arbeiterinnen und Männchen der Kleinen Roten Waldameise im Laufe des Jahres (Abb. 2). Setze sie in Bezug zu den entsprechenden klimatischen Bedingungen und sozialen Anforderungen im Staat.

**2 Kommunikation**
a) Fasse die Inhalte des Textes in Abbildung 3 in eigene Worte und diskutiere ihre Bedeutung für das Funktionieren des Ameisenstaates.
b) Überlege, wie sich Ameisen gegenüber Käfern verhalten, die in Nester eindringen und dabei Pheromone von Ameisenlarven ausscheiden. Begründe deine Ansicht.

Ameisen besitzen das aufwändigste und komplizierteste chemische Kommunikationssystem der Erde. Die Fühler sind die Hauptsinnesorgane, über die unzählige Informationen in Form von Duftstoffen, den Pheromonen, aufgenommen werden. Diese Pheromone sind Hormone, die im Körper der einzelnen Ameise entstehen und bestimmte Verhaltensweisen hervorrufen. Sie werden auch über Drüsen ausgeschieden und wirken in den Körpern ihrer Schwestern auf die gleiche Art und Weise. Wird also eine einzelne Ameise gereizt und dadurch aggressiv, werden die umstehenden Nestgenossinnen unweigerlich ebenfalls aggressiv. Die Pheromone dienen auch als Markierungsflüssigkeit für Nahrungsquellen, gefährliche Orte und vor allem zum Markieren der berühmten Ameisenstraßen. Mit einem Viertel Tröpfchen dieser Pheromonflüssigkeit könnte man um die gesamte Erde eine Ameisenstraße verlegen. Auch die Körpersprache spielt bei diesen Insekten eine wichtige Rolle. So kann man beobachten, dass Ameisen sich immer zumindest kurz mit den Fühlern „betrillern", wenn sie sich begegnen. Oft tauschen sie auch Futter aus, das sie aus ihrem zweiten Magen, dem Sozialmagen, hervorwürgen. Dieses Phänomen dient nicht nur der Fütterung entkräfteter oder im „Außendienst" arbeitender Ameisen. Versuche mit radioaktiv markiertem Futter haben ergeben, dass ein in der Nahrung enthaltener Stoff nach spätestens 30 Stunden in den Sozialmägen aller Ameisen eines Nestes enthalten ist. So wissen alle Ameisen ständig genau, wie es um die Nahrungsressourcen der Kolonie bestellt ist und können sich entsprechend verhalten.

**3** *Kommunikation bei Ameisen*

75

# Ein Lernplakat erstellen

**Methode**

Du kannst mit einem Plakat deinen Mitschülerinnen und Mitschülern
die Ergebnisse einer Gruppenarbeit oder eines Referats präsentieren.

Ein Lernplakat entsteht in folgenden Arbeitsschritten:

### 1. Vorbereitung
Für das Erstellen eines Plakats benötigst du eine Tapetenrolle oder einen großen Fotokarton, Klebstoff, eine Schere, Stifte in verschiedenen Farben und verschiedener Dicke und Reißzwecken.

### 2. Sammeln der Materialien
Suche in Zeitschriften, Büchern oder im Internet nach passenden Materialien für dein Plakat.

### 3. Bilder und Zeichnungen
Mithilfe von Bildern kannst du dein Thema anschaulicher gestalten. Du kannst auch selbst Zeichnungen anfertigen. Tipp: Verwende aber nicht zu viele Bilder, sonst wird dein Plakat zu unübersichtlich.

### 4. Gestaltung der Texte
Schreibe kurze Texte, mit denen du die Abbildungen erklärst. Beschränke deine Texte auf das Notwendigste. Verwende kurze Sätze, weil sie sich dem Betrachter besser einprägen. Die Schrift muss groß und gut lesbar sein.

### 5. Anordnung festlegen
Gib deinem Plakat eine Struktur, indem du dir überlegst, wie du die Bilder und Texte anordnen willst.

### 6. Überschrift
Schreibe die Überschrift groß und in Druckbuchstaben auf dein Plakat, damit der Betrachter auf einen Blick das Thema erkennt.

### 7. Zwischenüberschriften
Mithilfe von Zwischenüberschriften kannst du dein Thema sinnvoll gliedern.

### 8. Aufkleben
Klebe deine Materialien nicht sofort auf, sondern lege sie erst zur Probe auf das Plakat. So kannst du noch mögliche Veränderungen oder Verschiebungen durchführen.

### 9. Klasse statt Masse
Denke daran, dass nicht die Anzahl deiner Materialien entscheidend ist, sondern die Qualität.

# Ameisen

### Ameisenbau

Die Rote Waldameise baut ihre Hügel in Nadelwäldern über hohen Baumstümpfen. Ameisenbaue können bis zu einem Meter hoch werden und bis zu eineinhalb Meter in die Tiefe reichen.

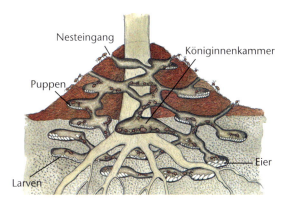

### Ameisenstaat

In einem Ameisenstaat der Roten Waldameise leben zwischen 800 000 und 2 Millionen Tiere.

### Die Arbeiterinnen

Die meisten Ameisen sind Arbeiterinnen. Das sind unfruchtbare weibliche Tiere. Sie erstellen den Ameisenbau, bessern Schäden aus, sammeln Nahrung und versorgen Eier und Larven.

### Die Königinnen

Die Königinnen sind fruchtbare weibliche Tiere. Ihre einzige Aufgabe besteht darin, Eier zu legen.

### Die Männchen

Die Männchen entwickeln sich aus unbefruchteten Eiern. Sie begatten die Königinnen.

### Transport

Beim Transport von Nahrung oder Baumaterial können die Ameisen Lasten transportieren, die bis zu zwanzigmal so schwer sind wie sie selbst. Für den Transport der Nahrung benutzen die Ameisen bestimmte Transportwege, die so genannten Ameisenstraßen.

### Ernährung

Ameisen ernähren sich sowohl von lebenden und toten Insekten als auch von den zuckerhaltigen Ausscheidungen der Blattläuse, dem Honigtau.

## 1.27 Wechselbeziehungen zwischen zwei Arten

Der Mäusebussard ist ein Greifvogel. Als Lebensraum bevorzugt er offene Landschaften mit Wäldern und Hecken. Er kreist in bis zu 100 Metern Höhe und hält Ausschau nach Beute. Hat er ein Beutetier entdeckt, stürzt er sich hinab. Hauptnahrung des Mäusebussards ist die Feldmaus (Abb. 1). Mäusebussarde fressen mehr als zehn Mäuse pro Tag. Ein Bussardweibchen legt mehrere Eier, aus denen die Jungvögel im Abstand von mehreren Tagen schlüpfen. Die Elternvögel füttern zunächst immer die Jungtiere, die sich nach vorne drängen (Abb. 2). Solange das erstgeschlüpfte, kräftigste Junge nicht gesättigt ist, hat das nächst kleinere keine Chance, an Nahrung zu kommen. Wenn das Nahrungsangebot an Feldmäusen nur sehr gering ist, verhungern daher die zuletzt geschlüpften Jungtiere und werden aus dem Nest gestoßen. Die Zahl der Bussard-Nachkommen ist in solchen Jahren nur sehr gering.

Feldmäuse ernähren sich unter anderem von Kräutern, Wurzeln und Samen. Zu den Lebensräumen von Feldmäusen gehören Wiesen, Weiden und Äcker. Feldmäuse vermehren sich sehr schnell. Im Jahr sind bis zu sieben Würfe mit durchschnittlich sechs Jungen möglich (Abb. 1). Die neugeborenen Weibchen sind bereits zwei Wochen nach der Geburt geschlechtsreif. Ein einziges Mäusepaar könnte im Jahr rechnerisch Millionen Nachkommen haben! Diese Zahl wird aber nie erreicht, weil ungünstiges Wetter, Krankheiten und Fressfeinde, wie Mäusebussarde, die Zahl der Feldmäuse stark verringern.

Lebewesen einer Art, die in einem bestimmten Gebiet leben, bilden eine **Population.** Die Anzahl der Tiere in einer Feldmaus-Population kann stark schwanken. Wenn eine Feldmaus-Population stark zunimmt, spricht man von Massenvermehrung. Die Größe der Feldmaus-Population und die Größe der Population der Bussarde beeinflussen sich gegenseitig (Abb. 4). Man spricht von **Wechselbeziehungen zwischen Populationen** verschiedener Arten. Der Einfluss der Feldmaus-Population auf die Bussard-Population ist allerdings viel größer als umgekehrt. Gibt es in einem Jahr viele Feldmäuse, haben auch Mäusebussarde viel Nahrung und können alle Jungtiere ernähren. Der Einfluss der Bussarde auf die Feldmaus-Population ist gering. Eine Bussard-Population kann eine Massenvermehrung von Feldmäusen nicht verhindern.

1 *Unterirdisches Nest einer Feldmaus*

2 *Mäusebussard füttert Junge*

Fortpflanzung+Vererbung, Steuerung+Regelung

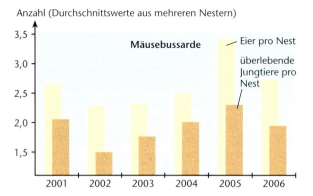

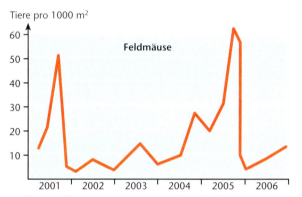

**4** Wechselbeziehungen zwischen Feldmäusen und Mäusebussarden

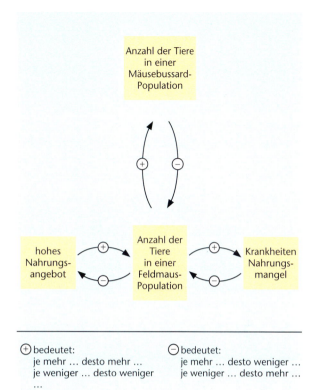

**6** Feldmaus-Population und Mäuse-Population beeinflussen sich

**1 Amseln und Mäusebussarde im Nest.** Abbildung 7 zeigt junge Amseln aus einem Nest und junge Mäusebussarde aus einem Nest. Stelle Vermutungen auf über die unterschiedlichen Körpergrößen der Amseln und der Mäusebussarde.

**2 Wechselbeziehungen zwischen Feldmäusen und Mäusebussarden.** Erkläre die Zusammenhänge zwischen der Größe der Feldmaus-Population und der Vermehrung von Mäusebussarden in Abbildung 4.

**3 Feldmaus-Population und Mäusebussard-Population beeinflussen sich.** Formuliere für Abbildung 6 für jeden Pfeil einen Je-desto-Satz und schreibe ihn auf.

**4 Regenwurm und Laufkäfer.** Laufkäfer ernähren sich unter anderem von Regenwürmern. Auf einer bestimmten Waldfläche wurde einmal im Monat die Zahl der Laufkäfer und Regenwürmer gezählt. Zeichne aus den Daten in Abbildung 5 ein Säulendiagramm. Beschreibe die Ergebnisse der Untersuchung und erläutere den Zusammenhang zwischen der Anzahl der Regenwürmer und der Anzahl der Laufkäfer.

**7** Junge Mäusebussarde und Amseln jeweils aus einem Nest

| Monat | März | April | Mai | Juni | Juli | August | Sept. | Okt. | Nov. |
|---|---|---|---|---|---|---|---|---|---|
| Regenwürmer | 75 | 82 | 96 | 89 | 74 | 49 | 41 | 40 | 50 |
| Laufkäfer | 7 | 7 | 10 | 13 | 11 | 11 | 6 | 4 | 4 |

**5** Häufigkeit von Laufkäfern und Regenwürmern

## 1.28 Nahrungsbeziehungen im Wald

Eine Eichenwicklerraupe frisst ein Eichenblatt. Die Raupe wird zur Beute einer Ameise. Die Ameise wird von einem Grünspecht gefressen. Eine solche Nahrungsbeziehung, in der ein Lebewesen jeweils Nahrungsgrundlage für ein folgendes ist, bezeichnet man als **Nahrungskette** (Abb. 1, oben). Grundlage einer Nahrungskette sind grüne Pflanzen. Pflanzen können die Energie des Sonnenlichts nutzen, um selbst Nährstoffe herzustellen. Man bezeichnet Pflanzen daher auch als Erzeuger oder **Produzenten.** Tiere brauchen andere Lebewesen als Nahrung. Man bezeichnet sie daher als Verbraucher oder **Konsumenten.** Eichenwicklerraupen werden auch von Kohlmeisen und Buchfinken gefressen, Kohlmeisen von Habichten und Sperbern. Alle Organismen sind Glieder mehrerer Nahrungsketten. Daraus ergibt sich ein stark vernetztes Geflecht aus vielen Nahrungsketten, ein **Nahrungsnetz** (Abb. 1). Nahrungsnetze in intakten Ökosystemen sind gegenüber Störungen relativ unempfindlich. Die Anzahl der Individuen der verschiedenen Arten kann zwar schwanken, bleibt normalerweise aber über längere Zeiträume etwa gleich. Man sagt, ein solches System befindet sich in einem **ökologischen Gleichgewicht.**

Wenn von Menschen freigesetzte Schadstoffe in die Umwelt gelangen, bleiben sie meist nicht an dem Ort ihrer Freisetzung. Sie werden mit der Luft, dem Wasser oder im Boden verbreitet. Schadstoffe können so von Pflanzen aufgenommen werden und über die Nahrungsketten in den Körper von Tieren und Menschen gelangen. Manche Schadstoffe aus der Umwelt reichern sich im Fettgewebe der Organismen an und werden kaum noch ausgeschieden. Davon sind besonders die Tiere am Ende einer Nahrungskette betroffen.

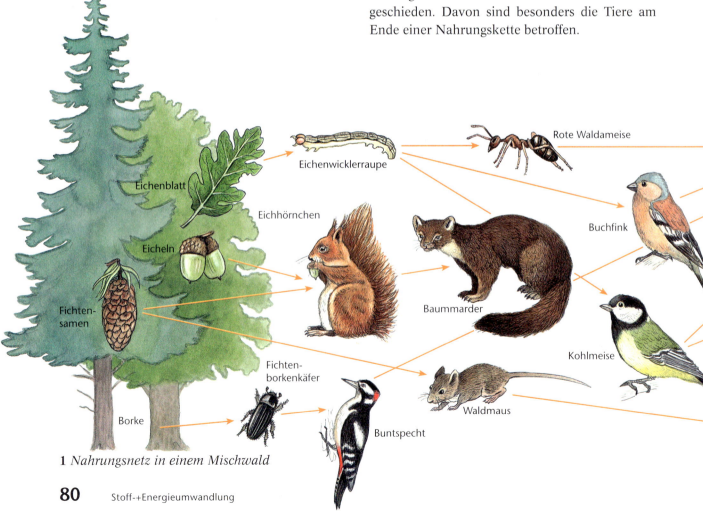

1 *Nahrungsnetz in einem Mischwald*

**1 Nahrungsnetze und Nahrungsketten.** In einem Garten findet man die folgenden Arten: Spitzmaus, Regenwurm, Brennnessel, Katze, Schleiereule, Kohlmeise, Grasfrosch, Drossel, Tagpfauenauge (ein Schmetterling). Stelle daraus ein mögliches Nahrungsnetz dar.

**2 Anreicherung von Schadstoffen in Nahrungsketten.**
**a)** Polychlorierte Biphenyle (PCB) sind giftige Stoffe, die in den 80er Jahren in die Umwelt gelangt sind. PCB war zum Beispiel als Weichmacher in Kunststoffen enthalten. Noch heute findet man diese giftigen Stoffe im Fettgewebe von Tieren. Beschreibe die in Abbildung 3 dargestellten Zusammenhänge und finde eine Erklärung für die unterschiedlichen Schadstoffkonzentrationen.

**b)** Im Körper von Habichten findet man viel höhere PCB-Konzentrationen als bei Sperbern. Erkläre diese Beobachtung mithilfe der Abbildungen 1 und 2.

Der **Sperber** ähnelt im Aussehen dem Habicht. Er wird aber nur taubengroß. Der Sperber erbeutet fast ausschließlich Vögel: kleine Vögel wie Spatzen, Meisen, Finken, aber auch mittelgroße Vögel wie Tauben und Elstern. Sperber fressen täglich etwa drei kleine Vögel.

**Habichte** werden bis zu 60 cm groß. Die größeren Weibchen erreichen ein Gewicht bis zu 1400 g. Zum Beutespektrum des Habichts gehören mittelgroße Vögel, manchmal auch Sperber. Einen großen Teil der Beute machen Säugetiere bis Kaninchengröße aus.

**2** *Vergleich Sperber und Habicht*

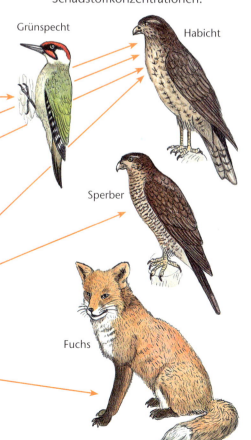

**3** *Biomasse und Schadstoffkonzentration bei Lebewesen einer Nahrungskette*

## 1.29 In Nahrungsketten fließt Energie

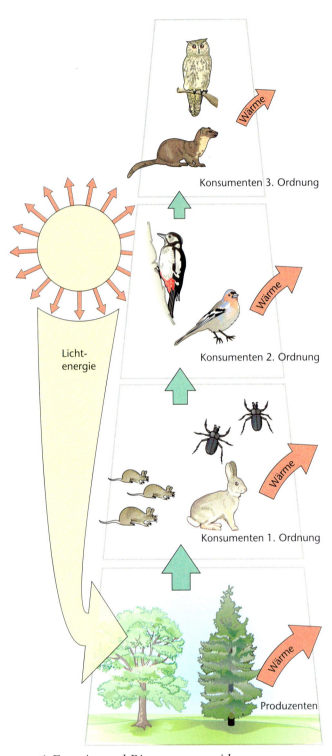

1 *Energie- und Biomassepyramide*

Als **Produzenten** nutzen Pflanzen das Sonnenlicht, um aus Kohlenstoffdioxid und Wasser energiereiche Stoffe wie Traubenzucker zu produzieren. Dieser Vorgang heißt **Fotosynthese**. Durch die Fotosynthese wird ein Teil der Lichtenergie in chemisch gebundene Energie umgewandelt. Diese chemische Energie ist zum Beispiel im Traubenzucker gespeichert. Durch die Fotosynthese nimmt die Biomasse der Pflanzen zu (Abb. 1).

Pflanzenfresser stellen als **Primärkonsumenten** oder Konsumenten 1. Ordnung das nächste Glied in Nahrungsketten dar. Von der Pflanzenmasse, die sie fressen, wandeln sie nur einen geringen Teil in eigene Biomasse um. Ein Teil der aufgenommenen Nahrung wird in Form unverdaulicher Reste mit dem Kot wieder ausgeschieden. Ein erheblicher Teil der Nahrung wird im Stoffwechsel eines Pflanzenfressers vollständig abgebaut und dient der Energiebereitstellung für die Aufrechterhaltung seiner Lebensfunktionen. Die in diesem Teil der Nahrung enthaltene Energie wird letztlich in Form von Wärme an die Umgebung abgegeben. Für **Sekundärkonsumenten** (Konsumenten 2. Ordnung), die sich von Pflanzenfressern ernähren, und für **Tertiärkonsumenten** (Konsumenten 3. Ordnung) gelten die gleichen Zusammenhänge.

Die Lebewesen eines Ökosystems kann man Ernährungsstufen zuordnen. Die erste Ernährungsstufe bilden die Pflanzen als Produzenten. Die zweite Ernährungsstufe bilden die Primärkonsumenten, die dritte die Sekundärkonsumenten und so weiter. Von Ernährungsstufe zu Ernährungsstufe nimmt die Biomasse und damit auch die darin enthaltene Energie jeweils um 80 bis 95 Prozent ab. Der stufenweise Abbau von Biomasse und Energie in Nahrungsketten hat zur Folge, dass für den Endverbraucher nur begrenzte Nahrungsmengen zur Verfügung stehen. Letztlich speist die Energie der Sonne alle Lebensvorgänge in einem Ökosystem.

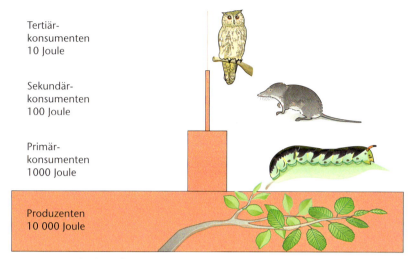

2 *Energiegehalt auf verschiedenen Ernährungsstufen bei Einstrahlung von 1 000 000 Joule Sonnenenergie*

3 *Energienutzung bei Salamandern und Mäusen*

**1 Energiefluss und Biomassefluss in Ökosystemen.**
a) Erläutere in einem Text die Abbildung 2. Stelle Zusammenhänge mit der Abbildung 1 her.
b) Im Zusammenhang mit dem Energiefluss in Ökosystemen spricht man gelegentlich von der „Einbahnstraße Energie". Begründe diese Formulierung.
c) Nahrungsketten mit vier oder mehr Gliedern sind selten. Finde eine Erklärung für diese Beobachtung.

**2 Nutzung der Energie aus der Nahrung.** Beschreibe die Zusammenhänge, die du der Abbildung 3 entnehmen kannst. Vergleiche die Energienutzung bei Salamandern und Mäusen in einem Text und finde Erklärungen für die Unterschiede.

**3 Typische Aspekte von Tieren in einer Lebensgemeinschaft.** Beschreibe die in Abbildung 4 grafisch veranschaulichten Zusammenhänge.

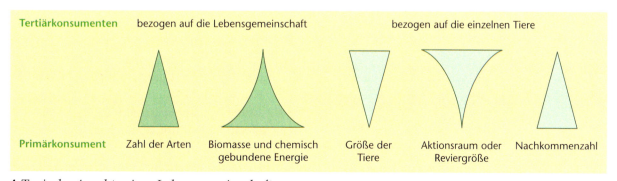

4 *Typische Aspekte einer Lebensgemeinschaft*

## 1.30 Vielfältiges Leben im Boden

1 *Lebewesen in der Laubstreu und im Boden, Zahlenangaben für 1 m² und 30 cm Bodentiefe*

| Gruppe | Anzahl | Masse in g |
|---|---|---|
| 1 Bakterien | 60 000 000 000 000 | 100 |
| 2 Pilze | 1 000 000 000 | 100 |
| 3 Algen | 1 000 000 | 1 |
| 4 Einzeller | 500 000 000 | 10 |
| 5 Fadenwürmer | 10 000 000 | 15 |
| 6 Milben | 150 000 | 1,5 |
| 7 Springschwänze | 100 000 | 1,2 |
| 8 Ringelwürmer | 25 000 | 4 |
| 9 Regenwürmer | 200 | 100 |
| 10 Schnecken | 30 | 1 |
| 11 Spinnen | 50 | 0,2 |
| 12 Asseln | 50 | 0,5 |
| 13 Tausendfüßer | 200 | 4,4 |
| 14 Käfer | 100 | 2,5 |
| 15 Fliegenlarven | 200 | 2 |
| Wirbeltiere | 0,001 | 0,1 |

Untersucht man die obere Schicht des Waldbodens, die Laubstreu, so findet man unterschiedlich stark zersetzte Blätter. Verschiedene Bodenlebewesen sind an der Zersetzung abgestorbener Pflanzenteile und auch toter Tiere beteiligt. Man fasst diese Gruppe von Lebewesen als **Destruenten** oder **Zersetzer** zusammen. Die Zersetzer haben eine wichtige Funktion in der Lebensgemeinschaft eines Waldes. Ohne sie würden sich abgefallene Blätter in wenigen Jahrzehnten zu einem meterhohen Berg auf dem Waldboden auftürmen.

Die Zersetzung eines Blattes beginnt damit, dass Asseln, Springschwänze, Käfer, Fliegenlarven und andere Insekten sowie Regenwürmer und Fadenwürmer das Blatt anknabbern und Löcher hineinfressen. Die Ausscheidungen der Bodentiere und übrig gebliebene Blattreste werden schließlich durch Pilze und Bakterien vollständig zersetzt. Bei der Zersetzung entstehen aus abgestorbenen Pflanzenteilen und Tierleichen Mineralsalze und Kohlenstoffdioxid. Diese Stoffe sind für das Wachstum von Pflanzen sehr wichtig. Mineralsalze wirken als Dünger. Sie werden zusammen mit Wasser von den Wurzeln der Pflanzen aufgenommen und in Blätter eingebaut. Fallen im nächsten Herbst die Blätter zu Boden, werden sie aufs Neue zersetzt. Die Zersetzer sorgen für einen **Stoffkreislauf**.

Die Zersetzung wird durch Temperatur und Feuchtigkeit beeinflusst. Wärme beschleunigt die Zersetzung, Kälte verlangsamt sie. Bei Wassermangel und großer Trockenheit im Boden kann die Tätigkeit der Zersetzer ebenso zum Erliegen kommen wie bei Überschwemmung und Mangel an Sauerstoff.

**1 Lebewesen in der Laubstreu.**
a) Ordne die Gruppen von Lebewesen in der Tabelle von Abbildung 1 nach der Masse. Was bedeutet dabei die Aussage 0,1 g Wirbeltiere?
b) Ordne die Lebewesen in Abbildung 1 nach selbst gewählten Gesichtspunkten.

**2 Langzeitversuch: Zersetzung von Filterpapier durch Bodenlebewesen.**
a) Ein Stoff mit dem Namen Zellulose ist der Hauptbestandteil von Pflanzen und von Papier. Eine Petrischale wird mit feuchtem Boden bedeckt, zum Beispiel aus der Zersetzungsschicht unter einer Rotbuche. Auf die Bodenprobe wird ein Streifen feuchtes Filterpapier (2 x 5 cm) gelegt und gut angedrückt. Die Schale wird zugedeckt und an einen warmen Ort gestellt. Über mehrere Wochen wird einmal wöchentlich der Zustand des Filterpapieres beobachtet und protokolliert. Eventuell müssen zwischendurch Filterpapier und Boden angefeuchtet werden.
Wie lange dauert es, bis das Filterpapier zersetzt ist? Welche Bodenlebewesen sind vermutlich besonders an der Zersetzung beteiligt (Abb. 1).
b) Wie muss der Versuch abgewandelt werden, um den Einfluss niedriger und hoher Temperaturen auf die Zersetzung zu ermitteln?

*2 Tätigkeit von Regenwürmer im Boden*

**3 Regenwürmer.** Beschreibe die Bedeutung der Regenwürmer für den Boden und für die Zersetzung von Pflanzenresten (Abb. 2).

Asseln gehören zur Gruppe der Krebstiere. Über zehntausend Arten von Asseln gibt es. Die meisten Asseln leben im Wasser, nur wenige Asselarten leben an Land. Dazu gehört die Kellerassel sowie die Mauerassel. Diese landlebenden Asseln sind Feuchtlufttiere. Bei Trockenheit verlieren sie leicht Wasser und können austrocknen. Mithilfe ihrer Sinnesorgane sind sie in der Lage, Trockenheit und Licht zu meiden und feuchte, dunkle und kühle Orte aufzusuchen. Daher findet man sie häufig im feuchten Falllaub, unter Holz, lockeren Steinen oder unter Stücken der Borke an toten Baumstämmen. Kellerassel und Mauerassel haben einen flachen Körper. Dieser ist vorteilhaft, um sich im geschichteten Falllaub fortzubewegen. Sie ernähren sich unter anderem von abgefallenem Laub.

*3 Asseln*

**4 Asseln halten und beobachten.** Asseln können in einem kleinen Kunststoffaquarium gehalten werden, dessen Boden etwa 3 cm hoch mit feinem Kies bedeckt wird. Der Kies wird bis zu einer Höhe von 1 cm mit Wasser durchtränkt. Auf die Kiesschicht kommt eine Lage saugfähiges Papier und darüber eine Schicht von 2 cm feuchtem Falllaub. Große Borkenstücke dienen als Versteck für die Asseln. Man kann Asseln mit Scheiben roher Kartoffeln, Möhren und frischen Holunderblättern füttern. Verschimmelte Nahrung muss aus dem Aquarium entfernt werden.
a) Beobachte und beschreibe die Ergebnisse des Fraßes der Asseln.
b) Entwirf einen Versuch, mit dem gezeigt werden kann, dass Asseln Licht meiden.
c) Beschreibe und erläutere, wie Asseln im Körperbau und im Verhalten an das Leben im Falllaub angepasst sind.

85

# 1.31 Pilze sind wichtig für den Wald

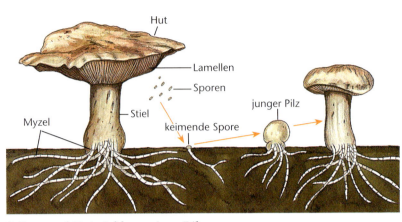

**1** *Hallimasch*  **2** *Bau und Entwicklung eines Pilzes*

Auf abgestorbenen Baumstümpfen und an den Stämmen geschwächter Bäume findet man den Hallimasch (Abb. 1). Pilze zählt man weder zu den Tieren noch zu den Pflanzen. Sie bilden eine eigene Gruppe im Reich der Lebewesen. Wie alle Pilze vermehrt sich der Hallimasch durch Sporen. **Pilze** besitzen keine Blüten, aus denen sich Samen entwickeln. Die Sporen bilden sich an den Lamellen, die sich an der Unterseite des Hutes befinden (Abb. 2). Die Sporen werden vom Wind weggeweht. Aus ihnen wachsen kleine Fäden heran, die in den Boden eindringen und ein weit verzweigtes Geflecht bilden. Die einzelnen Fäden werden Hyphen genannt, ihre Gesamtheit heißt Myzel. Der Pilz kann lange Zeit unbemerkt bleiben und ein ausgedehntes Myzel im Untergrund bilden, bevor er sichtbare Fruchtkörper aus Hut und Stiel bildet. Auch diese bestehen aus dicht zusammengelagerten Pilzfäden. Die Fruchtkörper dienen der Bildung und Verbreitung der Sporen.

Pilze haben Zellwände, die denen der Pflanzenzellen ähneln. Pilze besitzen aber kein Chlorophyll und können deshalb keine Fotosynthese betreiben. Sie sind wie Tiere darauf angewiesen, Nährstoffe als Nahrung aufzunehmen. Manche Pilze beziehen ihre Nährstoffe von lebenden Organismen. Sie dringen mit ihrem Myzel in diese Organismen ein, entziehen ihnen Nährstoffe und schädigen sie dadurch. Diese Pilze leben als Parasiten. Man spricht von **Parasitismus,** wenn ein Lebewesen einseitig auf Kosten eines anderen, das Wirt genannt wird, Nutzen zieht.

Das Myzel vieler Waldpilze bildet um die Baumwurzeln ein feines Fadengeflecht. Diese Wurzelverpilzung nennt man Mykorrhiza. Das Myzel dringt in die Wurzeln ein und entzieht dem Baum Nährstoffe. Das Myzel des Pilzes verbessert andererseits die Versorgung des Baumes mit Wasser und Mineralsalzen. Die Mykorrhiza nützt beiden, Baum und Pilz. Eine solche Lebensgemeinschaft, von der beide Partner einen Nutzen haben, bezeichnet man als **Symbiose.**

Andere Pilze zersetzen zur Nährstoffgewinnung tote Tier- und Pflanzenteile. Sie durchziehen diese mit ihrem Myzel und geben Verdauungsstoffe ab. Diese Stoffe zersetzen das tote Material, bis es der Pilz aufnehmen kann. Man nennt diese Pilze Fäulnisbewohner oder **Saprobionten.** Auch der Hallimasch lebt überwiegend als Fäulnisbewohner.

Pilze haben eine große Bedeutung für die Mineralsalzversorgung des Waldes. Sie sind in der Lage, Bestandteile des Holzes und des Laubes zu zersetzen. Man bezeichnet Pilze deshalb als Zersetzer oder **Destruenten.** Bei den Zersetzungsprozessen entstehen aus organischen Stoffen Mineralsalze, die von Pflanzen wieder aufgenommen werden.

**3** Pilze des Waldes: 1 Birkenporling, 2 Fliegenpilz, 3 Hallimasch, 4 Schmetterlings-Tramete, 5 Geweihförmige Holzkeule, 6 Stockschwämmchen, 7 Zunderschwamm, 8 Nebelgraue Trichterlinge

**1 Die Ernährungsweisen von Pilzen.**
a) Formuliere Definitionen für die folgenden Begriffe: Saprobiont, Symbiose, Destruent, Parasit.
b) Stelle Vermutungen über die Ernährungsweise der Pilze in Abbildung 3 an. Verwende die im Grundwissentext genannten Fachbegriffe und begründe deine Vermutungen jeweils.
c) Parasiten unter den Pilzen befallen bevorzugt kranke Wirtsorganismen. Sind diese Pilze für den Wald eher nützlich oder schädlich? Formuliere dazu begründete Vermutungen.
d) Beschreibe, wie sich ein Wald verändern würde, wenn es keine Pilze gäbe.
e) Bei ausreichender Nährstoffversorgung breitet sich das Myzel eines Pilzes gleichmäßig aus. Wenn in einem Bereich des Bodens die Nährstoffe verbraucht sind, stirbt das Myzel ab. Versuche mithilfe dieser Informationen das ringförmige Wachsen der Trichterlinge in Abbildung 3 zu erklären.

**2 Versuch: Sporen beim Champignon.** Schneide von einem ausgewachsenen Champignon den Stiel ab und lege den Hut mit der Unterseite auf ein weißes Blatt Papier. Stelle ein Glas darüber. Lass den Pilz einen Tag lang ruhig stehen. Nimm dann den Pilzhut vorsichtig hoch. Notiere und erkläre deine Beobachtung.

**3 Das größte Lebewesen der Welt.** Begründe, warum der Riesenpilz über 2000 Jahre unentdeckt bleiben konnte (Abb. 4).

**Nimmersatt im Untergrund**
Im Wald von Oregon (USA) entdeckten Forscher das größte Lebewesen der Welt: einen Pilz von der Fläche des Tegernsees. Das Monster tötet Bäume und frisst fauliges Holz. Der untersuchte Hallimasch ist größer als 1200 Fußballfelder, 500 Tonnen schwer und 2400 Jahre alt – damit ist der Pilz das größte und älteste Lebewesen der Welt.

**4** *Zeitungsartikel*

**87**

Arbeitsmaterial

## 1.32 Stoffkreisläufe

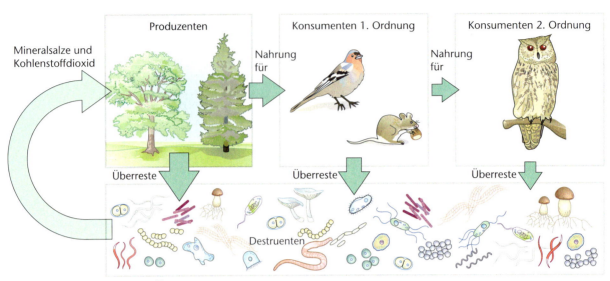

1 *Stoffkreislauf in einem Ökosystem*

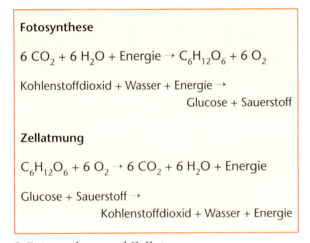

2 *Fotosynthese und Zellatmung*

| Ökosystem | Nettoprimärproduktion |
|---|---|
| tropischer Regenwald | 2200 g/m² |
| Nadelwald | 1300 g/m² |
| Laubwald | 1200 g/m² |
| Savanne | 600 g/m² |
| Halbwüste | 90 g/m² |
| Wüste | 3 g/m² |
| Weizenfeld | 650 g/m² |

3 *Jährlicher Biomassezuwachs verschiedener Ökosysteme*

Pflanzen stellen im Verlauf der **Fotosynthese** aus Kohlenstoffdioxid und Wasser Traubenzucker und andere energiereiche Stoffe her. Im Stoffwechsel der Organismen werden diese Fotosyntheseprodukte der Pflanzen durch die **Zellatmung** wieder zu Kohlenstoffdioxid und Wasser abgebaut (Abb. 2). Tierische Ausscheidungen und tote Lebewesen werden von Destruenten (Zersetzern) vollständig zu anorganischen Stoffen zersetzt. Dabei entstehen Kohlenstoffdioxid, Wasser und Mineralsalze. Diese Stoffe werden erneut von Pflanzen aufgenommen und in der Fotosynthese genutzt. Im Gegensatz zur Energie verbleiben die Stoffe also weitgehend innerhalb des Ökosystems. Sie werden gewissermaßen recycelt. Aus diesem Grund spricht man von **Stoffkreisläufen** (Abb. 4).

Man bezeichnet die Biomasse, die durch Fotosynthese erzeugt wird, als **Primärproduktion**. Durch die Zellatmung wird Traubenzucker wieder in Kohlenstoffdioxid und Wasser abgebaut (Abb. 2). Dabei nimmt die Biomasse der Organismen ab. In intakten Ökosystemen ist die Primärproduktion höher als der Biomasseverlust durch die Zellatmung. Die Biomasse des Ökosystems nimmt insgesamt zu. Diesen Zugewinn an Biomasse bezeichnet man als Nettoprimärproduktion (Abb. 3).

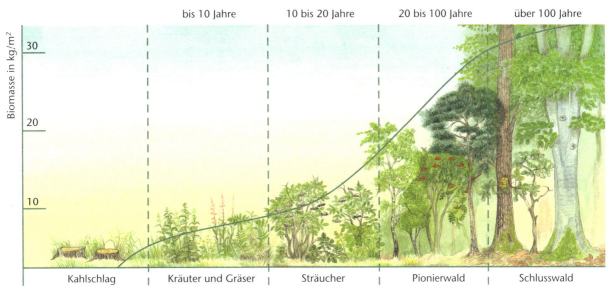

**4** *Stadien der Waldentwicklung nach einem Kahlschlag*

Zur Energieversorgung aus Biomasse könnten verwendet werden:
– Holz und Holzreste aus Einschlag, Durchforstung und Waldpflege,
– Stroh,
– speziell angebaute Energiepflanzen wie Chinaschilf und Energiemais,
– Bioalkohol aus Zucker- und Stärkepflanzen,
– Rapsöl.

Als Vorteil der stärkeren Nutzung von Biomasse wird angeführt:
– Sie ist erneuerbar: Die verbrauchten Mengen können von der Natur ständig „nachgeliefert" werden.
– Sie ist $CO_2$-neutral: Bei der Verbrennung wird nur die Menge $CO_2$ freigesetzt, die während des Wachstums aufgenommen wurde. Durch diese $CO_2$-Neutralität tragen Bioenergieträger nicht zum Treibhauseffekt bei.

**5** *Biomasse als Energieträger*

### 1 Stoffkreislauf in einem Ökosystem.

**a)** Beschreibe die in Abbildung 1 dargestellten Zusammenhänge.
**b)** Übertrage das Schema der Abbildung 1 in dein Heft. Ergänze den Energiefluss.
**c)** Erläutere, warum man von einem Energiefluss, aber von einem Stoffkreislauf spricht.
**d)** Durch Holzeinschlag greift der Mensch in die Stoffkreisläufe eines Waldes ein. Erläutere anhand der Abbildung 4, welche Konsequenzen der Holzeinschlag für den Wald haben kann. In welchem Umfang hältst du eine Holznutzung für vertretbar?

### 2 Produktivität von Ökosystemen.

**a)** Nenne Faktoren, von denen die Produktivität eines Ökosystems abhängen könnte. Erläutere jeweils, wie diese Faktoren wirken.
**b)** Vergleiche die Biomassezuwächse der in Abbildung 3 genannten Ökosysteme. Formuliere Vermutungen zu den Gründen für die unterschiedliche Produktivität der Ökosysteme.
**c)** Abbildung 4 zeigt Entwicklungsstadien einer vom Menschen unbeeinflussten Waldfläche nach einem Kahlschlag. Beschreibe und begründe die Situationen in den jeweiligen Entwicklungsphasen.

### 3 Biomasse als Energieträger.
Erläutere die Argumente, die von den Befürwortern einer stärkeren Nutzung der Biomasse vorgebracht werden (Abb. 5). Vergleiche mit den Verhältnissen bei einer Nutzung von Erdöl.

## 1.33 Der Organismus als System und Systemzusammenhänge

| Organismus | Organ | Gewebe |
|---|---|---|
| Das Buschwindröschen betreibt Stoffwechsel. Es nimmt bei der Fotosynthese Lichtenergie auf und gibt Energie in Form von Wärme an die Umgebung ab. Außerdem nimmt es Wasser, Kohlenstoffdioxid und Mineralsalze auf und gibt Sauerstoff und Wasserdampf ab. Wie bei jedem Lebewesen ist der Körper eines Buschwindröschens gegen seine Umgebung abgegrenzt. Das Buschwindröschen ist ein offenes System mit einer Systemgrenze, die für Stoffe und Energie teilweise durchlässig ist. | Das Blatt ist flach und breit. Es kann viel Lichtenergie aufnehmen. | |
| | **Zellorganell** In Chloroplasten findet die Fotosynthese statt. Dabei wird Glucose gebildet, in der chemische Energie gespeichert ist. | **Zelle** Die Zellen des Palisadengewebes bilden eine durchgängige Schicht im Blatt. Die Zellen des Palisadengewebes enthalten sehr viel Chloroplasten. |
| | **Molekül** Die chemische Energie der Glucosemoleküle wird zur Aufrechterhaltung der Lebensvorgänge, aber auch zum Aufbau neuer Stoffe genutzt. | |

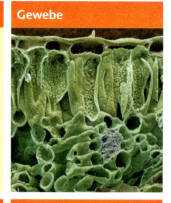

**1** *Der Organismus als System*

Als **System** bezeichnet man ein Gebilde wie einen Organismus, dessen wesentliche Bestandteile, die **Systemkomponenten,** verschieden voneinander sind, aber untereinander Wechselwirkungen aufweisen. Ein biologisches System weist wie jedes System eine **Systemgrenze** auf, durch die hindurch ein Stoff- und Energieaustausch mit der umgebenden Umwelt erfolgt. Auf diese Weise wird ein biologisches System durch die Umwelt beeinflusst, aber wirkt auch auf die Umwelt zurück. Ohne Abgrenzung gegen die Umwelt kann es nicht existieren, da es wesentliche Bedingungen im Inneren innerhalb bestimmter Werte konstant halten muss. In der belebten Natur treten nur Systeme auf, die sowohl Input als auch Output haben. Es handelt sich also immer um **offene Systeme.** Input und Output zwischen einem System und seiner Umgebung findet an der Systemgrenze statt.

Biologische Systeme kann man auf verschiedenen Ebenen betrachten. Man spricht von Systemebenen: die Ebene der Moleküle, der Zellorganellen, der Zellen, der Gewebe, der Organe und des Organismus (Abb. 1).

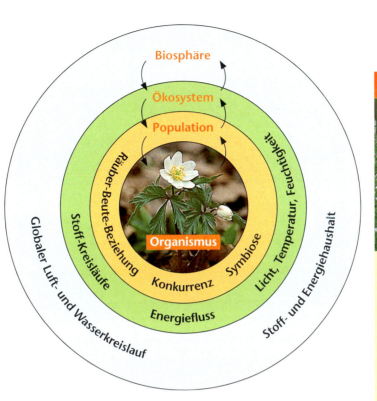

### Biosphäre

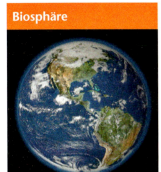

Die Biosphäre ist die Gesamtheit der Ökosysteme der Erde. Es gibt einen Energieaustausch vor allem durch Nutzung der Sonnenstrahlung, aber kaum Stoffaustausch an den Systemgrenzen.

### Ökosystem

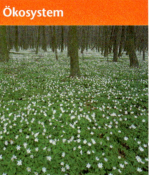

Ein Ökosystem setzt sich aus abiotischen Faktoren, wie Luft, Wasser, Klima und Boden sowie biotischen Elementen wie Menschen, Pflanzen und Tiere, zusammen. Diese Faktoren stehen zum Beispiel über Stoffkreisläufe in vielfältigen Wechselbeziehungen zueinander. Zwischen verschiedenen Ökosystemen gibt es einen Stoff- und Energieaustausch. Die Abgrenzung eines Ökosystems ist manchmal sehr schwierig.

### Population

Eine Population ist eine Gruppe von Organismen derselben Art, die in einem bestimmten Raum zusammenleben und sich untereinander fortpflanzen können.

**2** *Zusammenhänge von Organismus, Population, Ökosystem und Biosphäre*

Das System „Organismus" ist eingeordnet in zahlreiche Zusammenhänge (Abb. 2). Die Organismen einer Art leben in einem bestimmten Raum als Population zusammen. In dieser Population gibt es zahlreiche Wechselwirkungen, die auf den Einzelorganismus zurückwirken, wie zum Beispiel Konkurrenz mit Artgenossen um die Nahrung. Gut angepasste Einzelorganismen vermehren sich erfolgreicher, so dass ihre Erbinformationen im Laufe der Zeit in der Population zunehmen. Aber auch die Populationen verschiedener Arten üben Wechselwirkungen aus durch Räuber-Beute-Beziehungen oder durch Symbiose. Das Ökosystem wiederum wirkt auf die Größe und Zusammensetzung der Populationen zum Beispiel durch das Nahrungsangebot, durch Licht, Temperatur und Feuchtigkeit. Die Populationen beeinflussen hingegen die Stoffkreisläufe und wirken so auf das Ökosystem zurück. Benachbarte Ökosysteme beeinflussen sich gegenseitig durch Stoff- und Energiefluss über ihre Grenzen hinweg. Alle Ökosysteme der Biosphäre beeinflussen einander durch abiotische Faktoren wie den globalen Luft- und Wasserkreislauf. Zum Beispiel beeinflussen Meeresökosysteme durch ihren Stoff- und Energiehaushalt die Atmosphäre als Teil der Biosphäre und damit auch Land-Ökosysteme. Ein Beispiel solcher Wechselbeziehungen in der Biosphäre ist die Zunahme des Treibhauseffekts und der dadurch verursachte Klimawandel.

## 2.1 Der Kohlenstoff-Kreislauf

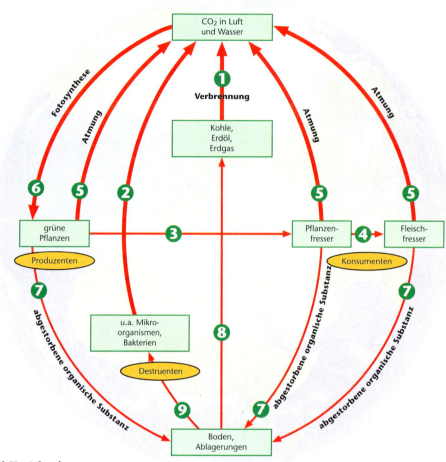

1 *Kohlenstoff-Kreislauf*

Kohlenstoff ist ein Element, das in allen Lebewesen enthalten ist. Grüne Pflanzen nehmen Kohlenstoffdioxid bei der Fotosynthese ( ) auf und bilden mithilfe der Lichtenergie Glucose, andere Kohlenhydrate, Fette und Proteine. Weil grüne Pflanzen organische Stoffe selbst herstellen können, nennt man sie auch Produzenten.

Wenn Pflanzen gefressen werden, gelangt kohlenstoffhaltige Substanz in den Körper von Pflanzenfressern ( ) und im weiteren Verlauf der Nahrungskette auch in den Körper von Fleischfressern ( ). Tiere und Menschen nehmen mit der Nahrung, die kohlenstoffhaltige organische Substanz auf. Sie sind die Konsumenten unter den Lebewesen. Bei der Atmung von Menschen, Tieren ( ) und von Pflanzen ( ) wird Kohlenstoffdioxid freigesetzt. Abgestorbene Tiere ( ) und Pflanzen ( ) bilden Ablagerungen. Die organische Substanz in Ablagerungen, zum Beispiel abgefallenen Blättern, wird von Mikroorganismen zersetzt ( ). Zu den Zersetzern gehören unter anderem Bakterien. Die Zersetzer geben bei ihrer Tätigkeit Kohlenstoffdioxid ab ( ).

Aus Ablagerungen, zum Beispiel von Wäldern, sind im Laufe von vielen Millionen Jahren fossile Brennstoffe wie Kohle, Erdöl und Ergas entstanden ( ). Bei ihrer Verbrennung wird Kohlenstoffdioxid freigesetzt ( ). Dieses durch menschliche Tätigkeiten freigesetzte Kohlenstoffdioxid trägt zur langsamen Erwärmung der Erdatmosphäre bei.

2 *Jährliche Kohlenstoffdioxid-Emissionen der Familie*

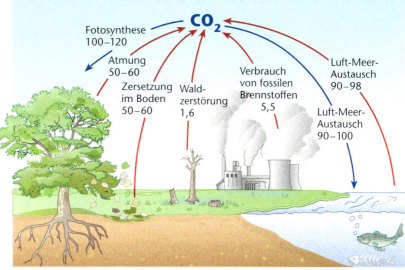

3 *Globale jährliche Kohlenstoff-Flüsse (Angaben in Gigatonnen, eine Gigatonne ist eine Milliarde Tonnen)*

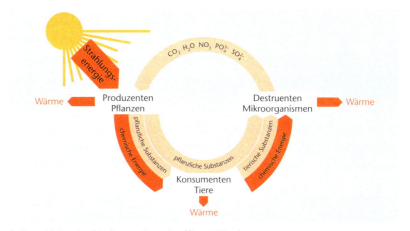

4 *Das Prinzip biologischer Stoffkreisläufe*

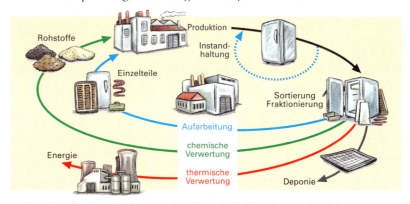

5 *Kreislauf-Wirtschaft: Verschiedene Möglichkeiten der Verwertung von alten, nicht mehr funktionierenden Produkten*

**1 Kohlenstoff-Kreislauf.** Schreibe den Text auf der Grundwissen-Seite ab und setze in die Klammern die richtigen Ziffern aus Abbildung 1.

**2 Kohlenstoff-Flüsse auf der Erde.** Ordne in einer Tabelle die in Abbildung 3 dargestellten jährlichen Kohlenstoff-Flüsse nach der Reihenfolge der umgesetzten Masse.

**3 Kreislaufwirtschaft nach dem Vorbild der Natur.** Vieles spricht dafür, dass in Zukunft die Kreislaufwirtschaft weiter an Bedeutung gewinnt (Abb. 5). Damit meint man, dass ein Produkt nach seinem Gebrauch nicht als Müll abgelagert, sondern möglichst umfassend verwertet wird.
a) Beschreibe anhand der Abbildung 4 das Prinzip biologischer Stoffkreisläufe.
b) Erläutere, was man in der Kreislaufwirtschaft unter Instandhaltung, Aufarbeitung, chemischer Verwertung und thermischer Verwertung versteht (Abb. 5).
c) Vergleiche den biologischern Stoffkreislauf mit der Kreislaufwirtschaft beim Menschen (Abb. 4, 5).

**4 Kohlenstoffdioxid und Familie Mustermann.** Diskutiert Möglichkeiten der Familie in Abbildung 2, ihre Kohlenstoffdioxid-Emissionen zu verringern.

## 2.2 Zusätzlicher Treibhauseffekt und Klimawandel

Weltweit beobachtet man seit einigen Jahren häufig extreme Wetterlagen: Ihre Folgen sind lange andauernde Dürreperioden, heftige Stürme und Überschwemmungen. Die vergangenen 30 Jahre waren wahrscheinlich die wärmste Klimaperiode des Jahrtausends. Seit Beginn der Wetteraufzeichnungen vor 150 Jahren stieg der Meeresspiegel um 10–20 Zentimeter und die durchschnittliche Temperatur auf der Erde stieg um etwa 0,5 °C. Heute gibt es kaum noch einen Zweifel daran, dass der Mensch für diese Änderung des Weltklimas mitverantwortlich ist.

Kurzwelliges Sonnenlicht wird an der Erdoberfläche absorbiert. Dabei wird Lichtenergie in Wärmeenergie umgewandelt und als solche von der Erdoberfläche wieder abgestrahlt. Wasserdampf, Kohlenstoffdioxid und einige andere Treibhausgase halten einen Teil der Wärmestrahlung in der Atmosphäre zurück. Dieses als **natürlicher Treib-**

**1** *Extreme Wetterlagen – Folgen der Erderwärmung*

**hauseffekt** bezeichnete Phänomen sorgt dafür, dass die durchschnittliche Temperatur auf der Erdoberfläche 15 °C beträgt und macht das Leben auf der Erde erst möglich.

Seit Beginn der Industrialisierung nimmt die Konzentration der Treibhausgase durch die Aktivitäten des Menschen zu, Kohlenstoffdioxid ($CO_2$) bisher um 30 %, Methan ($CH_4$) um 120 % und Distickstoffoxid ($N_2O$) um 10 %. Die erhöhte Konzentration an Treibhausgasen verstärkt die Erderwärmung. Diesen letztlich vom Menschen verursachten Beitrag zur Erderwärmung bezeichnet man als **zusätzlichen Treibhauseffekt.**

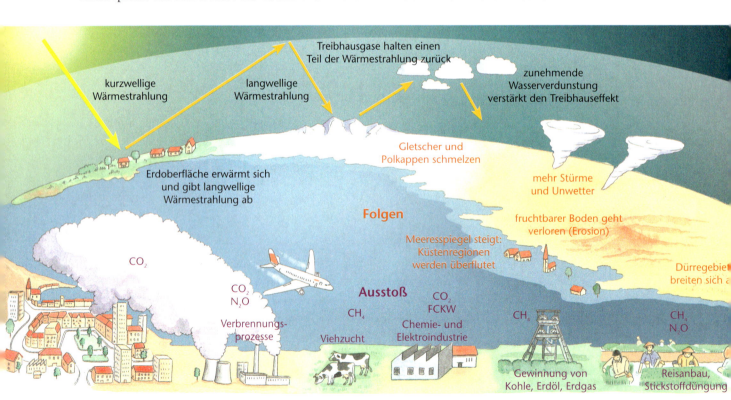

**2** *Der Treibhauseffekt*

**1 Ursachen und Folgen des Treibhauseffektes.**
a) Erläutere den Begriff „zusätzlicher Treibhauseffekt".
b) Beschreibe mithilfe des Grundwissentextes und der Abbildung 2 die Ursachen des zusätzlichen Treibhauseffektes.
c) Nenne mögliche Folgen der Erderwärmung und erläutere, welche Konsequenzen diese für die Menschen haben könnten.

**2 Entwicklung der Kohlenstoffdioxidkonzentration.**
a) Erläutere, was in Abbildungen 3 und 4 dargestellt ist.
b) Verschaffe dir einen Überblick über die in den Diagrammen dargestellten Daten: Ermittle aus den Diagrammen die $CO_2$-Konzentration und die mittlere Temperatur für die Jahre 1900, 1950 und 2000.
c) Werte die Diagramme im Vergleich aus: Welche Zusammenhänge sind ihnen zu entnehmen und wie sind sie zu erklären?

**3 Klimawandel und Gletscher.**
Beschreibe die Abbildung 5. Erläutere wie und wodurch sich die abgebildete Landschaft verändert hat.

**4 Modellversuch zum Treibhauseffekt.** Fülle zwei schwarze Filmdosen mit Wasser. Stülpe ein Becherglas verkehrt herum über eine Filmdose. Stelle dann beide Filmdosen in gleicher Entfernung unter eine Lampe. Miss in Abständen von fünf Minuten die Temperatur des Wassers. Beschreibe und erkläre dein Versuchsergebnis.

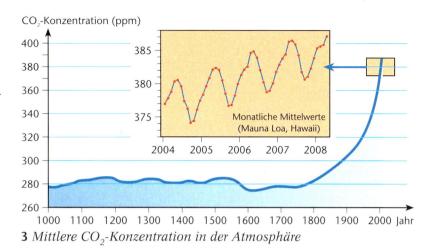

**3** Mittlere $CO_2$-Konzentration in der Atmosphäre

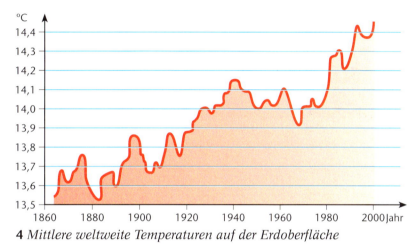

**4** Mittlere weltweite Temperaturen auf der Erdoberfläche

**5** Jamtalferner-Gletscher (Alpen) im Sommer 1929 und 2001

## 2.3 Energie in der Zukunft

**1** *Photovoltaik, Windenergie und Wasserkraft*

**2** *Biogasanlage*

**3** *Wasserstoffauto*

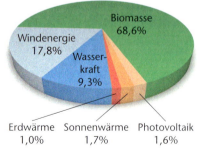

**4** *Anteile erneuerbarer Energien in Deutschland 2007*

Auf der Konferenz für „Umwelt und Entwicklung" der Vereinten Nationen in Rio de Janeiro wurde 1992 von 179 Staaten ein weltweites Aktionsprogramm für das 21. Jahrhundert, die Agenda 21, beschlossen. Ziel dieses Aktionsprogramms ist eine **nachhaltige Entwicklung.** Darin verpflichten sich die Staaten, die Bedürfnisse der heutigen Generation zu befriedigen, ohne die Chancen künftiger Generationen zu beeinträchtigen. Bisher wurde der weltweit steigende Energiebedarf hauptsächlich durch die Verbrennung fossiler Energieträger wie Gas, Öl und Kohle oder die Kernenergie gedeckt. Die Vorräte an fossilen Brennstoffen sind aber endlich und bei der Verbrennung wird das Treibhausgas Kohlenstoffdioxid in die Atmosphäre abgegeben. Auch die Kernenergie birgt nach Meinung vieler Experten unkalkulierbare Risiken.

In Deutschland soll die Energieversorgung sicher und klimaverträglich sein. Deshalb wird verstärkt auf **erneuerbare Energien** gesetzt. Darunter versteht man Energien, die aus unerschöpflichen Quellen gewonnen werden. Das sind zum Beispiel **Sonnenenergie, Windenergie, Wasserkraft, Erdwärme** und Energie aus **Biomasse.** Zurzeit beträgt der Anteil erneuerbarer Energien etwa 5 %, Tendenz steigend. Wie der Energiemix der Zukunft aussehen wird, kann man nicht exakt voraussagen. Sicher ist aber, dass in absehbarer Zeit fossile Energieträger an Bedeutung verlieren werden. Die Potenziale der erneuerbaren Energien sind heute bei weitem nicht ausgeschöpft. Unter den erneuerbaren Energien haben heute die Energie aus Biomasse, Windenergie und die Wasserkraft die größte Bedeutung (Abb. 4). Besonders wichtig wird in Zukunft die **Photovoltaik** in Verbindung mit der Wasserstofftechnologie werden: Das Sonnenlicht wird mit Solarzellen eingefangen und zur Spaltung von Wasser in Wasserstoff und Sauerstoff genutzt. Der Wasserstoff kann transportiert werden. Wasserstoff kann zur Stromerzeugung genutzt werden und Autos antreiben.

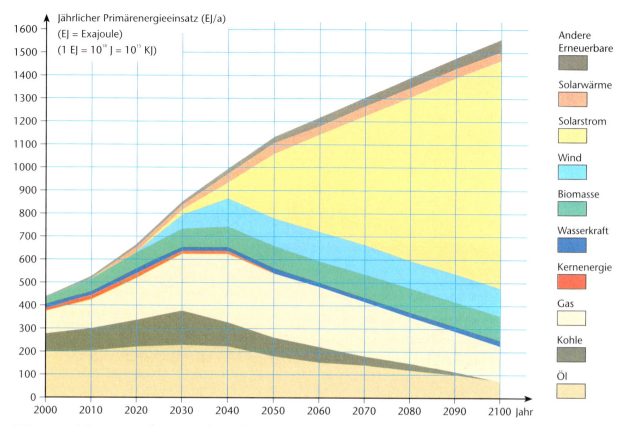

**5** Prognostizierte Veränderungen des weltweiten Energiemixes bis 2100

**1  Der Energiemix der Zukunft.**
a) Beschreibe mithilfe der Abbildung 5 den derzeitigen „Energiemix" der Welt.
b) Beschreibe mithilfe der Abbildung 5, wie der Energiemix in den Jahren 2050 und 2100 nach der dargestellten Prognose aussehen wird.
c) Berechne den für das Jahr 2100 vorausgesagten prozentualen Anteil des Solarstroms am Energiemix.
d) Stelle den für das Jahr 2050 erwarteten Energiemix in Form eines Balkendiagramms oder Kreisgramms grafisch dar.

**2  Nutzung erneuerbarer Energien.**
a) Beschreibe, welche Informationen du der untersten Zeile der Abbildung 6 entnehmen kannst.
b) Berechne, wie viel Prozent der maximal nutzbaren Energie heute bei den jeweiligen Energien bereits genutzt wird.
c) Du hast als Politiker die Möglichkeit Forschungsgelder zu vergeben. Würdest du eher in die Erforschung der Wasserkraft oder der Photovoltaik investieren? Begründe mithilfe der Abbildungen 5 und 6.

|  | Nutzung 2005 | Geschätzte maximal nutzbare Energie |
|---|---|---|
| Wasserkraft | 21,5 | 24 |
| Windenergie | 26,5 | 165 |
| Biomasse | 110,3 | 320 |
| Photovoltaik | 1,0 | 105 |
| Erdwärme | 1,6 | 530 |
| Sonnenwärme | 3,0 | 290 |
| erneuerbare Energien insgesamt | 163,9 | 1434 |

**6** Im Jahr 2005 in Deutschland genutzte und maximal nutzbare Energie in TWh (Terawattstunden)

## 2.4 Nachhaltig handeln

**1** *Nachhaltigkeit spielt auf individueller, lokaler, regionaler, nationaler und globaler Ebene eine wichtige Rolle für die Zukunft*

Menschen haben bestimmte Bedürfnisse und Ansprüche an ihre Umwelt. Sie bauen Häuser, Dörfer und Städte, um zu wohnen. Menschen wollen arbeiten, ein erträgliches Einkommen erwirtschaften und sich bilden. Dafür benötigen sie Arbeitsstätten, Schulen, Verkehrswege und vieles mehr. Menschen wollen ihre Gesundheit erhalten. Nahrungsmittel, Wasser, Luft und Boden sollten daher unbelastet sein. Menschen müssen sich versorgen, zum Beispiel mit Lebensmitteln aus der Landwirtschaft und Fischerei. Energie in Form von elektrischem Strom oder Benzin werden bei uns täglich eingesetzt. Jeder Mensch benutzt Produkte, die letztlich aus Rohstoffen hergestellt wurden. Menschen nutzen, beeinflussen und verändern ihre Umwelt auf vielfältige Weise. Werden dadurch die Möglichkeiten zukünftiger Generationen beeinträchtigt?

Die Begriffe **„Nachhaltigkeit"** oder **„Nachhaltige Entwicklung"** sind im Zusammenhang mit dieser Frage Schlüsselbegriffe. Eine häufige Definition lautet: Nachhaltig ist eine Entwicklung, die den Bedürfnissen der heutigen Generation entspricht, ohne die Möglichkeiten künftiger Generationen zu gefährden, ihre eigenen Bedürfnisse zu befriedigen. Nachhaltig ist eine Entwicklung also dann, wenn sie nicht auf Kosten zukünftiger Generationen erfolgt. Unter nachhaltigem Wirtschaften versteht man Produktionsmethoden, die einen schonenden Umgang mit den Ressourcen der Erde gewährleisten.

Drei Bereiche spielen für eine nachhaltige Entwicklung eine gleichrangige Rolle. Diese Bereiche bezeichnet man auch als die „drei Säulen der Nachhaltigkeit".

**Umwelt (Ökologie):** sorgsamer Umgang und Schutz der Lebensgrundlagen Boden, Wasser und Luft; nachhaltige Forst-, Land- und Fischereiwirtschaft; Erhaltung der biologischen Vielfalt; umweltverträglicher Umgang mit Abfällen und Schadstoffen

**Wirtschaft (Ökonomie):** Versorgung der Menschen mit Gütern und Dienstleistungen; Teilhabe eines jeden am Arbeitsleben; Entlohnung der Arbeit und ausreichende Kaufkraft; effizienter und sparsamer Einsatz von Energie und Ressourcen in der Produktion von Gütern; internationaler Handel und Austausch neuer Technologien

**Soziales und Gesundheit:** Bekämpfung von Armut und sozialer Benachteiligung; Versorgung mit Nahrung, Trinkwasser und Wohnraum; Teilhabe an Ausbildung und Bildung; Steigerung des Wohlstandes; Schutz und Förderung der Gesundheit

Nachhaltigkeit spielt nicht nur auf globaler Ebene eine Rolle (Abb. 1). Jeder Einzelne kann sich in seinem Alltag im Sinne einer nachhaltigen Entwicklung verhalten, zum Beispiel beim Konsum und in der Freizeit. Auch eine Schule kann ein Ort sein, an dem Nachhaltigkeit zum festen Bestandteil des Schullebens werden kann (Abb. 2).

---

**Checkliste für nachhaltige Klassenfahrten**

**Ökonomische Kriterien:** Transportkosten, Übernachtungskosten, Verpflegungskosten und sonstige Kosten der verschiedenen Fahrtziele werden verglichen und bewertet.

**Soziale und gesundheitliche Kriterien:** Qualität der Unterkünfte und der jeweiligen Verpflegung, die Möglichkeiten zu Gruppenaktivitäten und zu Kontakten mit der Bevölkerung werden verglichen und bewertet.

**Ökologische Kriterien:** Die Entfernungen der verschiedenen Reiseziele, die Art des Transportmittels und der Verbrauch an fossilen Brennstoffen, die Verpflegung (Vollwertkost) und die Möglichkeit zu Naturerfahrungen vor Ort werden verglichen und bewertet.

**2** *Beispiel: Planung einer nachhaltigen Klassenfahrt*

---

# Projektarbeit

Das Thema „Nachhaltigkeit" bietet eine Fülle von Unterthemen, die gut geeignet sind, um sie in der Schule in Form eines Projektes zu erarbeiten.

Unter Projektarbeit versteht man eine Methode, die besonders bei vielschichtigen, komplexen und meistens mehrere Fächer betreffenden Themen angewandt werden kann. Charakteristisch für Projektarbeit ist, dass die Teilnehmer und Teilnehmerinnen in hohem Maße die Organisation und Verantwortung für die Durchführung selbst übernehmen. Arbeitsteilung und Kooperation spielen daher in der Projektarbeit eine große Rolle. Jedes Projekt hat klar festgelegte Ziele. Die Ergebnisse der Projektarbeit werden präsentiert.

**1. Vorbereitung der Projektarbeit und Bildung von Arbeitsgruppen.** In dieser Phase werden Inhalte, Problemstellungen, Anregungen und Ideen zum Thema gesammelt und dann in Unterthemen geordnet. Zu den Unterthemen werden eine oder mehrere Arbeitsgruppen gebildet.

**2. Planung der Projektarbeit in Gruppen.** Innerhalb der einzelnen Arbeitsgruppen wird das Ziel der Projektarbeit und der Arbeitsplan, der zu diesem Ziel führt, festgelegt. Leitfragen in dieser Phase sind: Was wollen wir? Wie lange brauchen wir? Welche Materialien brauchen wir? Welche Informationsquellen stehen zur Verfügung?

**3. Durchführung der Projektarbeit in Arbeitsgruppen.** Der Arbeitsplan wird ausgeführt. Informationen zum Thema werden gesammelt und aufgearbeitet. Die Materialien für die nächste Phase werden erstellt. Je nach Thema und Arbeitsplan können Erkundungen, Interviews, Versuche, Befragungen sowie das Erstellen einer Fotosammlung oder eines Videofilms dazugehören.

**4. Vorstellen der Projektergebnisse.** Die einzelnen Arbeitsgruppen stellen Ihre Ergebnisse vor. Eine Zusammenfassung der Ergebnisse wird den anderen Arbeitsgruppen zur Verfügung gestellt. Wenn möglich, werden die Ergebnisse des gesamten Projektes in der Schule präsentiert und der örtlichen Presse vorgestellt.

**Methode**

## Mathematische Verfahren verdeutlichen ökologische Zusammenhänge

1 Ein Plakat

### Der ökologische Fußabdruck

Das Leben eines jeden Menschen benötigt Platz: Wohnraum, Straßen, Arbeitsplätze, Schulen, aber auch Platz für Müllentsorgung. Der Baum, aus dessen Holz ein Stuhl gefertigt wurde, brauchte Platz. Die Kakaopflanze, die den Kakao des Schulfrühstücks lieferte, benötigte Platz, ebenso wie Obst- und Gemüsepflanzen oder Baumwollpflanzen, aus deren Früchten der Rohstoff für Jeans gewonnen wird. Auch der Einsatz fossiler Energieträger benötigt Flächen für Pflanzen, die das durch Verbrennung freigesetzte Kohlenstoffdioxid durch Fotosynthese binden. Alle Güter des täglichen Bedarfs nehmen direkt oder indirekt Fläche in Anspruch. Der „ökologische Fußabdruck" ist eine Methode, mit der näherungsweise berechnet werden kann, wie viel Fläche für die Herstellung eines bestimmten Produkts benötigt wird. Aus diesen Daten kann man den ökologischen Fußabdruck eines Menschen berechnen. Das ist die Fläche, die nötig ist, um einen einzelnen Menschen ein Jahr lang mit allen Gütern zu versorgen. Der ökologische Fußabdruck lässt sich nicht nur für einzelne Menschen, sondern auch für Nationen ermitteln (Abb. 3). Meistens wird der ökologische Fußabdruck der tatsächlich vorhandenen nutzbaren Fläche gegenübergestellt.

### Der ökologische Rucksack

Der Begriff „ökologischer Rucksack" bezeichnet die gesamte Masse der Stoffe aus der Natur, die für die Herstellung, den Transport, die Benutzung eines Produktes und schließlich die Entsorgung, das heißt für die gesamte Produktkette, verbraucht wurden (Abb. 5). In die Berechnung des ökologischen Rucksacks geht unter anderem die Masse von Rohstoffen (z. B. Eisenerz, Erdöl, Sand, Holz, Baumwolle), Wasser (z. B. für Bewässerung in der Landwirtschaft oder technische Vorgänge in Fabriken) sowie Luft (z. B. für Verbrennungsprozesse und chemische Reaktionen) ein.

2 Vier Stühle

**Methode**

**1** „... als hätten wir *vier* Erden ...". Erläutere anhand der Abbildung 1, was mit der Aussage „... als hätten wir vier Erden ..." gemeint sein könnte.

**2** Ökologischer Fußabdruck.
**a)** Erstellt anhand der Angaben in Abbildung 3 eine Reihenfolge derjenigen zehn Güter, die in Kanada den höchsten Flächenbedarf haben.

**b)** Stellt Vermutungen darüber an, durch welche Faktoren der ökologische Fußabdruck eines Inders von dem eines Kanadiers abweicht (Abb. 3).

**3** Vier Stühle und ihr ökologischer Rucksack. Berechne den ökologischen Rucksack der vier Stühle in Abbildung 2. Inwiefern muss die Lebensdauer der vier Stühle in die Bewertung einbezogen werden?

| Material | kg je kg Material |
|---|---|
| Baumwolle | 16,5 |
| Stahl | 8,1 |
| Messing | 185,0 |
| Aluminium | 19,0 |
| Polyethylen (PE) | 2,5 |
| Kunststoff-Mischung | 5,5 |
| Kunstfaser | 8,1 |
| Holz (Fichte) | 5,5 |

**4** *Ökologische Rucksäcke für Materialien*

| Ökologische Rucksäcke für | kg je kg Material |
|---|---|
| Jeans | 32 |
| Laptop | 430 |
| Zahnbürste | 1,5 |
| Kaffeemaschine | 300 |
| 12 Weingläser | 6 |
| Banküberweisung (traditionell) | 2,7 |
| Banküberweisung (online) | 1,1 |
| Musik-CD herunterladen | 0,7 |
| Musik-CD Online-Bestellung | 1,3 |
| Musik-CD Kauf im Laden | 1,7 |

**5** *Beispiele für ökologische Rucksäcke*

| Güter | Energie aus fossilen Rohstoffen | Siedlung | Acker | Weide | Wald | Gesamt |
|---|---|---|---|---|---|---|
| **1. Nahrung** | **0,33** | | **0,48** | **1,91** | **0,02** | |
| 1.1 pflanzlich | 0,14 | | 0,22 | | 0,01 | |
| 1.2 tierisch | 0,19 | | 0,25 | 1,91 | 0,01 | |
| **2. Wohnen** | **0,41** | **0,08** | | | **0,90** | |
| 2.1 Bau | 0,06 | | | | 0,75 | |
| 2.2 Betrieb | 0,35 | | | | 0,15 | |
| **3. Transport** | **0,79** | **0,12** | | | **0,04** | |
| 3.1 privat | 0,60 | | | | | |
| 3.2 öff. Verkehrsmittel | 0,07 | | | | | |
| 3.3 Güterverkehr | 0,12 | | | | | |
| **4. Konsumgüter** | **0,53** | **0,01** | **0,04** | **0,13** | **0,50** | |
| 4.1 Verpackung | 0,10 | | | | 0,04 | |
| 4.2 Kleidung | 0,11 | | 0,01 | 0,13 | | |
| 4.3 Möbel, Holzprodukte | 0,06 | | | | 0,26 | |
| 4.4 Papier | 0,06 | | | | 0,17 | |
| 4.5 Tabak, Alkohol | 0,06 | | | 0,03 | | |
| 4.6 Kosmetik, Pflegeartikel | 0,03 | | | | 0,01 | |
| 4.7 Freizeitartikel | 0,10 | | | | 0,02 | |
| 4.8 sonstige Güter | 0,01 | | | | | |
| **5. Dienstleistungen** | **0,30** | **0,01** | | | | |
| 5.1 Regierung, Militär | 0,06 | | | | | |
| 5.2 Ausbildung | 0,08 | | | | | |
| 5.3 Gesundheitswesen | 0,08 | | | | | |
| 5.4 Tourismus | 0,01 | | | | | |
| 5.5 Unterhaltung | 0,01 | | | | | |
| 5.6 Bank, Versicherung | 0,01 | | | | | |
| 5.7 sonst. Dienstleistungen | 0,05 | | | | | |
| Kanadier (insgesamt) | 2,36 | 0,22 | 0,52 | 2,04 | 1,46 | 6,60 |
| zum Vergleich: ein Inder | 0,09 | 0,01 | 0,12 | 0,15 | 0,22 | 0,59 |

**3** *Daten zum ökologischen Fußabdruck eines Kanadiers in Hektar*

**101**

## 2.5 Ökobilanzen von Lebensmitteln

**1** *Ressourcenverbrauch bei der Herstellung verschiedener Nahrungsmittel*

In den letzten Jahren ist der einsetzende globale Klimawandel immer mehr in das Bewusstsein von Bevölkerung und Politikern gedrungen. In diesem Zusammenhang sind auch die Umwelt- und Klimaauswirkungen bei der Erzeugung von Lebensmitteln ein Thema. Man erstellt dazu Ökobilanzen. Eine **Ökobilanz** ist eine umfassende Analyse der Umweltauswirkungen auf Wasser, Boden, Luft und Klima. Mit Ökobilanzen versucht man, möglichst alle Umweltauswirkungen der Produktion und des Gebrauchs eines Nahrungsmittels oder auch eines anderen Produktes zu beurteilen. In die Ökobilanz fließt nicht nur die unmittelbare Produktion ein. Werden zum Beispiel Dünger oder Insektizide für die Herstellung der Produkte eingesetzt, ist zu berücksichtigen, dass auch für deren Produktion Rohstoffe und Energie eingesetzt werden und dass bei der Produktion das Treibhausgas Kohlenstoffdioxid freigesetzt wird. Für die Produktion, für Transporte, Lagerung und Zubereitung wird Energie aufgewendet und schließlich ergeben sich auch bei der Entsorgung von Abfällen Umweltauswirkungen. Da die Umweltwirkungen eines Produktes von der Produktion bis zur Entsorgung untersucht werden, spricht man auch von „Lebenswegbilanzen".

Der Begriff **„ökologischer Rucksack"** bezeichnet die gesamte Masse der Rohstoffe aus der Natur, die für Produktion, Transport, Nutzung und Entsorgung eines Produktes verbraucht werden. Rohstoffe sind zum Beispiel Wasser, Luft, Bodenschätze, Holz. Der „ökologische Rucksack" veranschaulicht den Naturverbrauch, der mit einem Produkt verbunden ist. Auch der Verbraucher beeinflusst durch sein Einkaufsverhalten die Größe des ökologischen Rucksacks. Dabei spielt zum Beispiel eine Rolle, wie er zum Einkaufen gelangt oder ob er saisonale, in der Region produzierte Produkte kauft.

Das **$CO_2$-Äquivalent** gibt an, welche Menge klimaschädlicher Gase bei der Produktion von einem Kilogramm eines Produktes entstehen. Um eine Vergleichsmöglichkeit zu haben, werden alle klimaschädlichen Gase, wie zum Beispiel Methan, in $CO_2$-Äquivalente umgerechnet.

Wie groß die von Lebensmitteln ausgehenden Umweltbelastungen sind, hängt vor allem davon ab, wie sie produziert werden und wie weit der Weg zum Verbraucher ist. Beim ökologischen Landbau ist der Flächenbedarf zwar etwas größer, aber es werden anders als bei konventionellen Anbaumethoden keine Ressourcen für Dünger und Pestizide verbraucht. Beim Anbau in beheizten Gewächshäusern ist ein sehr hoher Energiebedarf zu berücksichtigen.

**1 Klimabelastung durch die Lebensmittelproduktion.** Analysiere die Daten aus der Abbildung 2 unter verschiedenen Gesichtspunkten:
a) Vergleiche die Klimabelastungen bei konventionellen und ökologischen Produktionsmethoden.
b) Vergleiche die Klimabelastung bei der Fleisch- und der Pflanzenproduktion.
c) Vergleiche im Hinblick auf die Verarbeitung und Lagerung der Lebensmittel.

**2 Ökologischer Rucksack und Wasserverbrauch.** Fasse die Informationen aus den Abbildungen 3 und 4 zusammen und stelle Bezüge zur Abbildung 2 her.

**3 Verbraucherverhalten.**
a) Formuliere Empfehlungen, wie wir unsere Ernährung möglichst klimaschonend und umweltfreundlich gestalten können. Begründe deine Empfehlungen jeweils.
b) Vergleicht und diskutiert eure Empfehlungen in der Klasse.

| | |
|---|---|
| Obst | 1,4 kg |
| Kartoffeln | 3 kg |
| Rindfleisch | 17 kg |

3 *Ökologischer Rucksack bei der Produktion von einem Kilogramm Lebensmittel*

| | Wasserverbrauch |
|---|---|
| Brot | 1 000 Liter |
| Geflügelfleisch | 6 000 Liter |
| Eier | 4 500 Liter |
| Rindfleisch | 15 000 Liter |

4 *Wasserverbrauch bei der Produktion von einem Kilogramm Lebensmittel*

| Lebensmittel (TK = Tiefkühlware) | CO$_2$-Äquivalente in g/kg Produkt nach Anbauweise ||
|---|---|---|
| | konventionell | ökologisch |
| Geflügel – frisch | 3 491 | 3 033 |
| Geflügel – TK | 4 519 | 4 061 |
| Rind – frisch | 13 303 | 11 371 |
| Rind – TK | 14 331 | 12 398 |
| Schwein – frisch | 3 247 | 3 038 |
| Schwein – TK | 4 275 | 4 064 |
| Gemüse – frisch | 150 | 127 |
| Gemüse – Konserven | 509 | 477 |
| Gemüse – TK | 412 | 375 |
| Kartoffeln – frisch | 197 | 136 |
| Pommes frites – TK | 5 714 | 5 555 |
| Tomaten – frisch | 327 | 226 |
| Brötchen, Weißbrot | 655 | 547 |
| Mischbrot | 763 | 648 |
| Kuchen | 931 | 831 |
| Nudeln | 914 | 766 |
| Butter | 23 781 | 22 085 |
| Joghurt | 1 228 | 1 156 |
| Käse | 8 502 | 7 943 |
| Milch | 938 | 881 |
| Quark, Frischkäse | 1 925 | 1 801 |
| Sahne | 7 622 | 7 098 |
| Eier | 1 928 | 1 539 |

2 *Klimabilanz für Lebensmittel beim Einkauf im Handel*

**4 CO$_2$-Äquivalente pro Person und Jahr.** Die Abbildung 5 zeigt die durchschnittliche jährliche Freisetzung von Treibhausgasen pro Person in Tonnen CO$_2$-Äquivalenten. Zeige an dieser Grafik Möglichkeiten zur Minderung der Freisetzung von Treibhausgasen auf.

**5 Reflexion zum Thema „Nachhaltigkeit".** Schreibe in einer Übersicht auf, was du bisher zum Thema „Nachhaltigkeit" gelernt hast. Was ist dir noch nicht klar? Worüber möchtest du mehr wissen? Informiere dich weiter zu diesem Thema aus Büchern oder Internet.

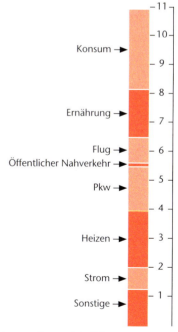

5 *Ausstoß von Treibhausgasen pro Person und Jahr in Tonnen CO$_2$-Äquivalenten*

## 2.6 Bevölkerungsentwicklung und Nachhaltigkeit

Im 20. Jahrhundert fand ein in der Menschheitsgeschichte einmaliger Vorgang statt. Lebten um 1900 etwa 1,6 Milliarden Menschen auf der Erde, überschritt die Weltbevölkerung im Jahre 1999 erstmals die 6-Milliarden-Grenze. Damit hat sich innerhalb eines Jahrhunderts die Weltbevölkerung nahezu vervierfacht (Abb. 1). Obwohl sich die jährliche Zunahme abgeschwächt hat, wird die Weltbevölkerung nach den Prognosen für die erste Hälfte des 21. Jahrhunderts weiter wachsen (Abb. 1). Das aktuelle Bevölkerungswachstum findet zu 95 Prozent in den Entwicklungsländern statt, die einen hohen Anteil junger Menschen an ihrer Gesamtbevölkerung haben. Zugleich verbrauchen die Industrieländer, die bei sehr geringer Geburtenrate und hoher Lebenserwartung einen hohen Anteil Älterer haben, den weitaus größten Teil der Rohstoffe und fossilen Energieträger.

Nachhaltige Entwicklung verbindet wirtschaftliche Entwicklung zur Überwindung von Hunger und Armut sowie die Schaffung sozialer, menschlicher Lebensbedingungen mit dem Erhalt der natürlichen Lebensgrundlagen. Daher stellt die Entwicklung der Bevölkerung und ihre ungleiche Verteilung die Bemühungen um Nachhaltigkeit vor große Herausforderungen, zum Beispiel bei der Frage nach der Ernährung der Weltbevölkerung und der Energieversorgung. Weitere Problemfelder sind unter anderem der Mangel an Wasser und an landwirtschaftlich nutzbarer Fläche in vielen Entwicklungsländern. Fachleute schätzen, dass bis zum Jahre 2025 ungefähr 40 Prozent der Weltbevölkerung an Wassermangel leiden wird.

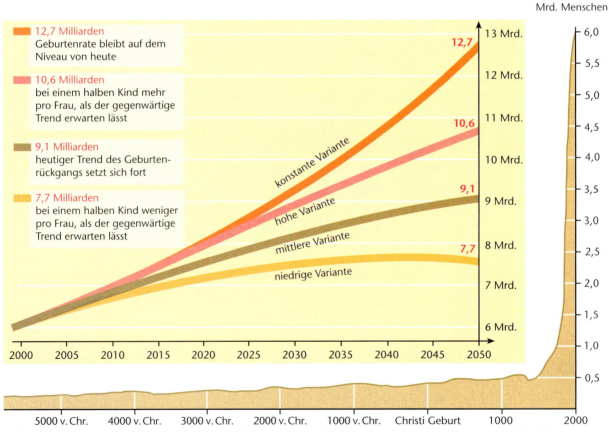

**1** *Bevölkerungsentwicklung auf der Erde bis zum Jahr 2000 und verschiedene Prognosen für die Entwicklung bis 2050*

**1 Globale Bevölkerungsentwicklung.** Beschreibe die Kurve der Bevölkerungsentwicklung (Abb. 1). Diskutiert mögliche Gründe für den enormen Anstieg im letzten Jahrhundert.

**2 Wenn die Welt ein Dorf wäre …** Stelle die Daten für 2000 und 2050 aus Abbildung 2 in einem Säulendiagramm dar. Welche der Prognosen in Abbildung 1 liegt den Angaben in Abbildung 2 vermutlich zugrunde?

### Die Welt – ein Dorf
Wenn die Welt heute ein Dorf … mit nur 100 Einwohnern wäre …

… wären davon: 14 Afrikaner
5 Nordamerikaner
12 Europäer
9 Lateinamerikaner und
60 Asiaten

**Bevölkerung**
30 Menschen wären Kinder unter 15 Jahren.
7 wären älter als 65. 50 Menschen im Dorf wären Frauen, 50 wären Männer.

**Armut**
44 Einwohner würden von weniger als 2 Euro am Tag leben.
18 Menschen hätten keinen Zugang zu sauberem Trinkwasser.

**Familienplanung**
Im Durchschnitt bekämen die Frauen 3 Kinder. Von den 25 Frauen zwischen 15 und 49 Jahren, die in einer Partnerschaft leben, würden 14 eine Verhütungsmethode anwenden.

**Zukunft 2050**
Die Zahl der Dorfbewohner würde jährlich um eine Person steigen. Im Jahre 2050 würden bereits 146 Menschen im Dorf leben: 31 Afrikaner
7 Nordamerikaner
10 Europäer
13 Lateinamerikaner
und 85 Asiaten.

**2** *Wenn die Welt ein Dorf wäre …*

## Wachstumskurven

Als Wachstum bezeichnet man
a) den zeitlichen Anstieg einer bestimmten Messgröße, zum Beispiel der Bevölkerungszahl in einer Folge von Jahren, und
b) das Größerwerden eines Gegenstandes oder Lebewesens im Laufe der Zeit.

**3 Beispiele für Wachstumsvorgänge.**
Nenne außer den dargestellten Beispielen weitere Beispiele für Wachstumsvorgänge. Prüfe, ob die Definition auf die einzelnen Beispiele zutrifft.

**4 Wachstumskurven im Vergleich.**
Beschreibe den Verlauf jeder der Wachstumskurven in Abbildung 3.

**5 Wachstum von Äpfeln und von Hefezellen.**
Beschreibe die Wachstumskurven in Abbildung 4 und 5. Lassen sich diese Kurven jeweils einer Kurve in Abbildung 3 zuordnen? Begründe die Zuordnung.

**6 Bevölkerungswachstum der Menschheit.**
Diskutiert, ob sich die Kurve in Abbildung 1 einer der Kurven in Abbildung 3 zuordnen lässt. Beachtet auch die Prognosen bis 2050.

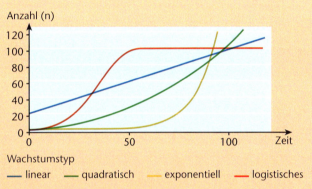

**3** *Verschiedene Wachstumskurven*

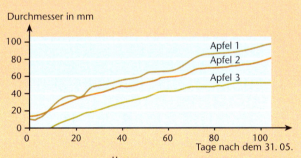

**4** *Wachstum von Äpfeln*

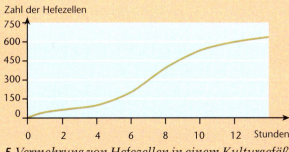

**5** *Vermehrung von Hefezellen in einem Kulturgefäß*

**Methode**

# Basiskonzepte zum Thema „Energiefluss und Stoffkreisläufe"

Die nachfolgenden Sachverhalte stammen aus dem Inhaltsfeld „Energiefluss und Stoffkreisläufe". Wenn du die nachfolgende Aufgabe bearbeitest, kannst du Auskunft darüber bekommen, ob du das Wesentliche verstanden hast und darüber, wie gut du Basiskonzepte zuordnen kannst.

**1 Aufgabe:** Ordne jedem der nachfolgenden Sachverhalte ein oder mehrere Basiskonzepte zu. Begründe die von dir gewählte Zuordnung.

**1.** In einem Ökosystem wie einem See oder einem Wald sind die Pflanzen die Produzenten. Sie können mithilfe des Sonnenlichts durch Fotosynthese selbst energiereiche Biomasse produzieren. Die Konsumenten ernähren sich von der Biomasse anderer Tiere. Die Destruenten zersetzen abgestorbene Biomasse.

**2.** Die vom Wasser getragenen Schwimmblätter und der biegsame Stängel der Gelben Teichrose zeigen Angepasstheiten an den Lebensraum.

**3.** Viele Tiere sind Spezialisten im Nahrungserwerb. Zum Beispiel ist der Bau der Schnäbel verschiedener Vogelarten an die jeweilige Ernährungsweise angepasst.

**4.** Bei der Fotosynthese stellt eine Pflanze in den Chloroplasten aus den energiearmen Stoffen Wasser und Kohlenstoffdioxid mithilfe von Lichtenergie den energiereichen Stoff Glucose her. Dabei wird Lichtenergie in chemische Energie und Wärme umgewandelt. Licht wird vom grünen Blattfarbstoff Chlorophyll absorbiert. Bei der Fotosynthese wird Sauerstoff frei.

**5.** Bei der Zellatmung wird die chemische Energie von Nährstoffen, zum Beispiel von Glucose, für einen Organismus verfügbar gemacht. Glucose wird unter Beteiligung von Sauerstoff zu den energiearmen Stoffen Kohlenstoffdioxid und Wasser abgebaut. Zellatmung findet in den Zellen von Pflanzen, Tieren und Menschen statt.

**6.** Grüne Pflanzen und atmende Lebewesen stehen in einer Wechselbeziehung: Sauerstoff aus der Fotosynthese wird für die Zellatmung benötigt, Kohlenstoffdioxid aus der Zellatmung wird für die Fotosynthese benötigt.

**7.** Ein Lebensraum (Biotop) ist ein bestimmtes Gebiet, in dem Lebewesen leben. Tiere und Pflanzen eines Lebensraumes bilden eine Lebensgemeinschaft (Biozönose). Das Wirkungsgefüge von Biotop und Biozönose heißt Ökosystem.

**8.** Lebewesen, Populationen, Ökosysteme und Biosphäre sind durch vielfältige Wechselwirkungen miteinander vernetzt.

**9.** Ökosysteme verändern sich im Laufe der Zeit. Ein Laubwald verändert sich im Verlauf der Jahreszeiten. Frühblüher wie Buschwindröschen nutzen die günstigen Lichtverhältnisse am Waldboden im Frühjahr. Unterirdische Speicherorgane gehören zu ihren Angepasstheiten.

**10.** Rotbuche und Waldkiefer sind häufige Baumarten. Sie haben unterschiedliche Ansprüche an Licht, Temperatur und und Bodenfeuchtigkeit. Die Rotbuche gehört wie alle Blütenpflanzen zu den Bedecktsamern. Ihre Samenanlagen sind von einem Fruchtknoten eingehüllt. Bei der Waldkiefer ist das nicht der Fall. Sie gehört zu den Nacktsamern.

**11.** Sporenpflanzen wie Moose und Farne bilden keine Samen. Bei Sporenpflanzen tritt ein Generationswechsel zwischen geschlechtlich und ungeschlechtlich gebildeten Generationen auf.

**12.** Ameisen gehören zu den staatenbildenden Insekten. Ihre Verständigung und ihr Informationsaustausch erfolgt hauptsächlich über Duftstoffe.

**13.** Die Räuber-Beute-Beziehung zwischen Mäusebussarden und Feldmäusen ist ein Beispiel für eine Wechselwirkung zwischen zwei Arten. Die Population der Mäusebussarde und die Population der Feldmäuse beeinflussen sich gegenseitig.

**14.** Die Abfolge Eichenblatt → Eichenwicklerraupe → Kohlmeise → Sperber ist ein Beispiel für eine Nahrungskette. Darunter versteht man eine Abfolge von Lebewesen in der Reihenfolge des Fressens und Gefressenwerdens. Mehrere miteinander verknüpfte Nahrungsketten nennt man Nahrungsnetz.

**16.** Die Destruenten, zu denen unter anderem Pilze und Bakterien zählen, zersetzen abgestorbene Biomasse, im Wald vor allem die Laubstreu. Destruenten bilden aus organischem Material Kohlenstoffdioxid und Mineralsalze, die den Pflanzen für ihr Wachstum zur Verfügung stehen.

**17.** Man nennt die Weitergabe von chemischer Energie in einem Ökosystem Energiefluss. Im Verlauf der Nahrungsketten wird Biomasse von den Produzenten zu den Konsumenten und Destruenten weitergegeben. Mit der Biomasse wird in Nahrungsketten chemische Energie transportiert.

**18.** Waldwirtschaft wie die Rodung des Regenwaldes in den Tropen sind Eingriffe des Menschen in Stoffkreisläufe und Ökosysteme. Solche Eingriffe können negative wirtschaftliche und ökologische Folgen haben.

**19.** Menschen beeinflussen den Kohlenstoffkreislauf vor allem durch Verbrennung von fossilen Energieträgern wie Kohle, Erdöl und Erdgas. Bei Verbrennungsprozessen wird Kohlenstoffdioxid freigesetzt. Dieses zusätzliche Kohlenstoffdioxid in der Atmosphäre trägt zu ihrer Erwärmung bei.

Energiefluss und Stoffkreisläufe

# Evolutionäre Entwicklung

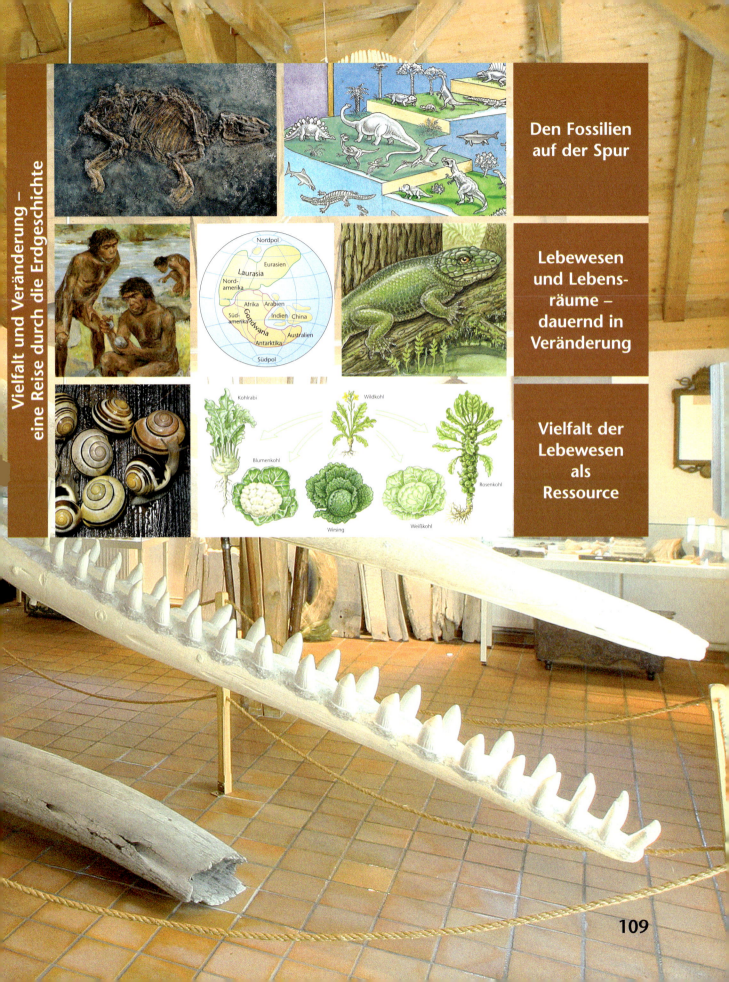

# 3.1 Zeugen der Vergangenheit

**1** *Propalaeotherium*

Seit den Anfängen des Lebens auf der Erde bis heute verändern sich die Lebewesen ständig. Im Laufe der Zeit starben unzählige Arten aus und neue Arten entwickelten sich. Die Geschichte der Lebewesen und ihre Entwicklung während der Jahrmillionen bezeichnet man als **Stammesgeschichte**. Zeugen dieser Entwicklung sind in Gestein eingebettete Reste früherer Lebewesen oder ihre Abdrücke. Man nennt diese Reste **Fossilien**. Fossilienfunde ermöglichen es, sich ein Bild von den Lebewesen der Vorzeit und ihren Lebensbedingungen zu machen (Abb. 1, 2a–c). Man kann das Alter der Fossilien durch physikalische Methoden bestimmen, das nennt man Datierung. So kann man die Lebewesen der Vorzeit in die Stammesgeschichte einordnen.

Eine bedeutende Fundstätte von Fossilien in Deutschland ist die Grube Messel bei Frankfurt/Main. Vor 49 Millionen Jahren befand sich dort, wo heute die Grube Messel liegt, ein See. Abgestorbene Lebewesen sanken auf den Grund des Sees. Dort wurden sie, da Sauerstoff fehlte, nur sehr langsam und unvollständig zersetzt. Tonteilchen wurden von Flüssen in den See geschwemmt und lagerten sich ebenfalls am Grund ab.

Im Laufe von etwa zwei Millionen Jahren bildete sich so eine dicke Schicht Schlamm am Seegrund. Sie wurde schließlich von anderen Ablagerungen überdeckt und zu Gestein zusammengepresst. Eingebettet in die Schichten dieses Gesteins finden sich heute zahlreiche Reste der auf den Seegrund gesunkenen Pflanzen und Tiere.

Als Fossilien bleiben überwiegend Hartteile wie Schalen und Knochen erhalten. Ihre chemische Zusammensetzung wird im Laufe der Zeit dem umgebenden Gestein immer ähnlicher. Sie sind versteinert. In Messel findet man sogar Fossilien von Fledermäusen mit versteinertem Mageninhalt. Weichteile von Tieren wie Haut, Haare und Federn oder Pflanzengewebe bleiben seltener als Fossilien erhalten. Oft wird nur die äußere Form im umgebenden Gestein weitgehend bewahrt. Es haben sich Abdrücke gebildet.

**2** a) *Allaeochelys* b) *Eopelobates* c) *Heterohyus*

**1 Lebensraum Messel-See.**
Messel vor 49 Millionen Jahren: Es ist feucht und heiß wie in den Tropen. Inmitten einer dicht bewaldeten Landschaft liegt ein See. Ein Schilfgürtel und ein Streifen sumpfiges Land umgeben ihn. Das Wasser des Sees ist von vielen Algen grün gefärbt. An flachen Stellen schwimmen Seerosen auf der Oberfläche. Verschiedene Fischarten, Frösche, Krokodile und Schildkröten leben im See. Ein flinker Beutegreifer hüpft auf zwei Beinen vorbei, auf der Jagd nach Kleintieren. Am Waldrand äsen Urpferdchen. Affenartige Säugetiere klettern durch die Bäume und suchen mit ihren langen Fingern unter der Borke nach Larven. In der Abenddämmerung huschen Fledermäuse vorbei, auf der Jagd nach Insekten.
a) Finde heraus, welche der oben beschriebenen Lebewesen in Abb. 1, 2a–c als Fossilien abgebildet sind. Begründe jeweils deine Entscheidung.
b) Überlege, wodurch Aussagen über Nahrung und Verhalten der fossilen Tiere ermöglicht werden.

**2 Modellversuch zur Entstehung von Fossilien.**
Material:
– sauberer, ausgekochter Knochen vom Hähnchen
– Jogurtbecher
– Gips
– Fett (Vaseline)
– kleiner Spachtel
– kleine Plastikschüssel
– Hammer und Meißel

Verrühre in der Schüssel mit dem Spachtel etwas Gips mit Wasser zu einem dickflüssigen Brei. Fette den Jogurtbecher innen ein, fülle ihn zur Hälfte mit dem Gipsbrei. Drücke den Knochen waagerecht leicht in den Gips ein. Lass den Gips hart werden, fette die Oberfläche ein.
Rühre erneut etwas Gips an und fülle damit den Becher. Lass ihn über Nacht erhärten. Drücke den Block aus dem Jogurtbecher und trenne ihn vorsichtig an der Schichtgrenze mit Hammer und Meißel.
Gib an, welche Materialien und Vorgänge des Modellversuchs den Materialien und Vorgängen bei der Fossilienentstehung entsprechen. Schreibe hierzu folgende Tabelle in dein Heft und ergänze sie.

**3 Vom Tier zum Fossil.** Gib die richtige Reihenfolge der Abbildung 3 a–e an und ergänze jeweils eine passende Überschrift.

**4 Fragen an eine Fossilien-Forscherin.** Stelle dir vor, du könntest mit einer Fossilien-Forscherin ein Gespräch über die Fossilien in Abbildung 1 und 2 führen. Nenne zu jeder Abbildung fünf Fragen, die du der Forscherin stellen würdest.

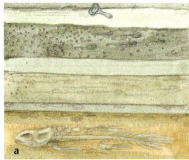
a

b

c

d
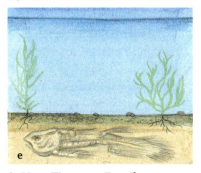
e

**3** *Vom Tier zum Fossil*

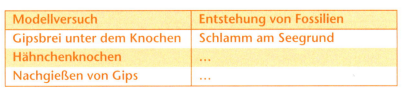

| Modellversuch | Entstehung von Fossilien |
|---|---|
| Gipsbrei unter dem Knochen | Schlamm am Seegrund |
| Hähnchenknochen | … |
| Nachgießen von Gips | … |

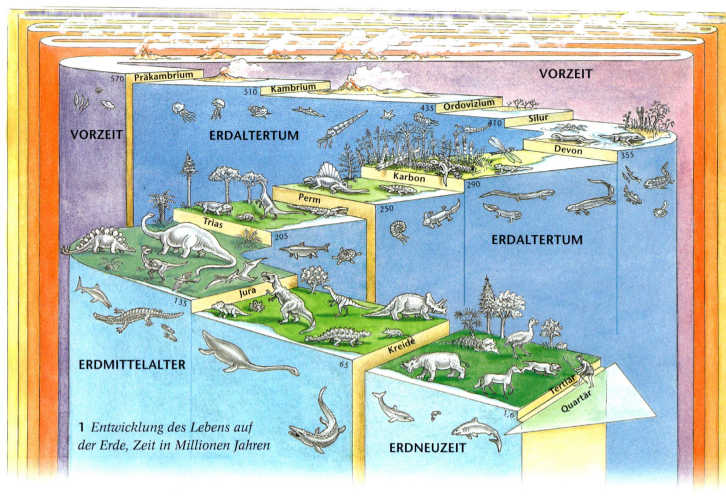

**1** *Entwicklung des Lebens auf der Erde, Zeit in Millionen Jahren*

## 3.2 Die Geschichte des Lebens auf der Erde

Vor etwa 4,8 Milliarden Jahren entstand der Planet Erde. Zunächst war die Erde glühend heiß und flüssig, allmählich kühlte sie sich ab, die Oberfläche wurde fest. Die Uratmosphäre bildete sich, sie enthielt noch keinen Sauerstoff. Wasser sammelte sich in Seen und Ozeanen. Vor etwa 3,8 Milliarden Jahren gab es im Wasser erste, den Bakterien ähnliche und nur aus einer Zelle bestehende Lebewesen. Einige dieser Einzeller erlangten die Fähigkeit, die Energie des Sonnenlichts zu nutzen. Sie betrieben **Fotosynthese**. Hierbei wurde Sauerstoff frei. Allmählich entstand so eine Atmosphäre mit **Sauerstoff**.

Vor etwa 1,5 Milliarden Jahren traten erste **Vielzeller** auf. Vielzeller besitzen verschiedene Zellen, die auf bestimmte Aufgaben spezialisiert sind und zusammenarbeiten. Typisch für Vielzeller ist die Arbeitsteilung zwischen den Zellen.

Kleine Urfische waren vor 500 Millionen Jahren die ersten **Wirbeltiere**. Einfach gebaute Pflanzen besiedelten als Erste das Festland – vor ungefähr 440 Millionen Jahren. Die Gruppe der Insekten gibt es seit ungefähr 410 Millionen Jahren. Im Erdzeitalter von 355 bis 290 Millionen Jahren wuchsen mächtige sumpfige Wälder, aus deren Resten sich die heutigen Steinkohlevorkommen bildeten. Säugetiere gibt es seit etwa 200 Millionen Jahren auf der Erde. Die ersten Vertreter dieser Gruppe von Lebewesen waren so groß wie eine Maus. Ungefähr siebzig Millionen Jahre nach den ersten Säugetieren tauchten die ersten **Blütenpflanzen** auf. Vor 65 Millionen Jahren starben die Dinosaurier und viele andere Tierarten aus. Danach breiteten sich die Säugetiere über die Erde aus. Erst vor etwa zwei Millionen Jahren begann der Mensch, die Erde zu besiedeln.

**1 Zeitleiste.** Zeichne in dein Heft eine Linie (entspricht der Zeitleiste), die die Zeit vom Beginn des Kambriums bis zum Ende des Quartärs darstellt. Maßstab: 2 Millionen Jahre entsprechen 1 mm (Abb. 2).
a) Markiere auf dieser Zeitleiste die einzelnen Erdzeitalter in ihrer zeitlichen Ausdehnung und beschrifte sie.
b) Trage die auf der Grundwissenseite beschriebenen „Stationen des Lebens" in die Zeitleiste ein.

```
         Ordovizium
   510 ──────┬──────── 435
          Urfische
```

c) Wie lang wäre deine Zeitleiste, wenn du das Präkambrium im gleichen Maßstab anfügen würdest?
d) Messt eine entsprechend lange Schnur ab. Bringt am Ende jedes Erdzeitalters ein beschriftetes Schildchen an. Hängt die Schnur in der Klasse auf.

**2 Zeitspannen.** Ordne paarweise zu. Schreibe die jeweiligen Paare in sinnvoller Abfolge in dein Heft.

| | |
|---|---|
| 4,8 Mrd. Jahre | so lange gibt es den Menschen |
| 2 Mio. Jahre | Alter des Lebens auf der Erde |
| 500 Mio. Jahre | Höchstalter einer Eiche |
| 1300 Jahre | so lange gibt es die Wirbeltiere |
| Höchstalter eines Wals | 3,8 Mrd. Jahre |
| so lange braucht das Licht für 300 000 km | 1 Jahr |
| Dauer eines Erdumlaufs um die Sonne | 1 Tag |
| Dauer einer Erdumdrehung | 1 sec |
| 100 Jahre | Alter der Erde |

**3 Veränderliche Erdoberfläche.** Während der Erdgeschichte veränderte sich auch die Gestalt der Erdoberfläche (Abb. 3). Beschreibe die Veränderung der Verteilung von Land und Meer.

**4 Zukunft des Lebens auf der Erde.** Die Lebewesen der Erde haben sich im Laufe langer Zeiträume geändert. Manche Arten sind ausgestorben, neue hinzugekommen. Diskutiert Vermutungen darüber, ob sich auch in Zukunft (z. B. in zehn, fünfzig oder hundert Millionen Jahren) die Lebewesen der Erde verändern werden.

**5 Sich über „Stammesgeschichte" informieren.** Informiere dich zum Beispiel im Internet darüber, was man unter Stammesgeschichte versteht. Erläutere dann folgende Aussage: „Jeder heute lebende Organismus hat eine Millionen und Abermillionen Jahre dauernde Geschichte."

| Erdzeitalter | vor Mio. Jahren |
|---|---|
| Quartär | 1,6 – heute |
| Tertiär | 65 – 1,6 |
| Kreide | 135 – 65 |
| Jura | 205 – 135 |
| Trias | 250 – 205 |
| Perm | 290 – 250 |
| Karbon | 355 – 290 |
| Devon | 410 – 355 |
| Silur | 435 – 410 |
| Ordovizium | 510 – 435 |
| Kambrium | 570 – 510 |
| Präkambrium | 4800 – 570 |

**2** Erdzeitalter

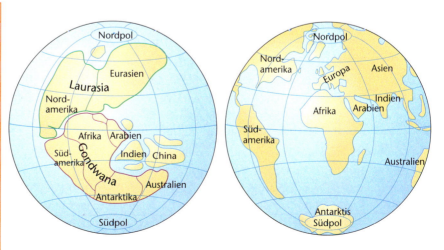

**3** Die Erdoberfläche vor 250 Millionen Jahren (links) und heute (rechts)

## 3.3 Archaeopteryx – ein Brückentier

**1** *Archaeopteryx: Fossil*

**2** *Archaeopteryx: Rekonstruktion*

1878 wurde in der fränkischen Alb bei Eichstätt in einem Kalksteinbruch ein etwa 150 Millionen Jahre altes Fossil gefunden (Abb. 1). Das Fossil stammte von einem taubengroßen Tier und war gut erhalten. Außer dem vollständigen, versteinerten Skelett waren im Bereich der Vordergliedmaßen und der Schwanzwirbelsäule deutliche Federabdrücke zu erkennen. Insgesamt wurden bis heute in der Nähe von Eichstätt noch sechs weitere Fossilien dieses Tieres gefunden. Man nannte es Archaeopteryx. Das bedeutet „alte Feder". Manche Forscher vermuten, dass der Archaeopteryx über den Boden lief und in die Luft sprang, um Räubern zu entkommen oder Insekten zu fangen (Abb. 2). Hierbei wurde er von den Federn an den Vordergliedmaßen und am Schwanz unterstützt.

Der Besitz von Federn ist ein typisches Merkmal der Vögel. Das Skelett von Archaeopteryx weist dagegen auch Merkmale auf, die nicht zu den Vögeln passen (Abb. 3). Archaeopteryx besitzt beispielsweise eine lange Schwanzwirbelsäule, Finger mit Krallen und Kiefer mit Zähnen. Diese Merkmale hat er mit Dinosauriern gemeinsam. Sein Skelett sieht dem Skelett des Zwergdinosauriers Compsognathus, das man ebenfalls in der Nähe von Eichstätt gefunden hat, zum Verwechseln ähnlich (Abb. 3).

Archaeopteryx weist Dinosauriermerkmale und Vogelmerkmale auf. Aufgrund dieser Tatsache könnte er am Beginn der Entwicklung der Vögel gestanden haben. Man bezeichnet Archaeopteryx auch als ein **Brückentier**. Er verbindet die Gruppe der Reptilien mit der Gruppe der Vögel. Dass Archaeopteryx tatsächlich der Urvogel war, von dem sich die heutigen Vögel ableiten, wird heute bezweifelt. Auf jeden Fall belegt sein Vorhandensein die Abstammung der Vögel von den Reptilien.

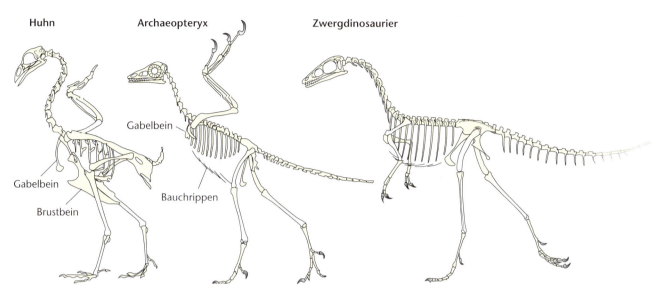

**3** *Skelett vom Zwergdinosaurier Compsognathus, von Archaeopteryx und einem Huhn*

| Merkmal | Zwerg-dinosaurier | Archae-opteryx | Huhn |
|---|---|---|---|
| Kiefer | | | |
| Finger | | | |
| Gabelbein | | | |
| Brustkorb | | | |
| Becken | | | |
| Schwanz-wirbelsäule | | | |
| Federn | | | |

**4** *Skelettvergleich*

**5** *Archaeopteryx: alternative Rekonstruktion*

**1** **Merkmalsmosaik.** Vergleiche Archaeopteryx mit einem Zwergdinosaurier und einem Huhn (Abb. 3). Schreibe hierzu die Tabelle von Abbildung 4 in dein Heft und fülle sie aus. Markiere in der Tabelle Dinosauriermerkmale von Archaeopteryx grün und Vogelmerkmale von Archaeopteryx gelb.

**2** **Rekonstruktion.** Neben der in Abbildung 2 dargestellten Auffassung von der Lebensweise des Archaeopteryx gibt es noch eine andere Möglichkeit der Rekonstruktion.
a) Beschreibe die in Abbildung 5 dargestellte Rekonstruktion.
b) Welche Theorien über die Entstehung des Vogelflugs vertreten die beiden Rekonstruktionen?
c) Worin bestehen die Schwierigkeiten bei der Rekonstruktion eines Fossils?
d) Wie lässt sich erklären, dass fossile Tiere unterschiedlich rekonstruiert werden?

## 4.1 Darwin

1 *Charles Darwin (1809–1882) im Jahre 1840*

2 *Die Reise mit der Beagle 1832–1834*

CHARLES DARWIN wurde 1809 geboren. Sein Vater war Arzt und überredete ihn zum Medizinstudium. Als der erst 16-jährige Charles jedoch sah, wie Patienten ohne Betäubung operiert wurden, verlor er die Lust auf den Arztberuf. Sein Vater ließ ihn daraufhin Theologie studieren. Nach dem Abschluss des Theologiestudiums erhielt DARWIN 1831 das Angebot, als Naturforscher auf dem Vermessungsschiff Beagle nach Südamerika mitzureisen (Abb. 2).

Während der Überfahrt las DARWIN viel über die **Abstammungstheorie.** Danach haben sich die Lebewesen im Laufe der Zeit verändert. Die heutigen Tiere und Pflanzen stammen von ausgestorbenen Formen ab, die zum Teil völlig anders aussahen. Zur Zeit DARWINs glaubte die Mehrheit der Menschen an die wörtliche Auslegung der biblischen Schöpfungsgeschichte. Die Abstammungstheorie stand in völligem Gegensatz zu dieser Auffassung. Die Abstammungstheorie machte zu dieser Zeit noch keine Aussagen darüber, wodurch die Veränderung der Lebewesen geschieht.

In Südamerika leitete DARWIN einige Exkursionen in das Landesinnere. Er war fasziniert von der Vielfalt der einheimischen Pflanzen und Tiere. Bei Ausgrabungen entdeckte er Skelette riesiger Säugetiere, die auffällige Ähnlichkeiten mit heute lebenden kleineren Arten zeigten. Dies war für DARWIN eine erste Bestätigung der Abstammungstheorie. Ein weiteres Indiz fand DARWIN auf den Galápagos-Inseln, die weit entfernt vom südamerikanischen Festland liegen. Hier lebten vierzehn verschiedene Finkenarten, die sehr unterschiedlich aussahen. Einige Finken fraßen Pflanzensamen, andere Früchte, wieder andere ernährten sich von Insekten. Ihre Schnäbel waren unterschiedlich, entsprechend ihrer Nahrung (Abb. 3). Später erkannte DARWIN, dass sich alle Finken aus einer Art entwickelt haben mussten, deren Tiere vor sehr vielen Jahren auf die Galápagos-Inseln gekommen waren.

DARWIN überlegte, was die Ursache für die Veränderung der Lebewesen war. Dabei ging er von drei Tatsachen aus, die seit langem bekannt waren:
– Alle Tiere und Pflanzen produzieren mehr Nachkommen, als zum Überleben der Art notwendig sind.
– Die Zahl der Individuen in einem Lebensraum bleibt über die Jahre mehr oder weniger konstant.

– Die natürlichen Ressourcen wie Nahrung, Wasser und Raum sind begrenzt.

Aus diesen drei Tatsachen folgerte DARWIN, dass eine Konkurrenz zwischen den Individuen um die begrenzten Ressourcen stattfindet. Er stellte sich die Frage, welche Individuen diese Auseinandersetzung um die Ressourcen gewinnen. Hier waren DARWIN zwei weitere Tatsachen hilfreich, die aus der Tier- und Pflanzenzucht bekannt waren (Abb. 4):

– Innerhalb einer Tier- oder Pflanzenart unterscheiden sich die Individuen mehr oder weniger.
– Viele Eigenschaften eines Individuums werden auf die Nachkommen vererbt.

DARWIN zog nun weitere Schlussfolgerungen: Diejenigen Individuen, die am besten an die Umwelt angepasst sind, haben Vorteile in der Auseinandersetzung um die Ressourcen. Das heißt, sie können mehr Nachkommen großziehen als die weniger gut angepassten Tiere. DARWIN glaubte, dass ihre vorteilhaften Merkmale daher in der nächsten Generation häufiger auftreten. Im Laufe der Zeit findet so eine Anpassung der Lebewesen an ihre Umwelt statt. DARWIN bezeichnete seine Theorie als **„Theorie der natürlichen Auslese"**. DARWIN zögerte mit der Veröffentlichung seiner Ergebnisse, weil sie in Widerspruch zum Schöpfungsglauben standen. Er hatte Angst, als Ketzer dazustehen. Sein Buch „On The Origin of Species" erschien erst 1859. Die Erstauflage war noch am Tage des Erscheinens ausverkauft.

Von Anfang an hatte DARWIN viele berühmte Anhänger, aber auch viele Gegner. Er stellte nicht nur die wörtliche Auslegung der biblischen Schöpfungsgeschichte in Frage, sondern behauptete außerdem, dass Menschen und Affen von gemeinsamen Vorfahren abstammen. Damit verlor der Mensch seine Stellung als „Krone der Schöpfung", die er bisher innehatte.

Zu Beginn des 20. Jahrhunderts begann man die Vererbung zu verstehen. DARWINs Vermutung, dass bestimmte Eigenschaften und Merkmale auf die Nachkommen vererbt werden, wurde bestätigt. Auch Erkenntnisse aus der Molekulargenetik, der Ökologie, der Verhaltensforschung und weiterer Gebiete der Biologie flossen im 20. Jahrhundert in die Theorie der natürlichen Auslese ein und erweiterten sie zur **Evolutionstheorie,** wie sie heute allgemein anerkannt ist.

**3** *Vier verschiedenartige Darwin-Finken der Galápagos-Inseln*

**4** *Felsentaube und drei der aus ihr gezüchteten Rassen*

**117**

Arbeitsmaterial

## Eine digitale Präsentation erstellen

Nach dem Starten des Programms ist im rechten Bildschirmfenster der Aufgabenbereich zu sehen (Abb. 1). Über den Aufgabenbereich kann man steuern, ob a) eine bereits vorhandene Präsentation geöffnet werden soll, oder b) ob eine neue Präsentation erstellt werden soll.

Eine neue Präsentation kann auf der Vorlage einer Musterpräsentation mit dem Auto-Inhalt-Assistenten gestartet werden. Hier werden zu bestimmten Themen Präsentationsvorlagen dargestellt. Für naturwissenschaftliche Themen eignet sich häufig die Auswahl „generisch" (Abb. 2). Bestätige immer mit „Weiter". Als Ausgabeart wähle die Bildschirmpräsentation. Einen Präsentationstitel und eine Fußzeile braucht man nicht eingeben. Zum Schluss ist der Punkt „Fertigstellen" anzuklicken.

Es öffnet sich dann ein neues Fenster (Abb. 3). Das Fenster stellt im kleineren linken Bereich wahlweise, durch Buttons umschaltbar, die Gliederung der Präsentation oder die Miniaturansicht der bisher erstellten Folien dar. Durch Anklicken wird die ausgewählte Folie im rechten Bereich des Fensters angezeigt und kann dann bearbeitet werden. Die ausgewählte Präsentation hat bereits einen gestalteten Hintergrund, das Hintergrunddesign.

Im rechten Fenster kann man nun die Texte der ausgewählten Folie bearbeiten und nach individuellen Vorstellungen abändern. Klicke einfach auf die jeweilige Stelle, wo etwas geändert werden soll. Es öffnet sich ein Textfeld, in dem du die Änderungen eintragen kannst (Abb. 4). Die neu erstellten Texte können nun, genau wie im Textverarbeitungsprogramm, formatiert werden. Dazu kann die „Format-Symbolleiste" verwendet werden. Soll weiterer Text eingefügt werden, kann man die Größe des Feldes durch Anklicken und Ziehen der nun erscheinenden Punkte mit Hilfe der Maus verändern. Ein weiteres Textfeld kann durch Anklicken des Symbols „Textfeld" im unten angeordneten Symbolfeld „Zeichnen" erstellt werden. Der Mauszeiger wird dabei zu einem Kreuz, mit dem das Textfeld in gewünschter Größe und Anordnung auf der gerade bearbeiteten Folie erstellt werden kann. Bei der Texterstellung ist aus Gründen der Lesbar-

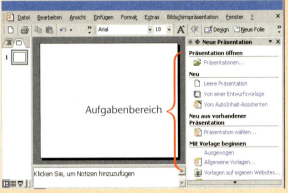

1 *Aufgabenbereich*

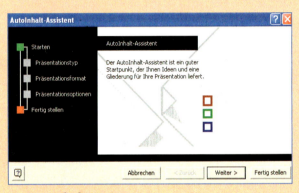

2 *Autoinhalt-Assistent*

3 *Folienfenster*

keit auf eine Schriftgröße ab 18 aufwärts sowie auf ausreichenden Kontrast zum Hintergrunddesign zu achten. Will man die Folie durch Bilder oder Grafiken interessanter gestalten, sucht man das passende Bild z.B. mit einer Internet-Suchmaschine. Nun klickt man mit der rechten Maustaste auf das Bild und wählt im aufklappenden Menü „Kopieren". Jetzt wechselt man wieder in das Präsentationsprogramm, klickt mit der rechten Maustaste auf die bearbeitete Folie und wählt „Einfügen". Das ausgewählte Bild erscheint nun auf der Folie und kann durch Ziehen mit der linken Maustaste auf die richtige Größe gebracht werden (Abb. 5). Durch Schieben mit der linken Maustaste kann das Bild dann an der richtigen Stelle platziert werden. Nach dieser Vorgehensweise kann man jetzt die verschiedenen Folien der Präsentation bearbeiten. Das Hintergrunddesign kann für jede Folie verändert werden (Abb. 6). Dazu klickt man auf das Ausklappmenü ganz rechts oben und wählt Foliendesign. Jetzt kann man eine der zur Verwendung vorhandenen Entwurfsvorlagen auswählen. Fährt man mit dem Mauszeiger über die ausgewählte Folie, erscheint rechts ein Pfeil. Hier kann man durch Anklicken auswählen, ob dieses Design nur für die ausgewählte oder für alle Folien übernommen werden soll.

Eine neue Folie wird unter dem Menüpunkt „Einfügen" in der oberen Menüleiste erzeugt. Hat man alle Folien bearbeitet, kann man die Präsentation vorführen. Das geschieht durch das Aufrufen des Punktes „Bildschirmpräsentation" in der oberen Menüleiste. Hier klickt man dann den Punkt „Bildschirmpräsentation vorführen" an. Eine neue Folie wird jeweils durch einen Klick mit der linken Maustaste aufgerufen. Bevor man die Präsentation startet, sollte man überprüfen, ob die Folien in der richtigen Reihenfolge angeordnet sind. Das geht am besten in der Foliensortieransicht (Abb. 7). Zum Verschieben klickt man die Folie an, lässt die linke Maustaste gedrückt und schiebt sie an die gewünschte Position. Die Normalansicht ist für die Bearbeitung der Folien günstig (Abb. 7). Um die Präsentation von Anfang an beginnen zu lassen, achte darauf, dass die erste Folie aktiv ist. Hierzu kann z. B. in der Foliensortieransicht die erste Folie mit der Maus angeklickt werden. Mit der ESC-Taste beendest du die Präsentation.

Mit dem Programm „open office" kann man in ähnlicher Weise digitale Präsentationen erstellen.

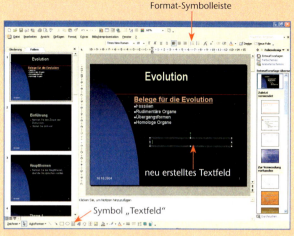

**4** *Text einfügen*

**5** *Grafik einfügen*

**6** *Design gestalten*

**7** *Verschiedene Ansichten*

119

## 4.2 Der Stammbaum der Wirbeltiere

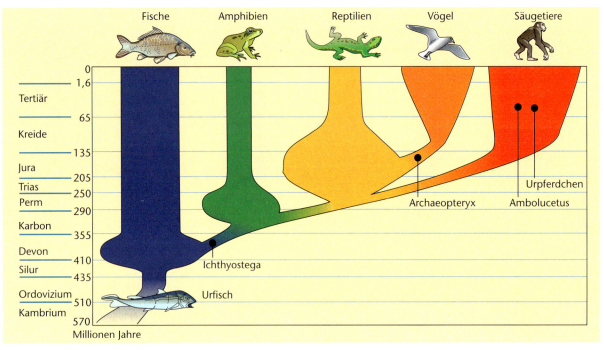

1 *Stammbaum der Wirbeltiere mit Fossilien*

Die Klassen der Wirbeltiere sind Fische, Amphibien, Reptilien, Vögel und Säugetiere. **Wirbeltiere** besitzen gemeinsame Merkmale. Alle haben eine Wirbelsäule, einen in Kopf und Rumpf gegliederten Körper und zwei Paar Gliedmaßen. Dies sind entweder Brustflossen und Bauchflossen oder Beine und Arme beziehungsweise Flügel. Neben den gemeinsamen Merkmalen zeigen die Wirbeltiere auch Unterschiede. Der Hering hat beispielsweise Flossen und atmet durch Kiemen. Diese Merkmale hat er mit allen Fischen gemeinsam. Amphibien, Reptilien, Vögel und Säugetiere haben Gliedmaßen mit Zehen und atmen als erwachsene Tiere durch Lungen. Amphibien besitzen neben diesen Merkmalen eine schleimige, nackte Haut. Bei Reptilien, Vögeln und Säugetieren ist die oberste Hautschicht verhornt. Reptilien haben Hornschuppen. Vögel besitzen Hornschuppen, Federn und einen Hornschnabel. Säugetiere haben Haare und besitzen Milchdrüsen.

Die Ähnlichkeiten zwischen den Wirbeltieren lassen sich durch eine gemeinsame stammesgeschichtliche Entwicklung erklären. Gemeinsame Merkmale lassen auf gemeinsame Vorfahren schließen, von denen diese Merkmale geerbt wurden. Je mehr Gemeinsamkeiten vorhanden sind, desto näher sind die Tiere miteinander verwandt. Die verwandtschaftlichen Beziehungen und die zeitliche Entwicklung der Wirbeltiere kann man in einem **Stammbaum** darstellen (Abb. 1). Die senkrechte Achse gibt hierbei die Zeit an. Je weiter einzelne Tiere in der waagerechten Achse voneinander entfernt sind, desto weniger nah sind sie verwandt. Die Breite der farbigen Flächen ist ein Maß für die jeweilige Artenzahl.

Auch fossile Wirbeltiere kann man in den Wirbeltierstammbaum einordnen. Da man das Alter der Fossilien kennt, kann man herausfinden, wann bestimmte Merkmale aufgetreten sind und wie sie sich entwickelt haben. Brückentiere wie Ichthyostega oder der Urvogel Archaeopteryx stehen im Wirbeltierstammbaum zwischen zwei Gruppen. Sie verfügen über Merkmale der stammesgeschichtlich alten Gruppe, besitzen jedoch bereits Merkmale der stammesgeschichtlich neuen Gruppe.

**1 Ablauf der Stammesgeschichte.** Beschreibe in einem zusammenhängenden Text den Ablauf der Stammesgeschichte der Wirbeltiere, wie sie Abbildung 1 zeigt.

**2 Buchstabenversteck.** In Abbildung 2 sind acht Begriffe versteckt, die kennzeichnend für die verschiedenen Wirbeltierklassen sind. Die Worte können senkrecht, waagerecht oder im rechten Winkel verlaufen.

**3 Gemeinsame Merkmale.** Die Ringe in Abbildung 3 markieren Wirbeltiergruppen mit gemeinsamen Merkmalen. Gib zu jedem Ring die gemeinsamen Merkmale an. Beispiel: 8 – Säugetiere haben alle Merkmale, die in den Gruppen 1, 2 und 3 gemeinsam sind. Außerdem haben Säugetiere Haare und säugen ihre Jungen nach der Geburt.

**4 Richtig oder falsch? Aussagen zum Stammbaum der Wirbeltiere.** Prüfe, welche der folgenden Aussagen zum Stammbaum der Wirbeltiere richtig oder falsch sind (Abb. 1). Begründe deine Angaben.

A – Der Mensch ist stammesgeschichtlich näher mit den Säugetieren als mit den Reptilien verwandt.
B – Säugetiere und Fische haben keine Gemeinsamkeiten und sind daher stammesgeschichtlich nicht miteinander verwandt.
C – Die Vögel stammen von den Reptilien ab.
D – Die letzten gemeinsamen Vorfahren der Fische und aller anderen Wirbeltiere lebten vor mehr als 350 Millionen Jahren.
E – Vögel sind im Grunde genommen fliegende Reptilien.
F – Die Verzweigungsstellen des Stammbaums bedeuten, dass zu dieser Zeit Übergangsformen lebten. Übergangsformen sind Wirbeltiere, die gleichzeitig Eigenschaften von zwei Klassen der Wirbeltiere haben, zum Beispiel Eigenschaften von Fischen und Amphibien oder von Amphibien und Reptilien.
G – Die ersten Säugetiere gab es auf der Erde vor 570 Millionen Jahren.

| Q | F | W | E | B | E | P | O | I | H |
|---|---|---|---|---|---|---|---|---|---|
| A | L | Y | X | H | I | T | K | R | O |
| S | O | S | S | E | N | R | I | O | R |
| D | T | E | I | F | E | D | E | R | N |
| W | M | I | L | C | H | B | M | I | S |
| I | Y | H | A | U | D | R | E | C | C |
| R | O | N | R | M | R | Z | N | I | H |
| B | E | L | S | Ä | U | L | E | U | U |
| J | T | E | I | T | E | U | R | M | P |
| H | E | G | A | H | S | N | B | I | P |
| A | G | Q | E | U | E | G | F | W | E |
| A | R | E | R | F | N | E | C | H | N |

*2 Buchstabenrätsel*

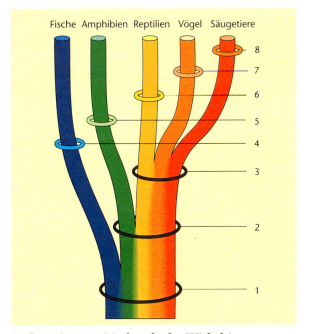

*3 Gemeinsame Merkmale der Wirbeltiere*

## 4.3 Vom Wasser zum Land

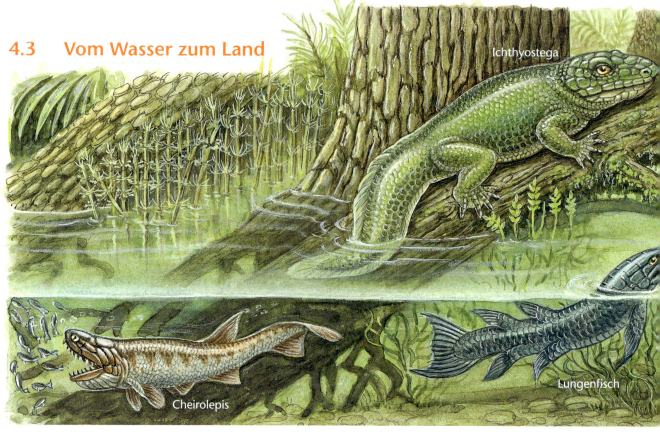

**1** *Lebensbild aus dem Devon vor 410 bis 355 Millionen Jahren*

Im Erdzeitalter des Devons breiteten sich Pflanzen ausgehend von den Uferzonen der Gewässer über das Festland aus. Ihnen folgten wirbellose Tiere wie Tausendfüßer und Insekten. Gegen Ende des Devons traten die ersten Wirbeltiere an Land auf. An Land fanden die Tiere neue Nahrungsquellen.

Cheirolepis ist ein Vorfahr der heutigen Knochenfische. Zu ihnen gehören z.B. Hering und Forelle. Cheirolepis lebte im freien Wasser und atmete durch Kiemen (Abb. 1). Eine Schwimmblase sorgte für den notwendigen Auftrieb und ermöglichte das Schweben im Wasser. Auf der Jagd nach kleineren Fischen konnte Cheirolepis mit Hilfe seiner Flossen schnell und geschickt schwimmen.

Der Lungenfisch Dipterus lebte in flachen Uferbereichen in der Übergangszone zwischen Wasser und Land (Abb. 1). Angepasst an diese Bedingungen besaß er sowohl Kiemen als auch Lungen. So konnte er sich aus dem Wasser und aus der Luft mit Sauerstoff versorgen. Seine Flossen sahen aus wie kleine Stummelbeine und besaßen kräftige Muskeln. Mit ihrer Hilfe konnte er sich im Wasser, im Uferschlamm und kurze Strecken über Land bewegen. An Land stand ihm ein reichhaltiges Nahrungsangebot an Gliedertieren zur Verfügung. Im Devon lebende Lungenfische sind vermutlich die Vorfahren aller heute lebenden Landwirbeltiere.

Ichthyostega ist ein früher Vertreter der Landwirbeltiere und atmete ausschließlich durch Lungen (Abb. 1). Auf dem Land wirkt die Schwerkraft viel stärker als im Wasser, da der Auftrieb fehlt. Angepasst an diese Bedingungen besaß Ichthyostega eine stärkere Wirbelsäule als die Fische. Seine Gliedmaßen waren stabil genug, um den Körper an Land zu tragen und fortzubewegen. Ichthyostega konnte sich auch im Wasser fortbewegen, wie der Flossensaum am Schwanz zeigt. Das Tier benötigte Wasser, um sich fortzupflanzen und sich vor Austrocknung zu schützen. Aufgrund seiner Merkmale gehört Ichthyostega zu den Amphibien. Ausgehend von Ichthyostega entwickelten die Amphibien in der Zeit des Karbons vor 355 bis 290 Millionen Jahren eine große Artenvielfalt.

**1 Angepasstheiten.** Vergleiche mithilfe der Grundwissenseite in einer Tabelle die Anpassungsmerkmale von Cheirolepis, Lungenfisch und Ichthyostega an ihren jeweiligen Lebensraum zusammen. Übernimm dazu die Tabelle von Abbildung 2 in dein Heft und fülle sie aus.

|  | Cheirolepis | Lungenfisch | Ichthyostega |
|---|---|---|---|
| Lebensraum |  |  |  |
| Atmung |  |  |  |
| Gliedmaßen |  |  |  |
| Fortbewegung |  |  |  |

*2 Anpassungsmerkmale*

**2 Entwicklung der Gliedmaßen.** Vergleiche die abgebildeten Skelette der Vorderbeine von Ichthyostega und eines heute lebenden Amphibs (Abb. 3).

**3 Reihenfolge.** Stelle Hypothesen auf, warum zunächst die Pflanzen und erst später die Tiere das Land besiedelten. Notiere mögliche Gründe.

**4 Entwicklungslinien.** Vor 435 bis 410 Millionen Jahren, im Silur, lebten ursprüngliche Fische, die durch Kiemen atmeten. Aus ihnen entwickelten sich die heutigen Knorpelfische wie die Haie. Das ursprüngliche Knochenskelett wurde bei ihnen durch ein leichteres Knorpelskelett ersetzt. Haie haben keine Schwimmblase. Eine weitere Entwicklungslinie führt zu den heutigen Knochenfischen wie Hering oder Forelle. Im Laufe der Stammesgeschichte bildete sich die Lunge zurück. Zu den heute lebenden Landwirbeltieren führte eine andere Entwicklungslinie. Im Laufe der Stammesgeschichte bildeten sich die Kiemen zurück, die Lunge wurde das alleinige Atmungsorgan.

a) Übernimm die Abbildung 4 in dein Heft. Beschrifte die Verbindungslinien mit den zutreffenden Aussagen: Skelett verknorpelt, Skelett verknöchert, Ausbildung der Lungen, Ausbildung der Schwimmblase, Rückbildung der Kiemen.

b) Setze statt der Fragezeichen aus den folgenden Begriffen die jeweils passenden ein. Knorpelfische, mit Schwimmblase und mit Kiemen, Zitronenhai, heutige Knochenfische, ursprüngliche Knochenfische, Hering, Lungenfische, ursprüngliche Landwirbeltiere, mit Lungen und ohne Kiemen.

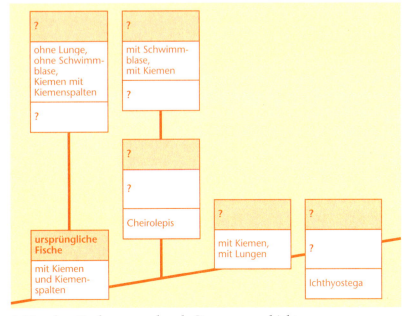

*3 Vorderbeine von Ichthyostega und eines heutigen Amphibs*

*4 Von den Fischen ausgehende Stammesgeschichte*

## 4.4 Die Stammesgeschichte der Wale

**1** *Heute lebende Delfine und Rekonstruktion von Ambolucetus natans, einem vor etwa 47 Millionen Jahren lebenden Vorfahren der Wale*

Wale sind keine Fische, sondern gehören zur Klasse der **Säugetiere.** Fische haben eine äußere Befruchtung, sind wechselwarm und atmen mit Kiemen. Wale gebären lebende Junge, die mit Muttermilch gesäugt werden. Wale sind gleichwarme Tiere, die mit Lungen atmen. Wale müssen daher immer wieder zum Luftholen auftauchen. Im Gegensatz zu Fischen haben Wale eine waagerechte Schwanzflosse. Durch kräftige Aufwärts- und Abwärtsbewegungen dieser Schwanzflosse bewegen sich Wale vorwärts.

Durch neue Fossilfunde ist die Stammesgeschichte der Wale in den letzten Jahrzehnten aufgeklärt worden. Die Vorfahren der Wale waren landlebende Säugetiere, deren Nachfahren über lange Zeiträume durch natürliche Auslese allmählich Angepasstheiten an das Leben im Wasser entwickelt haben.

Für die meisten Menschen ist es sehr erstaunlich, dass Paarhufer wie Schweine, Flusspferde und Rinder zu den nächsten lebenden Verwandten der Wale zählen. Als fossile Urahnen der heutigen Wale gelten Huftiere wie Pakicetus, die vor 52 Millionen Jahren an Land lebten. Dieser Wal-Vorfahr war etwa so groß wie ein Schäferhund. Eine Zwischenform von Pakicetus und den nur noch im Wasser lebenden Walen ist Ambolucetus (Abb. 1a). Er konnte sowohl an Land laufen als auch im Wasser schwimmen. Ambolucetus lebte vor etwa 47 Millionen Jahren in Uferbereichen, wo er auf Beutetiere lauerte. Vor etwa 40 Millionen Jahren lebten Vorfahren der Wale wie Durodon nur noch im Wasser. Das Skelett von Durodon erinnert schon an das Skelett heutiger Wale.

Im Laufe von etwa zehn Millionen Jahren wurden die Vorfahren der Wale durch natürliche Auslese an das Leben im Wasser angepasst. Diese Entwicklung führte zu vorteilhaften Merkmalen und Eigenschaften für das Leben im Wasser. Zu diesen Angepasstheiten gehört, dass sich die Hinterbeine zurück entwickelten und schließlich nicht mehr aus dem Körper herausragten. Bei heutigen Walen sind nur noch kleine Reste der Beckenknochen vorhanden (Abb. 2). Die Vorderbeine entwickelten sich zu flossenähnlichen Gliedmaßen. Die Nasenöffnung wanderte nach oben und liegt bei heutigen Walen an der höchsten Stelle des Körpers. Unter der haarlosen Haut der heutigen Wale liegt eine dicke, isolierende Speckschicht. Insgesamt nahm der Körper eine strömungsgünstige Form an. Wale können sehr lange und sehr tief tauchen. Das ist unter anderem möglich, weil sie den Sauerstoff in der Einatmungsluft besonders gut ausnutzen. Wale verständigen sich unter Wasser durch sehr tiefe, für uns nicht hörbare Töne. Schallwellen breiten sich im Wasser mit 1500 Metern pro Sekunde aus, in der Luft mit 340 Metern pro Sekunde. Der Geruchssinn und der Sehsinn der Wale sind nicht so stark entwickelt. Geruchsstoffe verteilen sich relativ langsam im Wasser und Licht wird im Wasser stark absorbiert.

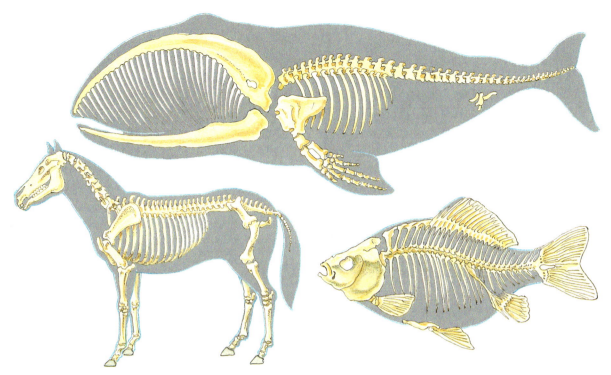

**2** *Skelett von Bartenwal, Pferd und Karpfen*

**1 Vergleich: Karpfen – Wal – Pferd.** Vergleiche in Form einer Tabelle Karpfen, Wal und Pferd in Bezug auf Skelett, Fortbewegung, Haut, Atmung, Fortpflanzung und Lebensraum. Beachte dabei den Grundwissentext und die Abbildung 2.

**2 Angepasstheiten der Wale an das Leben im Wasser.** Nenne unter Bezug auf die Grundwissenseite Angepasstheiten, die die Wale im Verlauf von 12 Millionen Jahren beim Übergang vom Landleben zum Wasserleben erwarben. Erläutere, welche Vorteile die jeweilige Angepasstheit mit sich brachte.

**3 Stammesgeschichte der Wale.** Ordne die Skelette in Abbildung 3 den Wal-Vorfahren Durodon, Pakicetus und Ambulocetus zu und bringe sie in eine sinnvolle Reihenfolge. Begründe die Reihenfolge.

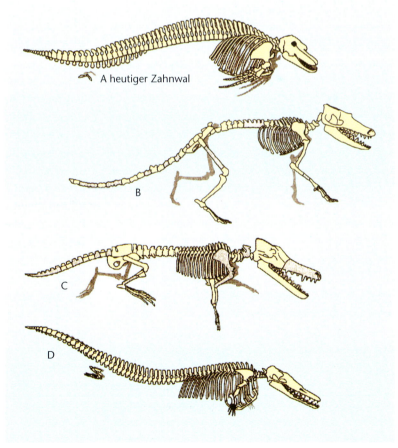

**3** *Skelette von Wal-Vorfahren*

## 4.5 Genetische Variabilität und natürliche Auslese

1 *Genetische Variabilität bei Schnirkelschnecken*

2 *Schwarzer und weißer Birkenspanner auf heller Birkenrinde*

Alle Schnecken in der Abbildung 1 wurden in demselben Gebiet eingesammelt; sie gehören zur gleichen **Population**. Darunter versteht man eine Gruppe von Individuen derselben Art, die in einem bestimmten Gebiet zusammenleben und sich untereinander fortpflanzen können. Die Individuen einer Population sehen nicht alle gleich aus, sondern sie unterscheiden sich in bestimmten Merkmalen voneinander.

Wenn diese Unterschiede auf Erbinformationen zurückzuführen sind, spricht man von genetischer Vielfalt oder **genetischer Variabilität**. Genetische Variabilität hat zwei verschiedene Ursachen: Neukombination der Erbinformationen und Mutation.

Unter **Neukombination** versteht man das Vermischen der elterlichen Erbinformation während der Bildung der Geschlechtszellen und bei der Befruchtung. Neue Merkmale entstehen dabei nicht, aber vorhandene Merkmale der Eltern werden in den Nachkommen neu kombiniert.

**Mutationen** sind nicht zielgerichtete Veränderungen der Erbinformation, die zur Ausbildung neuer Merkmale führen können. Oft sind Mutationen nachteilig für das betreffende Lebewesen. Manchmal können Mutationen aber auch vorteilhaft sein. Man nennt die Merkmale und Verhaltensweisen, die in der Auseinandersetzung mit der Umwelt vorteilhaft sind, **Angepasstheiten**. Lebewesen mit vorteilhaften Merkmalen haben eine höhere Wahrscheinlichkeit, sich fortzupflanzen und ihre Erbinformationen an die Nachkommen weiterzugeben, als Lebewesen mit weniger vorteilhaften Merkmalen. Man spricht von einer **natürlichen Auslese** oder **Selektion**.

Ein bekanntes Beispiel für das Zusammenwirken von Variabilität und Auslese ist der Birkenspanner. Dieser Schmetterling lebt an Birkenstämmen, wo er wegen seiner hellen Flügel gut getarnt ist (Abb. 2). Durch eine Mutation ist vor langer Zeit in England ein Tier mit dunklen Flügeln entstanden. Dieses neue Merkmal verbreitete sich in der Population. Tiere mit dunklen Flügeln wurden auf Birkenstämmen schnell von Vögeln entdeckt und gefressen. Artgenossen mit hellen Flügeln hatten eine höhere Überlebenschance. Die natürliche Auslese durch die Fressfeinde verhinderte eine Ausbreitung der dunklen Schmetterlinge. Im 19. Jahrhundert wurden die Birken in vielen Industriegebieten Englands durch Luftverschmutzung dunkler. Nach einigen Jahrzehnten war der Anteil der dunklen Birkenspanner dort deutlich angestiegen. Als Mitte des 20. Jahrhunderts die Luft besser wurde, ging der Anteil der dunklen Tiere wieder zurück (Abb. 3). Heute nimmt man an, dass nicht nur die Tarnung, sondern noch andere Faktoren die Häufigkeit von schwarzen und weißen Birkenspannern beeinflussen.

**1 Natürliche Auslese beim Birkenspanner.**
Erläutere die Abbildung 3. Beachte dabei auch die Abbildung 2 und den Grundwissentext. Benutze für deine Erläuterungen die Begriffe Population, Mutation, genetische Variabilität, Angepasstheit und natürliche Auslese.

**2 Kohlzüchtung.** Abbildung 4 zeigt Kohlsorten die der Mensch durch künstliche Auslese gezüchtet hat. Vergleiche die künstliche Auslese mit der natürlichen Auslese.

**3 Modellversuch zur Selektion.** Schneidet 50 rote und 50 grüne Trinkhalme jeweils in drei etwa gleich lange Stücke. Diese Stücke stellen „Insekten" dar. Mehrere Schüler sind Fressfeinde der Insekten, zum Beispiel Singvögel. Verteilt auf einer etwa 15 x 15 m großen Rasenfläche je 100 rote und grüne Trinkhalmstückchen. Fünf „Singvögel" sollen innerhalb von 30 Sekunden möglichst viele „Insekten" aufsammeln.
Zählt die gesammelten Stücke nach Rot und Grün getrennt aus. Bewertet das Ergebnis. Welche Entsprechungen gibt es zwischen Modellversuch und natürlicher Auslese in der Natur? Welche Bedingungen sind im Modellversuch vereinfacht worden? Plant eine Verbesserung des Versuchs, bei dem auch die Fortpflanzung der unterschiedlich angepassten „Insekten" eine Rolle spielt.

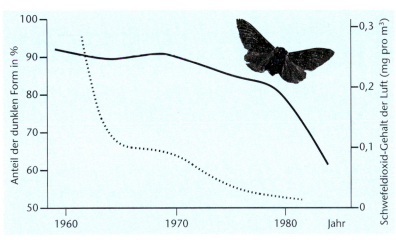

**3** *Häufigkeit der dunklen Form des Birkenspanners im Industriegebiet um Liverpool in Großbritannien.*

**4** *Züchtung verschiedener Kohlsorten durch künstliche Auslese*

## 4.6 Geschichte der Menschwerdung

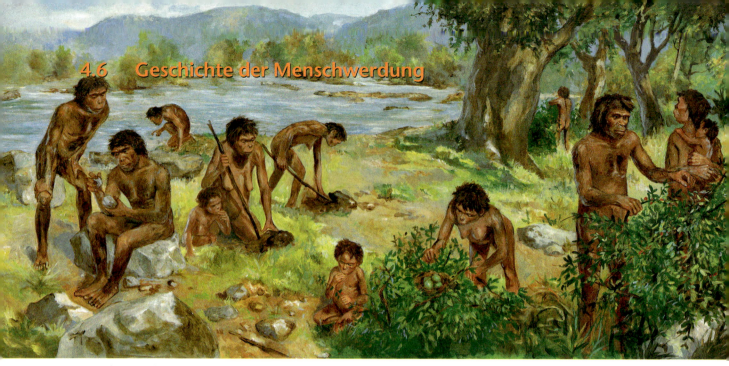

**1** *Rekonstruktion einer Gruppe Frühmenschen am Ufer eines Sees in Afrika vor 1,8 Millionen Jahren*

Man stellt sich die Entwicklung des Menschen heute folgendermaßen vor. Vor etwa sechs bis sieben Millionen Jahren lebten im tropischen Afrika die letzten gemeinsamen Vorfahren von heutigen Schimpansen und Menschen. Weil sich das Klima weltweit allmählich abkühlte, ging der tropische Regenwald zurück. Immer mehr Grasland mit kleinen Wäldern und Einzelbäumen entstand. Während die Vorfahren der Schimpansen Bewohner des tropischen Regenwaldes blieben, war die offene Baum-Savanne der Lebensraum der Vormenschen. Diese **Vormenschen** durchstreiften aufrecht gehend die Savanne in kleinen Gruppen auf der Suche nach pflanzlicher Nahrung und kleinen Tieren. Das Gehirnvolumen dieser Vormenschen entsprach etwa dem heute lebender Schimpansen. Vor ungefähr 2,4 bis 0,5 Millionen Jahren lebten die **Frühmenschen**, zunächst in Afrika, später auch in Asien und Europa. Zu den Frühmenschen gehört unter anderem Homo habilis; er lebte vor circa 2,4 bis 1,6 Millionen Jahren (Abb. 1). Außerdem zählt der Homo erectus zu den Frühmenschen; er lebte vor 1,8 bis 0,5 Millionen Jahren.

Vor allem in die Zeit des Homo erectus fallen Veränderungen, die für die Menschwerdung sehr bedeutungsvoll sind: Das Gehirnvolumen vergrößerte sich beträchtlich und damit auch die Intelligenz, das Lernvermögen und das Gedächtnis. Zum Aufbau eines großen Gehirns benötigt man viele Proteine. Die Gehirntätigkeiten selbst sind sehr energiebedürftig. Fleisch spielte eine größere Rolle in der Ernährung. Fleisch ist protein- und fettreich und daher energiereich. Neben das Sammeln von Nahrung trat die gemeinsame Jagd auf größere Tiere. Man spricht von der Lebensweise der Sammler und Jäger. Das Zusammenleben in den Gruppen der Frühmenschen wurde allmählich vielschichtiger. Die Gruppengröße nahm zu. Arbeitsteilung und Zusammenarbeit sowie gemeinsame vorausschauende Planungen waren für das Überleben vorteilhaft. Die Herstellung von Werkzeugen wurde in der Frühmenschenzeit vielfältiger. Die Phase der Kindheit verlängerte sich. Die Eltern kümmerten sich länger um ihre Kinder. Nur wenige Kinder konnten großgezogen werden, diese wurden jedoch intensiv betreut. In der Kindheit wird besonders viel gelernt, beim Spielen und durch Eltern, Geschwister und andere Gruppenmitglieder. Aus den Frühmenschen entwickelte sich in Afrika im Laufe von Hunderttausenden von Jahren der moderne Mensch, der **Jetztmensch,** Homo sapiens. Vor etwa 200 000 Jahren breitete er sich von Afrika über die ganze Erde aus. In Mitteleuropa trat er vor etwa 40 000 Jahren das erste Mal auf.

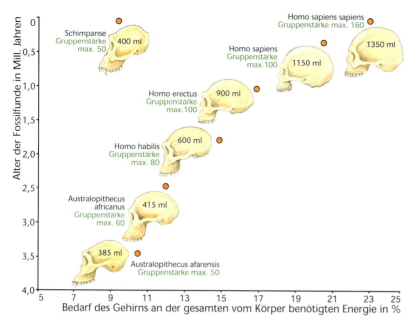

2 *Zusammenhang von Gehirnentwicklung, Gruppengröße und vom Gehirn benötigte Energie*

3 *Beziehungen zwischen Gruppenmitgliedern*

**1 Leben der Frühmenschen.**
a) Beschreibe Abbildung 1 zunächst in sachlicher Weise. Füge deiner Beschreibung dann Deutungen hinzu. Beachte dabei folgende Gesichtspunkte: Ernährungsweise, Lernvermögen, Werkzeugherstellung, Bedeutung der Kindheit, Anzahl der Nachkommen. Welche für das Überleben vorteilhaften Eigenschaften hatten diese Frühmenschen?
b) Nenne die fünf wichtigsten Sachverhalte, die ein Kind deiner Meinung nach bei den Frühmenschen lernen musste, um zu überleben.

**2 Entwicklung des Gehirns.** Beschreibe die in Abbildung 2 dargestellten Sachverhalte. Beschreibe Wechselwirkungen zwischen Gehirnentwicklung, verlängerter Kindheit, Lernvermögen, Werkzeuggebrauch sowie Ernährungsweise.

**3 Soziale Wechselwirkungen.** Abbildung 3 zeigt, dass die sozialen Wechselwirkungen mit der Anzahl der Gruppenmitglieder beträchtlich wuchs. Berechne mit Hilfe der Formel in Abbildung 3 die mögliche Anzahl der Wechselwirkungen zwischen Gruppenmitgliedern beim Jetztmenschen und seinen Vorfahren. Stelle Zusammenhänge zur Gehirnentwicklung her (Abb. 2).

**4 Verschiedene Ansichten über die Menschwerdung.** Im vergangenen Jahrhundert gab es verschiedene Ansichten über die Menschwerdung. Einig war man sich nur darin, dass Kultur, der Übergang zum Bodenleben, die Entwicklung des aufrechten Ganges und die Vergrößerung des Gehirns notwendige Schritte in der Menschwerdung waren. Gestritten wurde darüber, in welcher Reihenfolge diese Schritte auftraten (Abb. 4). Diskutiert darüber, welches der Modelle a bis d am ehesten zutrifft. Begründet eure Auswahl.

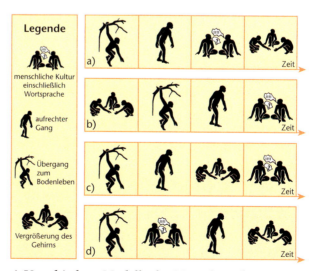

4 *Verschiedene Modelle der Menschwerdung*

## 4.7 Kultur und Wortsprache

**Die Wortsprache.** Allein Menschen sind in der Lage, sich mit Worten zu verständigen. Die Wortsprache ermöglicht es Menschen zusammen mit dem umfassenden Gedächtnis, sich über Vergangenes, Zukünftiges und alles, was nicht unmittelbar wahrzunehmen ist, zu verständigen. Während des Sprechens sind die Hände frei für Tätigkeiten. Große Bedeutung hat die Wortsprache für die mitmenschlichen Beziehungen in einer Gruppe von Menschen. Mit Hilfe der Wortsprache lassen sich mitmenschliche Beziehungen umfassend gestalten.

**Einsichtiges Verhalten und vorausschauende Planungen.** Unter einsichtigem Verhalten versteht man die Fähigkeit, komplexe Situationen zu erfassen, in Gedanken verschiedene Möglichkeiten auszuprobieren und dann planmäßig zu handeln. Durch Einsicht lassen sich Ergebnisse und Folgen von Handlungen in Gedanken vorwegnehmen. Das ist die Voraussetzung für Planungen, also Verhalten in der Zukunft. Zum Beispiel ist es für die Herstellung eines Werkzeuges unerlässlich, in Gedanken die Schritte zur Herstellung vorwegzunehmen.

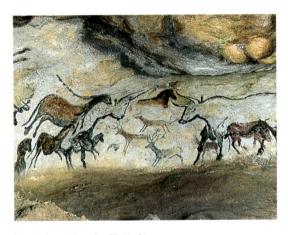 

**Der Mensch schafft Kultur.**
Zu den Besonderheiten der Menschen gehört, dass sich im Laufe der Evolution verschiedene Fähigkeiten herausbildeten, die zusammen die kulturelle Entwicklung des Menschen begründen. Unter **Kultur** versteht man alles von Menschen und Menschengruppen Geschaffene. Dazu gehören Gegenstände ebenso wie geistige Errungenschaften. Religiosität ist eine Besonderheit des Menschen.

**Arbeitsteilung, Kooperation und Zusammenarbeit.** Viele Aufgaben in einer Menschengruppe werden effektiver und besser erledigt, wenn Arbeitsteilung und Kooperation vereinbart werden. Dann können sich Spezialisten auf besondere Tätigkeiten konzentrieren und es muss nicht jeder alles können.

**Nutzung der Erfahrung anderer.** Menschen können Erfahrungen von Generation zu Generation weitergeben. Man spricht von Überlieferung. Der Vorteil von Überlieferung besteht darin, dass jede Generation auf den Erfahrungen vorheriger Generationen aufbauen kann.

**Herstellung und Nutzung von Werkzeugen.** Es waren Werkzeuge, die dem Menschen viele Arbeiten erleichterten oder erst ermöglichten. Während die meisten Tiere spezialisiert sind und nur bestimmte Aufgaben durchführen können, ist der Mensch mit Hilfe seiner Werkzeuge äußerst vielseitig.

**35 000 v. Chr.:** älteste Kunstwerke als Höhlenmalereien und Schnitzereien

**6500 v. Chr.:** erste Bilderschriften

**3500 v. Chr.:** Keilschrift in Mesopotamien

**2600 v. Chr.:** erste Tinte, die von Ägyptern und Chinesen aus Ruß und Wasser hergestellt wurde

**190 v. Chr.:** Pergament wurde als Schreibfläche genutzt. Zur Zeit der Römer entstanden die uns bekannten Schriftzeichen, die 26 Buchstaben des Alphabets.

**1040 n. Chr.:** In China wurden erstmals einzelne Schriftzeichen gedruckt.

**1436:** Buchdruck mit beweglichen Lettern und Metalltypengießgerät von GUTENBERG erfunden

**1609:** erste Wochenzeitung

**1650:** erste Tageszeitung (in Leipzig)

**1826:** erste Fotografien

**1861:** Erfindung des Mikrofons

**1876:** ALEXANDER GRAHAM BELL erfand das Telefon (Telefonleitungen sind noch heute ein wichtiges Transportmittel im Internet).

**1894:** erste Funksignale drahtlos übermittelt (Radio)

**1903:** erste brauchbare Farbfotografien

**1925:** erste öffentliche Fernsehvorführungen

**1937:** Vorläufer des Computers

**1953:** erstmals Farbfernsehen

**1956:** Videoband entwickelt

**1969:** erster Silizium-Mikroprozessor-Chip

**1984:** In diesem Jahr wurde erstmals die Grenze von 1000 miteinander vernetzten Rechnern überschritten.

**heute:** weltweite Informations- und Kommunikationsmöglichkeiten (Internet); elektronische Datenverarbeitung; riesige Mengen an Informationen können auf geringem Raum gespeichert und schnell abgerufen werden.

**1** *Von der Höhlenmalerei zum Internet*

**1** **Von der Höhlenmalerei zum Internet.** Lies die Angaben in Abbildung 1. Zeige für die Entwicklung der Nachrichtenübermittlung die Bedeutung der Fähigkeiten auf, die auf der Grundwissenseite erläutert werden.

**2** **Entdeckungen und Erfindungen.** Stelle die folgenden Daten in einem geeigneten Diagramm dar. Bewerte die Aussagen des Diagramms.

11. Jahrhundert → 20 Entdeckungen
12. Jahrhundert → 40 Entdeckungen
13. Jahrhundert → 100 Entdeckungen
14. Jahrhundert → 50 Entdeckungen
15. Jahrhundert → 140 Entdeckungen
16. Jahrhundert → 180 Entdeckungen
17. Jahrhundert → 300 Entdeckungen
18. Jahrhundert → 700 Entdeckungen
19. Jahrhundert → 2200 Entdeckungen

**3** **Versuch: Untersuchung verschiedener Verständigungsmöglichkeiten.** Ein Team aus drei oder vier Schülerinnen oder Schülern leitet diesen Versuch. Dieses überlegt sich drei unterschiedlich inhaltsreiche Mitteilungen, die sich auf Personen und Tätigkeiten in der Klasse beziehen, z. B.:
1. Gehe zur Tafel!
2. Peter hat gestern mit Paul Hausaufgaben in Mathematik gemacht.
3. Christine und Isabelle gehen übernächsten Samstag am späten Nachmittag ins Kino.
Diese Sätze werden der Klasse nicht mitgeteilt. Je zwei Schüler oder Schülerinnen erhalten vor der Tür einen der drei Sätze mitgeteilt. Sie sollen ohne Worte allein durch Gestik und Mimik den jeweiligen Satz verdeutlichen. Wie lange dauert es, bis der Satz verstanden wurde? Welche Worte wurden nur schwierig oder gar nicht erkannt? Vergleicht Informationsweitergabe mit Mimik und Gestik mit der Informationsweitergabe durch Wortsprache.

**4** **Pizza backen – ein kulturelles Ereignis.** Stelle dir vor, du hast dich mit Freundinnen und Freunden verabredet, gemeinsam nach einem Rezept deiner Mutter eine Pizza zu backen. Erläutere an diesem Beispiel das Zusammenwirken von vorausschauender Planung, Wortsprache, Werkzeuggebrauch, Arbeitsteilung und Kooperation sowie Überlieferung.

## 4.8 Menschen – verschieden und doch gleich

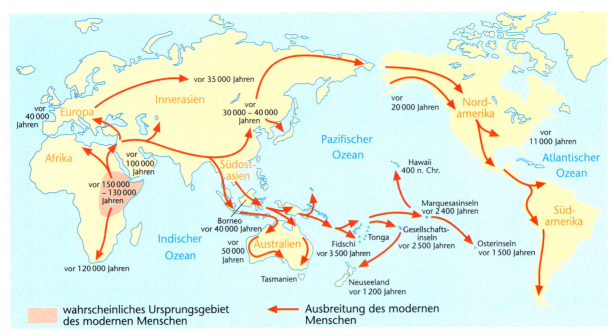

**1** *Wahrscheinliche Ausbreitungswege des modernen Menschen (Homo sapiens)*

Alle heute lebenden Menschen haben einen gemeinsamen Ursprung. Man nimmt an, dass der moderne Mensch, Homo sapiens, vor etwa 150 000 Jahren von Afrika aus alle Kontinente besiedelte (Abb. 1).

Immer wieder hat man versucht, die Menschheit in Rassen einzuteilen. Mit Rassen meint man in der Biologie Gruppen von Lebewesen innerhalb einer Art, die sich in der Häufigkeit bestimmter erblicher Merkmale unterscheiden. Ein Beispiel dafür sind die verschiedenen Hunderassen, die alle zur Art Hund gehören. Erst gegen Ende des 19. Jahrhunderts wurde der Rassenbegriff auf Menschen angewandt und von verschiedenen „Menschenrassen" gesprochen. Um typische Merkmale von „Menschenrassen" herauszufinden, wurden besonders in der ersten Hälfte des 20. Jahrhunderts Menschen aller Kontinente vermessen, gezeichnet, fotografiert und klassifiziert. Das Ergebnis war eine unüberschaubare Fülle unterschiedlicher Einteilungen: Manche Untersuchungen lieferten nur drei Rassen, andere ein Dutzend und einige sogar über sechzig „Menschenrassen". Das geschah, weil die Merkmale zur Abgrenzung von Rassen stets willkürlich waren.

Auch die Hautfarbe ist als Unterscheidungskriterium nicht geeignet, denn keine Menschengruppe ist bezüglich der Hautfarbe erblich einheitlich. So finden sich innerhalb einer Menschengruppe mehr oder weniger große Abstufungen in der Hautfarbe. Menschen mit gelblicher Hautfarbe gibt es in vier verschiedenen Menschengruppen. Außerdem sind es nur vier der etwa 25 000 Gene des Menschen, die über die Ausprägung der Hautfarbe bestimmen. Die Hautfarbe ist nicht Ausdruck verschiedener „Menschenrassen", sondern eine Angepasstheit an das Klima, in das Menschen einwanderten und wo sie längere Zeit lebten (Abb. 1, 2). Eine dunkle Haut schützt zum Beispiel vor schädlichen ultravioletten Strahlen.

Die genetischen Unterschiede zwischen den heutigen Menschen auf der Erde sind sehr gering. Zwei Menschen unterscheiden sich durchschnittlich nur in etwa 0,09 Prozent ihrer DNA. Dabei können die genetischen Unterschiede zwischen zwei Menschen derselben Gruppe, zum Beispiel zwei Europäern, genauso groß oder sogar größer sein als zwischen zwei Menschen verschiedener Gruppen, zum Beispiel einem Europäer und einem Asiaten.

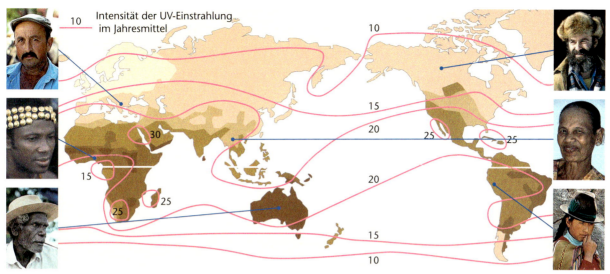

**2** *Verteilung der Hautfarben von Hell nach Dunkelbraun und UV-Einstrahlung (von 10 nach 30 zunehmend) auf der Erde*

**1 Ausbreitung des modernen Menschen.** Erstelle anhand der Angaben in Abbildung 1 eine Zeittafel der Wanderbewegungen des Homo sapiens.

**2 Hautfarbe.** Werte die Abbildung 2 aus. Begründe, warum die Hautfarbe kein Kriterium für Rasseneinteilung ist (Abb. 2, 3).

**3 Rassismus.** Beschreibe anhand des Textes in Abbildung 4, was man unter Rassismus versteht, und nenne Beispiele.

**3** *Eine Frau, nur durch Perücke, Schminke und Kontaktlinsen verändert*

Umgangssprachlich werden mit dem Begriff „Rasse" häufig andere Völker, andere Kulturen oder eine Gruppe fremder Menschen bezeichnet. Man nennt es Rassismus, wenn einer Menschengruppe Eigenschaften unterstellt werden, durch die sie abgewertet, als unterlegen oder minderwertig eingestuft wird. Rassistische Vorurteile wurden in der Geschichte der Menschheit häufig zur Rechtfertigung von Aggressionen gegen andere Menschengruppen benutzt. Die fast vollständige Ausrottung der Indianer in Amerika wurde damit begründet, dass sie „schmutzige Wilde" seien. Das Vorurteil von der Überlegenheit der germanischen (arischen) „Rasse" und der Unterlegenheit der jüdischen „Rasse" diente im Nationalsozialismus als Rechtfertigung dafür, dass mehr als sechs Millionen Juden in Konzentrationslagern ermordet wurden.

Rassismus tritt weltweit und in vielen verschiedenen Formen auf. Es ist zutiefst menschenunwürdig und gegen die Menschen- und Grundrechte, dass Menschen sich anmaßen, den Wert anderer zu bestimmen.
Es ist unsinnig, den Wert eines Menschen von der Zugehörigkeit zu einer bestimmten Gruppe oder von kulturellen Eigentümlichkeiten abhängig zu machen. Es gibt viele Beispiele dafür, dass Mitglieder verschiedener Menschengruppen friedlich zusammenleben.

**4** *Stichwort: Rassismus*

## 4.9 Wälder verändern sich

1 *Von der Tundra zum Wald*

**Pionierbaumarten**
z. B. Birken, Weiden, Kiefern
- Samenbildung schon bei jungen Bäumen
- Samenverbreitung über weite Strecken, kleine Flugsamen
- vertragen als junge Bäume wenig Schatten
- vertragen extreme Witterung gut
- rasches Wachstum der jungen Bäume
- häufig geringe Lebensdauer

**Schlussbaumarten**
z. B. Buchen, Eschen
- meist große Samen, die nicht weit verbreitet werden
- Samenbildung erst bei alten Bäumen
- vertragen als junge Bäume viel Schatten
- vertragen extreme Witterung schlecht
- langsames Wachstum der jungen Bäume
- lange Lebensdauer
- große Wuchshöhe

2 *Typische Eigenschaften*

Vor mehr als 12 000 Jahren waren große Teile Europas von einer dichten Eisdecke bedeckt. Diese Eisdecke hatte die vorher existierenden Wälder unter sich begraben. Vor 12 000 Jahren endete die letzte Eiszeit. Mit dem Schmelzen der Eisdecke kamen langsam auch Lebewesen in den zunächst noch lebensfeindlichen Lebensraum zurück. Es dauerte etwa 1000 Jahre, bis wieder Bäume in Mitteleuropa wuchsen (Abb. 1).

Pflanzenpollen haben ein charakteristisches Aussehen. Mit einem Mikroskop kann man bestimmen, zu welcher Pflanze sie gehören. Pollen sind sehr widerstandsfähig. In den Bodenschichten von Mooren können sie Jahrtausende überdauern. Kennt man das Alter dieser Bodenschichten, kann man anhand der darin vorkommenden Pollen Aussagen darüber machen, welche Bäume damals wuchsen. Pollenuntersuchungen belegen, dass sich die Zusammensetzung der Wälder im Lauf der Jahrtausende verändert hat. Ein solches zeitliches Nacheinander von verschieden zusammengesetzten Pflanzengesellschaften bezeichnet man als **Sukzession.** Am Ende einer Sukzession wird der Wald von den so genannten Schlussbaumarten gebildet (Abb. 2). Baumarten, die in Mitteleuropa wachsen, besitzen auf dem Stammquerschnitt Ringmuster. Jahresringe entstehen, weil die Bäume im Herbst nur noch langsam wachsen und im Winter eine Wachstumspause einlegen. Jahresringe sind unterschiedlich breit. In feuchten warmen Sommern bilden sich besonders große Jahresringe aus. Man kann aus Anzahl und Breite der Jahresringe das Alter von Holzproben bestimmen und Aussagen zum Klima vor Tausenden von Jahren machen.

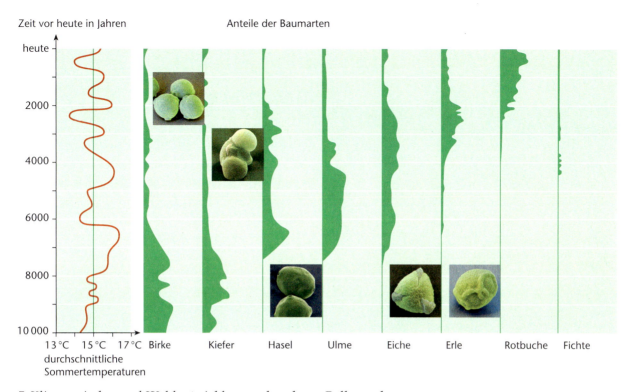

*3 Klimaperioden und Waldentwicklung anhand von Pollenvorkommen*

**1 Waldzusammensetzung.**
a) Beschreibe in einer Tabelle die Entwicklung der Baumartenzusammensetzung des Waldes anhand von Abbildung 3.
b) Erläutere, inwiefern die Waldzusammensetzung Indizien für die klimatischen Verhältnisse früherer Epochen liefern kann. Berücksichtige Abbildung 5.

**2 Pionier- und Schlussbaumarten.** Erläutere, inwiefern die in Abbildung 2 genannten Eigenschaften als Anpassungen an die jeweiligen Lebensräume zu deuten sind.

**3 Baumalter.** Der Stammquerschnitt in Abbildung 4 stammt von einem Baum, der im Jahr 2006 gefällt wurde.
a) Bestimme das ungefähre Alter des Baumes.
b) Begründe, warum die Jahresringe unterschiedlich dick sind.

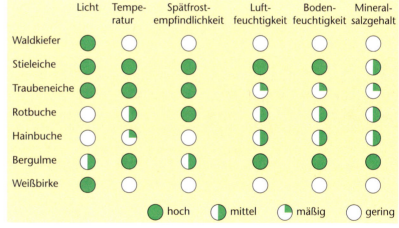

*5 Umweltansprüche verschiedener Baumarten*

*4 Stammquerschnitt*

## 4.10 Lebensräume werden verändert

1 *Steinkauz und künstliche Niströhre für Steinkäuze*

Steinkäuze sind kleine Greifvögel. Sie leben in Gebieten mit feuchten Wiesen und in Streuobstwiesen. Das sind Wiesen, deren Gräser z. B. von Schafen kurzgefressen werden und auf denen große, oft alte Obstbäume stehen (Abb. 1). In den Stämmen dieser Obstbäume legen die Steinkäuze ihre Bruthöhlen an. Steinkäuze jagen im Tiefflug. Sie fliegen in einer Höhe von einem bis zwei Metern über der Wiese. Sobald sie Beute sehen, stürzen sie sich auf sie und packen sie. Steinkäuze fressen fast ausschließlich Mäuse. In Streuobstwiesen leben auch Amseln und Kohlmeisen. Sie finden dort Nistmöglichkeiten und reichlich Nahrung.

Im Laufe der letzten Jahrzehnte wurden immer mehr alte Obstbäume gefällt. Die Wiesenflächen werden nicht mehr beweidet, sondern ein- bis dreimal im Jahr gemäht. Das bedeutet, dass das Gras über längere Zeit recht lang ist. Während früher viele Dörfer von Streuobstwiesen umgeben waren, liegen hier heute Neubaugebiete. Außerdem sind viele Wiesengebiete von Straßen mit regem Autoverkehr durchzogen. Die Zahl der Steinkäuze ist in den letzten Jahren immer mehr zurückgegangen. Das gilt nicht für den Bestand von Amseln und Kohlmeisen. Diese Vögel finden auch in Städten und Dörfern Nistplätze und Nahrung. Sie sind nicht so stark an einen ganz bestimmten Lebensraum angepasst, sondern können viele verschiedene Lebensräume besiedeln.

Viele Vogelarten sind in ihrem Bestand bedroht. Das trifft auf fast die Hälfte der 254 in Deutschland brütenden Vogelarten zu. Diese Arten hat man in der „Roten Liste" aufgeführt und vermerkt, wie stark jede einzelne Art gefährdet ist. Um gefährdete Arten zu schützen, ist es nötig, die Lebensräume dieser Arten zu erhalten. So werden beispielsweise Streuobstwiesen geschützt oder neu angelegt. Die noch vorhandenen alten Obstbäume werden gepflegt, an jüngeren Bäumen werden künstliche Niströhren angebracht (Abb. 1). In Zusammenarbeit von Behörden, Landwirten und Vereinen werden die Wiesen gemäht.

2 *Hausrotschwanz*

3 *Auszug aus der „Roten Liste" für Vogelarten in Deutschland*

**1 Vogelarten sind unterschiedlich gefährdet.** Abbildung 3 zeigt einen Ausschnitt der „Roten Liste". Wie viele der in Deutschland brütenden 254 Vogelarten sind in der „Roten Liste" der Vögel in Deutschland, weil ihr Bestand zurückgegangen ist? Wie viele Arten sind nicht gefährdet?

**2 Veränderung des Lebensraumes.** Beschreibe mithilfe des Grundwissentextes, wodurch sich der Lebensraum von Steinkäuzen in den letzten Jahrzehnten verändert hat. Welche Auswirkungen haben diese Veränderungen auf den Beutefang und die Fortpflanzung von Steinkäuzen?

**3 Hausrotschwanz.** Hausrotschwänze waren ursprünglich nur im Gebirge verbreitet. Sie brüteten dort in Felsspalten. Ab Anfang März kann man bei uns Hausrotschwänze singen hören. Sie nisten in Vorsprüngen und Mauernischen von Gebäuden (Abb. 2). In den Mauerritzen, auf dem Boden und an Blättern suchen sie Insekten und Spinnen als Nahrung.
Wirst du Hausrotschwänze in der Roten Liste finden? Begründe deine Vermutung.

**4 Eisvogel.** Ein Eisvogel sitzt auf einem Ast, Pfahl oder Stein am Ufer eines klaren Baches, der mit Büschen bewachsen ist. Von dort stürzt er sich auf einen vorbeischwimmenden kleinen Fisch, den er dann auf einem Ast sitzend frisst (Abb. 4). Zum Nestbau brauchen Eisvögel steile Erdwände, zum Beispiel an der Böschung eines Bachs. Mit Schnabelhieben hacken sie zunächst ein Erdloch heraus. Von dieser Stelle aus legen sie einen bis zu einem Meter langen Tunnel an. Am Ende dieses Tunnels ist der Brutraum, in den die Eier gelegt werden. Schau in der „Roten Liste" nach, wo der Eisvogel aufgeführt ist (Abb. 3). Schreibe begründete Vermutungen für diese Zuordnung auf.

**5 Gefährdungsursachen.**
a) Übernimm Abbildung 5 in dein Heft. Trage an die Pfeile die verschiedenen Gefährdungsursachen für den Bestand von Vogelarten, die in diesem Abschnitt beschrieben sind, ein.
b) Beschreibe in einem kurzen Aufsatz, wie du die Zukunft des Steinkauzes siehst.

4 *Eisvogel mit Fisch im Schnabel*

5 *Bestandsrückgang – warum?*

**137**

## 4.11 Landschaftsveränderungen und Artenschutz

Allen einheimischen Amphibienarten wandern zu bestimmten Zeiten (Abb. 2). Die **Frühjahrswanderung** führt sie vom Winterquartier zum Laichgewässer. Einige Arten suchen fast ausschließlich das Gewässer auf, in dem sie als Larve herangewachsen sind. Man bezeichnet dies als Gewässerbindung. Sie ist bei Erdkröten besonders stark ausgeprägt. Nach dem Ablaichen wandern die Tiere zu ihren nahrungsreichen **Sommerquartieren.** Die **Herbstwanderung** führt sie zu ihren **Winterquartieren.** Winterquartiere müssen frostfreie Verstecke bieten, da Amphibien bei tiefen Temperaturen in Kältestarre fallen. Sie können bei Frost dann keine anderen Verstecke aufsuchen und erfrieren. Einige Amphibien wandern im Herbst zurück ins Laichgewässer und überwintern am Boden des Gewässers.

Die größte Gefahr für die einheimischen Amphibienarten besteht in der Veränderung der Landschaft. die in den letzten 50 Jahren sehr stark vorangeschritten ist (Abb. 1). Moderne Anbaumethoden in der Landwirtschaft sowie die Zunahme der bebauten Flächen führten in den letzten 50 Jahren zum Verlust vieler Amphibienlebensräume.

Ein umfassender Schutz der Amphibien kann nur gelingen, wenn die Lebensräume der Tiere erhalten bleiben oder neue Lebensräume für sie geschaffen werden. Lebensraumschutz ist die Grundlage des Artenschutzes.

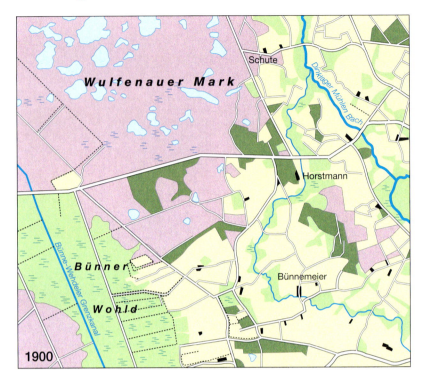

1 *Landschaftsentwicklung*

138  Variabilität+Angepasstheit, Fortpflanzung+Entwicklung

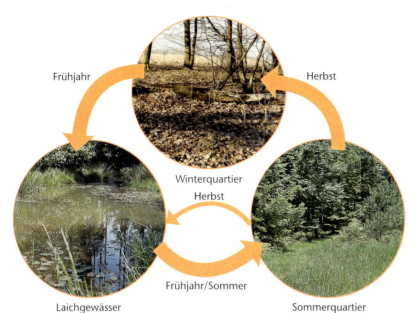

**2** *Wanderungen der Amphibien*

| Art | Größe in m² |
|---|---|
| Erdkröte | 15 000 000 |
| Grasfrosch | 2 000 000 |
| Molcharten | 500 000 |

**4** *Mindestgröße des Lebensraumes*

|  | Aufenthalt in einer Entfernung vom Laichgewässer bis zu | Bevorzugte Landschaft für Sommerquartiere |
|---|---|---|
| Teichmolch | 400 m | Wiesen, Laubwald |
| Grasfrosch | 1100 m | Wiesen |
| Erdkröte | 2200 m | Wiesen, Laubwald |
| Feuersalamander | 3000 m | Laubwald |

**3** *Lebensräume verschiedener Amphibienarten*

**1 Veränderung der Landschaft.**
a) Berechne mithilfe von Abbildung 4 die Kantenlänge eines quadratischen Mindestlebensraums von Erdkröte, Grasfrosch und Teichmolch. Als Mindestlebensraum bezeichnet man die kleinste notwendige Fläche, die von den Tieren zum langfristigen Überleben der Art benötigt wird.
b) Werte die beiden Karten in Abbildung 1 im Hinblick auf die Veränderungen aus.
c) Stelle begründete Vermutungen an, welche Gründe zu dieser Veränderung geführt haben könnten.
d) Diskutiere und bewerte die Veränderungen im Hinblick auf das Vorkommen und das Überleben von Amphibien. Begründe deine Argumente mit Einzelheiten der Karten.

**2 Schutzmaßnahmen.**
a) Krötenzäune haben an vielen Orten nur dazu geführt, dass das Amphibienvorkommen in dem betreffenden Gebiet langsamer abnahm als ohne diese Schutzmaßnahme (Abb. 5). Begründe, warum Krötenzäune den Rückgang der Amphibien oft nicht aufhalten können.
b) Stelle mithilfe der Informationen aus den Abbildungen 2, 3, 4 und 6 einen Plan auf, wie mit möglichst wenig Aufwand den Amphibien im Gebiet der Abbildung 1 geholfen werden könnte. Begründe deine Vorschläge.

Auf den Straßen, die Amphibienlebensräume durchschneiden, werden viele der wandernden Tiere überfahren. Zum Schutz werden an manchen Straßen zur Laichzeit Krötenzäune aufgestellt. Dort fallen die wandernden Tiere in eingegrabene Eimer und werden anschließend von Helfern über die Straße getragen.

**5** *Krötenzaun*

Langfristig können Amphibienvorkommen nur bestehen, wenn ein genetischer Austausch mit den Nachbarvorkommen stattfindet. Daher ist es sinnvoll, Barrieren zwischen den Einzelpopulationen zu beseitigen und sie durch geeignete Landschaftsgestaltung zu vernetzen.

**6** *Vernetzung von Lebensräumen.*

**139**

## 5.1 Vom natürlichen Wald zur Waldwirtschaft

**1** *Holzversorgung im Mittelalter*  **2** *Wald als Weide für Schweine (um 1416)*

Die typische Vegetation in Mitteleuropa ist Wald. Ohne Einwirkung des Menschen entwickelte sich ein Urwald. Der Einfluss des Menschen auf den Wald im Laufe der Geschichte war aber so groß, dass heute in Mitteleuropa nirgendwo mehr Urwald zu finden ist.

In der Jungsteinzeit wurden Waldflächen gerodet und auf diesen Rodungsflächen für einige Jahre Ackerbau betrieben. Danach zogen die Menschen weiter, um anderswo Waldflächen zu roden. Am Ende der Völkerwanderungszeit um 600 n. Chr. lag das Verhältnis von Wald zu offenem Land bei 70:30. Im 13. Jahrhundert hatte sich dieses Verhältnis auf etwa 30:70 umgekehrt. In der Zeit von 1300 bis 1650 nahm die Bevölkerungsdichte durch Kriege und Seuchen wie die Pest ab und die Waldfläche nahm geringfügig wieder zu. Bis zum Beginn des 19. Jahrhunderts kam es durch den starken Anstieg der Bevölkerung zu einer verstärkten Nutzung des Waldes. Die Waldfläche ging stark zurück. Bis zum Aufkommen der Kohle im 19. Jahrhundert war Holz das wichtigste Brennmaterial und ein bedeutender Werkstoff. Der Bedarf an Holz stieg beständig. Außerdem wurde der Wald intensiv als Weide für Schweine, Rinder, Pferde und Ziegen genutzt. Die Menschen entnahmen dem Wald auch Laub, das als Stalleinstreu diente, sowie Eicheln und Bucheckern als Tierfutter. Damit wurden dem Wald Mineralsalze entzogen.

Bis ins 18. Jahrhundert hinein wurde der Wald derart übernutzt, verwüstet und zurückgedrängt, dass man von einer großen Umweltkatastrophe, der Waldverwüstung, sprechen kann. In dieser Situation begann man, die Nutzung des Waldes als Waldweide einzustellen und ehemalige Waldflächen planmäßig wieder aufzuforsten, zunächst mit Nadelhölzern wie Fichte und Kiefer. In den letzten Jahrzehnten des 20. Jahrhunderts wurde durch das Anpflanzen von Mischwäldern der Wald wiederum verändert. Bei dieser neuen Form der Waldwirtschaft bemüht man sich, Wälder so zu bewirtschaften, dass ihr Wert für Menschen und andere Lebewesen für die Zukunft erhalten bleibt. Dies nennt man **naturnahe Waldwirtschaft**.

**1 Waldgeschichte in Bildern.** Lies den Text auf der Grundwissenseite. Betrachte dann die Abbildungen 1 bis 4. Beschreibe, auf welche Weisen der Wald von Menschen beeinflusst und genutzt wurde. Beachte dabei die Jahresangaben der Bilder.

**2 Bevölkerungsentwicklung und Waldnutzung im Mittelalter.** Stelle anhand des Textes der Grundwissenseite und der Abbildung 5 mögliche Zusammenhänge zwischen Bevölkerungsentwicklung und Waldnutzung her. Begründe deine Vermutungen.

3 *Altersgleicher Kiefernbestand (Caspar David Friedrich, 1820)*

4 *Kalkbrennerei um 1865, aus kalkhaltigem Gestein wurde Kalk zum Düngen und für den Hausbau gewonnen*

**3 Naturnahe Waldwirtschaft.** In der Abbildung 6 sind einige Kriterien für naturnahe Waldwirtschaft genannt. Was wäre zu tun, um eine Nadelwaldmonokultur im Verlauf von Jahrzehnten in einen naturnahen Wald zu überführen? Beschreibe die notwendigen Schritte und ihre Abfolge.

**4 Endungen von Ortsnamen.** Auf Rodungsflächen gegründete Siedlungen aus der Zeit vom 6. bis 13. Jahrhundert geben sich durch Endungen wie -ingen, -heim, -hausen oder -ried, -reuth, -rode zu erkennen. Notiere mithilfe einer Atlaskarte mindestens fünf verschiedene Orte mit einer dieser Endungen. Wo treten sie besonders häufig auf?

5 *Bevölkerungsentwicklung im Mittelalter*

- Förderung der Artenvielfalt,
- Förderung von Mischwald mit verschiedenen Höhenstufen (strukturreicher Mischwald),
- Bevorzugung natürlicher Verjüngung, keine Kahlschläge, Erhalt von Totholz,
- allmähliche Umwandlung von Nadelbaummonokulturen in naturnahen Wald,
- Einsatz von heimischen Baumarten bei neuen Pflanzungen.

6 *Elemente und Ziele naturnaher Waldwirtschaft*

## 5.2 Wälder – bedrohte Vielfalt

**Physikalische Stressoren**
– Lichtmangel
– UV-Strahlung
– hohe Temperaturen
– Feuer
– niedrige Temperaturen
– Wind
– Bodenbewegung, Bodenerosion

**Chemische Stressoren**
– Wassermangel, Trockenheit
– Überflutung und Sauerstoffmangel
– Mangel an Mineralsalzen
– Überschuss an Mineralsalzen
– hoher Säuregehalt
– Schwermetalle
– gasförmige Schadstoffe in der Luft

**Biologische Stressoren**
– Konkurrenz mit anderen Pflanzen
– Verbiss durch Tiere
– Tritt durch Weidetiere
– Insektenbefall
– Pilzbefall
– Bakterien- und Virenbefall

**1** *Gefahren und Belastungen eines Baumes durch verschiedene Stressoren*

Die Bedingungen für das Wachstum einer Pflanze sind selten in jeder Hinsicht optimal. Meistens sind bestimmte Ökofaktoren weniger günstig oder sogar belastend. In manchen Fällen kann eine Pflanze sich zunächst mit bestimmten Reaktionen vor einer Belastung schützen. Zum Beispiel führt Trockenheit und Wassermangel dazu, dass die Spaltöffnungen in den Blättern geschlossen werden und so weniger Wasser verdunstet wird. Wenn die Belastungen lange Zeit anhalten oder sehr intensiv sind, kann die Pflanze überfordert werden. Dann besteht die Gefahr, dass Teile der Pflanze erkranken oder die Pflanze abstirbt. Man nennt Belastungen auch **Stress**. Das Wort stammt aus dem Englischen und bedeutet auch Beanspruchung, Druck, Anspannung. Ökofaktoren, die Stress auslösen, werden **Stressoren** genannt. Die Abbildung 1 enthält einige Beispiele für Stressoren einer Pflanze. Man kann sie in physikalische, chemische und biologische Stressoren unterteilen.

Eine andere Einteilung unterscheidet zwischen natürlichen und vom Menschen ausgehenden Stressoren. Zu den Stressoren, die Menschen verursachen, gehören unter anderem gasförmige Schadstoffe in der Luft, vor allem Schwefeldioxid ($SO_2$) und Stickstoffoxide wie NO und $NO_2$. Sie werden bei Verbrennungsprozessen freigesetzt, z. B. bei der Verbrennung fossiler Brennstoffe in Kraftfahrzeugen, Kraftwerken, Haushalten und Industrie. Mit Wasser in der Luft bilden sich schweflige Säure ($H_2SO_3$) und Salpetersäure ($HNO_3$), der „saure Regen" entsteht. Mit dem Niederschlag gelangen die Säuren auf Pflanzen und in den Boden. Sie schädigen die Zellen von Blättern und Wurzeln auf vielfältige Weise. Säuren verändern im Boden auch die chemischen Bedingungen. Das führt unter anderem dazu, dass weniger Magnesium mit den Wurzeln aufgenommen wird. Magnesium ist ein wichtiges Element im grünen Blattfarbstoff Chlorophyll. Die Blätter vergilben und die Fotosyntheseleistung ist herabgesetzt, der Baum erkrankt (Abb. 1). Wenn viele Bäume davon betroffen sind, spricht man von Waldschäden. Die Erfassung solcher Schäden erfolgt durch Fachleute nach einem festgelegten Verfahren.

Die Bekämpfung der vom Menschen ausgehenden Ursachen von Waldschäden hat in den vergangenen Jahrzehnten Erfolge gebracht. Der Gehalt der Schadstoffe in der Luft ist dank Autoabgaskatalysatoren, umweltfreundlicher Verbrennungsanlagen und anderer Umweltschutzmaßnahmen zurückgegangen. Andererseits ist der Schadstoffgehalt der Luft immer noch so groß, dass die Waldschäden zunehmen.

**1 Stressoren.** Unterteile die in Abbildung 1 angegebenen Stressoren in natürliche und vom Menschen verursachte Stressoren.

**2 Versuch: Wie sauer ist Regenwasser?** Mit Universal-Indikatorpapier kann man den pH-Wert bestimmen. Auf diese Weise wird festgestellt, wie sauer oder alkalisch eine Lösung ist. Je geringer der pH-Wert ist, desto saurer ist die Lösung (Abb. 2). Dabei bedeutet eine Verringerung des pH-Wertes um 1 eine Verzehnfachung des Säuregehalts. Eine Lösung mit dem pH-Wert 4 ist also zehnmal so sauer wie eine Lösung mit dem pH-Wert 5 und eine Lösung mit dem pH-Wert 3 hundertmal so sauer wie eine Lösung mit dem pH-Wert 5. Miss den pH-Wert verschiedener Flüssigkeiten und von Regenwasser. Ordne die Ergebnisse in die pH-Wert-Skala ein (Abb. 2). Beim Regenwasser solltest du zu verschiedenen Zeiten (Beginn des Regens, nach einer halben Stunde) messen.

**3 Wälder der Erde und Artenvielfalt.** Ordne anhand der Abbildung 3 verschiedene Bereiche der Erde in eine Skala von „besonders artenreich" bis „artenarm" ein. Nimm eine Atlaskarte über Vegetationszonen der Erde zu Hilfe. Welche Zusammenhänge bestehen zwischen dem Vorkommen von Wäldern und Artenreichtum? Welche Konsequenzen könnte eine zunehmende Verringerung der Waldflächen auf die Artenvielfalt haben?

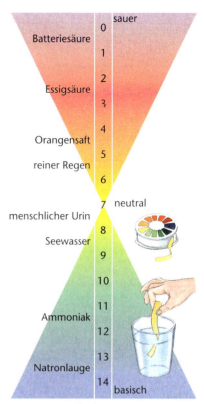

**2** *pH-Wert-Skala*

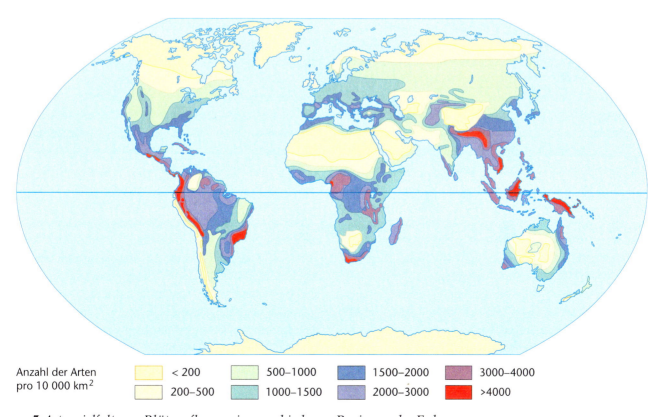

**3** *Artenvielfalt von Blütenpflanzen in verschiedenen Regionen der Erde*

**143**

Arbeitsmaterial

## 5.3 Artenreichtum im Regenwald

1 *Tropisches Regenwaldhaus, Hannover*

2 *Stockwerkaufbau des Regenwaldes*

Der tropische Regenwald beiderseits des Äquators mit seinen ganzjährig hohen Temperaturen und Niederschlägen ist der artenreichste Lebensraum der Erde (Abb. 1, 2). In ihm leben mehr als fünfzig Prozent aller weltweit bekannten Tier- und Pflanzenarten. Der Artenreichtum hängt auch damit zusammen, dass sich der tropische Regenwald in Millionen von Jahren bei gleich bleibendem Klima ungestört entwickeln konnte. In den ganzjährig grünen tropischen Regenwäldern findet man das ganze Jahr über neben blühenden Pflanzen einer Art auch solche, die bereits Früchte tragen.

Am Boden des tropischen Regenwaldes ist es immer dämmrig. Die Pflanzen konkurrieren daher besonders um Licht. Urwaldriesen mit sechzig Metern Höhe, Kletterpflanzen im Bereich der Stämme und Aufsitzer-Pflanzen im Kronenbereich sind Spezialisten im Streben nach Licht. Wegen der hohen Temperaturen und der hohen Feuchtigkeit werden abgestorbene Pflanzenteile am Boden sehr rasch abgebaut und zersetzt. Die dabei freigesetzten Mineralsalze werden sofort von den Pflanzen aufgenommen. Man spricht von einem „schnellen Stoffkreislauf" im tropischen Regenwald. Der größte Teil der Mineralsalze befindet sich in der Biomasse der Pflanzen, nur sehr wenig in der nur dünnen Humusschicht des Bodens. Die Böden tropischer Regenwälder sind wasserdurchtränkt und arm an Mineralsalzen und Sauerstoff.

Tropische Regenwälder sind stark gefährdet. Mehr als die Hälfte des ursprünglichen Regenwaldes ist bereits vernichtet. Verbreitet ist die **Brandrodung** für Wanderfeldbau, bei der ein bestimmtes Regenwaldgebiet abgebrannt wird. Die Mineralsalze aus der abgebrannten Biomasse düngen den Boden für ein paar Jahre. Der entwaldete Boden ist jedoch schutzlos den hohen Niederschlägen ausgesetzt und die dünne Humusschicht wird rasch abgetragen. Dann bringt der an Mineralsalzen verarmte Boden kaum noch Ertrag und eine neue Fläche wird brandgerodet. Das hohe Bevölkerungswachstum fördert diese Entwicklung. Aber auch durch das illegale Abholzen wertvoller Hölzer wie Teak, Mahagoni und Ebenholz, durch die Anlage von großen Plantagen für Kakao, Bananen, Kaffee, Zuckerrohr und Soja sowie durch Straßenbau und Besiedlung vernichtet der Mensch den tropischen Regenwald.

**1 Vergleich: Tropischer Regenwald – mitteleuropäischer Wald.** Vergleiche mithilfe des Grundwissentextes sowie der Abbildungen 1, 2 und 3 in tabellarischer Form den tropischen Regenwald mit einem mitteleuropäischen Wald. Überlege vorab, nach welchen Gesichtspunkten du den Vergleich durchführen willst.

**2 Stoffkreislauf.** Erläutere und vergleiche anhand der Abbildung 4 und des Grundwissentextes den Stoffkreislauf im tropischen Regenwald mit dem Stoffkreislauf nach Umwandlung des Regenwaldes in landwirtschaftliche Nutzfläche.

**3 Brandrodung und Wanderfeldbau.**
a) Erläutere anhand des Grundwissentextes das Prinzip des Wanderfeldbaus durch Brandrodung.
b) Über viele Jahrhunderte blieb der Schaden durch Wanderfeldbau für den tropischen Regenwald gering, weil kleine Flächen gerodet und ehemalige Felder gar nicht oder erst nach langen Zeiträumen wieder brandgerodet wurden. Heute ist die Gefährdung des tropischen Regenwaldes durch Brandrodung sehr groß. Nenne Gründe dafür.

Während der tropische Regenwald bei Jahresdurchschnittstemperaturen von 25 bis 27 Grad Celsius wächst, betragen die Durchschnittstemperaturen im mitteleuropäischen Wald etwa 7 Grad Celsius. Auch die Niederschläge und die Luftfeuchtigkeit sind im mitteleuropäischen Wald bei weitem nicht so hoch wie im tropischen Regenwald. Der Einfluss der Jahreszeiten auf unsere Wälder macht sich unter anderem beim Blattaustrieb, beim Blühen, bei der Fruchtbildung und beim Blattfall bemerkbar. Mitteleuropäische Wälder sind nicht so artenreich wie tropische Regenwälder. Mitteleuropäische Wälder sind im Verlauf der letzten 10 000 Jahre nach der letzten Eiszeit entstanden. Sie sind vom Menschen bis auf winzige Reste so stark genutzt und beeinflusst worden, dass man nicht mehr von einem Naturwald, sondern von einem Kulturwald sprechen muss. Sowohl das Wachstum der Bäume als auch der Abbau abgestorbener Pflanzenteile verlaufen ziemlich langsam. Man spricht deshalb beim mitteleuropäischen Wald von einem „langsamen Stoffkreislauf". Die Böden sind im Vergleich zum tropischen Regenwald gut durchlüftet und reich an Mineralsalzen. Die Humusschicht ist dick und speichert den größten Teil der Mineralsalze.

**3** *Vergleich: Regenwald und mitteleuropäischer Wald*

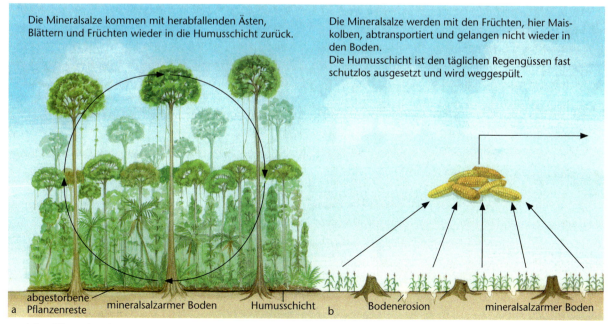

**4** *a) Stoffkreislauf im tropischen Regenwald und b) nach Umwandlung in landwirtschaftliche Nutzfläche*

# 5.4 Vielfalt als Lebensgrundlage und wertvolle Ressource

Reich
Animalia (Tiere)
> 1.500.000 Arten

Stamm
Chordata (Wirbeltiere)
50.000 Arten

Klasse
Aves (Vögel)
8.600 Arten

Ordnung
Passeriformes (Sperlingsvögel)
5.160 Arten

Familie
Turdidae (Drosseln)
125 Arten

Gattung
Turdus (Echte Drosseln)
28 Arten

Art
Turdus merula (Amsel)
1 Art

**1** *System der Tiere von LINNÉ*

Die Artenvielfalt ist Teil der biologischen Vielfalt, der **Biodiversität.** Darunter versteht man die Vielfalt der Lebensräume, die Vielfalt der Arten und die Vielfalt der Erbanlagen bei Lebewesen einer Art. Die Artenvielfalt und die genetische Vielfalt sind das Ergebnis langer Evolutionsprozesse.

Die größten Bedrohungen der Biodiversität ergeben sich aus Ansprüchen des Menschen an die Natur und einer stark wachsenden Weltbevölkerung. Zu den Ursachen des Artensterbens gehören vor allem Eingriffe des Menschen in Lebensräume sowie der Klimawandel und die Einwanderung konkurrenzstarker gebietsfremder Arten.

Die biologische Vielfalt ist eine unersetzliche Lebengrundlage und eine überaus wichtige Ressource. Sie hat für den Menschen vielerlei Wert:

– Die Nutzung von Lebewesen als Nahrungs- oder Futtermittel, als nachwachsende Rohstoffe und zur Herstellung von Arzneimitteln begründen ihren **wirtschaftlichen Wert.** Arzneimittel aus Pflanzen, Fische als Nahrungsquelle aber auch die Bestäubung von Pflanzen durch Bienen stellen einen wirtschaftlichen Wert dar.

– Zum **ökologischen Wert** zählen Dienstleistungen von Ökosystemen und von Lebewesen wie die Speicherung von Kohlenstoffdioxid, die Bildung von Sauerstoff, die Luft- und Wasserfilterung, der Abbau von organischen Stoffen und Schadstoffen, die natürliche Schädlingsbekämpfung, der Erosions- und Überschwemmungsschutz und die Aufrechterhaltung von Stoffkreisläufen. Jede Art erfüllt bestimmte Aufgaben in ihrer Umgebung. Stirbt sie aus, kann das die Leistungskraft ihres Ökosystems mindern. Die biologische Vielfalt stabilisiert Ökosysteme.

– Die Nutzung des **Erholungswertes** der Natur zum Beispiel durch Tourismus ist ein wichtiger Wert für den Menschen.

– Außerdem hat die Biologische Vielfalt einen **Zukunftswert.** Damit ist gemeint, dass sie auch für zukünftig lebende Menschen wertvoll ist.

– Viele Menschen sprechen den Lebewesen einen **Eigenwert** zu. Dabei ist es unwichtig, ob ein Lebewesen für den Menschen nützlich ist oder nicht.

**1 Ordnung in der Artenvielfalt.** Erläutere das System von LINNÉ anhand der Abbildung 1.

**2 Biologische Vielfalt ist wertvoll.**
a) Begründe unter Bezug auf den Text der Grundwissenseite, warum der Erhalt der biologischen Vielfalt wichtig ist.
b) Erläutere Beispiele für den wirtschaftlichen Wert, den ökologischen Wert und den Erholungswert der Artenvielfalt und der Vielfalt der Ökosysteme. Die Beispiele sollen aus der Umgebung deines Ortes oder aus deiner Heimatregion stammen.

**3 Zentren der Mannigfaltigkeit und der Ursprung der Kulturpflanzen.**
a) Notiere die Pflanzen, deren Bestandteile du an einem Tag mit der Nahrung zu dir genommen hast. Ordne den Pflanzen anhand der Abbildung 2 eine Ursprungsregion zu.
b) Begründe die Bedeutung der Zentren der Mannigfaltigkeit als „Schatzkammer" (Abb. 2, 3).

Von besonderer wissenschaftlicher und wirtschaftlicher Bedeutung sind bestimmte Regionen auf verschiedenen Kontinenten der Erde, die sogenannten Zentren der Mannigfaltigkeit. In diesen Zentren sind im Laufe der Evolution besonders artenreiche Lebensgemeinschaften entstanden. Aktuell sind diese Regionen stark vom Artenschwund bedroht.
Der russische Biologe NIKOLAI VAVILOV hat bereits in den zwanziger Jahren des vergangenen Jahrhunderts die Regionen biologischer Mannigfaltigkeit beschrieben. VAVILOV erkannte, dass in ihnen der Ursprung der meisten unserer heimischen Kulturpflanzen zu finden ist.
Weil jede Form von Pflanzenzüchtung genetische Vielfalt zur Voraussetzung hat, stellen die Zentren der Mannigfaltigkeit eine Schatzkammer dar. Der Erhalt und die nachhaltige Nutzung der natürlich vorhandenen Biodiversität wird auch zukünftig ein Fundament der Verbesserung der Kulturpflanzen sein.

*3 Zentren der Mannigfaltigkeit*

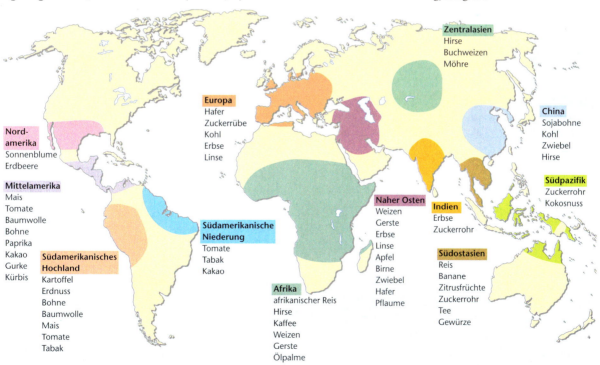

*2 Zentren der Mannigfaltigkeit: Der Ursprung der Kulturpflanzen*

**147**

**Methode**

# Basiskonzepte zum Thema „Evolutionäre Entwicklung"

Die nachfolgenden Sachverhalte stammen aus dem Inhaltsfeld „Evolutionäre Entwicklung". Wenn du die nachfolgende Aufgabe bearbeitest, kannst du Auskunft darüber bekommen, ob du das Wesentliche verstanden hast und darüber, wie gut du Basiskonzepte zuordnen kannst.

**1 Aufgabe:** Ordne jedem der nachfolgenden Sachverhalte ein oder mehrere Basiskonzepte zu. Begründe die von dir gewählte Zuordnung.

**1.** Die riesige Artenvielfalt ist eine Eigenschaft des Lebens auf der Erde. Mit Fossilfunden kann man belegen, dass Arten von Lebewesen im Laufe langer Zeiträume allmählich aus anderen Arten hervorgegangen sind und sich dabei verändert haben.

**2.** Die Geschichte der Lebewesen und ihre Entwicklung während der Jahrmillionen bezeichnet man als Stammesgeschichte oder Evolution. Zeugen dieser Entwicklung sind unter anderem Fossilien.

**3.** Die Geschichte des Lebens auf der Erde ist ungefähr vier Milliarden Jahre alt. Erste Lebewesen waren bakterienähnliche Einzeller. Erste Vielzeller gibt es seit 1,5 Milliarden Jahren, erste Wirbeltiere seit ungefähr 500 Millionen Jahren.

**4.** Man nennt Merkmale und Verhaltensweisen, die in der Auseinandersetzung mit der Umwelt vorteilhaft sind, Angepasstheiten.

**5.** Für Lebewesen mit vorteilhaften Merkmalen und Verhaltensweisen besteht eine höhere Wahrscheinlichkeit, sich fortzupflanzen und ihre Erbanlagen an die Nachkommen weiterzugeben als für Lebewesen mit weniger zweckmäßigen Merkmalen. Man spricht in diesem Zusammenhang von natürlicher Auslese oder Selektion. Selektion ist ein anderer Ausdruck für unterschiedlichen Fortpflanzungserfolg der Individuen einer Population.

**6.** Fische, Amphibien, Reptilien, Vögel und Säugetiere sind die Klassen im Stamm der Wirbeltiere. Die verwandtschaftlichen Beziehungen und die zeitliche Entwicklung der Wirbeltiere kann man in einem Stammbaum darstellen. Dabei sind unter anderem Vergleiche der Baupläne hilfreich.

**7.** Der Lungenfisch Dipterus lebte im flachen Uferbereich, im Wasser und an Land. Angepasst an diese Bedingungen besaß er sowohl Kiemen als auch Lungen. So konnte er sich aus dem Wasser und aus der Luft mit Sauerstoff versorgen.

**8.** Die Wale, deren Vorfahren landlebende Säugetiere waren, entwickelten durch natürliche Auslese Angepasstheiten an das Leben im Wasser. Die Anpassung an das Leben im Wasser erfolgte in einem Zeitraum von etwa 10 Millionen Jahren in der Zeit von 50 Millionen bis 40 Millionen Jahren vor heute.

**9.** Lungenatmung und eine Fortbewegung auf vier Gliedmaßen waren Angepasstheiten der ersten Wirbeltiere, die vor etwa 350 Millionen auch auf dem Lande leben konnten.

**10.** Genetische Variabilität kommt durch Neukombination von Erbanlagen bei der Bildung der Geschlechtszellen und der Befruchtung sowie durch Mutationen zustande. Die unterschiedlichen Gehäuse von Schnirkelschnecken sind ein Beispiel für genetische Variabilität innerhalb einer Art.

**11.** In der Geschichte der Menschwerdung nahm das Gehirnvolumen, die Intelligenz, das Lernvermögen, das Gedächtnis und die Fähigkeit zu sozialen Wechselwirkungen beträchtlich zu.

**12.** Die kulturelle Entwicklung des Menschen basiert auf einer Kombination verschiedener Fähigkeiten. Dazu zählen: Wortsprache, einsichtiges Verhalten und vorausschauende Planung, Werkzeugherstellung sowie Arbeitsteilung und Kooperation.

**13.** Die genetischen Unterschiede zwischen den heutigen Menschen auf der Erde sind sehr gering. Dabei können die genetischen Unterschiede zwischen zwei Menschen derselben Gruppe, zum Beispiel zwei Europäern, genauso groß oder sogar größer sein als zwischen zwei Menschen verschiedener Gruppen, zum Beispiel einem Europäer und einem Asiaten. Deshalb ist es nicht sinnvoll, von „Menschenrassen" zu sprechen.

**14.** Unter dem Einfluss des Menschen haben sich viele Lebensräume stark verändert. Manche Arten sind in ihrem Bestand bedroht. Zum Schutz von Arten gehört, dass ihre Lebensräume geschützt werden.

**15.** Die Artenvielfalt ist Teil der biologischen Vielfalt, der Biodiversität. Darunter versteht man die Vielfalt der Lebensräume und Ökosysteme, die Vielfalt der Arten und die Vielfalt der Erbanlagen innerhalb der Lebewesen einer Art. Die Artenvielfalt und die genetische Vielfalt sind das Ergebnis lang währender Evolutionsprozesse.

**16.** Die biologische Vielfalt ist eine unersetzliche Lebensgrundlage. Sie ist für den Menschen in vielfacher Hinsicht wertvoll. Man spricht in diesem Zusammenhang unter anderem vom wirtschaftlichen Wert und vom ökologischen Wert der biologischen Vielfalt.

Evolutionäre Entwicklung

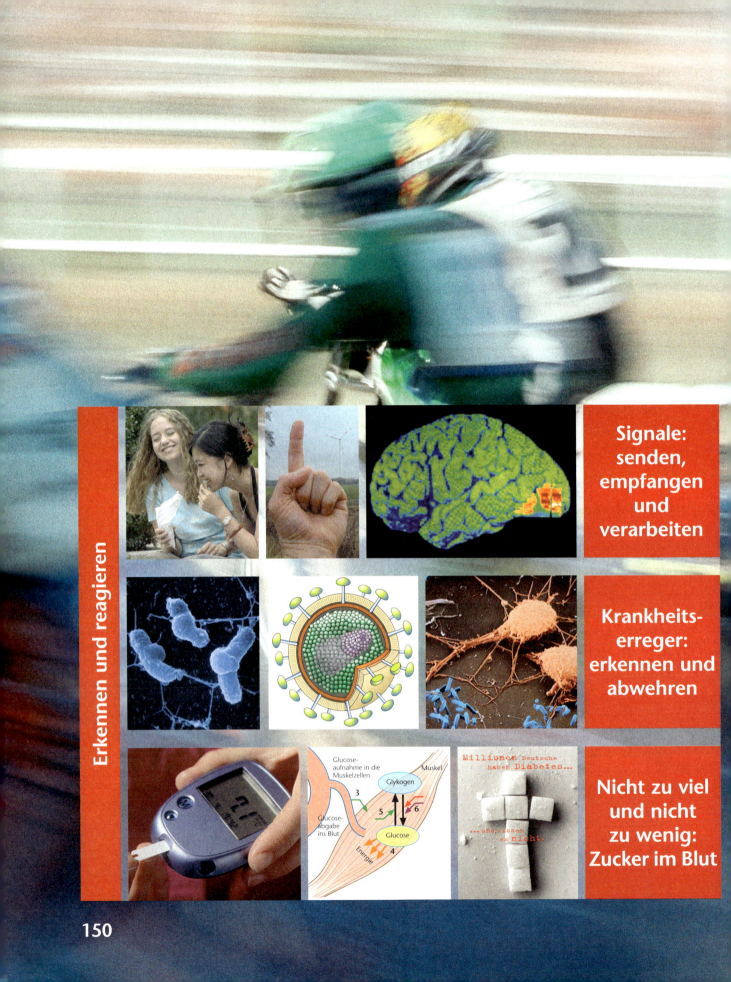

# Kommunikation und Regulation

## 6.1 Vom Reiz zur Wahrnehmung

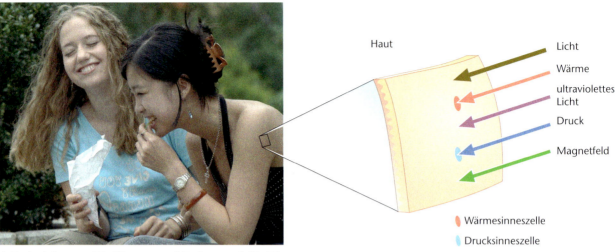

**1** *Beispiele von Einflüssen und Reizen auf die Haut*

Lebewesen sind vielen Einflüssen ausgesetzt. Sie können aber nur solche Einflüsse als **Reize** wahrnehmen, für die sie Sinneszellen besitzen (Abb. 1). So können wir nur einen kleinen Ausschnitt der elektromagnetischen Wellen als Licht sehen, während wir andere Bereiche wie ultraviolettes Licht nicht wahrnehmen können. Wir haben keine Sinneszellen, die durch ultraviolettes Licht gereizt werden. Sinneszellen reagieren nur angemessen, wenn ein passender Reiz bei ihnen eintrifft. Solche Reize nennt man **adäquate Reize.** Das sichtbare Licht ist ein adäquater Reiz für die Sinneszellen im Auge. Druck auf das Auge, zum Beispiel durch einen Schlag, ist kein adäquater Reiz, obwohl die Sinneszellen im Auge reagieren: Der Betroffene sieht „Sterne". Bei einem adäquaten Reiz muss auch die **Reizstärke** passen. Fällt zu viel Licht in das Auge, ist man geblendet. Ist zu wenig Licht vorhanden, kann man nicht sehen.

Sinneszellen mit ähnlichen Aufgaben sind oft ähnlich gebaut und in Sinnesorganen zusammengefasst, zum Beispiel die Geruchssinneszellen in der Nasenschleimhaut oder die Lichtsinneszellen im Auge. Die Haut ist als Grenzfläche des Körpers gegen die Umgebung mit besonders vielen unterschiedlichen Sinneszellen ausgestattet (Abb. 3). Über sie erfolgt zum Beispiel die Informationsaufnahme für Wärme, Kälte und Schmerz. Druckunterschiede werden durch Sinneszellen in der Haut registriert und ermöglichen das Tasten. Andere Sinneszellen zeigen an, in welche Richtung die Haut gedehnt wird. Sie werden auch aktiv, wenn zum Beispiel Haare in der Haut von Luftströmungen bewegt werden.

Sinneszellen wandeln Reize in elektrische Signale um, die von den Nerven zum Gehirn geleitet und dort verarbeitet werden. Im Gehirn, dem Hauptteil des zentralen Nervensystems, entsteht dadurch eine **Wahrnehmung.**

Lebewesen verschiedener Tierarten haben unterschiedliche Wahrnehmungen. So sehen Bienen im Vergleich zu Menschen ultraviolettes Licht. Fledermäuse und Hunde hören sehr hohe Töne, die für uns Menschen unhörbar sind. Elefanten können sehr tiefe Töne hören, die außerhalb des menschlichen Hörvermögens liegen. Für jede Tierart haben sich Sinneszellen so entwickelt, dass es für die Tiere in ihrer Lebensweise vorteilhaft ist.

**1 Sinneszellen.** Erläutere mit Bezug auf den Grundwissentext Eigenschaften und Wirkungsweise von Sinneszellen.

**2 Technische Hilfen.** Nenne technische Geräte, mit deren Hilfe die Wahrnehmung von Menschen erweitert wird.

**3 Haut.**
a) Stelle die Sinneszellen, die in der Haut vorkommen, mit ihren adäquaten Reizen in einer Tabelle zusammen. Füge eine Spalte mit Alltagssituationen hinzu, in denen die Sinneszellen reagieren.
b) Erläutere die Bedeutung der Wärme- und Kältesinneszellen für den Menschen.
c) Werte die Abbildung 2 aus. Mache Aussagen zum Abstand der Sinneszellen für Druck in der Haut und stelle einen Bezug zur Lebensweise des Menschen her.

2 Raumschwellenwerte

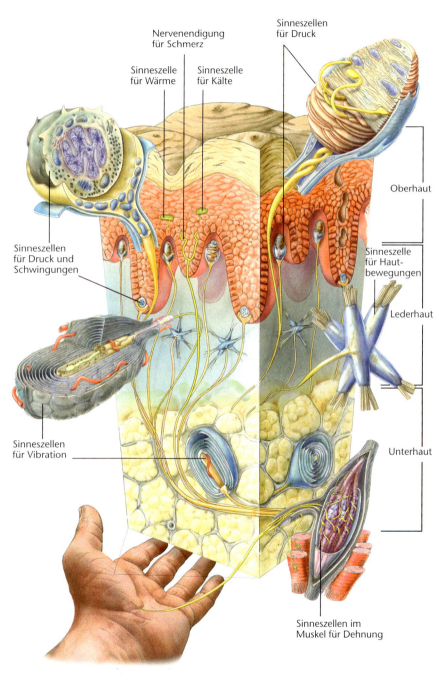

3 Die Haut hat viele verschiedene Sinneszellen

153

Arbeitsmaterial

## 6.2 Das Auge

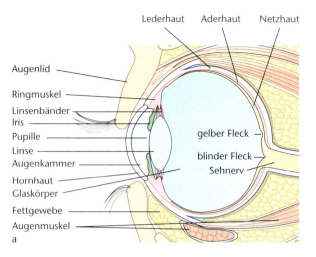

Die Augen sind die **Lichtsinnesorgane.** Sie liegen von Fettgewebe geschützt in den Augenhöhlen. Muskeln sorgen für die notwendige Beweglichkeit der Augen. Augenlider und Wimpern dienen dem Schutz vor Fremdkörpern. Die Augen werden durch Tränenflüssigkeit ständig feucht gehalten. Gelangen Fremdkörper auf das Auge, werden sie durch Tränenflüssigkeit herausgespült.

Das eigentliche Auge ist von der Lederhaut umgeben (Abb. 1a). Es folgt nach innen die Aderhaut. Sie enthält viele Blutgefäße und dient der Versorgung des Auges. Auf der Aderhaut liegt innen eine lichtundurchlässige Pigmentschicht. Nur der Bereich um die Linse ist davon ausgespart. Auf die Pigmentschicht folgt zum Glaskörper hin die Netzhaut, die die **Lichtsinneszellen** enthält. Der Innenraum des Auges ist vom Glaskörper, einer durchsichtigen, gallertartigen Flüssigkeit ausgefüllt. Das Licht gelangt durch die Hornhaut in das Auge. Die Iris dient dabei als bewegliche Blende. Sie bestimmt die Pupillenweite und reguliert so die einfallende Lichtmenge. Die elastische Linse sorgt für eine scharfe Abbildung der einfallenden Lichtstrahlen auf der Netzhaut.

Die Netzhaut ist schichtweise aufgebaut (Abb. 1b). Die Lichtsinneszellen bilden die vom Licht abgewandte Schicht, es folgen verschiedene Nervenzellen. Sehnervzellen bilden die Schicht zum Glaskörper hin. Das Licht muss erst die Schichten der Nervenzellen passieren und gelangt dann zu den Sinneszellen. In der Netzhaut gibt es zwei Typen von Sinneszellen, die **Zapfen** und die **Stäbchen.** Beide senden elektrische Signale aus, wenn Licht auf sie trifft. Zapfen ermöglichen das Farbensehen. Sie benötigen dazu mehr Licht als die Stäbchen. Es gibt drei verschiedene Zapfentypen. Sie reagieren unterschiedlich auf die Wellenlängen des Lichtes (Abb. 2). Ein Typ reagiert stärker auf rotes Licht, der zweite auf grünes und der dritte auf blaues Licht. Der Farbeindruck entsteht, indem die elektrischen Signale dieser Zapfentypen

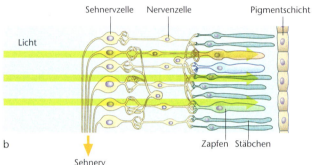

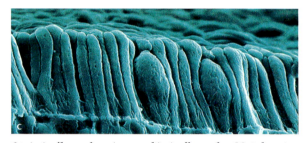

**1** *a) Aufbau des Auges, b) Aufbau der Netzhaut, c) Stäbchen und Zapfen*

miteinander verarbeitet werden. Zapfen findet man hauptsächlich im Bereich des gelben Flecks. Dort stehen die Zapfen besonders dicht beieinander. Hier wird die größte Sehschärfe erreicht. Je größer die Entfernung vom gelben Fleck ist, umso weniger Zapfen findet man. Weit vom gelben Fleck entfernt gibt es in der Netzhaut nur Stäbchen. Sie benötigen weniger Licht und können nur Helligkeitsunterschiede wahrnehmen. Die elektrischen Signale aller Lichtsinneszellen werden an die Sehnervzellen weitergeleitet. Ihre Ausläufer werden gebündelt und bilden den Sehnerv. Dort, wo er das Auge verlässt, gibt es keine Sinneszellen. Diese Stelle bezeichnet man als blinden Fleck.

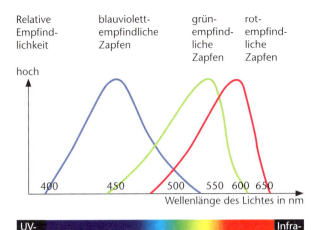

2 *Unterschiedliche Empfindlichkeit der Zapfen*

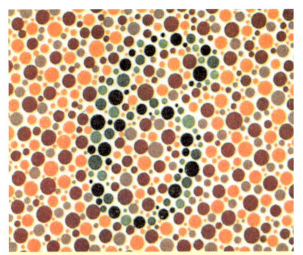

Ist die Funktion eines Zapfentyps gestört, können die betroffenen Menschen bestimmte Farbtöne nicht voneinander unterscheiden.
Man spricht, je nach Auswirkung, von einer Sehschwäche oder Farbenblindheit. Am häufigsten ist eine Sehschwäche, bei der Rot- und Grüntöne nicht unterschieden werden können. Sie ist vererbt und kommt bei circa 4 % der männlichen Bevölkerung vor. Man kann sie mit Testtafeln feststellen.

4 *Testtafel zum Rot-Grün-Sehen*

**1 Stationen des Sehens.** Fertige ein Fließdiagramm an, in dem die Stationen des Sehens vom einfallenden Licht bis zum Gehirn aufgeführt werden.

**2 Versuch zum blinden Fleck.** Halte Abbildung 3 mit ausgestrecktem Arm auf Augenhöhe. Führe das Buch nun langsam auf das Auge zu, wobei du mit dem rechten Auge das weiße Kreuz fixierst und das linke Auge mit der freien Hand abdeckst. Wiederhole den Versuch, indem du die Abbildung aus Augennähe langsam wieder entfernst.
a) Beschreibe deine Beobachtungen und versuche, sie zu erklären. Beachte dabei die Aussagen des Grundwissentextes.
b) Fertige eine entsprechende Abbildung mit einer anderen Farbe und wiederhole den Versuch. Beschreibe die Beobachtungen und stelle eine Hypothese zur Erklärung auf.

**3 Farbensehen.**
a) Beschreibe ausführlich, welche Zusammenhänge in Abbildung 2 dargestellt sind.
b) In den meisten Fällen einer Rot-Grün-Sehschwäche arbeitet der grün-empfindliche Zapfentyp nur eingeschränkt. Stelle Hypothesen auf, warum die Zahl 6 in der Abbildung 4 nicht erkennbar ist.
c) Warum dürfen Personen mit einer Rot-Grün-Sehschwäche trotzdem den Führerschein erwerben?

**4 Dämmerungssehen.** Liest man am Abend bei einsetzender Dämmerung einen Text, so kann man nach einiger Zeit die Buchstaben nicht mehr lesen. Die übrige Umgebung ist zu der Zeit noch gut zu erkennen, doch erscheinen alle Gegenstände nur noch in Grau. Erläutere diesen Sachverhalt.

3 *Versuchsbild zum blinden Fleck*

## 6.3 Die optische Wahrnehmung

*1 Unterschiedlicher Kontrast*

*2 Sehen mit dem rechten und dem linken Auge*

Die elektrischen Signale der Sinneszellen im Auge werden über Nerven zum Gehirn geleitet und dort verarbeitet. Die eigentliche Wahrnehmung geschieht also im Gehirn. Oft nehmen wir die Dinge anders wahr, als sie von den Augen aufgenommen werden.

Ein Gegenstand kann nur als solcher erkannt werden, wenn er sich vom Hintergrund durch seine Helligkeit oder Farbe abhebt. Je größer der Kontrast ist, umso besser können wir ihn sehen (Abb. 1). Bei der Verarbeitung der elektrischen Signale, die von den Sinneszellen kommen, werden vorhandene Kontraste deshalb verstärkt.

Beim Betrachten eines Gegenstandes verwenden wir normalerweise beide Augen. Da diese den Gegenstand aber von unterschiedlichen Positionen aus betrachten, entstehen in den beiden Augen unterschiedliche Bilder (Abb. 2). Die Signale von beiden Augen gelangen zum Gehirn und werden dort zu einem Gesamtbild zusammengefügt. Dadurch erhalten wir einen räumlichen Eindruck. Menschen mit nur einem Auge können nicht räumlich sehen.

Beim Auswerten der Informationen sucht das Gehirn immer erst nach bekannten Strukturen aus unserem Gedächtnis. Sind sie vorhanden, werden sie bei der Verarbeitung mit herangezogen. So nehmen wir den Zeigefinger in Abbildung 3 größer wahr als die Windkraftanlage, doch wissen wir aus der Erfahrung, dass diese größer ist. Das Gehirn interpretiert daraus, dass die Windkraftanlage weiter entfernt ist. Dabei wird immer die sichtbare Umgebung mit einbezogen und verglichen. Auf diese Weise können wir auch auf zweidimensionalen Bildern eine Entfernungskomponente wahrnehmen. Widersprechen die Erfahrungen einem neuen Bild, können wir nichts damit anfangen oder wir sind irritiert (Abb. 4).

Die Wahrnehmung wird zudem von inneren Stimmungslagen beeinflusst, die unsere Aufmerksamkeit steuern. Wenn wir uns zum Beispiel mit dem Kauf eines Handys beschäftigen, werden wir in unserer Umgebung plötzlich viel mehr Handys sehen als sonst. Unser Gehirn filtert gewissermaßen unser Sehen. Sind Bilder mehrdeutig, wie zum Beispiel Abbildung 5, sehen wir oft nur das, was unserer Erfahrung am nächsten ist.

3 *Größenverhältnisse*

5 *Mehrdeutiges Bild von junger und alter Frau*

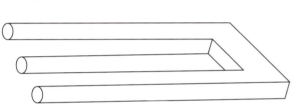

4 *Figur, die unseren Erfahrungen widerspricht*

**1 Kontrast.** Betrachte die unterschiedlichen Helligkeiten in Abbildung 6. Lege anschließend einen Stift auf die Grenzfläche zwischen hell und dunkel und beobachte erneut. Werte deine Beobachtungen aus.

**2 Erkennen von Figuren.**
**a)** Betrachte Abbildung 7. Beschreibe, was du siehst. Drehe anschließend das Bild um 180° und betrachte es erneut. Beschreibe, was du siehst. Erkläre die Unterschiede.
**b)** Drehe das Bild in die Ausgangslage. Ist es möglich, ohne das Bild zu drehen, zwischen den Sinneseindrücken „umzuschalten"? Versuche, eine Erklärung für das Ergebnis zu formulieren.

**3 Die Logik einer Abbildung.** Betrachte die Abbildung 4 und beschreibe deine Eindrücke. Lege anschließend einen Stift diagonal über die Abbildung und fasse nun deine Eindrücke zusammen. Wie sind sie zu erklären?

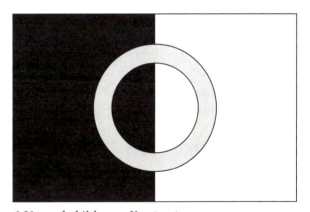

6 *Versuchsbild zum Kontrast*

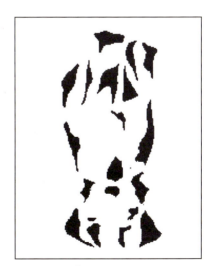

7 *Was ist das?*

157

Arbeitsmaterial

## 6.4 Nervenzellen

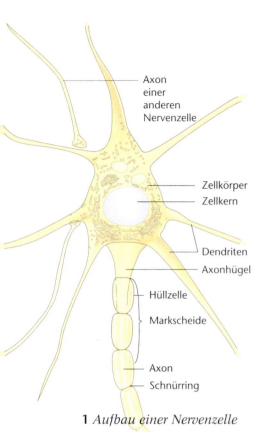

1 *Aufbau einer Nervenzelle*

2 *Viele Axone liegen nebeneinander und bilden einen Nerv*

Eine Nervenzelle besteht aus dem Zellkörper mit Zellkern und anderen Zellorganellen (Abb. 1). Am Zellkörper befinden sich zahlreiche dünne Ausläufer, die man **Dendriten** nennt. Sie nehmen die elektrischen Signale von Sinneszellen oder anderen Nervenzellen auf und geben sie in Richtung des Zellkörpers weiter. Dies geschieht, indem sich an der Membran die elektrische Spannung geringfügig ändert. Bei einer gewissen Spannung wird an einer Region des Zellkörpers ein elektrischer Impuls ausgelöst. Diese Region wird Axonhügel genannt, weil hier ein langer Ausläufer beginnt, der als **Axon** bezeichnet wird. Der elektrische Impuls wird vom Axonhügel durch das Axon weitergeleitet. Viele Axone bilden einen Nerv (Abb. 2). Ein Axon kann von einer Markscheide umgeben sein. Diese besteht aus Hüllzellen, die sich um das Axon gewickelt haben und als Isolationsschicht dienen. Die Einschnürungen zwischen den Hüllzellen heißen Schnürringe. Axone mit Markscheide leiten elektrische Impulse schneller als Axone ohne Markscheide. Ein Axon endet in einer oder mehreren Verdickungen, die man Endknöpfchen nennt. Sie liegen an einer Zielzelle an.

Jedes Endknöpfchen überträgt das Signal an eine Zielzelle. Dabei kann es sich um eine andere Nervenzelle, eine Drüsenzelle oder eine Muskelzelle handeln. Die Verbindungsstelle zwischen dem Endknöpfchen und der Zielzelle wird **Synapse** genannt. Zwischen dem Endknöpfchen und der Zielzelle liegt ein Spalt. Die Signalübertragung erfolgt hier nicht auf elektrischem Weg, sondern durch chemische Stoffe, die man Transmitter nennt. Ein im Endknöpfchen ankommender elektrischer Impuls bewirkt, dass mit Transmittermolekülen gefüllte Bläschen ihren Inhalt in den synaptischen Spalt entleeren (Abb. 3). Die Transmittermoleküle durchqueren den Spalt und binden an Rezeptoren der postsynaptischen Membran, die nach dem Schlüssel-Schloss-Prinzip genau zu ihnen passen. Dadurch werden an der postsynaptischen Membran so lange elektrische Signale ausgelöst, bis die Transmittermoleküle von den Rezeptoren gelöst sind. Die Transmittermoleküle an der postsynaptischen Membran werden von Enzymen zerlegt. Die Bruchstücke werden ins Endknöpfchen zurücktransportiert, dort wieder zusammengesetzt und wieder in Bläschen gespeichert.

① Ankommende elektrische Impulse bewirken, dass Bläschen zum Spalt wandern.

② Ausschüttung von Transmittermolekülen in den synaptischen Spalt

③ Binden der Transmittermoleküle am Rezeptor

④ Auslösung eines elektrischen Impulses

⑤ Zerlegung der Transmittermoleküle durch Enzyme

⑥ Rücktransport der Bruchstücke

⑦ Synthese der Transmittermoleküle und Speicherung in Bläschen

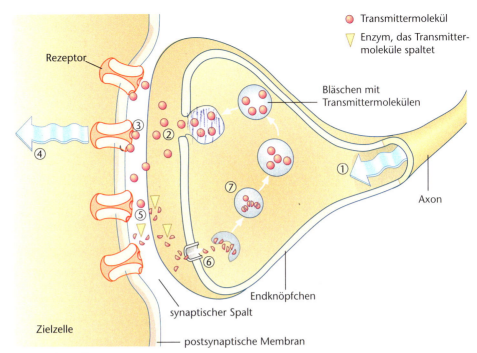

3 *Informationsübertragung an einer Synapse*

### 1 Informationsübertragung an Synapsen.
a) Stelle den Ablauf der Informationsübertragung an einer Synapse in einem Fließdiagramm dar.
b) Begründe, warum eine Informationsübertragung im Nerv, zum Beispiel von einer Sinneszelle zum Gehirn, nur in einer Richtung stattfinden kann.

### 2 Was wird bewirkt durch...?
– Viele Narkosestoffe verhindern, dass an den Rezeptoren der postsynaptischen Membran elektrische Signale ausgelöst werden.
– Bestimmte Nervengase blockieren die Enzyme im synaptischen Spalt.
– Manche Drogen wirken wie Transmittermoleküle.
Leite mögliche Auswirkungen auf die Nervenfunktionen ab.

### 3 Zum Nachdenken.
a) Berechne die durchschnittliche Synapsenzahl pro Nervenzelle (Abb. 4).
b) Berechne die Zeit, die ein elektrischer Impuls in einer Nervenfaser mit Markscheide für eine angenommene Entfernung Fingerspitze – Rückenmark von 80 cm benötigt (Abb. 4).

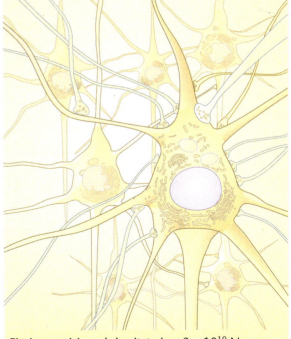

Ein junger Mensch besitzt circa $3 \times 10^{10}$ Nervenzellen und circa $10^{14}$ Synapsen im Körper. Die Gesamtlänge aller Nerven im Körper eines Erwachsenen beträgt etwa 768 000 km. Die Leitungsgeschwindigkeit eines Nervs mit Markscheide beträgt bis zu 120 m/s.

4 *Informationen zu Nerven*

## 6.5 Das Gehirn

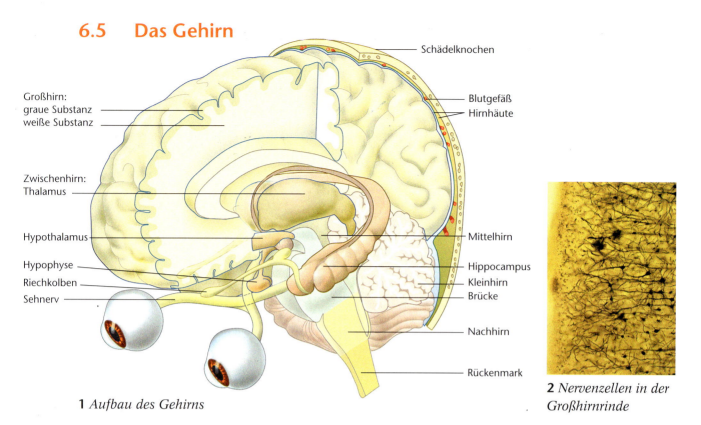

1 *Aufbau des Gehirns*

2 *Nervenzellen in der Großhirnrinde*

Die Zellkörper fast aller Nervenzellen liegen im zentralen Nervensystem. Ihre bis zu zwei Meter langen Axone reichen in alle Teile des Körpers. **Das zentrale Nervensystem** besteht aus dem Gehirn und dem Rückenmark. Mit einem Durchschnittsgewicht von etwa 1350 Gramm ist das Gehirn eines der größten Organe im Körper. Das Gehirn als zentrale Steuerungseinheit des Körpers ist durch den Schädelknochen und die Hirnhäute besonders gut geschützt (Abb. 1). Das Gehirn ist das komplizierteste Organ überhaupt. Seine Funktionsweise ist in vielen Bereichen noch nicht geklärt.

Das Gehirn besteht aus unzähligen Nervenzellen, die vielfältig miteinander verknüpft sind (Abb. 2). Alle Informationsübertragungen erfolgen über Axone und Synapsen, die an den Zellkörpern der Nervenzellen oder den Dendriten sitzen. Dabei gibt es mehr als 40 verschiedene Transmitter im Gehirn, wobei jede Nervenzelle nur eine Transmittersorte bildet. Synapsen können die Aktivität der nachgeschalteten Zelle steigern, manche aber auch hemmen. Dadurch und durch die große Anzahl der Synapsen bestehen unzählige Möglichkeiten, wie die Nervenzellen sich gegenseitig beeinflussen.

Man unterscheidet folgende Gehirnbereiche: Nachhirn, Brücke, Kleinhirn, Mittelhirn, Zwischenhirn und Großhirn. Großhirn, Zwischenhirn und Kleinhirn sind je in zwei Hälften unterteilt. Dabei ist jeweils die linke Hälfte für die rechte Körperseite zuständig und die rechte Hälfte für die linke Körperseite. Im Nachhirn und in der Brücke befinden sich die Zentren für die Kontrolle der Atmung, des Herzschlags, für Schlucken und Erbrechen sowie für die Verdauung. Das Kleinhirn ist unter anderem für die Feinabstimmung der Bewegungen und die Steuerung der Körperhaltung mit zuständig. Dadurch wird der Körper im Gleichgewicht gehalten. Das Mittelhirn ist eine Schaltstation, die die verschiedenen Signale der Sinneszellen zu den zuständigen Gehirnteilen leitet. Ein Teil des Zwischenhirns, der Thalamus, steht in enger Verbindung mit dem Großhirn. Der andere Teil, der Hypothalamus, steuert die wichtigste Hormondrüse des Körpers, die Hypophyse.

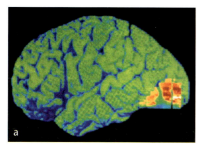 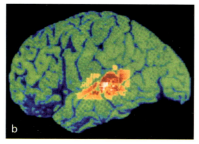 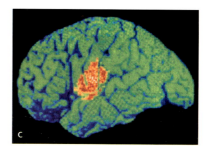

**3** *Gehirnaktivität, a) beim Sehen, b) beim Hören, c) beim Sprechen*

Zusammen mit Teilen des Großhirns ist das Zwischenhirn für unsere Gefühle wie Freude, Trauer, Liebe, Angst und Wut zuständig.

Denken, Lernen, Gedächtnis und Erinnern findet vor allem im Großhirn statt. Die Zellkörper der Nervenzellen, die das Großhirn bilden, liegen in den Außenbereichen. Man spricht von der Gehirnrinde. Wegen ihrer Färbung heißt sie auch graue Substanz. Die Großhirnrinde ist gefaltet. Heute geht man davon aus, dass nicht das Gewicht des Gehirns, sondern die Oberfläche der Rinde mit dem Leistungsvermögen des Gehirns zu tun hat. Weiter innen im Großhirn findet man die zugehörigen Axone der Nervenzellen und die Begleitzellen, die für die Versorgung zuständig sind. Sie bilden die weiße Substanz des Gehirns. Heute bieten Untersuchungsmethoden, bei denen die Gehirnaktivität sichtbar gemacht wird, genaue Möglichkeiten, die Gehirnaktivität zu erforschen. Man unterscheidet sensorische Bereiche, in denen ankommende Signale von Sinneszellen verarbeitet werden, und motorische Felder, die die Bewegungen steuern (Abb. 3).

Unser „Ich-Bewusstsein" steht ebenfalls im Zusammenhang mit dem Großhirn. Auch die Fähigkeit, sich in ein anderes Lebewesen hineinzuversetzen, ist an das Großhirn gebunden. Man nennt diese Fähigkeit Empathie. Ich-Bewusstsein, eigener Wille und Empathie gehören zu den höheren Gehirnfunktionen. Sie bestimmen die Persönlichkeit entscheidend mit. Es gibt Hinweise, dass sie auch bei Menschenaffen und Delfinen vorhanden sind. Durch Krankheiten kann sich eine Persönlichkeit sehr verändern. Dies kann zum Beispiel bei Hirntumoren oder bei Erkrankungen, wie der Alzheimer-Erkrankung, vorkommen. Bei ihr werden einzelne Bereiche im Gehirn zunehmend zerstört, was zunächst zu Vergesslichkeit, später aber zu massiven Persönlichkeitsveränderungen führt.

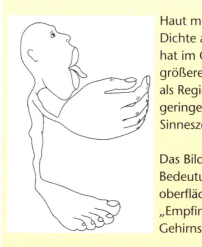

Haut mit einer großen Dichte an Sinneszellen hat im Gehirn eine größere Bedeutung als Regionen mit einer geringeren Dichte an Sinneszellen.

Das Bild gibt die Bedeutung der Hautoberfläche im „Empfinden" des Gehirns wieder.

**4** *„gefühlter Mensch"*

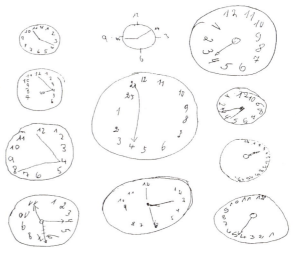

**5** *Alzheimer-Patienten sollten eine Uhr zeichnen, die auf 10 Minuten vor 2 steht*

## 6.6 Nervensysteme im Körper

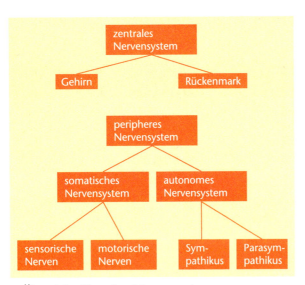

1 *Übersicht über das Nervensystem*

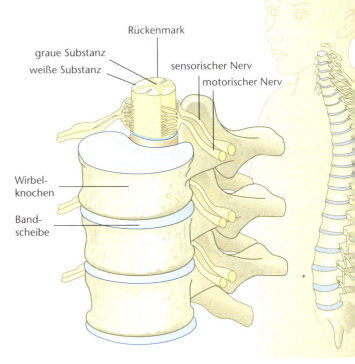

2 *Rückenmark und Wirbelsäule*

Man unterscheidet im Körper zwischen dem zentralen Nervensystem und dem peripheren Nervensystem (Abb. 1). Zum **zentralen Nervensystem** gehören das Gehirn und das Rückenmark. Das Rückenmark ist von den Wirbelknochen der Wirbelsäule umgeben und dadurch besonders geschützt. Im Rückenmark kann man graue und weiße Substanz unterscheiden. Die graue Substanz liegt innen. Sie enthält die Zellkörper der Nervenzellen. Die Axone bilden die weiße Substanz. Zwischen den Wirbelknochen zweigen Nerven vom Rückenmark in alle Teile des Körpers ab (Abb. 2).

Das **periphere Nervensystem** umfasst das somatische Nervensystem und das autonome Nervensystem (Abb. 1). Zum somatischen Nervensystem gehören die Nerven, die von den Sinnesorganen zum zentralen Nervensystem führen; sie heißen **sensorische Nerven.** Außerdem gehören dazu die Nerven, die vom zentralen Nervensystem zu den Skelettmuskeln führen; sie heißen **motorische Nerven.** Die inneren Organe wie Darm oder Leber werden vom autonomen Nervensystem gesteuert, ebenso wie Atmung, Herzschlag und Schweißbildung (Abb. 4). Dabei gibt es zwei Systeme, die sich in ihrer Wirkung entgegengesetzt verhalten: die Nerven des **Sympathikus** und die Nerven des **Parasympathikus.** Sympathikus und Parasympathikus sind Gegenspieler. Durch sie wird der Körper auf Leistung oder Ruhe eingestellt. Stress und Angst fördern die Aktivität des Sympathikus, Entspannung fördert den Parasympathikus. Alle diese Reaktionen sind stark von Gefühlen abhängig und laufen unbewusst ab. Das autonome Nervensystem ist auch an der Freisetzung von Hormonen beteiligt. Die Nervenbahnen des autonomen Nervensystems stehen mit dem zentralen Nervensystem in Verbindung. Zum Teil entspringen sie dem Zwischenhirn, zum Teil dem Rückenmark. Ein wesentlicher Bestandteil des Sympathikus sind die Grenzstränge. Sie verlaufen parallel zur Wirbelsäule und stehen mit dem Rückenmark in Verbindung (Abb. 4).

3 *Querschnittsgelähmte, berufstätige Frau*

**1 Das autonome Nervensystem.**
a) Der Sympathikus wird häufig als „Leistungsnerv", der Parasympathikus als „Ruhenerv" bezeichnet. Begründe anhand der Abbildung 4 diese Einteilung und überprüfe, ob diese Bezeichnungen uneingeschränkt gültig sind.
b) Stelle begründete Hypothesen auf, weshalb häufige Angstgefühle oder Dauerstress körperliche Beschwerden hervorrufen können.

**2 Wirkung des Parasympathikus.** Wird der Nerv des Parasympathikus zum Herzen betäubt, schlägt das Herz dauerhaft schneller als vorher. Durch eine Stresssituation wird die Herzfrequenz weiter erhöht.
Die Pupille des Auges erweitert sich, wenn der Nerv des Parasympathikus zum Auge betäubt wird. Versuche, eine Begründung für diese Sachverhalte zu finden.

**3 Querschnittslähmung.** Bei einer Querschnittslähmung sind die Nerven des Rückenmarks durchtrennt. Überlege, warum bei einer Querschnittslähmung im Brustbereich zwar die Bewegung aller Körperteile unterhalb der Verletzung nicht möglich ist, Herz, Lunge, Magen und Darm aber nach wie vor funktionieren. Welche Gründe könnten dafür vorliegen, dass die Kontrolle der Blase nach einer solchen Verletzung nicht möglich ist?

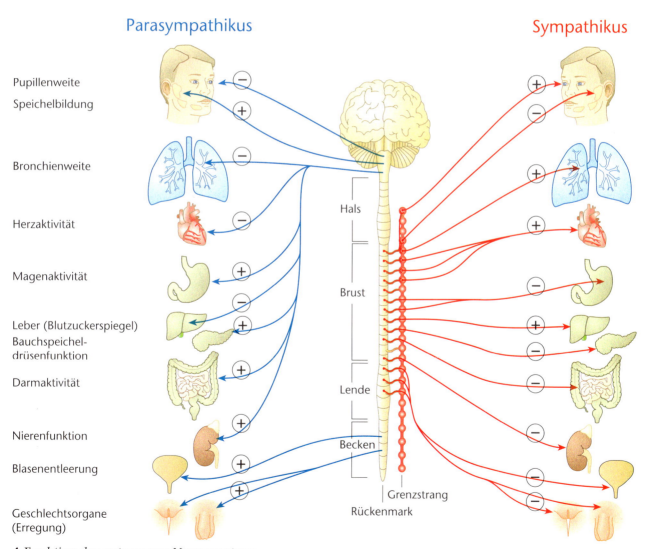

**4** *Funktion des autonomen Nervensystems*

## 6.7 Reiz – Reaktion

1 *Verkehrssituation*

Computersysteme arbeiten nach dem **EVA-Prinzip.** Dabei stehen die Buchstaben für **E**ingabe, **V**erarbeitung und **A**usgabe. Eingabegeräte dienen dazu, Informationen an den Rechner zu geben. Dazu gehören zum Beispiel Tastatur, Scanner, Digitalkameras und Maus. Im Rechner werden die Informationen entsprechend der eingegebenen Befehle verarbeitet und die Ergebnisse über Ausgabegeräte wie Monitor und Drucker zugänglich gemacht. Eingabegeräte, Rechner und Ausgabegeräte müssen durch Kabel oder Funk miteinander verbunden sein. Ein Verarbeitungsprozess umfasst in der Regel viele Einzelschritte, wobei immer wieder neue Daten eingegeben, verrechnet und wieder ausgegeben werden. Das jeweilige Zwischenergebnis bestimmt dabei die nächste Eingabe; es ist also eine ständige Rückkopplung vorhanden.

Die Vorgänge, die bei den Verkehrsteilnehmern in Abbildung 1 ablaufen, lassen sich stark vereinfacht mit den Abläufen der Computertechnologie vergleichen. Wird ein **Reiz** durch ein Sinnesorgan, hier das Auge, aufgenommen, so wird er über sensorische Nerven zum zentralen Nervensystem geleitet. Dort erfolgt die Verarbeitung. Die Signale aus der Netzhaut des Auges werden im Großhirn mit Gedächtnisinhalten verglichen. Dadurch wird die Situation erkannt. Erst danach trifft das Großhirn eine Entscheidung über die **Reaktion.** Über motorische Nerven werden die Befehle, zum Beispiel zum Bremsen, an die entsprechenden Muskeln geleitet und von diesen ausgeführt. Während des Vorganges treffen laufend weitere Signale aus dem Auge und von anderen Sinnesorganen im Gehirn ein, so dass ständig auf Veränderungen der Situation reagiert werden kann. Durch ständiges Üben können solche komplexen Vorgänge beschleunigt werden, weil das Gehirn bei ständig wiederkehrenden Situationen die entsprechenden Verschaltungen zwischen den beteiligten Nervenzellen durch Bildung von zusätzlichen Synapsen stärken kann.

Bei einem **Reflex** wird direkt im zentralen Nervensystem eine Reaktion auf einen Reiz ausgelöst, ohne dass eine Verarbeitung und Entscheidung im Großhirn stattfindet. Dadurch kann die Reaktion viel schneller erfolgen. Reflexe sind angeborene Schutzreaktionen, die nach einem festgelegten Schema ablaufen. Sie können willentlich kaum beeinflusst werden. Beispiele sind der Lidschlussreflex, Husten und der Kniesehnenreflex. Bei manchen Reflexen wie dem Kniesehnenreflex wird die Reaktion im Rückenmark ausgelöst (Abb. 2).

Beim Kniesehnenreflex wird durch einen Schlag auf die Sehne der Muskel im Oberschenkel gedehnt. Der Reiz wird von den Dehnungssinneszellen im Muskel durch sensorische Nerven zum Rückenmark geleitet. Das Signal gelangt in die graue Substanz. Dort erfolgt die Umschaltung auf die motorischen Nerven. Sie verlassen die graue Substanz. Das Signal der motorischen Nerven veranlassen den Strecker des Beines zur Kontraktion: Es kommt zur Streckung des Beines. Unter natürlichen Bedingungen wird so beim Stolpern (Dehnung des Muskels durch das Hängenbleiben des Fußes) das Bein sehr schnell nach vorn gestellt und damit verhindert, dass man fällt.

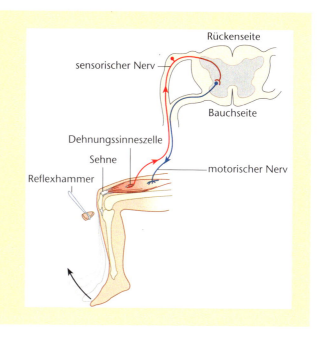

*2 Der Kniesehnenreflex*

**1 Bewegungsablauf.** Überlege dir den genauen Ablauf beim Fangen eines Balles. Schreibe in der entsprechenden Reihenfolge alle beteiligten Organsysteme mit ihren Aufgaben auf und vergleiche sie mit dem EVA-Prinzip der Computer.

**2 Kniesehnenreflex.** Erstelle für die Abläufe der in Abbildung 1 dargestellten Situation – für den Autofahrer – und den Kniesehnenreflex in Abbildung 2 je ein Fließdiagramm und vergleiche sie.

**3 Versuch: Reaktionszeit.** Mit dem „Linealversuch" lässt sich die Reaktionszeit eines Menschen bestimmen: Eine Person hält ein Lineal senkrecht mit der Nullmarke nach unten. Die Versuchsperson hält Zeigefinger und Daumen in Höhe der Nullmarke (Abb. 3). Sie versucht, das Lineal zu fassen, wenn die erste Person es loslässt. Aus der Fallstrecke des Lineals lässt sich die Reaktionszeit ablesen (Abb. 4).
a) Bestimme deine Reaktionszeit. Errechne aus 10 Versuchen den Mittelwert.
b) Nenne Faktoren, von denen du vermutest, dass sie die Reaktionszeit verlängern. Begründe deine Auswahl.

*3 Linealversuch zur Ermittlung der Reaktionszeit*

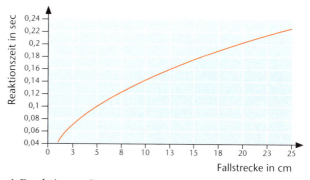

*4 Reaktionszeiten*

**165**

Arbeitsmaterial

## 6.8 Lernen und Gedächtnis

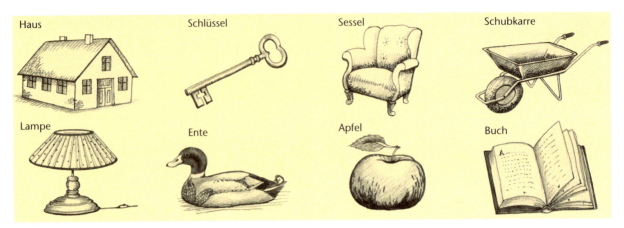

*1 Begriffe zum Einprägen*

Menschen lernen bei allem, was sie tun. Meistens ist es ihnen gar nicht bewusst. Das Gehirn ist auf Lernen programmiert und verändert sich unablässig. Die Veränderungen bestehen zum Beispiel darin, dass bei häufigen Wiederholungen im Gehirn neue Nervenzellverbindungen durch die Bildung neuer Synapsen entstehen. In einigen Bereichen des Gehirns können sogar neue Nervenzellen entstehen, während nicht genutzte Verbindungen abgebaut werden. Diese Vorgänge finden besonders im frühen Kindesalter statt.

Nur ein geringer Teil der Informationen, die die Sinneszellen der Sinnesorgane liefern, werden vom Gehirn weiterverarbeitet. Angeborene Filtermechanismen sorgen dafür, dass nur bestimmte Signale in einen Informationsspeicher des Gehirns gelangen, den man **Arbeitsgedächtnis** nennt. So wird einer Reizüberflutung entgegengewirkt. Das Arbeitsgedächtnis hat nur eine begrenzte Speicherkapazität. Eine Information bleibt umso länger im Arbeitsgedächtnis, je intensiver sie vom Gehirn bearbeitet wird, das heißt, je vielfältiger und häufiger sie unter verschiedenen Aspekten beleuchtet wird. Dies erleichtert schließlich die Aufnahme in das **Langzeitgedächtnis.** Nur Informationen, die hier abgelegt werden, sind langfristig verfügbar, wurden also gelernt. Die Speicherung von Informationen im Langzeitgedächtnis erfolgt leichter, wenn bereits Wissen vorhanden ist, in das die neue Information eingeordnet werden kann. Die Speicherkapazität des Langzeitgedächtnisses ist praktisch unbegrenzt. Dabei wird die Information immer zusammen mit den dabei erlebten Eindrücken gespeichert.

Eine Schlüsselstellung beim Lernen hat eine Gehirnregion, die Hippocampus genannt wird. Sie liegt in unmittelbarer Nähe des Zwischenhirns und gehört zu einer Region, die mit unseren Gefühlsempfindungen eng verbunden ist. Der Hippocampus stellt gewissermaßen das Tor zum Langzeitgedächtnis dar. Durch ihn gelangen alle Fakten, die gelernt werden sollen, ins Langzeitgedächtnis. Positive Gefühle begünstigen diesen Vorgang, negative können ihn blockieren. Der Hippocampus ist Bestandteil des Belohnungssystems in unserem Gehirn, das uns bei Erfolg und Zuwendung angenehme Gefühle verschafft. Es reagiert besonders auf Zuwendung, zum Beispiel auf ein freundliches Gesicht und auf Anerkennung. Lernen erfolgt daher am besten in Verbindung mit anderen Menschen und guten Gefühlen. Der Hippocampus veranlasst auch, dass in den Traumphasen während des Schlafes die Informationen im Arbeitsgedächtnis erneut verarbeitet werden. Dies führt zu Wiederholungen, die sich positiv auf die Aufnahme ins Langzeitgedächtnis auswirken. Wissenschaftler sehen darin eine wesentliche Aufgabe des Träumens.

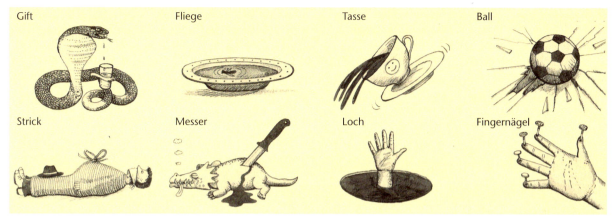

*2 Begriffe zum Einprägen*

**1 Merktest.** Präge dir in 10 Sekunden die Begriffe der Abbildung 1 ein. Schließe dann das Buch und schreibe die Begriffe auf einen Zettel. Überprüfe nach 15 Minuten, in denen du dich mit anderen Dingen beschäftigst, wie viele Begriffe noch in deinem Gedächtnis vorhanden sind. Verfahre anschließend in gleicher Weise mit den Begriffen der Abbildung 2. Vergleiche die jeweiligen Ergebnisse miteinander. Gibt es Unterschiede? Wenn ja, wie sind sie zu erklären?

**2 Gedächtnismeisterschaften.** Menschen, die sich Dinge besonders gut merken können, verfolgen zum Lernen bestimmte Strategien. So platzieren sie zum Beispiel die zu merkenden Begriffe an bestimmte Stellen in ihrer Wohnung. Beim Erinnern machen sie dann einen gedanklichen Spaziergang durch die Wohnung, wobei die Begriffe wieder abgerufen werden können. Teste das Verfahren anhand von 20 Tiernamen in der Klasse aus, wobei die eine Hälfte die Begriffe mit dieser Methode lernt, während die andere Hälfte als Kontrollgruppe sich die Begriffe nur so zu merken versucht. Beiden Gruppen steht die gleiche Zeit zur Verfügung.

**3 Gedächtnis im Alltag.** Wie kannst du dir folgende Begebenheiten erklären? Du willst etwas erledigen, machst dich auf den Weg und vergisst unterwegs, worum es geht. Es fällt dir erst wieder ein, wenn du zum Ausgangspunkt zurückkehrst.

**4 Modell zum Gedächtnis.** In Abbildung 3 ist ein Modell für die Speicherung von Informationen im Gedächtnis gezeichnet.
a) Ordne, soweit möglich, die einzelnen Strukturen des Modells den Aussagen des Grundwissentextes zu.
b) Zeige auf, wo das Modell die Wirklichkeit sinnvoll wiedergibt und wo seine Grenzen liegen.

**5 Lernen.** Ordne die Begriffe „Aufmerksamkeit", „Motivation"

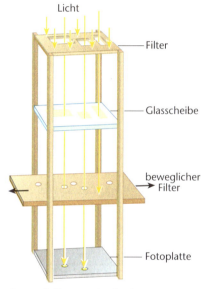

*3 Modell zum Gedächtnis*

und „Fleiß" in den im Grundwissentext beschriebenen Prozess der Aufnahme von Informationen und ihrer Speicherung im Langzeitgedächtnis ein.

**6 Regeln für das Lernen.** Stelle anhand des Grundwissentextes Regeln zum Lernen auf und begründe sie. Überprüfe in der Schule und bei Hausaufgaben, ob sie praktizierbar sind.

## 6.9 Erkrankungen des Nervensystems

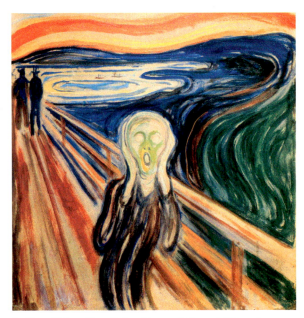

1 *Gemälde „Der Schrei" von Edvard Munch*

Morbus **Alzheimer** ist eine Erkrankung, die erstmals von dem deutschen Arzt ALOIS ALZHEIMER 1906 beschrieben wurde. Sie tritt hauptsächlich im Alter auf und äußert sich besonders durch stark zunehmende Vergesslichkeit bis hin zum fast vollständigen Verlust des Gedächtnisses und Orientierungsstörungen. Im fortgeschrittenen Stadium kann die Krankheit von Persönlichkeitsveränderungen und motorischen Störungen begleitet sein. Im Verlauf der Krankheit sterben immer mehr Nervenzellen ab, während gleichzeitig Eiweißablagerungen in bestimmten Regionen des Gehirns auftreten. Sie blockieren den Informationsaustausch zwischen den Nervenzellen. Das Gehirn kann bis zu 20 Prozent schrumpfen. Der Zerfallsprozess des Gehirns kann heute durch Medikamente nur verlangsamt, aber nicht gestoppt werden. Eine frühe Erkennung ist daher wichtig.

Die **Parkinson**-Krankheit ist nach dem englischen Arzt JAMES PARKINSON benannt, der 1817 die erste umfassende Beschreibung der Krankheit veröffentlichte. Parkinson äußert sich in Bewegungsstörungen, die durch einen Mangel an Dopamin im Gehirn hervorgerufen werden. Dieser Mangel beeinträchtigt die Informationsverarbeitung der Nervenzellen. Parkinson-Patienten leiden unter Zittern der Hände, Steifheit der Muskeln, Verlangsamung der Bewegungen und Störung von Reflexen (Abb. 2). Auch Parkinson ist eine fortschreitende Erkrankung, deren Verlauf zur Zeit nicht gestoppt, sondern nur verlangsamt werden kann.

Etwa ein Fünftel aller Deutschen erkrankt im Laufe des Lebens vorübergehend an einer **Depression.** Symptome sind unter anderem Antriebslosigkeit, ständige Müdigkeit, Angstzustände, Traurigkeit und innere Leere, so dass ein normales Leben häufig nicht möglich ist. Depressionen können in unterschiedlichen Formen und Schweregraden auftreten. Schwere Krankheiten, schwerwiegende Beziehungsprobleme und schmerzliche Erlebnisse können Depressionen auslösen, ebenso Lichtmangel im Winter, Nebenwirkungen von Medikamenten und Drogenmissbrauch. Auch eine genetische Veranlagung kann eine Rolle spielen. Bei einer Depression beobachtet man einen Mangel an Serotonin in bestimmten Gehirnregionen. Für Betroffene gibt es psychotherapeutische und medikamentöse Behandlungsmöglichkeiten.

2 *Muhammed Ali, weltberühmter Schwergewichtsweltmeister im Boxen, an Parkinson erkrankt, bei einer Preisverleihung mit seiner Frau*

    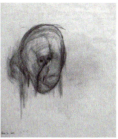

**3** *Selbstporträts von William Utermohlen, der an Alzheimer erkrankt ist, aus den Jahren 1997 bis 2000*

**1 Alzheimer.**
a) Erläutere die unterschiedliche Durchblutung der Gehirne in Abbildung 5.
b) Der Künstler W. UTERMOHLEN ist an Alzheimer erkrankt. Beschreibe die Veränderungen der Selbstporträts in Abbildung 3. Stelle einen Zusammenhang zu Abbildung 5 dar.

**2 Parkinson.** Bei der Diagnose von Parkinson wird häufig eine Schriftprobe des Patienten herangezogen. Analysiere und vergleiche die beiden Schriftproben in Abbildung 4.

**3 Depressionen.**
a) Stelle aus dem Erfahrungsbericht in Abbildung 6 die Symptome zusammen, die auf eine Depression hinweisen.
b) Der norwegische Maler EDVARD MUNCH (1863–1944) litt an Depressionen. Diese Krankheit beeinflusste auch seine Malerei. Er nannte das 1894 entstandene Bild „Der Schrei". Untersuche, wie und welche Gefühle der Maler in diesem Bild darstellt (Abb. 1).

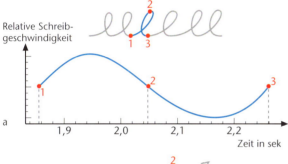
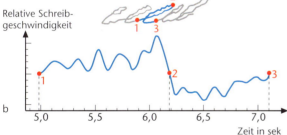

**4** *Schriftproben, a) gesunder Mensch, b) Parkinson-Erkrankter*

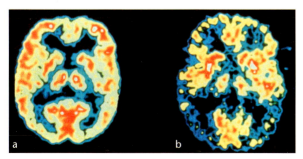

**5** *Gehirndurchblutung, a) bei einem gesunden Menschen, b) bei einem Alzheimer-Erkrankten*

> Vor drei Jahren ging gerade meine Beziehung mit Peter in die Brüche. Die Trennung hat mich tief verletzt. Immer wieder muss ich daran denken: zu Hause, im Büro, beim Einkaufen. Es dauerte lange, bis ich das erste Mal wieder in der Lage war, meine Wohnung zu verlassen. Zuerst dachte ich, meine Erschöpfung würde von alleine verschwinden, wenn ich die Trennung überwunden hätte. Dem war aber nicht so. Mir fehlte die Kraft, etwas zu unternehmen, mich unter Leute zu begeben, aktiv meinen Tag zu gestalten. Aufgehoben fühlte ich mich eigentlich nur bei meiner besten Freundin. Im Büro verstecke ich mich hinter meinem Computer. Als Schreibkraft komme ich ganz gut zurecht, zumal ich mich kaum mit Kunden oder mit meinem Chef auseinandersetzen muss. Vor Jahren spielte ich mit dem Gedanken, einen Fremdsprachenkurs zu besuchen, damit ich mich in Zukunft beruflich verbessern könnte. Heute denke ich, dass ich das sowieso nicht schaffen würde.

**6** *Erfahrungsbericht einer Frau*

## 7.1 Bakterien

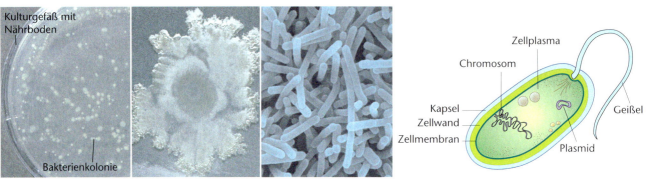

**1** *Bakterienkolonien in verschiedenen Vergrößerungen*  **2** *Bau eines Bakteriums*

**Bakterien** sind einzellige Lebewesen ohne Zellkern. Die Erbinformation liegt als ringförmiges Chromosom im Zellplasma vor. Die einfach gebaute Zelle wird von einer Membran umschlossen (Abb. 2). Nach außen schließt sich eine Zellwand an, die jedoch anders aufgebaut ist als die Zellwand der Pflanzen. Manche Bakterien sind zusätzlich von einer klebrigen Schleimschicht umgeben, die man Kapsel nennt. Nach ihrer Form unterscheidet man stäbchenförmige Bakterien (Bazillen), kugelförmige (Kokken) und spiralig geformte Bakterien (Spirillen, Spirochäten). Viele Bakterienarten können sich mithilfe von Geißeln oder Wimpern fortbewegen. Alle Bakterien benötigen zum Leben eine feuchte Umgebung. Bakterien vermehren sich ungeschlechtlich durch Teilung. Unter günstigen Bedingungen kann eine Teilung alle 20 bis 30 Minuten erfolgen. Es entstehen Bakterienanhäufungen, die man als Kolonien bezeichnet (Abb. 1). Bakterien können untereinander Erbinformation austauschen, indem sie für eine kurze Zeit eine Plasmabrücke zwischen zwei Zellen aufbauen.

Bakterien nehmen Nährstoffe über ihre Zelloberfläche auf. Sie geben Stoffwechselprodukte an ihre Umgebung ab. Manche davon sind für uns giftig. Bakterien findet man nahezu überall. Es handelt sich in den allermeisten Fällen nicht um Krankheitserreger, sondern um Organismen, die im Naturhaushalt eine wichtige Rolle spielen. Sie bauen organisches Material ab und sind dadurch ein wichtiges Glied im Stoffkreislauf der Natur. In Kläranlagen werden sie zur Wasserreinigung genutzt. Bakterien im Darm sind für die Verdauung bei vielen Lebewesen lebensnotwendig. Teilweise werden Bakterien zur Lebensmittelherstellung genutzt, zum Beispiel Milchsäurebakterien bei Jogurt. Unter ungünstigen Bedingungen bilden manche Bakterienarten Endosporen aus. Das sind umgewandelte Bakterienzellen in einer Art Ruhephase, die unempfindlich gegen Wasser- und Nährstoffmangel sind. Sie können große Kälte und Hitze bis über 100 Grad Celsius sowie viele Gifte unbeschadet überstehen und auf diese Weise Jahrhunderte überdauern. Bei günstigen Bedingungen wandeln sie sich wieder in normale Bakterienzellen um.

Gelangen bestimmte Bakterienarten in unseren Körper, lösen sie Entzündungen oder Krankheiten aus, von denen einige tödlich verlaufen können. Viele Krankheiten werden durch winzige Speicheltröpfchen, die Bakterien enthalten, übertragen. Man nennt diese Art der Übertragung **Tröpfcheninfektion.** Die Zeit zwischen der Infektion und dem Ausbruch der Krankheit heißt **Inkubationszeit.** Je nach Krankheit kann sie wenige Stunden bis mehrere Wochen betragen. Bei der Krankheitsbekämpfung spielt Hygiene deshalb eine große Rolle.

| Krankheit | Inkubationszeit | Übertragung und Symptome |
|---|---|---|
| Tetanus (Wundstarrkrampf) | 4–14 Tage | Verschmutzung von Wunden durch Erde oder Kot; Schmerzen, Krämpfe, hohes Fieber |
| Keuchhusten | 7–14 Tage | Tröpfcheninfektion; starke Hustenanfälle |
| Cholera | 2–3 Tage | verunreinigtes Trinkwasser oder Nahrungsmittel, Kot; schwere Durchfälle |
| Scharlach | 2–6 Tage | Tröpfcheninfektion; hohes Fieber, Hautausschläge, Ausschlag auf der Zunge |
| Typhus | 2–3 Wochen | verunreinigtes Trinkwasser oder Nahrungsmittel, Kot; steigendes Fieber, erst Verstopfung, dann starke Durchfälle, Hautausschläge |

3 *Krankheiten, die von Bakterien ausgelöst werden*

**1 Krankheiten.**
a) Überlege, warum Cholera und Typhus nach großen Naturkatastrophen gefürchtet sind, Tetanus, Scharlach und Keuchhusten dagegen meist nur sporadisch auftreten (Abb. 3).
b) Beschreibe die Rolle der Inkubationszeit bei der Ausbreitung und Bekämpfung von bakteriellen Krankheiten.

**2 Vermehrung von Bakterien.**
a) Berechne die Anzahl der Bakterien in einer Bakterienkultur bei optimalen Vermehrungsbedingungen zu jeder vollen Stunde innerhalb eines Tages, wenn zur Startzeit (0 Uhr) ein Bakterium auf einen Nährboden aufgebracht wird und alle 30 Minuten eine Teilung erfolgt. Stelle die Ergebnisse in einem Diagramm dar.
b) Stelle Hypothesen auf, unter welchen Bedingungen die Vermehrung zum Stillstand kommt (Abb. 4).

**3 Vermehrung und Temperatur.** In Abbildung 5 ist der Beginn der Vermehrung von Bakterien in rohem Hackfleisch bei unterschiedlichen Temperaturen dargestellt.
a) Beschreibe die Unterschiede. Welche Konsequenzen ergeben sich für die Lagerung von Lebensmitteln?
b) Versuche, eine Faustregel für die Vermehrung von Bakterien in Abhängigkeit von der Temperatur zu formulieren.

Hat ein Bakterium eine bestimmte Länge erreicht, schnürt es sich in der Mitte ein und es entstehen zwei neue Bakterien. Anschließend nehmen die entstandenen Bakterien bei genügendem Nahrungsangebot an Länge zu, bis wieder eine neue Teilung erfolgt.
Spricht man bei Bakterien von Wachstum, ist in der Regel die Zunahme der Bakterienanzahl gemeint. Sie ist vom Nahrungs- und Platzangebot und der Temperatur abhängig.

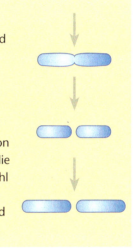

4 *Informationen zum Bakterienwachstum*

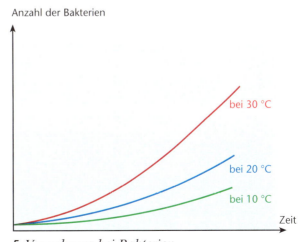

5 *Vermehrung bei Bakterien*

# Ein schriftliches Referat erstellen

**Methode**

### 1. Vorbereitung

Beginne die Arbeit damit, dass du überlegst, was du bereits über dein Thema weißt. Halte dein Wissen auf einem DIN-A4-Blatt fest.
Lege einen Ordner an, in den du alle Texte, Aufzeichnungen und Materialien für dein Referat einheften kannst.

### 2. Überblick verschaffen

Wenn du bislang nur wenig über dein Thema weißt, verschaffe dir mithilfe von Lexika, Zeitschriftenartikeln oder dem Internet einen ersten Überblick.

### 3. Fragen formulieren

Überlege dir Fragen, die durch das Referat beantwortet werden sollen. Halte diese auf einem „Fragen-zettel" (DIN-A4-Blatt) fest (Abb. 1).

### 4. Materialien sammeln

Suche in der Bücherei oder im Internet nach passenden Büchern, Zeitschriften, Karten, Bildern und Internet-seiten zu deinem Thema (Abb. 2).

### 5. Sichten des Materials

Verschaffe dir einen Überblick über das gefundene Material und entscheide, welche Texte, Bilder oder Karten zu deinem Thema passen. Prüfe, ob du mit dem bislang gefundenen Material deine Fragen beant-worten kannst. Suche ansonsten nach weiteren Materialien.
Falls du beim Sichten auf weitere wichtige Gesichtspunkte deines Themas stößt, die du bislang noch nicht berücksichtigt hattest, ergänze sie auf deinem „Fragenzettel".
Überprüfe anschließend, ob sich manche Fragen vom Inhalt her überschneiden und sich deshalb zusam-menfassen lassen. Streiche Fragen, die das Thema wenig oder gar nicht berühren.

### 6. Erstellen einer Gliederung

Überlege, welches die Kernpunkte deines Themas sind, die du auf jeden Fall in deinem Referat behandeln willst. Das gefundene Material und deine Fragen, die du dir zu Anfang gestellt hast, helfen dir dabei, mög-liche Schwerpunkte zu finden. Diese Schwerpunkte, auch Gliederungspunkte genannt, stellen das Gerüst deines Referates dar. Achte beim Erstellen der Gliederung auf eine sinnvolle und logische Reihenfolge der Gliederungspunkte (Abb. 3).

### 7. Auswerten des Materials

Werte die Materialien aus, indem du die wichtigsten Informationen für dein Referat sicherst. Das kann beispielsweise so geschehen, dass du wichtige Textstellen oder Bilder kopierst, wichtige kurze Passagen ab-schreibst oder einen Textauszug anfertigst. Hefte dieses Material in deinen Ordner. Schreibe auf jede Seite, zu welchem Gliederungspunkt die Informationen passen. Trage auch den Titel des Buches oder die Adresse der Internetseite ein. So weißt du, woher die gefundenen Informationen stammen.

## 8. Das schriftliche Referat ausarbeiten

Nachdem du die gefundenen Informationen den einzelnen Gliederungspunkten zugeordnet hast, kannst du mit dem Ausarbeiten des Referates beginnen. Ausarbeiten bedeutet, dass du mithilfe der gesammelten Informationen einen zusammenhängenden Text verfasst. Wichtig beim Ausarbeiten ist, dass du nicht aus den Vorlagen abschreibst, sondern mit deinen eigenen Worten die Sachverhalte wiedergibst. Manchmal ist es jedoch sinnvoll, einen besonders gut formulierten Satz aus einer Quelle komplett zu übernehmen, das heißt ihn zu zitieren.

## 9. Regeln für das Zitieren

Zitieren bedeutet, einen oder mehrere Sätze aus einem Text wortwörtlich zu übernehmen.
Beachte, dass du ein Zitat als solches kenntlich machen musst. Das geschieht dadurch, dass das Zitat in Anführungszeichen gesetzt wird.
Zitiere genau, das heißt, dass du den Text wortwörtlich wiedergeben musst und ihn nicht verändern darfst. Wenn du längere Zitate kürzt, achte darauf, dass durch die Kürzung der Sinn nicht verfälscht wird. Kennzeichne die Auslassungen durch Punkte […]. Gib auch die Quelle an, aus der das Zitat stammt, damit der Leser die Richtigkeit des Zitates überprüfen kann.

## 10. Ausgewogenheit der Darstellung

Achte vor allem bei strittigen Themen um eine ausgewogene Darstellung, das heißt, dass du sowohl die Argumente der Befürworter als auch der Gegner angemessen darstellst.

---

1) Wodurch wird die Pest ausgelöst?
2) Wodurch wird diese Krankheit übertragen?
3) Woran erkennt man, dass ein Mensch an der Pest erkrankt ist?
4) Ist die Pest heilbar?
5) In welchen Ländern gibt es die Pest noch heute?
6) Wie kann man sich vor der Pest schützen?

**1** *Fragen zum Thema „Pest"*

1. Definition
2. Arten
2.1 Beulenpest
2.2 Lungenpest
3. Übertragungswege
4. Behandlung
5. Geschichte der Pest
5.1 Pest in der Antike
5.2 Pest im Mittelalter
6. Pest heute

**3** *Mögliche Gliederung*

Bergdolt, Klaus: Der schwarze Tod in Europa. Die große Pest und das Ende des Mittelalters. München 1994.
Herlithy, David: Der schwarze Tod und die Verwandlung Europas. Berlin 1998.
Meier, Mischa: Pest. Die Geschichte eines Menschheitstraumas. Stuttgart 2005.
Vasold, Manfred: Die Pest. Ende eines Mythos. Darmstadt 2003.

**2** *Wanderratte, Floh, Pestbakterien*

**4** *Fachbücher zum Thema Pest*

## 7.2 Antibiotika

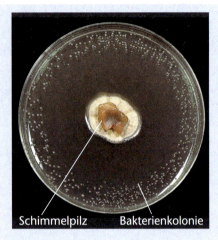
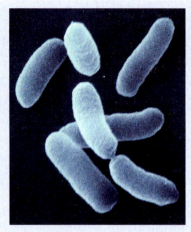
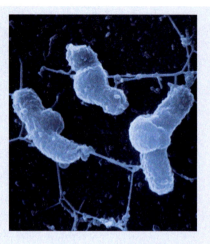

**1** *Ein Schimmelpilz verhindert das Wachstum von Bakterien*

**2** *Bakterien vor Penicillineinwirkung*

**3** *Bakterien nach Penicillineinwirkung*

**Antibiotika** sind Substanzen, die Bakterien abtöten, ohne die Zellen von Menschen und Tieren zu schädigen. Viele Antibiotika bewirken, dass Bakterien keine neuen Zellwände oder Membranen aufbauen können. Bei der Teilung wird ihre Umhüllung instabil und die Bakterien platzen (Abb. 2, 3). Das erste Antibiotikum, das Penicillin, wurde 1928 von ALEXANDER FLEMING entdeckt (Abb. 4). Seit etwa 1950 werden Patienten mit Antibiotika behandelt. Mit dem Penicillin war es erstmals möglich, bakterielle Infektionskrankheiten schnell und wirksam zu bekämpfen. Lange herrschte eine große Euphorie. Man glaubte, diese Krankheiten endgültig besiegt zu haben. Doch bald traten Bakterienstämme auf, bei denen das Antibiotikum nicht wirkte. Diese Bakterienstämme waren gegen das Medikament **resistent.**

In der Erbinformation von Bakterien treten wie bei allen Organismen zufällige Veränderungen auf. Man nennt sie **Mutationen.** Bei Bakterien ereignen sich Mutationen sehr häufig. Sie können dazu führen, dass ein Antibiotikum bei einem Bakterium nicht wirksam ist. Wird dieses Medikament eingesetzt, sterben alle Bakterien ab, nur das mit der Resistenz bleibt am Leben und kann sich nun ohne Konkurrenz durch andere Bakterien vermehren. Alle Nachkommen besitzen das Resistenzmerkmal, ein resistenter Bakterienstamm ist entstanden. Da die Resistenz in der DNA festgelegt ist, kann sie durch Austausch von DNA an andere Bakterien weitergegeben werden.

Im Laufe der Zeit wurden viele weitere Antibiotika entdeckt oder chemisch hergestellt. Inzwischen gibt es weltweit aber Bakterienstämme, die gegen fast alle Antibiotika resistent sind.

Im September 1928 kehrte der Bakteriologe ALEXANDER FLEMING nach einem Urlaub in sein Labor zurück. Er arbeitete zu dieser Zeit mit Bakterienkulturen. Beim Aufräumen entdeckte er Nährböden mit Kulturen, die einen grünlichen Schimmel aufwiesen. Ihm fiel auf, dass die Bakterien auf den verschimmelten Nährböden abgestorben waren. Weitere Versuche ergaben, dass der Schimmelpilz mit dem Namen Penicillium eine Substanz abscheidet, die Bakterien abtötet. FLEMING nannte sie Penicillin. Erst zehn Jahre später gelang es den Biologen FLOREY und CHAIN, die Substanz konzentriert zu gewinnen und erste erfolgreiche Tierversuche durchzuführen. 1941 wurde der erste Patient mit Penicillin behandelt. Nach einer ersten phänomenalen Besserung starb der Patient dennoch, weil die gewonnene Penicillinmenge nicht für eine Fortsetzung der Behandlung reichte.

**4** *Die Entdeckung von Penicillin*

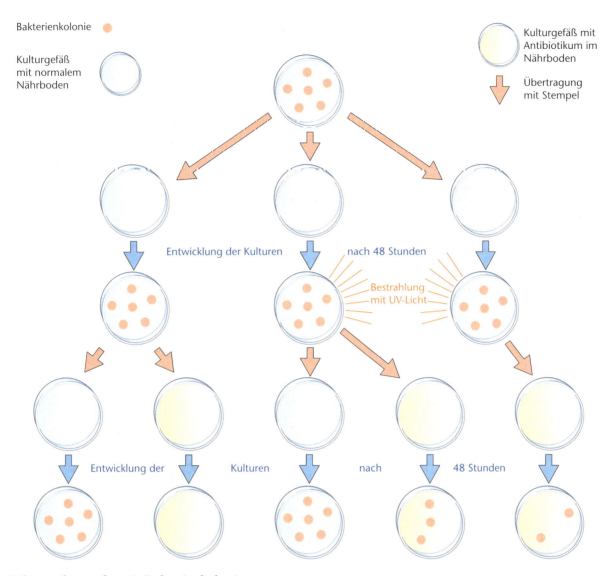

**5** *Stempelversuche mit Bakterienkolonien*

**1 Schimmelpilzwirkung.** Beschreibe die Abbildung 1. Erkläre, wie die Verteilung der Bakterienkolonien zustande kommt.

**2 Stempelversuche.** Bakterien können auf speziellen Nährböden in Petrischalen gezüchtet werden. Hat man in ein solches Kulturgefäß Bakterien eingebracht, vermehren sich diese und bilden Bakterienkolonien. Mithilfe eines so genannten Stempels kann man von den Kolonien einen genauen Abdruck machen. Die Bakterien bleiben an dem Stempel hängen und werden auf einen neuen Nährboden übertragen.
Durch UV-Licht wird die Wahrscheinlichkeit von Mutationen sehr stark erhöht.
**a)** Erkläre die Vorgehensweise in den in Abbildung 5 dargestellten Versuchen. Begründe ausführlich die Ergebnisse.

**b)** Vergleiche die Bedingungen in der Petrischale in Abbildung 1 mit denen von Abbildung 4.

**3 Wettlauf zwischen Medizin und Bakterien.** Erkläre, wieso von einem ständigen Wettlauf zwischen Medizin und Bakterien gesprochen wird. Beurteile einen zu häufigen Einsatz von Antibiotika.

## 7.3 Viren

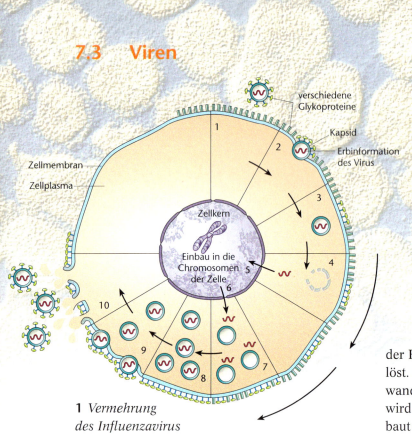

1 *Vermehrung des Influenzavirus*

2 *Schema des Influenzavirus*

**Viren** sind winzige Gebilde, die nur im Elektronenmikroskop sichtbar gemacht werden können. Sie bestehen aus Erbinformation und einer Kapsel, die man Kapsid nennt. Viele Viren, z. B. das Influenzavirus, das die Grippe auslöst, sind zusätzlich von einer Hüllmembran umgeben (Abb. 2). Viren haben keinen Stoffwechsel und können sich nicht aktiv fortbewegen. Die Vermehrung von Viren erfolgt nur in Wirtszellen. Das sind Zellen von Menschen, Tieren oder Pflanzen, die vom Virus befallen werden. Das Virus programmiert die befallene Zelle so um, dass sie neue Viren produziert. Die befallene Zelle stirbt ab, wenn die Viren die Zelle verlassen.

Der **Vermehrungszyklus** des Virus beginnt mit der Anheftung an die Wirtszelle (Abb. 1 ①): Dabei dockt ein Virus mit den Glykoproteinen an ein dazu passendes Glykoprotein der Wirtszellenoberfläche an. Glykoproteine sind Bausteine der Membran von Zellen und Viren. Sie bestehen aus einem Protein, an das Zuckermoleküle gebunden sind. ②, ③: Die Hüllmembran des Virus verschmilzt mit der Membran der Wirtszelle und das Virus gelangt in das Innere der Zelle. Dort erfolgt das Auspacken der Erbinformation ④, indem sich das Kapsid auflöst. Die frei gewordene Erbinformation des Virus wandert in den Zellkern der Wirtszelle ⑤. Dort wird es in die Erbinformation der Wirtszelle eingebaut ⑥. Dadurch wird die Zelle so umprogrammiert, dass sie nun massenhaft neue Virenbestandteile produziert ⑦. Die Virenbestandteile werden schließlich zusammengesetzt ⑧. Gleichzeitig baut die Wirtszelle die Bestandteile der Virushülle in ihre eigene Oberflächenmembran ein. Bei der Ausschleusung ⑨ werden die neu gebildeten Viren mit dieser Membran umgeben, die die neue Hüllmembran des Virus bildet. Die Membran der Wirtszelle löst sich auf ⑩ und die Wirtszelle stirbt.

Bestimmte Krankheiten werden von Viren hervorgerufen (Abb. 3). Sie lassen sich teilweise nur schwer behandeln, weil Viren infolge des fehlenden eigenen Stoffwechsels nur wenige Angriffspunkte für Medikamente bieten. Krankheiten, die von Viren hervorgerufen werden, deren Membranoberfläche über lange Zeit konstant bleibt, lassen sich meist gut durch **Impfen** vorbeugend bekämpfen. Bei manchen Viren treten häufig Mutationen auf, so dass sie von Generation zu Generation unterschiedliche Membranoberflächen aufweisen. Dies erschwert die Bekämpfung durch das Immunsystem und die Wirksamkeit einer Impfung. Das HI-Virus und das Influenzavirus gehören zu diesen Viren.

| Krankheit | Inkubationszeit | Übertragung und Symptome |
|---|---|---|
| Röteln | 1–3 Wochen | Tröpfcheninfektion; kleine rötliche Flecken am Körper |
| Masern | 9–11 Tage | Tröpfcheninfektion; Husten, Fieber, rote Flecken am ganzen Körper |
| Polio (Kinderlähmung) | 3–20 Tage | Tröpfcheninfektion, Urin, Kot; hohes Fieber, Kopfschmerzen, steifer Nacken, Empfindlichkeit der Haut, Gliederschmerzen |
| Windpocken | 2–3 Wochen | Tröpfcheninfektion; bläschenartiger Ausschlag, manchmal Fieber |
| Influenza (Grippe) | wenige Stunden bis 3 Tage | Tröpfcheninfektion; Gliederschmerzen, Mattigkeit, Kopfschmerzen, Entzündung der Atemwege, häufig hohes Fieber, kann besonders bei Menschen mit geschwächtem Immunsystem zum Tod durch Herz-Kreislauf-Versagen führen |

3 *Krankheiten, die von Viren hervorgerufen werden*

**1** **Virenvermehrung.** Stelle die Vermehrung der Viren anhand der Abbildung 1 in einem Fließdiagramm dar.

**2** **Viren als Krankheitserreger.** Erkläre, warum Antibiotika bei Scharlach und Keuchhusten sinnvoll eingesetzt werden, bei Windpocken und Masern aber nicht wirksam sind.

**3** **Viren als Lebewesen.** „Viren sind keine Lebewesen." Stelle Argumente für und gegen diese These zusammen.

**4** **Vermischung von Viren.** Abbildung 5 zeigt schematisch die Vermischung zweier Viren in einem dritten Wirt.
a) Beschreibe in eigenen Worten die Aussagen der Abbildung 5.
b) Fertige eine Zeichnung für die in Abbildung 4 beschriebenen Vorgänge an. Vergleiche sie mit dem in Abbildung 5 dargestellten Vorgang.

Grippeviren existieren nicht nur bei Menschen, sondern auch bei Vögeln und Säugetieren. Da die Viren auf die Oberfläche ihrer Wirtszellen spezialisiert sind, erkranken in der Regel nur Tiere der gleichen Artengruppe. Erkrankt einmal ein Mensch an einer „Tiergrippe", kann die Krankheit nicht an andere Menschen weitergegeben werden. Durch Mutationen oder durch Vermischung mit einem auf den Menschen spezialisierten Grippevirus kann es dennoch vorkommen, dass ein solches tierisches Virus von Mensch zu Mensch überspringen kann. Dann droht Gefahr, da das menschliche Immunsystem auf das Virus nicht vorbereitet ist. Die Erkrankung verläuft deshalb oft sehr schwer und die Entwicklung eines Impfstoffes dauert viele Monate. Meist hat sich die Krankheit dann bereits weit ausgebreitet.

4 *Grippe bei Tieren und ihre Gefahren für Menschen*

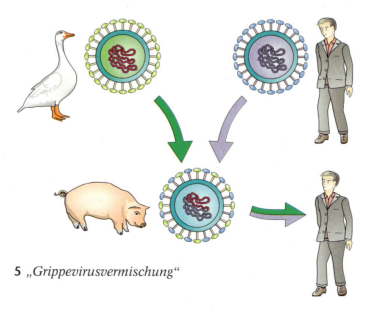

5 *„Grippevirusvermischung"*

# 7.4 Aids

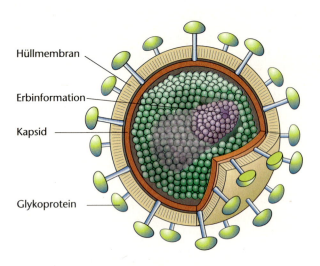

**1** *Aids auslösender HI-Virus*

**Aids: a**cquired **i**mmune **d**eficiency **s**yndrome = erworbenes Immunschwächesyndrom
(Unter dem Begriff Syndrom versteht man eine Krankheit mit vielen Symptomen.)
**HIV: h**uman **i**mmunodeficiency **v**irus = menschliches Immunschwächevirus

**2** *Namenserklärung*

**HIV** ist ein Virus, das hauptsächlich die T-Helferzellen befällt (Abb.1). Diese sind notwendig, um das Immunsystem zu aktivieren. Das Virus dringt in die T-Helferzellen ein und vermehrt sich. Es kann aber auch für lange Zeit in der T-Helferzelle ruhen. Bei jeder Zellteilung wird seine Erbinformation an die neu entstandenen T-Helferzellen weitergegeben. In diesem Zustand kann das Virus nicht vom Immunsystem erkannt werden. Erst wenn irgendwann die massenhafte Vermehrung beginnt, die zum Tod der T-Helferzelle führt, kann das Immunsystem die Viren bekämpfen.

Am Anfang einer HIV-Infektion treten grippeähnliche Symptome auf. Die Viren in der Körperflüssigkeit werden vom Immunsystem bekämpft, doch können nicht alle Viren vernichtet werden. Mit der Zeit nimmt die Zahl der T-Helferzellen aufgrund der Vernichtung durch die Viren immer mehr ab, die Zahl der Viren in der Körperflüssigkeit dagegen zu. Durch die geringe Anzahl der T-Helferzellen verliert das Immunsystem an Wirksamkeit, bis es schließlich ganz zusammenbricht (Abb. 4). Das Endstadium der Krankheit bezeichnet man als Aids. Dann werden sonst harmlose Infekte zur tödlichen Bedrohung für den Patienten. Es treten seltene von Parasiten hervorgerufene Krankheiten und Krebsarten auf. Das Aids-Stadium kann ohne Medikamente zwischen wenigen Wochen und zehn Jahren nach der Infektion eintreten. Medikamente können den Ausbruch von Aids heute sehr lange hinauszögern. Aids führt schließlich immer zum Tod.

In allen Körperflüssigkeiten infizierter Personen findet man HIV, zum Beispiel in Blut, Lymphe, Spermaflüssigkeit, Scheidenflüssigkeit, Speichel, Tränenflüssigkeit. Eine Ansteckung erfolgt, wenn eine genügend große Anzahl von Viren in den Körper einer Person gelangen. HIV wird hauptsächlich durch Geschlechtsverkehr und durch Mehrfachverwendung von Spritzen in der Drogenszene übertragen. Beim Geschlechtsverkehr dringen Viren durch kleine Hautbeschädigungen, die meist unbemerkt bleiben, in den Körper ein. Die **Verwendung von Kondomen** bietet einen großen Schutz, aber keine absolute Sicherheit. Eine Übertragung von HIV durch Speichel, Schweiß oder Tränenflüssigkeit konnte bis heute nicht nachgewiesen werden.

Eine HIV-Infektion kann festgestellt werden, indem ein **Test auf Antikörper** gegen das HIV durchgeführt wird. Einen solchen Test kann man auch mit dem Partner gemeinsam durchführen lassen. Bei HIV treten sehr häufig Mutationen auf: Bei jedem Vermehrungszyklus haben die meisten neu gebildeten Viren eine andere Oberfläche als das Virus, das die Zelle befallen hat. Die Bekämpfungsmaßnahmen des Immunsystems werden dadurch unterlaufen. Alle bisher entwickelten Medikamente können den Verlauf einer HIV-Infektion zwar verzögern, aber nicht heilen. Eine vorbeugende Impfung existiert zurzeit noch nicht.

Grundwissen

| Region | HIV-Infizierte 1998 | HIV-Infizierte 2003 | HIV-Infizierte 2007 | Neu-infektionen 2007 | AIDS-Tote 2007 | HIV-Infizierte in der Bevölkerung |
|---|---|---|---|---|---|---|
| Afrika südlich der Sahara | 25,5 | 26,6 | 24,5 | 1,7 | 1,6 | 5,0 % |
| Südostasien | 6,7 | 6,4 | 4,0 | 0,34 | 0,6 | 0,27 % |
| Süd- und Mittelamerika | 1,4 | 1,6 | 1,6 | 0,01 | 0,058 | 0,5 % |
| Nordamerika, West- u. Zentraleuropa | 1,39 | 1,6 | 2,06 | 0,077 | 0,033 | 0,5 % |
| Osteuropa und Zentralasien | 0,27 | 1,5 | 1,6 | 0,015 | 0,055 | 0,9 % |
| Nordafrika und mittlerer Osten | 0,21 | 0,6 | 0,38 | 0,035 | 0,025 | 0,3 % |
| Karibik | 0,33 | 0,47 | 0,23 | 0,017 | 0,011 | 1,0 % |
| Ozeanien | 0,56 | 1 | 0,075 | 0,014 | 0,0012 | 0,4 % |
| Deutschland | 0,036 | 0,044 | 0,043 | 0,002 | 0,0006 | 0,05 % |
| Total | 36,36 | 39,77 | 33,2 | 2,5 | 2,1 | 1 % |

**3** *HIV in Zahlen nach Schätzungen, Angaben in Millionen*

**1 Medizinische Aspekte.**
**a)** Beschreibe und erkläre den Verlauf der Kurven in Abbildung 4.
**b)** Begründe, warum ein HIV-Test ganz kurz nach der Infektion nicht zuverlässig ist.

**2 Persönliche Aspekte.**
**a)** Immer wieder kommt es dazu, dass HIV-infizierte Menschen gemieden werden, sobald die Diagnose bekannt wird. Suche Gründe, warum Mitmenschen auf diese Weise reagieren.
**b)** Versuche, die Probleme für einen HIV-infizierten jungen Menschen (Schülerin/Schüler) zu beschreiben. Überlege, welche Maßnahmen in der Umgebung eines solchen Menschen eine Erleichterung für ihn bedeuten könnten.
**c)** Stelle Verhaltensweisen zusammen, die das Risiko für eine Ansteckung mit dem HIV verringern.

**3 Gesellschaftliche Aspekte.**
**a)** Werte die Abbildung 3 aus. Vergleiche dabei die Situation in Deutschland mit den angegebenen Regionen.
**b)** In dem südafrikanischen Land Botsuana sind circa 40 Prozent der Erwachsenen mit HIV infiziert. Versuche, die wirtschaftlichen und sozialen Probleme infolge der Krankheit zu beschreiben.

**4 Aussagekräftige Zahlen?**
Die Zahlen in Abbildung 3 beruhen auf Schätzungen. Stelle Hypothesen auf, warum die Ermittlung von Zahlen so schwierig ist. Gib an, inwieweit nach deiner Meinung die Zahlen dennoch aussagekräftig sind. Begründe deine Meinung.

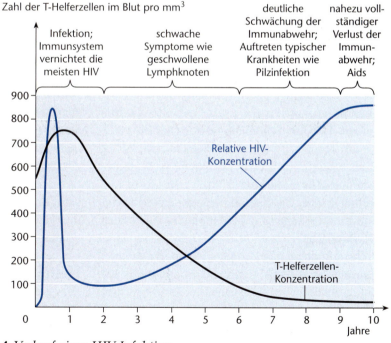

**4** *Verlauf einer HIV-Infektion*

## 7.5 Das Immunsystem

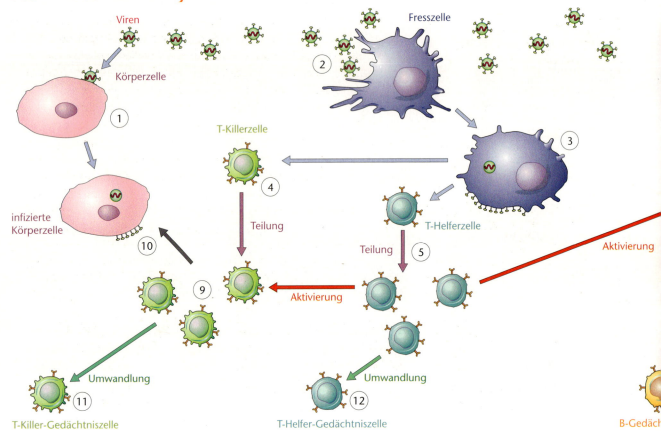

**1** *So bekämpft das Immunsystem Influenzaviren*

Alle Zellen des Immunsystems werden im Knochenmark gebildet. Sie werden als Weiße Blutkörperchen oder **Leukozyten** bezeichnet. Zu den Leukozyten gehören Fresszellen, T-Zellen und B-Zellen. Bei ihrer Reifung „lernen" Leukozyten, Fremdkörper von körpereigenen Stoffen zu unterscheiden. Die Unterscheidung erfolgt durch Proteine auf der Oberfläche. Jede körpereigene Zelle enthält bestimmte Proteine, die man MHC-Marker nennt. Alle Zellen oder Stoffe, die auf ihrer Oberfläche diese Proteine nicht tragen, werden als körperfremd erkannt und bekämpft. Solche Zellen oder Stoffe bezeichnet man als **Antigene**. Die Reifung erfolgt bei den B-Zellen im Knochenmark (B kommt von bone = Knochen) und bei den T-Zellen in der Thymusdrüse, einer Drüse hinter dem Brustbein. Bei der Reifung werden **Rezeptoren** in die Oberfläche der B- und T-Zellen eingebaut, die auf Antigene passen. Jede Zelle entwickelt nur eine Sorte der Rezeptoren. B- und T- Zellen, deren Rezeptoren zu Oberflächenmolekülen körpereigener Zellen passen, werden getötet, damit sie sich nicht gegen den eigenen Körper wenden können. T-Zellen und B-Zellen reagieren spezifisch nur auf solche Antigene, die nach dem Schlüssel-Schloss-Prinzip zu den Rezeptoren auf ihrer Oberfläche passen (Abb. 2). Sie bilden daher die Grundlage der spezifischen Abwehr von Krankheitserregern, die in den Körper eingedrungen sind. Es gibt hunderttausende von T- und B-Zellen, die sich in ihren Rezeptoren für Antigene unterscheiden.

**Fresszellen** können sich amöbenartig zwischen den Zellen im Gewebe fortbewegen. Sie fressen eingedrungene Erreger, Fremdkörper, aber auch abgestorbene Körperzellen. Die Bekämpfung durch Fresszellen bezeichnet man als unspezifische Ab-

**180** Struktur+Funktion, Information+Kommunikation

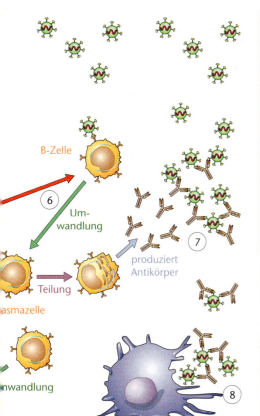

Influenzaviren, die in den Körper eingedrungen sind, befallen Körperzellen (1). Einige Viren werden von den Fresszellen direkt gefressen (2). Die Fresszelle baut Teile der Antigene in ihre Oberfläche ein (3). Anschließend treffen diese Fresszellen auf T-Helferzellen und T-Killerzellen. Wenn deren Rezeptoren zu den Antigenen passen, werden diese Zellen zur Teilung angeregt (4) (5). Die T-Helferzellen aktivieren passende B-Zellen, die sich daraufhin bei Kontakt mit dem Virus in Plasmazellen umwandeln und teilen (6). Die Plasmazellen produzieren Antikörper, die frei im Körper vorkommende Influenzaviren verklumpen (7). Fresszellen vernichten verklumpte Viren (8). T-Helferzellen aktivieren passende T-Killerzellen (9). Diese töten die Körperzellen, die vom Virus infiziert wurden (10). Ein Teil der aktivierten T-Killerzellen, T-Helferzellen und Plasmazellen wandelt sich in entsprechende Gedächtniszellen um (11) (12) (13).

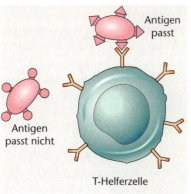

**2** *Schlüssel-Schloss-Prinzip*

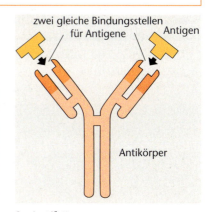

**3** *Antikörper*

wehr, weil sie sich gegen alle körperfremden Stoffe richtet. Dabei bauen die Fresszellen nach dem Verzehr Teile der Antigene in ihre eigene Oberfläche ein und kennzeichnen sie mit speziellen Molekülen. Die Kennzeichnung verhindert, dass die Fresszelle als infiziert angesehen wird. Trifft eine Fresszelle mit markierten Antigenteilen auf eine T-Zelle mit passendem Rezeptor, wird diese zur Teilung angeregt.

Bei den T-Zellen gibt es zwei Gruppen, die T-Helferzellen und die T-Killerzellen. T-Helferzellen, die Kontakt mit einer Fresszelle mit passendem Antigen hatten, aktivieren die T-Killerzellen sowie die B-Zellen und regulieren durch abgegebene Stoffe die Immunaktivität. T-Killerzellen töten nach ihrer Aktivierung alle Zellen, in die ein Virus eingedrungen ist. Dadurch wird die Virusvermehrung gestoppt. Die Erkennung erfolgt durch Antigene in der Oberfläche der infizierten Zelle. Man nennt diese Abwehr **zelluläre Immunantwort.**

Aktivierte **B-Zellen,** die zudem Kontakt mit einem passenden Antigen hatten, teilen sich sehr häufig. Sie produzieren große Mengen **Antikörper,** die sie an das Blut abgeben. Antikörper sind Proteine (Abb. 3). Ihre Bindungsstellen weisen die gleiche Form auf wie die Rezeptoren auf der Oberfläche der B-Zelle, die sie gebildet hat. Antikörper verklumpen Antigene und machen Erreger dadurch bewegungsunfähig. So können sie leichter von Fresszellen vernichtet werden. Man nennt diese Abwehr **humorale Immunantwort.** Ein Teil der aktivierten T- und B-Zellen wandelt sich in langlebige Gedächtniszellen um. Sie werden bei einer erneuten Infektion mit den gleichen Krankheitserregern sofort aktiv.

## 7.6 Abwehr von körperfremden Stoffen

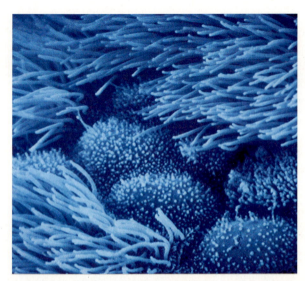

**1** *Schleim bildende Zellen und Flimmerhärchen in der Schleimhaut*

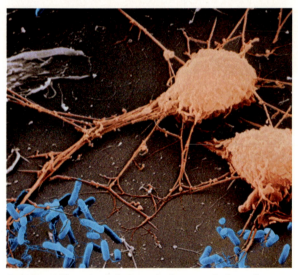

**2** *Fresszellen (rot) beim „Aufsammeln" und Fressen von Bakterien (blau)*

Im täglichen Leben sind wir ständig von Bakterien, Viren und anderen Erregern umgeben. Eine gut funktionierende Immunabwehr kann uns davor schützen, zu erkranken. Alle Erreger dringen zunächst in den Körper ein. Dies geschieht entweder durch die Haut oder über die Atemwege und Verdauungsorgane. Die Haut weist fast immer kleinste Verletzungen auf. Sie hat einen natürlichen Schutzmantel aus Schweiß und Talg, die einen Säurefilm auf die Haut legen. Bei den Schleimhäuten in den Atemwegen und den Verdauungsorganen gibt es ähnliche Schutzmechanismen wie die Abgabe von Schleim oder Säure, zum Beispiel der Magensäure. Der Schleim wird mit eingeschlossenen Erregern durch Flimmerhärchen nach außen befördert (Abb. 1).

Gelingt es den Erregern dennoch, in den Körper einzudringen, treten zunächst die Fresszellen in Aktion (Abb. 2). Sie werden durch Entzündungsstoffe unterstützt. Entzündungsstoffe fördern die Durchblutung und locken weitere Fresszellen an. Fresszellen starten außerdem die spezifische Abwehr durch T- und B-Zellen bei einer Infektion. Damit diese Abwehr zuverlässig arbeitet, müssen gegen möglichst viele Erreger Gedächtniszellen vorliegen, um bei einer Infektion schnell reagieren zu können.

Die Wirksamkeit des Immunsystems kann durch eine gesunde Ernährung mit einem hohen Anteil an Obst und Gemüse und wenig Zucker und Fett gestärkt werden. Der Effekt wird durch regelmäßige Bewegung verstärkt. Die Psyche eines Menschen wirkt sich ebenfalls auf das Immunsystem aus. Stress und Angst setzen die Vermehrungsfähigkeit von Zellen des Immunsystems herab (Abb. 7). Es wird diskutiert, ob eine positive Lebenseinstellung das Immunsystem effektiver macht und damit Selbstheilungskräfte weckt.

Bei Organtransplantationen kann es zu Abstoßungsreaktionen des Körpers auf das neue Organ kommen. Dabei bekämpft das Immunsystem das Spenderorgan als körperfremde Substanz. Die Wahrscheinlichkeit einer solchen Abstoßung ist umso größer, je mehr MHC-Marker bei Spender und Empfänger unterschiedlich sind. MHC-Marker sind Oberflächenproteine, an denen körpereigene Zellen vom Immunsystem erkannt werden. Im Fall einer Abstoßungsreaktion muss das Immunsystem des Empfängers unterdrückt werden, wodurch die Infektanfälligkeit des Patienten steigt.

**1 Krankheitsabwehr.** Man spricht von drei Verteidigungslinien der Krankheitsabwehr. Benenne die drei Verteidigungslinien und beschreibe sie. Ordne die im Grundwissentext genannten Elemente den Verteidigungslinien zu.

*3 MHC-Marker auf der Zelloberfläche*

**2 Transplantationen.**
a) Entscheide, welche Organe in Abbildung 3 für eine Organtransplantation am ehesten in Frage kommen. Begründe deine Entscheidung.
b) Täglich werden in Deutschland elf lebensrettende Organtransplantationen durchgeführt. Es sterben trotzdem täglich drei Patienten, weil sie nicht rechtzeitig ein Organ bekommen. Diskutiere unter Einbeziehung der Abbildung 4 und 5 diesen Sachverhalt.

**3 Stress und Immunsystem.** Setze die Aussagen der Abbildungen 6 und 7 zueinander in Beziehung.

Eine Organtransplantation ist nur sinnvoll, wenn möglichst viele MHC-Marker von Empfänger und Spender übereinstimmen. Eine 100-prozentige Übereinstimmung gibt es nur bei eineiigen Zwillingen. Bei einer Lebendspende wird ein Organ, z. B. eine Niere oder ein Leberlappen, von einem lebenden Menschen gespendet, meist von einem nahen Verwandten.
In der Regel werden die Organe aber einem gerade Verstorbenen entnommen. Voraussetzung dafür ist ein Organspendeausweis oder die Zustimmung der nächsten Angehörigen. Trotz Werbung führen zu wenig Menschen einen Organspendeausweis mit sich, um den Bedarf an Organen zu decken.

*4 Organspende*

| Jahr 2004 | Herz | Niere | Lunge |
|---|---|---|---|
| Transplantationen vom 01.01.–31.05. | 123 | 789 | 69 |
| auf der Warteliste am 01.06. | 572 | 891 | 461 |
| Wartezeit in Jahren | 1–2 | 3–5 | 2–4 |

*5 Zahlen zu Transplantationen in Deutschland*

| Ereignis | Stresswert |
|---|---|
| Tod des Ehepartners | 100 |
| Ehescheidung | 73 |
| Tod eines Familienmitglieds | 63 |
| Gefängnisaufenthalt | 63 |
| eigene schwere Krankheit | 53 |
| Heirat | 50 |
| Verlust des Arbeitsplatzes | 47 |
| Eintritt in den Ruhestand | 45 |
| Krankheit eines Familienmitglieds | 44 |
| starke Änderung der finanz. Lage | 38 |
| Wechsel des Arbeitsbereiches | 36 |
| Auszug von Tochter/Sohn | 29 |
| Wohnungswechsel | 20 |

*6 Stresswerte von besonderen Ereignissen*

Eine Methode zur Messung der Körperabwehr besteht darin, Lymphozyten (Killerzellen und B-Zellen) aus dem Blut zu isolieren und künstlich zur Teilung anzuregen. Die Vermehrungsrate wird als ein Maß für die Aktivität des Immunsystems herangezogen. In der Abbildung sind die Ergebnisse bei einer Gruppe von Personen dargestellt, deren Ehepartner schwer krank waren und schließlich starben.

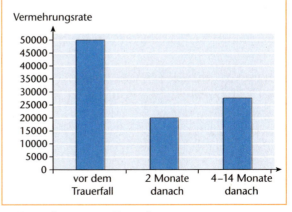

*7 Vermehrung von Lymphozyten*

## 7.7 Immunisierung

*Edward Jenner (1749–1823)*

Im Jahr 1796 führte der englische Arzt EDWARD JENNER die erste aktive Schutzimpfung durch. Ihm war aufgefallen, dass Menschen, die sich im Umgang mit Tieren an den harmlosen Kuhpocken infizierten, später nicht an den Pocken, die zur damaligen Zeit viele Todesfälle forderte, erkrankten. Er ritzte einem Jungen mit einem Messer, das er mit Blut eines an Kuhpocken erkrankten Menschen „verunreinigt" hatte, in die Haut. Der Junge erkrankte später nicht an den Pocken. Diese Behandlung wurde von seinen Kollegen missbilligt. JENNER erhielt Berufsverbot. Dank der Impfung gelten die Pocken heute weltweit als ausgestorben.

*Emil von Behring (1854–1917)*

1890 entwickelte EMIL VON BEHRING die erste passive Impfung. Er infizierte Pferde mit dem Erreger der Diphtherie, einer gefährlichen Erkrankung der Atemwege, die häufig zum Tode führte. Nach einigen Tagen isolierte er aus dem Blut der Tiere ein Serum, das er erkrankten Menschen injizierte. Bei den Patienten trat sehr schnell eine durchgreifende Besserung bis zur Heilung ein.

**1** *Zur Geschichte der Impfung*

Bei einer **aktiven Immunisierung** werden Impfstoffe zum Schutz vor Infektionen durch Bakterien oder Viren verwendet (Abb. 2). Lebendimpfstoffe sind abgeschwächte Erreger, die normalerweise keine Infektion mehr auslösen können. Totimpfstoffe enthalten abgetötete Erreger oder deren Oberflächenbruchstücke. Diese Impfstoffe werden dem Menschen verabreicht. Sie lösen im Körper eine Immunreaktion aus, bei der Gedächtniszellen gegen diese Antigene produziert werden. Diese Gedächtniszellen leben sehr lang, meist mehrere Jahre. Bei erneutem Kontakt mit den Antigenen teilen sich die Gedächtniszellen sehr rasch, wobei die B-Zellen in sehr großer Anzahl Antikörper produzieren. Die Infektion kann dadurch schnell wirkungsvoll bekämpft werden, der Mensch erkrankt nicht oder nur schwach. Aktive Immunisierungen bieten einen mehrjährigen, manchmal sogar lebenslangen Schutz vor der Erkrankung.

Die Impfstoffe für die **passive Immunisierung** werden aus dem Blut zuvor infizierter Tiere oder aus dem Blut von Menschen gewonnen, die bereits erkrankt waren (Abb. 2). Diese Impfstoffe enthalten die Antikörper gegen das betreffende Antigen. Sie werden erkrankten Menschen verabreicht. Die Antikörper verklumpen die Antigene, die so besser von den Fresszellen beseitigt werden können. Zudem verhindert das Verklumpen das Eindringen von Viren in Wirtszellen. Die passive Immunisierung wirkt aber nur, solange die Antikörper noch nicht abgebaut wurden, meist nur wenige Wochen. Ein dauerhafter Schutz wird nicht erreicht.

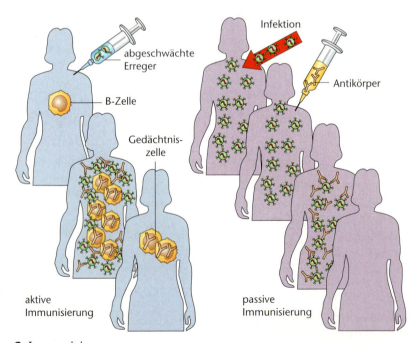

**2** *Immunisierung*

184 Struktur+Funktion, Information+Kommunikation

Grundwissen

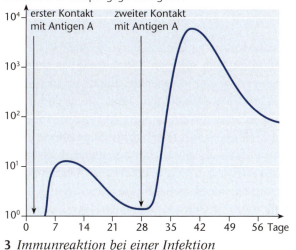

3 *Immunreaktion bei einer Infektion*

### 1 Impfung.
a) Vergleiche aktive und passive Immunisierung.
b) Überlege, warum bei vielen Impfungen nach einiger Zeit eine erneute Impfung nötig ist. Was passiert bei der erneuten Impfung?

### 2 Immunantwort.
a) Beschreibe die Vorgänge, die während des in Abbildung 3 dargestellten Zeitraums ablaufen.
b) Wie würde die Kurve bei einer aktiven Immunisierung und anschließendem Antigenkontakt aussehen?

### 3 Versuche von PASTEUR.
a) Stelle die Versuche PASTEURs in einem Verlaufsdiagramm dar (Abb. 4).
b) Stelle eine Hypothese über den Ausgang des Experimentes auf und begründe sie.

### 4 Kinderlähmung.
a) Fasse die Informationen aus der Abbildung 5 kurz in eigenen Worten zusammen.
b) Manche Mediziner beklagen, dass sich heute zu wenig Menschen in Deutschland gegen Kinderlähmung impfen lassen. Versuche, die Bedenken der Mediziner zu begründen.

### 5 Fragen als Patient.
Entwickle Fragen, die Du als Patient an die Ärztin hättest, wenn Du geimpft werden sollst. Tauscht Euch über Eure Fragen aus.

Ende des 19. Jahrhunderts brach in Frankreich unter den Hühnern eine Cholera-Epidemie aus, die der Hühnerindustrie erhebliche Verluste brachte. LOUIS PASTEUR, einer der berühmtesten Forscher seiner Zeit, wurde um Hilfe gebeten. PASTEUR isolierte aus dem Kot erkrankter Hühner die Cholera-Bakterien und züchtete sie für Versuchszwecke in Kulturen. Mit den Bakterien infizierte er Brot, das er an Hühner verfütterte. Alle diese Hühner erkrankten an der Cholera und starben. Eines Tages nahm PASTEUR versehentlich eine alte Kultur mit geschwächten Bakterien für diese Versuche. Überrascht stellte er fest, dass die Hühner nicht erkrankten. Weitere Versuche mit überalterten Bakterienkulturen brachten das gleiche Ergebnis. Nun verfütterte Pasteur Brot, das mit Bakterien aus jungen Kulturen infiziert wurde, an eine Gruppe Hühner, die vorher mit Bakterien der alten Kultur Kontakt hatten und an eine zweite Gruppe von Hühnern, die noch nicht mit den Bakterien in Berührung gekommen waren.

4 *Versuche von Pasteur*

Die Kinderlähmung ist eine Viruserkrankung, die zu Lähmungen und Dauerschäden, häufig sogar zum Tode führt. Medikamente gibt es nicht, nur die Impfung bietet Schutz. 1962 wurde die Schluckimpfung in Deutschland eingeführt. Kinderlähmung tritt heute noch in Südasien und in vielen afrikanischen Ländern auf.

| Jahr | Erkrankte | Todesfälle |
|---|---|---|
| 1955 | 3109 | 234 |
| 1956 | 4159 | 258 |
| 1957 | 2402 | 193 |
| 1958 | 1698 | 131 |
| 1959 | 2118 | 127 |
| 1960 | 4236 | 281 |
| 1961 | 4661 | 305 |
| 1962 | 234 | 31 |
| 1963 | 234 | 17 |
| 1964 | 44 | 5 |
| 1965 | 45 | 6 |
| 1966 | 15 | 0 |
| 1967–2007 | 367 | 14 |

5 *Kinderlähmung in Deutschland*

# 7.8 Allergien, Krebs und Autoimmunkrankheiten

1 *Birkenblüte*

2 *Killerzellen (gelb) an einer von ihnen getöteten Tumorzelle*

Bei einer **Allergie** reagiert das Immunsystem auf harmlose Stoffe sehr heftig. Durch den Kontakt mit dem betreffenden Allergen, so wird das Antigen genannt, werden sehr große Mengen an Antikörpern und Entzündungsstoffen ausgeschüttet. Die Schleimhäute schwellen an oder es tritt Hautausschlag auf. Oft genügen winzige Mengen des Allergens, um die allergische Reaktion auszulösen. In Extremfällen kann sie so stark sein, dass ein lebensbedrohlicher Schock hervorgerufen wird. Der Grund ist eine mit der Entzündung verbundene Erweiterung der Blutgefäße, durch die der Blutdruck stark absinken kann. Eine Allergie kann sich plötzlich entwickeln, auch wenn der betreffende Stoff jahrelang vertragen wurde. Die Gründe dafür sind noch nicht hinreichend bekannt. Jeder Stoff kann zu einem Allergen werden, doch verursachen bestimmte Stoffe gehäuft Allergien, zum Beispiel Pollen von Gräsern oder Bäumen (Heuschnupfen), Nickel (Schmuckallergien), die Ausscheidungen der Hausstaubmilbe (Hausstauballergie) und bestimmte Eiweißarten (Neurodermitis, Asthma).

**Krebs** entsteht durch Mutationen in der DNA von Zellen. Solche Mutationen entstehen zufällig. Manche Chemikalien, UV-Strahlung, Röntgenstrahlen und radioaktive Strahlung führen vermehrt zu Mutationen. Normalerweise sorgen Reparaturmechanismen in der Zelle dafür, dass sie wieder beseitigt werden. Nicht immer gelingen die Reparaturmaßnahmen. Dann kann es dazu kommen, dass die Kontrolle über die Zellteilung verloren geht und sich die Zelle ständig weiter teilt. Es ist eine Tumorzelle entstanden. Auch der Kontakt mit manchen Viren begünstigt die Entstehung von Tumorzellen. Wahrscheinlich werden in jedem Menschen täglich Tumorzellen gebildet. Sie unterscheiden sich in ihrer Oberfläche geringfügig von gesunden Zellen und können daher von den Zellen des Immunsystems erkannt und abgetötet werden (Abb. 2). Manchmal werden Tumorzellen jedoch nicht vom Immunsystem erkannt. Sie werden nicht abgetötet und teilen sich immer weiter. Es entsteht eine Gewebewucherung aus Tumorzellen, ein Tumor. So genannte gutartige Tumore wachsen nur langsam. Sie zerstören das umliegende Gewebe nicht und sind nach außen scharf abgegrenzt. Bei bösartigen Tumoren teilen sich die Zellen viel schneller. Sie dringen in benachbartes Gewebe ein und zerstören es dabei. Man spricht dann von Krebs. Einzelne Tumorzellen können sich aus dem Tumor lösen und an anderer Stelle Tochtertumore bilden. Diese nennt man Metastasen. Wenn Metas-

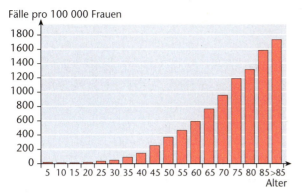

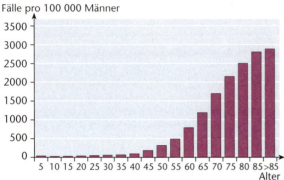

**3** *Neuerkrankungen an Krebs*

tasen im Körper vorhanden sind, sinken die Heilungschancen erheblich. Daher ist eine Früherkennung des Krebses für eine erfolgreiche Therapie sehr wichtig. Im Alter steigt das Erkrankungsrisiko an Krebs stark an und ist bei Männern fast doppelt so hoch wie bei Frauen (Abb. 3). Die häufigsten Krebsarten bei Männern sind Prostatakrebs, Lungenkrebs und Darmkrebs. Bei Frauen treten Brustkrebs, Darmkrebs und Gebärmutterkrebs am häufigsten auf.

Als **Autoimmunkrankheiten** werden Krankheiten bezeichnet, bei denen Zellen des Immunsystems gegen bestimmte Zellen des eigenen Körpers vorgehen. Die genauen Ursachen sind noch nicht vollständig geklärt. Zu den Autoimmunkrankheiten gehören unter anderem Diabetes vom Typ I, Multiple Sklerose und die rheumatoide Arthritis.

Diabetes vom Typ I ist eine Form der Zuckerkrankheit, die schon in jungen Jahren auftreten kann. Dabei tötet das Immunsystem die insulinproduzierenden Zellen in der Bauchspeicheldrüse ab. Insulin senkt den Blutzuckerspiegel. Wird bei einem Diabetes vom Typ I nicht künstlich Insulin zugeführt, kommt es zu überhöhten Blutzuckerwerten, die langfristig große Schäden im Körper bewirken. Fünf Prozent aller Diabetiker leiden an diesem Typ des Diabetes.

Multiple Sklerose ist eine Krankheit, bei der die T-Zellen Nervenzellen im Gehirn und Rückenmark angreifen und durch die damit verbundenen Entzündungen schwere Schäden hervorrufen können. Die Krankheit tritt in Schüben auf, wobei nach jedem Schub die Behinderungen zunehmen. Sie kommen zustande, weil durch abgestorbene Nervenzellen die Bewegungskoordination zunehmend verloren geht. Stress und körperliche Belastungen erhöhen das Risiko eines erneuten Krankheitsschubs. Es gibt circa 80 Multiple-Sklerose-Patienten auf 100 000 Einwohner.

Auch die rheumatoide Arthritis tritt in Schüben auf, die durch Stress und körperliche Belastungen begünstigt werden. Dabei wird das Bindegewebe in den Gelenken, meist in den Füßen und an den Fingern, von den Zellen des Immunsystems angegriffen und entzündet sich. Es kommt dadurch zu Gewebeveränderungen und Deformationen der Gelenke (Abb. 4).

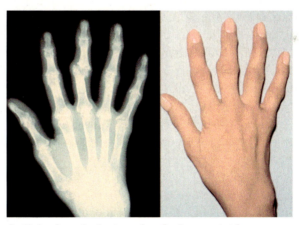

**4** *Gelenkveränderung durch rheumatoide Arthritis*

## 7.9 Der Rinderbandwurm, ein Endoparasit

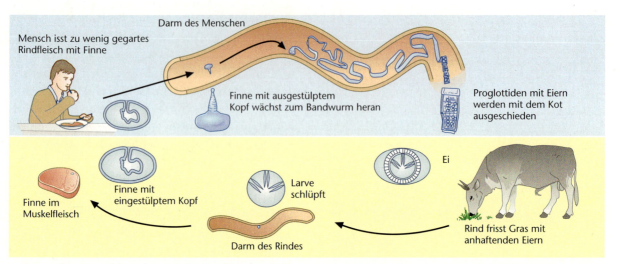

**1** *Entwicklungszyklus des Rinderbandwurms*

Bandwürmer sind Parasiten, die im Körper ihres Wirtes leben. Man nennt solche Parasiten **Endoparasiten.** Bandwürmer sind Zwitter, das heißt, jedes Tier entwickelt männliche und weibliche Geschlechtsorgane. Bandwürmer gehören zu den Plattwürmern.

Die Eier des Rinderbandwurms nimmt das Rind mit dem Gras auf (Abb. 1). Im Darm schlüpfen daraus Larven, die die Darmwand des Rindes durchbohren. Mit dem Blut gelangen die Larven in die Muskeln. In der Muskulatur des Rindes entwickelt sich in zwei bis vier Monaten aus der Larve ein blasenartiges Gebilde, die Finne. In ihr befindet sich der zukünftige Kopf des Bandwurms. Die Finne kann dort bis zu zwei Jahre überdauern. Das Rind ist der **Zwischenwirt** des Bandwurms.

Der Mensch ist ein **Endwirt** des Rinderbandwurms. Gelangt durch den Verzehr von nicht ausreichend gegartem Rindfleisch eine Finne in den Darm des Menschen, stülpt sich der zwei bis drei Millimeter große Kopf der Finne nach außen. Er besitzt vier Saugnäpfe, mit denen er sich in der Darmwand des Menschen befestigt. Hinter dem Kopf entstehen nun die einzelnen Glieder, die man Proglottiden nennt. Dadurch wird der Bandwurm immer länger. Er kann vier bis zehn Meter Länge erreichen und besteht dann aus bis zu 2000 flachen Proglottiden. Sie werden bis eineinhalb Zentimeter breit und etwa drei Zentimeter lang und sind fast vollständig von den Geschlechtsorganen ausgefüllt. Ein reifes Glied enthält etwa 80 000 bis 100 000 Eier. Nach etwa drei bis vier Monaten sind die ersten Proglottiden geschlechtsreif. Sie lösen sich vom hinteren Ende des Bandwurms ab und werden mit dem Kot des Menschen ausgeschieden. Täglich gibt ein ausgewachsener Bandwurm bis zu fünf Proglottiden ab. Gelangen die Bandwurmeier auf eine Weide, kann der Zyklus von neuem beginnen.

Der Rinderbandwurm kann 20 bis 30 Jahre alt werden. Er erneuert sich ständig, indem neue Glieder hinter dem Kopf entstehen. Die Nährstoffe werden von jedem Glied über die ganze Oberfläche aus dem Nahrungsbrei des Darms, der den Bandwurm umgibt, aufgenommen. Verdauungsorgane und ein Blutkreislaufsystem besitzt der Rinderbandwurm nicht.

Bandwürmer waren vor Einführung der Kanalisation weit verbreitet, da Gärten und Felder häufig mit Jauche aus menschlichen Exkrementen gedüngt wurden. Heute ist der Rinderbandwurm in Deutschland praktisch ausgestorben.

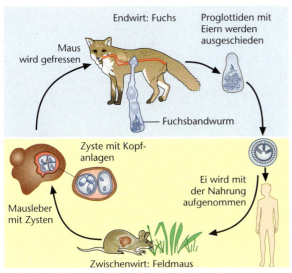

2 *Entwicklungszyklus des Fuchsbandwurms*

Der Fuchsbandwurm lebt im Darm des Fuchses, der Fuchs ist der Endwirt. Im Darm des Fuchses können bis zu 60 000 Bandwürmer vorkommen. Der Fuchsbandwurm bildet bis zu sechs Proglottiden aus. Pro Tag können bis zu 126 000 Eier abgegeben werden. Die Eier kleben an Pflanzenteilen und können mehrere Monate im Freien überdauern. Durch Frost werden sie nicht abgetötet. Werden sie zum Beispiel von Mäusen aufgenommen, entwickeln sie sich in der Leber dieses Zwischenwirtes zu Zysten, die mehrere Kopfanlagen enthalten (Abb. 2). Pro infizierter Maus hat man durchschnittlich 1000 Kopfanlagen gezählt, in Einzelfällen bis zu 120 000. Auch der Mensch kann Zwischenwirt sein. Unbehandelt kann der Befall beim Menschen zum Tode führen.

3 *Informationen zum Fuchsbandwurm*

**1 Vergleich von Rinderbandwurm und Fuchsbandwurm.** Vergleiche den Entwicklungszyklus von Rinder- und Fuchsbandwurm (Abb. 1, 2, 3).

**2 Angepasstheiten beim Rinderbandwurm.**
a) Beschreibe die Angepasstheiten des Rinderbandwurms in Bezug auf seine Lebensbedingungen.
b) Berechne jeweils, wie viele Eier in einem Monat von einem Rinderbandwurm abgegeben werden.
c) Bandwürmer investieren einen größeren Anteil an Energie und Material in die Produktion von Geschlechtszellen als die meisten anderen Tiere. Stelle Hypothesen auf, die diesen Sachverhalt erklären können.

**3 Fuchsbandwurm.** In manchen Regionen Deutschlands sind 70 % der Füchse vom Fuchsbandwurm befallen. Der Fuchsbandwurm stellt somit eine Gefahr für den Menschen dar. Daher wurden Untersuchungen zum Gefährdungspotenzial in Abhängigkeit von der Landschaftsstruktur gemacht. Einige Ergebnisse sind in Abbildung 4 dargestellt.
a) Beschreibe die Abbildung.
b) Entwickle Vermutungen über die Entstehung der fünf dargestellten Verteilungsmuster.

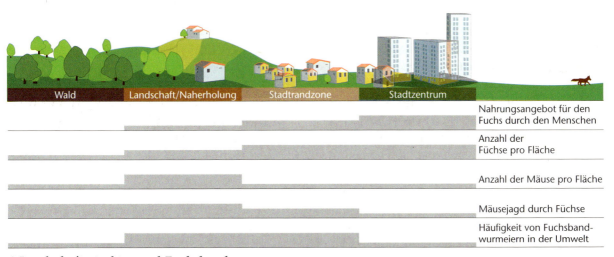

4 *Landschaftsstruktur und Fuchsbandwurm*

189

Arbeitsmaterial

# 8.1 Hormonsystem im Überblick

| Drüse | Hormon | Wirkung |
|---|---|---|
| Hypothalamus | Freisetzungshormone | beeinflussen die Freisetzung von Hormonen in der Hypophyse |
| Hypophyse | Somatotropin, FSH, LH | Wachstum Follikelreifung in den Eierstöcken, Bildung der Muttermilch, Bildung der Spermazellen, Steuerung weiterer Hormone |
| Schilddrüse | Thyroxin | Förderung der Sauerstoffaufnahme und der Energieumwandlung in der Zelle, Förderung des Wachstums in der Jugend, erhöhte Aufnahme von Glucose aus dem Darm in das Blut |
| Bauchspeicheldrüse | Insulin, Glukagon | Senkung und Erhöhung des Blutzuckerspiegels |
| Nebennierenmark | Adrenalin, Noradrenalin | Erhöhung des Blutzuckerspiegels, Steigerung des Grundumsatzes, Glykogenabbau |
| Nebennierenrinde | Cortisol | Hemmung und Heilung von Entzündungen |
| Eierstöcke | Östrogene, Progesteron | Ausbildung weiblicher Sexualorgane, Regelung des Menstruations-Zyklus, Erhaltung der Schwangerschaft |
| Hoden | Testosteron | Ausbildung der männlichen Geschlechtsmerkmale, Muskelzunahme |

**1** *Wichtige Hormondrüsen, einige Hormone und ihre Wirkung*

**Hormone** sind Botenstoffe. Sie werden in Hormondrüsen gebildet, von dort in das Blut abgegeben und mit dem Blut im ganzen Körper verteilt. Sie werden schon in kleinsten Mengen wirksam. Jedes Hormon wirkt nur auf bestimmte Organe oder Zellen, diese Zellen nennt man die **Zielzellen** eines Hormons.

Der Hypothalamus hat für die meisten Hormondrüsen eine übergeordnete Funktion. Er ist die Verbindungsstelle zwischen Nervensystem und Hormonsystem. Der Hypothalamus produziert Hormone, die die Freisetzung von Hormonen aus der Hypophyse beeinflussen. Die Hormone der Hypophyse regen andere Hormondrüsen im Körper an, ihrerseits Hormone zu bilden. Zum Beispiel regt das Hypophysenhormon Thyreotropin die Schilddrüse an, das Hormon Thyroxin zu bilden und in das Blut abzugeben. Thyroxin fördert die Sauerstoffaufnahme und die Zellatmung in allen Zellen des Körpers.

Hormonsystem und Nervensystem arbeiten eng zusammen (Abb. 2). Wenn ein neugeborenes Kind an der Brust der Mutter saugt, gelangen diese Informationen zum Gehirn (I) und zum Hypothalamus (II). Von der Hypophyse (III) wird daraufhin das Hormon Prolactin in das Blut abgegeben. Es gelangt an die Zellen der Brustdrüsen (V). Daraufhin produzieren die Brustdrüsenzellen Milch.

Hormone besitzen eine räumliche Struktur. Manche Zellen, die Zielzellen, haben Rezeptoren auf ihren Zellmembranen, an die Hormone andocken können. Rezeptoren sind Moleküle, deren Struktur wie ein Schloss zum Schlüssel, dem Hormon, passt. Nur in diesen Zielzellen mit den passgenauen Rezeptoren können die Hormone ihre Wirkung entfalten.

**190** Steuerung+Regelung, Information+Kommunikation

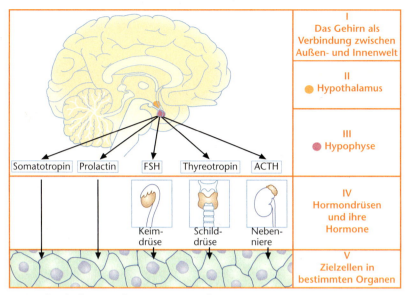

**2** *Die fünf Ebenen der Hormonwirkung*

**3** *Leonid Stadnik ist 2,53 m groß*

**1 Die Ebenen des hormonellen Systems.** Beschreibe die fünf Ebenen des hormonellen Systems in Abbildung 2 mithilfe des Grundwissentextes.

**2 Schlüssel-Schloss-Prinzip.**
a) Erläutere anhand von Abbildung 4 das Schlüssel-Schloss-Prinzip von Hormon und Rezeptoren auf der Membran der Zielzellen.
b) Ordne, soweit möglich, die Hormone der Hormondrüsen A–D den Zielzellen 1–4 zu.

**3 Regulation durch Wachstumshormone.** Im April 2004 wurde die Körpergröße des Ukrainers LEONID STADNIK (33) mit 2,53 Meter gemessen (Abb. 3).
Es wurde festgestellt, dass LEONID STADNIK noch weiter wachsen wird. Im Alter von 14 Jahren hatte er eine Gehirnoperation, die durch einen Tumor an der Hypophyse notwendig wurde. Erarbeite eine Hypothese, wie sich ein solches Riesenwachstum erklären lässt.

**4 Körperlänge und Wachstumshormone.** In einem Versuch wurden jungen Ratten Zellen in der Hypophyse, die das Wachstumshormon produzieren, zerstört. Einige Ratten erhielten danach ein Wachstumshormon.
a) Diskutiert darüber, welche Fragestellung dem Versuch zugrunde lag.
b) Erkläre die Versuchsergebnisse in der Abbildung 5 ausführlich.

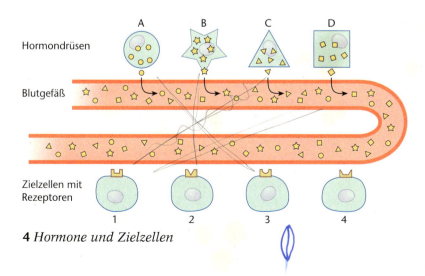

**4** *Hormone und Zielzellen*

**5** *Versuchsergebnisse*

## Steuerung und Regelung

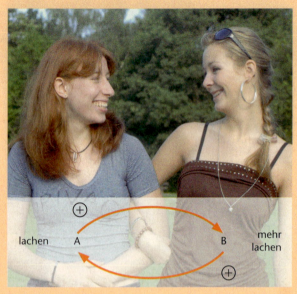

1 *Positive Rückkopplung*

2 *Negative Rückkopplung*

**Steuerung:**
– Wenn man einen Wasserhahn auf- oder zudreht, wird der Wasserdurchfluss gesteuert.
– Ein Autofahrer kann durch Treten des Gaspedals die Geschwindigkeit und durch Drehen des Lenkrads die Richtung der Fahrt steuern.
– Im Stoffwechsel steuern Enzyme und Hormone den Aufbau, Umbau und Abbau von Stoffen.

Unter Steuerung versteht man in den Naturwissenschaften die kontrollierte Veränderung von Bewegungen. Häufig handelt es sich dabei um die Bewegung einer Masse wie zum Beispiel bei der Steuerung eines Autos. Dabei ist in der Regel der Energieaufwand für die Steuerung erheblich kleiner als der Energieaufwand für die Bewegung der Masse. Zum Beispiel benötigt die Lenkung eines Fahrzeugs vieltausendfach weniger Energie als die Bewegung der Fahrzeugmasse.

**Rückkopplung und Regelung:**
– Jemand spart 1000 Euro auf einem Sparkonto mit einer jährlichen Verzinsung von zwei Prozent. Am Ende des Jahres hat er 1020 Euro.
– Ein rollender Schneeball wird durch Anlagerung von Schnee größer, was wiederum zur Folge hat, dass noch mehr Schnee angelagert wird. Es entsteht ein Lawinen-Effekt.
– Je größer die Anzahl der Hasen in einem bestimmten Gebiet ist, desto mehr Füchse finden dort Nahrung. Je mehr Füchse in einem bestimmten Gebiet leben, desto stärker nimmt die Anzahl der Hasen ab.
– Je höher der Kohlenstoffdioxid-Gehalt im Blut eines Menschen ist, desto intensiver erfolgt die Atmung. Je intensiver die Atmung, desto geringer wird der Kohlenstoffdioxid-Gehalt im Blut.

Unter Rückkopplung versteht man die Wirkung einer veränderlichen Größe auf sich selbst. Eine Rückkopplung heißt positiv, wenn die Wirkung zu einer Aufschaukelung führt. Positive Rückkopplung wird durch das Symbol ⊕ in einem Pfeildiagramm dargestellt (Abb. 1). Das Pluszeichen bedeutet eine gleichsinnige Beziehung. Je mehr … desto mehr oder je weniger … desto weniger. Ein Beispiel sind zwei Menschen, die sich gegenseitig in ihren Reaktionen steigern.

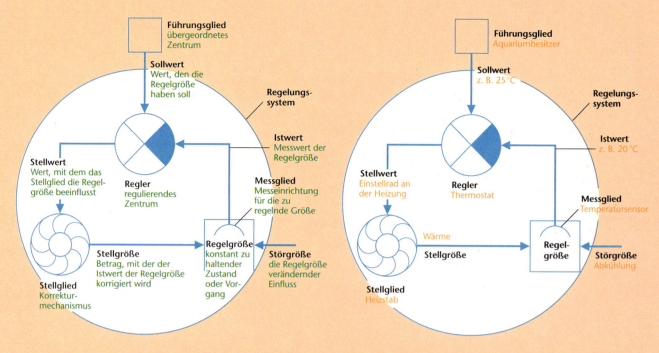

3 Allgemeiner Regelkreis

4 Temperaturregelung im Aquarium

Eine Rückkopplung heißt negativ, wenn die Wirkung abgeschwächt wird (Abb. 2). Sie wird durch das Symbol ⊖ dargestellt. Das Minuszeichen bedeutet eine gegensinnige Beziehung: Je mehr ... desto weniger oder je weniger ... desto mehr.

Wenn die Wirkung einer veränderlichen Größe auf sich selbst mit einer negativen Rückkopplung einhergeht, spricht man von Regelung. Ein Beispiel für Regelung ist die Aufrechterhaltung einer konstanten Wassertemperatur in einem Aquarium. Solche Regelungsvorgänge lassen sich in einem Regelkreis darstellen (Abb. 3).

**Regelkreis:**
Die Wassertemperatur in einem Aquarium soll auf 25 Grad Celsius geregelt werden (Abb. 4). Dazu werden ein Heizstab, ein Thermometer (Temperatursensor) und ein Thermostat benötigt. Zur automatischen Regelung muss eine Informationsübertragung vom Temperatursensor zum Thermostat und von dort zum Heizstab erfolgen.

Die Regelung kommt dadurch zustande, dass der Istwert und der Sollwert verglichen werden. Aus der Differenz von Ist- und Sollwert erhält man den Stellwert. Je nach Differenz erfolgt eine verminderte oder verstärkte Aktivität des Stellgliedes, bis der Istwert und der Sollwert übereinstimmen. Ein Regelkreis ist ein System, in dem der Istwert der Regelgröße möglichst gut dem Sollwert folgt. Beispiele für Regelkreise im menschlichen Körper sind die Regelung der Körpertemperatur, des Kohlenstoffdioxid-Gehalts im Blut, des Blutzuckerspiegels sowie die Regelung willkürlicher Bewegungen.

**1 Pfeildiagramme.** Erstelle jeweils für die folgenden Rückkopplungs- und Regelungsvorgänge ein Pfeildiagramm. Verwende dabei die angegebenen Begriffe.
**a)** Die Entstehung von Wut und Aggression zwischen zwei Menschen.
**b)** Die Entwicklung eines Minderwertigkeitskomplexes durch häufige Misserfolgserlebnisse.
**c)** Die Konstanz der Körpertemperatur bei großer Hitze.

## 8.2 Regelung des Blutzuckerspiegels

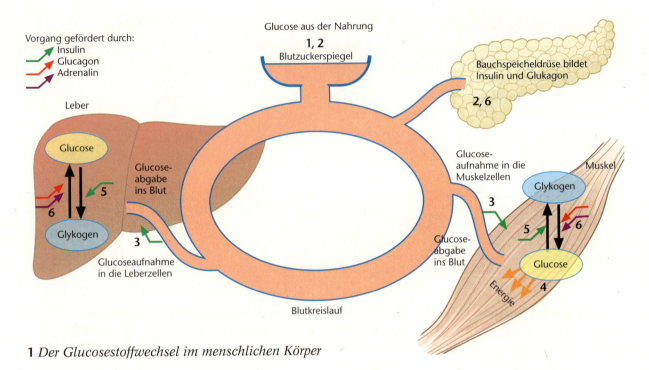

1 *Der Glucosestoffwechsel im menschlichen Körper*

Für die Energieversorgung aller Zellen in unserem Körper wird Glucose als Ausgangsstoff benötigt. Nach der Aufnahme von Nahrung, die Glucose enthält, geschieht Folgendes (Abb. 1):

1: Glucose gelangt nach der Verdauung kohlenhydrathaltiger Nahrung in das Blut.
2: Der Blutzuckerspiegel steigt zunächst an. Dadurch werden Zellen der Bauchspeicheldrüse angeregt, das Hormon **Insulin** herzustellen und in das Blut abzugeben.
3: Durch das Andocken von Insulinmolekülen an Rezeptoren auf der Zellmembran von Muskelzellen und Leberzellen können die Glucosemoleküle aus dem Blut in das Zellinnere gelangen. So sinkt der Blutzuckerspiegel.
4: Glucose dient als Ausgangsstoff für die Zellatmung und ermöglicht so die Energieversorgung der Zellen.
5: Insulin bewirkt auch die Umwandlung von Glucosemolekülen in Glykogen. Glykogen ist eine Speicherform von Glucose. Der Glykogenaufbau erfolgt in den Leberzellen und in den Muskelzellen.

6: Bei körperlichen Anstrengungen steigt der Energiebedarf der Zellen. Mehr Glucose geht vom Blut in die Muskel- und Leberzellen über: Die Glucosekonzentration im Blut nimmt ab, der Blutzuckerspiegel sinkt. Wird der Normalwert von circa 100 Milligramm Glucose pro hundert Milliliter Blut unterschritten, produzieren Zellen der Bauchspeicheldrüse das Hormon **Glucagon.** Glucagon bewirkt die Umwandlung von Glykogen zu Glucose in Leber- und Muskelzellen. Die Glucose wird an das Blut abgegeben und so der Blutzuckerspiegel erhöht. Bei Stress bewirkt das Hormon Adrenalin zusätzlich eine schnelle Mobilisierung der Glykogenreserven.

Bei der Regulation des Blutzuckerspiegels wirkt das Hormon Insulin gegensinnig zu den Hormonen Glucagon und Adrenalin, diese Hormone sind **Gegenspieler** oder Antagonisten. Durch ihre Wechselwirkung können Schwankungen des Blutzuckerspiegels ausgeglichen werden.

**1 Regelung des Blutzuckerspiegels.** Ordne die Beschreibungen in Abbildung 2 den Buchstaben der Zeichnung zu.

**2 Einflüsse auf den Blutzuckerspiegel.** Erläutere die Auswirkungen folgender Einflüsse auf die Regulation des Blutzuckerspiegels:
a: Zufuhr von Glucose (z. B. Schokolade)
b: Aufgrund einer krankhaften Veränderung können die Zellen der Bauchspeicheldrüse kein Insulin produzieren (Diabetes Typ I).
c: Die Anzahl der Insulinrezeptoren an den Leber- und Muskelzellen sinkt (Diabetes Typ II).
d: zu geringe Bildung von Glukagon
e: Erhöhung der Adrenalinkonzentration bei Stress

**3 Pfeildiagramm.** Übertrage die Abbildung 3 vergrößert in dein Heft. Ergänze die Beschriftung in den gelben Feldern.

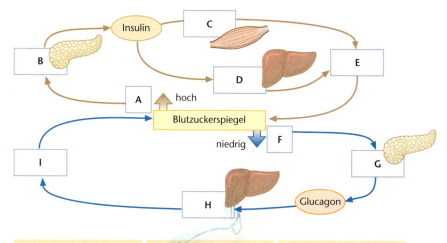

| 1. Anstieg der Blutzuckerkonzentration, z. B. nach einer kohlenhydrathaltigen Mahlzeit | 4. erniedrigter Blutzuckerspiegel, z. B. durch Auslassen von Mahlzeiten | 7. Der Blutzuckerspiegel sinkt auf den Normalwert; die Insulinabgabe lässt nach. |
|---|---|---|
| 2. Die Leberzellen bauen Glykogen ab und geben Glucose in das Blut ab. | 5. Der Blutzuckerspiegel steigt auf den Normalwert; die Glucagonabgabe lässt nach. | 8. Die Zellen der Bauchspeicheldrüse geben Insulin in das Blut ab. |
| 3. Die Leber- und Muskelzellen nehmen Glucose auf und speichern sie als Glykogen. | 6. Die Zellen der Bauchspeicheldrüse geben Glucagon in das Blut ab. | 9. Die Leber- und Muskelzellen nehmen mehr Glucose auf. |

**2** Schema zur Regulation des Blutzuckerspiegels durch Insulin und Glucagon

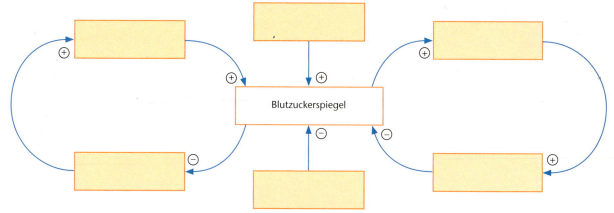

**3** Pfeildiagramm zur Regulation des Blutzuckerspiegels

## 8.3 Diabetes

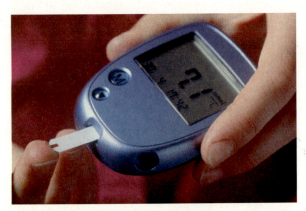

*1 Messung des Blutzuckerspiegels*

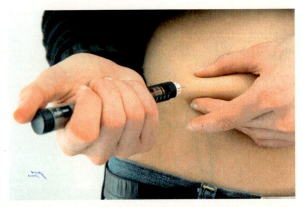

*2 Insulin-Injektion mit einem Insulin-Pen*

Ein erhöhter Blutzuckerspiegel führt normalerweise zur Ausschüttung des Hormons Insulin und dieses sorgt für einen verstärkten Aufbau des Speicherstoffes Glykogen in den Zellen. Bei manchen Menschen funktioniert diese Regulation nicht und der Blutzuckerspiegel bleibt erhöht – ein Anzeichen für die Zuckerkrankheit, auch Diabetes mellitus genannt. Bei überhöhtem Blutzuckerspiegel wird Glucose mit dem Urin ausgeschieden und ist mithilfe von Teststäbchen nachweisbar.

Die Insulinproduktion kann schon in früher Jugend abnehmen und schließlich völlig zum Stillstand kommen. Die hiervon betroffenen jugendlichen Diabetiker müssen regelmäßig Insulin-Injektionen erhalten. Diese Form der Krankheit wird **Diabetes Typ I** genannt. Ursache ist eine Erkrankung der Bauchspeicheldrüse. Eine zweite Form ist **Diabetes Typ II** oder „Altersdiabetes". Hier wird zwar noch Insulin produziert, aber die Körperzellen sind gegenüber Insulin unempfindlich geworden und reagieren nicht mehr ausreichend. Dadurch ist der Blutzuckerspiegel trotz eines normalen Insulinspiegels überhöht. Zusätzlich kommt es auf Dauer auch zu einer verminderten Insulinabgabe der Bauchspeicheldrüse. Zu den Faktoren, welche die Entstehung des Diabetes Typ II begünstigen, zählen in erster Linie Übergewicht und Bewegungsmangel.

1922 konnte erstmals ein zuckerkranker Mensch durch die Zufuhr von Insulin, das aus Bauchspeicheldrüsen von Rindern gewonnen wurde, erfolgreich behandelt werden. Seit 1982 ist sogenanntes **Humaninsulin** auf dem Markt. Es wird durch gentechnisch veränderte Bakterien industriell hergestellt und ist in seinem chemischen Aufbau mit dem Insulin aus menschlichen Bauchspeicheldrüsen identisch.

Sinkt bei einem Diabetiker der Blutzuckerspiegel durch eine versehentlich überhöhte Zufuhr von Insulin oder durch starke körperliche Anstrengungen weit unter den normalen Wert ab, erhalten Herz, Gehirn und andere Organe nicht mehr genügend Glucose. Die Folge: Der Diabetiker bekommt Angstzustände, Herzrasen und fängt an zu zittern und zu schwitzen. Bei weiterem Absinken des Blutzuckerspiegels tritt Bewusstlosigkeit ein. Man spricht von einem Schock durch Unterzuckerung. Durch frühzeitige Einnahme von Traubenzucker kann man diesen Zustand vermeiden.

Bei der Behandlung des Diabetes müssen Ernährung, körperliche Betätigung und Insulinzufuhr ständig aufeinander abgestimmt werden. Mithilfe moderner Messgeräte zur Blutzuckerselbstkontrolle, Insulin-Pens oder tragbarer Insulin-Infusionsgeräte können sich Diabetiker Insulin mengenmäßig so zuführen, dass diese Zufuhr stets an den aktuellen Blutzuckerspiegel angepasst ist (Abb. 1, 2).

3 *Zucker-Teststreifen*

| Blutzuckergehalt des Blutes in Milligramm pro 100 ml |||
|---|---|---|
| Zeit | Anna | Gesunder |
| → Trinken der Zuckerlösung |||
| 8 Uhr | 150 | 100 |
| 9 Uhr | 230 | 130 |
| 10 Uhr | 210 | 110 |
| 11 Uhr | 190 | 100 |
| 12 Uhr | 170 | 100 |

4 *Ergebnisse des Zuckerbelastungstests*

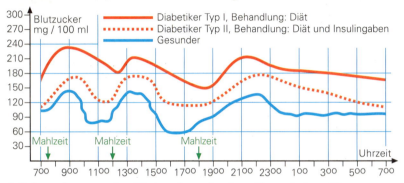

5 *Schwankungen des Blutzuckerspiegels während eines Tages*

**Immer mehr Kinder haben Typ-II-Diabetes**

Heutzutage ist in Deutschland jedes fünfte Kind und jeder dritte Jugendliche übergewichtig. Die alarmierende Folge: Immer mehr Kinder erkranken aufgrund von Übergewicht an Typ-II-Diabetes, eigentlich bekannt als Altersdiabetes. Früher trat diese Krankheit erst im Erwachsenenalter auf. Die Ursachen für Übergewicht und Fettleibigkeit schon in jungen Jahren sind zu einem großen Teil in ungesunder Ernährung und gleichzeitigem Bewegungsmangel zu suchen. Zum Beispiel verleitet Fast Food dazu, zu schnell und zu fett zu essen und keine regelmäßigen Essenszeiten einzuhalten. Fernseher und Computerspiele sind beliebter als Sport. Hier muss Prävention ansetzen.

Erziehung zur gesunden Ernährung ist eine Forderung an die Eltern. Beim gemeinsamen Lebensmitteleinkauf und der Essenszubereitung sollte man erklären, warum welche Lebensmittel bevorzugt werden. Dazu gehört natürlich auch, dass die Eltern den Kindern ein gesundes Essverhalten vorleben. Auch regelmäßige und gemeinsame Essenszeiten sind wichtig. Wenn es den Eltern gelingt, die Kinder zu sportlichen Aktivitäten zu motivieren und für das Thema Ernährung zu sensibilisieren, stehen die Chancen gut, dass sie auch als Erwachsene gesund bleiben und sich wohl fühlen.

6 *Artikel aus dem Internet*

**1 Diagnostische Verfahren: ein Fallbeispiel.** Seit einigen Monaten fühlt sich Anna häufig matt. Sie ernährt sich normal, trinkt aber sehr viel. Der Arzt vermutet, dass Anna zuckerkrank ist. Er testet zunächst mit einem Urinzucker-Teststreifen den Zuckergehalt ihres Harns (Abb. 3). Dann wird ein Zuckerbelastungstest gemacht. Anna muss um 8.00 Uhr auf nüchternen Magen eine Zuckerlösung trinken. Der Arzt nimmt ihr in regelmäßigen Abständen Blut ab und bestimmt die Blutzuckerwerte (Abb. 4).
a) Lege ein geeignetes Diagramm zur Darstellung der Ergebnisse an.
b) Vergleiche die Ergebnisse der Tests und entwickle einen Therapievorschlag für Anna. Informiere dich dazu selbstständig im Lehrbuch, in Bibliotheken und im Internet.

**2 Blutzuckerwerte.** Beschreibe die Veränderungen der Blutzuckerwerte im Tagesverlauf bei einem gesunden Menschen, bei einem Typ-I- und einem Typ-II-Diabetiker (Abb. 5). Erkläre die Schwankungen und die Unterschiede zwischen den drei Kurven.

**3 Kinder und Altersdiabetes.**
a) Notiere die wichtigsten Aussagen des Textes aus Abbildung 6 in Form von Überschriften. Diskutiere sie.
b) Bewerte die vorgeschlagenen Verhaltensänderungen aus deiner Sicht. Berücksichtige bei deiner Bewertung in einem zweiten Schritt auch die gesellschaftliche Bedeutung der vorgeschlagenen Veränderungen.
c) Bewerte die Aussage: „Diabetes Typ II ist eine Wohlstandserkrankung."

## Methode

# Risiko und Wahrscheinlichkeit

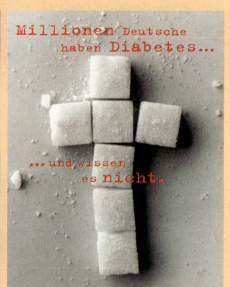

**1** *Verschiedene gesundheitliche Risiken*

„Das Leben ist lebensgefährlich", sagte einst der Schriftsteller ERICH KÄSTNER (1899–1974). Ein Leben ganz ohne Risiken ist kaum vorstellbar. Schon die Jäger und Sammler, unsere steinzeitlichen Vorfahren, mussten sich mit widrigem Wetter, gefährlichen Tieren und Krankheiten auseinandersetzen. Heutzutage ist unsere Gesundheit durch vielfältige Risiken gefährdet (Abb. 1).

Umgangssprachlich wird „Risiko" häufig mit „Gefahr" gleichgesetzt. Man spricht zum Beispiel vom Risiko, eine bestimmte Krankheit zu bekommen, vom Risiko im Straßenverkehr oder vom Risiko des Rauchens. Mathematisch meint das Wort Risiko die Wahrscheinlichkeit, mit der ein negativ bewertetes Ereignis eintritt. Viele Ereignisse in unserem Leben sind nicht vorhersagbar, das heißt, sie sind vom Zufall bestimmt. Um für solche Ereignisse, die vom Zufall bestimmt werden, Aussagen für die Zukunft zu haben, macht man Vorhersagen oder Prognosen.

Am Beispiel des Würfelns kann man solche Vorhersagen deutlich machen. Ein Würfel hat sechs Seiten. Weil es vom Zufall abhängt, kann man nicht sicher vorhersagen, welche Ziffer oben zu liegen kommt. Nehmen wir an, man hat zehnmal gewürfelt, dabei war zweimal die 3 oben. In diesem Fall ist die **absolute Häufigkeit** des Ereignisses „3 oben" zwei. Bezogen auf die Gesamtzahl der Ereignisse (10 Würfe) ist die **relative Häufigkeit** 2 : 10 = 1/5 = 0,2 oder 20/100 = 20 %. Würde man 1000-mal, 100 000-mal oder noch häufiger würfeln, nähert sich der Wert für die relative Häufigkeit 1/6 (= 0,166 oder 16,6 %). Das ist verständlich, weil jede der sechs Seiten des Würfels die gleiche Chance hat, nach einem Wurf oben zu liegen. 1/6 ist also eine gute Vorhersage für die relative Häufigkeit, dass eine bestimmte Zahl des Würfels, zum Beispiel die 3, oben zu liegen kommt. Man kann unter **Wahrscheinlichkeit** die möglichst gute Vorhersage der relativen Häufigkeit verstehen. In unserem Beispiel würde man sagen, die Wahrscheinlichkeit für „3 oben" beträgt ein Sechstel. Angaben zur Wahrscheinlichkeit liegen zwischen 0 und 1 beziehungsweise zwischen 0 und 100 %. Die Wahrscheinlichkeit 1 haben ganz sichere Ereignisse, zum Beispiel, dass morgen früh im Osten die Sonne aufgeht. Die Wahrscheinlichkeit 0 haben unmögliche Ereignisse, zum Beispiel, dass der Würfelzucker in Abbildung 1 plötzlich aus dem Buch fällt.

*2 Verletzungsrisiken beim Inlineskaten*

1. Ein Risiko wird subjektiv meistens unterschätzt, wenn es freiwillig eingegangen wird, wenn es von einem selbst als beeinflussbar angesehen wird und von anderen Menschen auch eingegangen wird.
2. Entsprechend wird ein Risiko überschätzt, wenn es als unbeeinflussbar empfunden wird und auch von anderen abgelehnt wird.
3. Die subjektive Risikowahrnehmung hängt unter anderem vom Vorwissen über das Risiko ab.
4. Wenn ein negatives Ereignis in der Nähe stattfand, mit Schilderungen über das Schicksal eines einzelnen Menschen einherging und Gefühle angesprochen hat, wird die Wahrscheinlichkeit für das erneute Auftreten des negativen Ereignisses überschätzt.
5. Wer selbst bereits einen Schaden erlitten hat, schätzt das Risiko dafür höher ein als jemand ohne diese Erfahrungen.

*3 Subjektive Risikowahrnehmung*

**1 Definitionen.** Erarbeite anhand der Texte Definitionen für absolute und relative Häufigkeit, Wahrscheinlichkeit, Risiko, subjektives Risiko.

**2 Inlineskaten.** Übersetze die Daten in Abbildung 2 schriftlich in Angaben über Wahrscheinlichkeiten. Ermittle zuvor, was in diesem Fall die Gesamtheit von 100 Prozent ist.

**3 Subjektive Risikowahrnehmung.** Erörtert für die einzelnen Aussagen in Abbildung 3 Beispiele aus euerm Erfahrungsbereich.

**4 Risiko des Herzinfarkts und Vorbeugung.** Anhand der Daten hunderttausender Menschen haben Mediziner aus ganz Europa die Tabellen in Abbildung 4 angefertigt. Zunächst legen Alter, Geschlecht und Rauchverhalten ein Kästchen fest. Darin bestimmen der Gesamt-Cholesteringehalt im Blut sowie der systolische Blutdruck (das ist der höhere der beiden Blutdruckwerte) die Wahrscheinlichkeit, in den nächsten zehn Jahren einen Herzinfarkt zu erleiden.
a) Übe dich zunächst darin, die Tabelle zu lesen, indem du deinem Nachbarn oder deiner Nachbarin drei verschiedene Lese-Beispiele erläuterst.
b) Ermittle, unter welchen Bedingungen nach dieser Tabelle das Risiko für Herzinfarkt besonders groß und sehr niedrig ist.
c) Beurteile die Bedeutung einer solchen Risikotabelle für die Vorbeugung von Herzinfarkt.

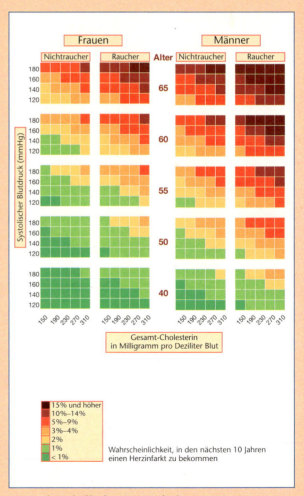

*4 Risikotabelle für Herzinfarkt*

199

# Basiskonzepte zum Thema „Kommunikation und Regulation"

**Methode**

Die nachfolgenden Sachverhalte stammen aus dem Inhaltsfeld „Kommunikation und Regulation". Wenn du die nachfolgende Aufgabe bearbeitest, kannst du Auskunft darüber bekommen, ob du das Wesentliche verstanden hast und darüber, wie gut du Basiskonzepte zuordnen kannst.

**1 Aufgabe:** Ordne jedem der nachfolgenden Sachverhalte ein oder mehrere Basiskonzepte zu. Begründe die von dir gewählte Zuordnung.

**1.** Mit Sinnesorganen werden Informationen aus der Umwelt aufgenommen. Sinneszellen reagieren nur angemessen auf adäquate Reize. Das sichtbare Licht zum Beispiel ist ein adäquater Reiz für Lichtsinneszellen im Auge, Schallwellen für die Hörsinneszellen im Ohr.

**2.** Sinneszellen sind spezialisierte Zellen, die Reize in elektrische Signale umwandeln. Zapfen und Stäbchen in der Netzhaut des Auges sind Beispiele für Sinneszellen. Zapfen ermöglichen das Farbensehen, Stäbchen das Sehen von Helligkeitsunterschieden.

**3.** Die Pupillenweite der Augen reguliert die einfallende Lichtmenge. In der Dämmerung sind die Pupillen meistens weiter geöffnet als in hellem Licht.

**4.** Bei der Informationsverarbeitung arbeiten Sinnesorgane und Nervensystem zusammen. Bei einer Reiz-Reaktions-Beziehung erfolgt der Informationsweg folgendermaßen: Adäquate Reize treffen auf Lichtsinneszellen im Auge, ein elektrisches Signal wird ausgelöst und über Nervenzellen des Sehnervs zu bestimmten Bereichen des Gehirn geleitet; im Gehirn werden die Signale ausgewertet. Die eigentliche Wahrnehmung erfolgt im Gehirn. Das Gehirn entscheidet, ob eine Reaktion erfolgt. In diesem Fall werden elektrische Signale an Muskeln geleitet.

**5.** Zu den Aufgaben des menschlichen Gehirns gehören unter anderem die Regelung von Hunger, Durst und Schlaf, die Steuerung von Bewegungsabläufen, die Auswertung von Informationen der Sinnesorgane, Gedächtnis und Denken. Darüber hinaus entstehen im Gehirn Gefühle wie Trauer, Wut, Ärger, Freude, Unlust und Wohlbefinden. Eigenschaften der individuellen Persönlichkeit, Ich-Bewusstsein, eigener Wille und die Fähigkeit, sich in andere Menschen hineinzuversetzen, sind ebenfalls an das Gehirn gebunden.

**6.** Ein Modell zum Gedächtnis unterscheidet zwischen kurzfristiger Speicherung im Arbeitsgedächtnis und dauerhafter Speicherung im Langzeitgedächtnis. Lernen und Gedächtnisbildung können durch Verknüpfungen mit anderen Gedächtnisinhalten und durch positive Gefühle gefördert werden.

**7.** Bakterien sind einzellige Lebewesen, die keinen Zellkern und keine Zellorganellen enthalten. Bakterien können sich unter günstigen Bedingungen sehr schnell durch Teilung vermehren. Manche Bakterien können Entzündungen oder Krankheiten hervorrufen. Die meisten Bakterien spielen eine wichtige Rolle im Naturhaushalt.

**8.** Antibiotika sind Substanzen, die Bakterien abtöten, ohne die Zellen von Menschen und Tieren zu schädigen. Antibiotika werden benutzt, um bakterielle Infektionskrankheiten zu bekämpfen.

**9.** Viren wie zum Beispiel das Grippevirus sind keine Lebewesen. Sie haben keinen eigenen Stoffwechsel. Zur Vermehrung sind sie auf Wirtszellen angewiesen. Durch die eingedrungene Virus-Erbinformation wird der Stoffwechsel der Wirtszelle so umprogrammiert, dass die Wirtszelle massenhaft neue Viren produziert.

**10.** Bestimmte weiße Blutzellen, die B- und T-Lymphozyten, sind Teil der Immunabwehr, die sich gezielt gegen bestimmte körperfremde Stoffe, die Antigene, richten. T- und B-Lymphozyten reagieren spezifisch nur auf solche Antigene, die nach dem Schlüssel-Schloss-Prinzip zu Rezeptoren auf der Oberfläche der Lymphozyten passen.

**11.** Bei der aktiven Immunisierung werden abgeschwächte oder abgetötete Erreger oder deren Bruchstücke geimpft. Sie lösen eine Immunreaktion aus, bei der langlebige Gedächtniszellen gegen das spezifische Antigen gebildet werden. Bei erneutem Kontakt mit dem Antigen teilen sich die Gedächtniszellen sehr rasch und bilden reichlich Antikörper.

**12.** Rinderbandwurm und Fuchsbandwurm sind Beispiele für Endoparasiten. So nennt man Parasiten, die im Körper ihres Wirtes leben. Beide zeigen in ihrem Entwicklungszyklus einen Wirtswechsel.

**13.** Hormone sind Botenstoffe, die in Hormondrüsen gebildet und mit dem Blut transportiert werden. Hormonsystem und Nervensystem arbeiten eng zusammen.

**14.** Das Hormonsystem im menschlichen Körper ist hierarchisch gegliedert. Es gibt über- und untergeordnete Hormondrüsen. Der Hypothalamus und die Hirnanhangsdrüse (Hypophyse) haben für die meisten anderen Hormondrüsen eine übergeordnete Funktion. Eine Voraussetzung für Regulation ist negative Rückkopplung.

**15.** Hormone wirken nur auf Zielzellen mit passenden Rezeptoren. Hormonmoleküle und Rezeptoren passen wie Schlüssel und Schloss zusammen. Rezeptoren spielen eine wichtige Rolle bei der Signalübertragung in einer Zelle.

**16.** Glucose ist der wichtigste Ausgangsstoff für die Energieversorgung der Zellen durch Zellatmung.

**17.** Der Blutzuckerspiegel wird durch das Hormon Insulin und seine Gegenspieler Glukagon und Adrenalin geregelt.

Methode

Kommunikation und Regulation

# Vererbung

## 9.1 Die Bedeutung des Zellkerns

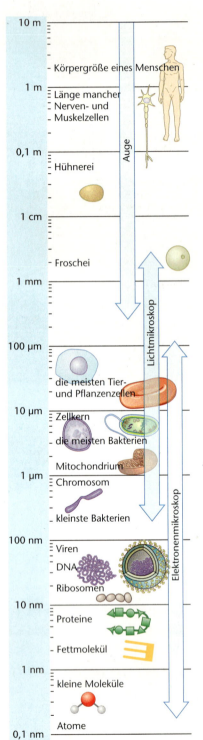

1 *Größenvergleich*

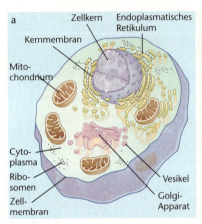

**2** *a) Tierzelle mit Zellkern, b) angefärbter Zellkern mit Kernporen*

Alle Lebewesen mit einem Zellkern nennt man **Eukaryoten.** Im Zellkern, der von einer Membran umgeben ist, sind alle Erbinformationen gespeichert. Dazu gehören die Bauanleitungen für die Zellen und die Entwicklung des Körpers, die Informationen für den Stoffwechsel und für die Fortpflanzung. Jede Körperzelle eines Lebewesens enthält die gleichen Erbinformationen, die bereits im Zellkern der Zygote enthalten waren. Die Körperzellen eines Lebewesens sind untereinander erbgleich. Jede Zelle mit Zellkern enthält die Gesamtheit der Erbinformationen eines Lebewesens. Man bezeichnet die Gesamtheit der Erbinformationen eines Lebewesen als **Genom.**

- Die Träger der Erbinformationen im Zellkern sind die Chromosomen. Sie bestehen unter anderem aus Desoxyribonukleinsäure, die abgekürzt als **DNA** (engl. deoxyribonucleic acid) bezeichnet wird. Die DNA ist ein langes, spiralig aufgebautes Molekül. Jedes einzelne Chromosom besteht aus einem DNA-Molekül.

Die Erbinformationen werden im Zellkern von der DNA abgelesen und in beweglichen Molekülen übersetzt. Diese gelangen durch Poren in der Kernhülle ins Cytoplasma und zu den Zellorganellen, wo die entsprechenden Stoffwechselreaktionen eingeleitet werden. Umgekehrt gelangen auch Informationen durch die Kernhülle in den Zellkern. Es findet also ein ständiger Informationsfluss zwischen der DNA im Zellkern und der übrigen Zelle statt. Auf diese Weise kann ein geregelter Ablauf aller Stoffwechselreaktionen erfolgen.

**204** Information+Kommunikation

**1 Größenvergleiche.** Berechne unter Bezug auf Abbildung 1, wie groß ein Mensch (1,75 m) sein müsste, wenn ein Zellkern (9 μm Durchmesser) so groß wie ein Tennisball (Durchmesser 10 cm) wäre.

**2 Versuche an Krallenfröschen.** 1966 wurden die in Abbildung 4 dargestellten Versuche durchgeführt. Beschreibe die Versuche. Werte die Versuche in Hinblick auf die Bedeutung des Zellkerns aus.

**3 Versuche mit Acetabularia.** Die einzelligen Algen der Gattung Acetabularia bestehen aus einer „Wurzelregion", die den Zellkern enthält, einem Stiel und einem Schirm. Die einzelnen Arten unterscheiden sich in der Form des Schirms. Junge Algen besitzen noch keinen Schirm. Mit den in Abbildung 5 dargestellten Experimenten untersuchten Wissenschaftler die Regenerationsfähigkeit der Alge Acetabularia mediterranea.
Beschreibe die in der Abbildung 5a dargestellten Versuche. Stelle eine begründete Hypothese auf, die das unterschiedliche Regenerationsvermögen der einzelnen Algenteile in Teil a des Experiments erklären kann. Überprüfe, ob deine Hypothese das Versuchsergebnis von Experiment b schlüssig erklären kann. Begründe deine Ansicht.

**4 Kombinationsversuche mit Acetabularia.** In Abbildung 6 ist ein Versuch beschrieben, in dem Algenteile verschiedener Acetabularia-Arten kombiniert wurden. Stelle eine Hypothese auf, wie die Ergebnisse zu erklären sind.

3 *Acetabularia*

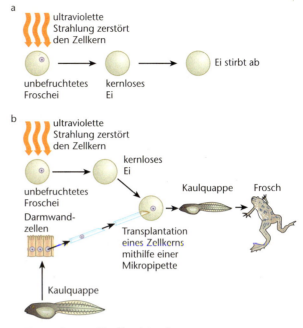

4 *Versuche an Krallenfröschen*

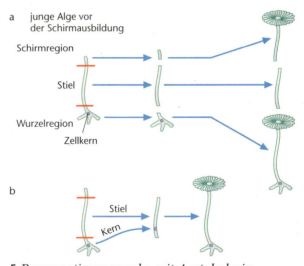

5 *Regenerationsversuche mit Acetabularia*

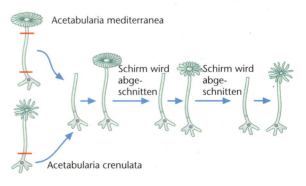

6 *Kombinationsversuche mit Acetabularia-Arten*

205

## 9.2 Chromosomen als Träger der Erbinformation

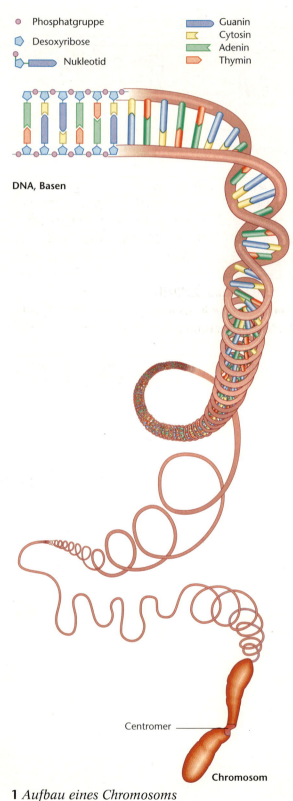

1 *Aufbau eines Chromosoms*

Jedes einzelne Chromosom besteht aus einem DNA-Molekül. Die **DNA** ist ein langes, spiralig aufgebautes Molekül aus vielen Bausteinen, den Nukleotiden. Jedes Nukleotid besteht aus einer Phosphatgruppe, dem Zucker Desoxyribose und einer Base. Es gibt vier verschiedene Basen, von denen jeweils zwei von ihrer Form zueinander passen (Abb. 1). Die Nukleotide sind paarweise angeordnet, so dass zwei zueinander passende Basen sich gegenüberstehen. Sie bilden die Sprossen einer Leiter, deren Holme aus den Phosphatgruppen und Zuckerbausteinen der Nukleotide bestehen. Diese Leiter ist wie eine verdrehte Strickleiter gewunden. In der Reihenfolge der Basenpaare im DNA-Molekül ist die Erbinformation codiert. Die einzelnen DNA-Moleküle unterscheiden sich in der Anzahl und Abfolge ihrer Basenpaare.

Normalerweise liegt die DNA als sehr langes Molekül im Zellkern. Vor der Zellteilung rollt sich die DNA auf, so dass sie im Lichtmikroskop sichtbar wird (Abb. 1). Jedes DNA Molekül entspricht einem **Chromosom.** Nach der Zellteilung nimmt die DNA wieder die fädige Form an.

Der Mensch besitzt in jeder Körperzelle 46 Chromosomen. Davon sind 22 je zwei Mal vorhanden. Sie heißen **Autosomen.** Die beiden Chromosomen dieser Chromosomenpaare werden als **homologe Chromosomen** bezeichnet. Hinzu kommen Chromosomen, die das Geschlecht des Menschen bestimmen. Sie heißen daher Geschlechtschromosomen oder **Gonosomen.** Bei den Gonosomen unterscheidet man X- und Y-Chromosomen. Frauen und Mädchen besitzen zwei X-Chromosomen, Männer und Jungen haben ein X-Chromosom und ein Y-Chromosom. Bei jedem Autosomenpaar stammt ein Chromosom von der Mutter und eines vom Vater. Auch von den beiden Gonosomen stammt eines von der Mutter und eines vom Vater. Die Körperzellen des Menschen haben also einen doppelten Chromosomensatz: 2 x 22 + XX bei einer Frau und 2 x 22 + XY bei einem Mann. Zellkerne mit einem doppelten Chromosomensatz nennt man **diploid.** Eizellen und Spermazellen haben von jedem Chromosomenpaar entweder nur das Chromosom von der Mutter oder das vom Vater. Sie haben nur einen einfachen Chromosomensatz, der aus 23 Chromosomen besteht. Man bezeichnet solche Zellen als **haploid.**

Vor einer Zellteilung verdoppelt sich jedes DNA-Molekül, wobei die beiden DNA-Moleküle völlig gleich sind. An einem Punkt berühren sie sich. Man nennt diese Stelle Centromer (Abb. 1). Zu Beginn einer Zellteilung haben die Chromosomen daher ein x-förmiges Aussehen. Sie bestehen dann aus zwei zusammengerollten DNA-Molekülen. Es sind zwei Chromosomen, die an einer Stelle, dem Centromer, zusammenhängen. Man bezeichnet sie in dieser Form als **Doppelchromosom.**

Die Zahl der Chromosomen des einfachen Chromosomensatzes einer Zelle bezeichnet man mit n.

| Körperzellen | | Geschlechtszellen |
|---|---|---|
| direkt vor der Zellteilung | zwischen zwei Zellteilungen | |
| 46 Doppelchromosomen | 46 Chromosomen | 23 Chromosomen |

**2** *Übersicht Chromosomenzahl*

Beim Menschen ist n = 23. Körperzellen besitzen von jedem Chromosom ein Exemplar von der Mutter und eines vom Vater. Ihr Chromosomensatz beträgt 2n. Vor der Zellteilung hat sich jedes DNA-Molekül verdoppelt. Die so entstandenen DNA-Moleküle bilden ein Doppelchromosom. Durch Kern- und Zellteilung werden die Chromosomen so verteilt, dass jede Tochterzelle den diploiden Chromosomensatz mit 2n hat.

a Während der Zellteilung werden die Chromosomen im Lichtmikroskop sichtbar. Sie liegen dann als Doppelchromosomen vor. Jedes Doppelchromosom ist zweifach vorhanden. Die Chromosomen werden fotografiert und ausgeschnitten. Anschließend ordnet man sie nach Form und Größe. Die jeweils gleichen Chromosomen werden dabei nebeneinander gelegt. Man nennt diese Zusammenstellung der Chromosomen Karyogramm. So kann man feststellen, ob alle Chromosomen vollständig sind und auch in der richtigen Anzahl vorliegen. Manche Krankheiten beruhen auf einer Abweichung der Chromosomenzahl oder darauf, dass einzelne Stücke eines Chromosoms fehlen.

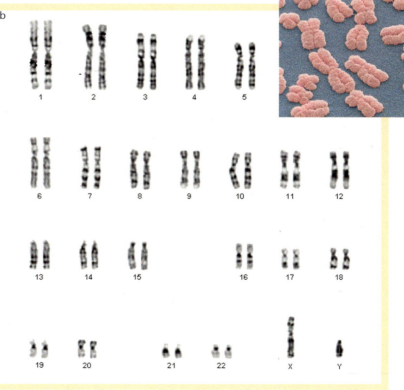

**3** *a) Entstehung eines Karyogramms des Menschen, b) geordnetes Karyogramm, c) Ausschnitt aus einem ungeordneten Karyogramm*

**207**

Grundwissen

## 9.3 Mitose

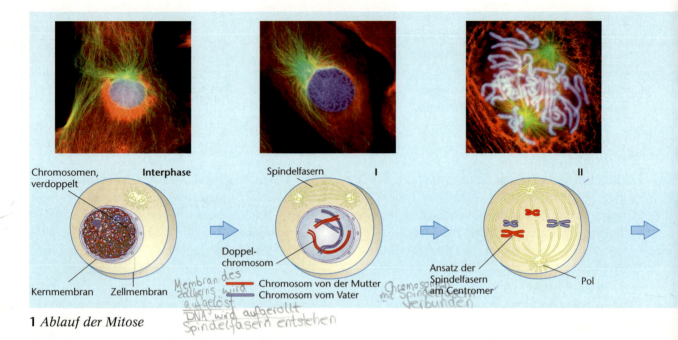

**1** *Ablauf der Mitose*

Nach jeder Zellteilung haben die beiden neu entstandenen Zellen die gleiche Erbinformation wie die Zelle, aus der sie hervorgingen. Man spricht von **erbgleicher Teilung**. Die Vorgänge in der Zelle von einer Zellteilung bis zur nächsten bezeichnet man als **Zellzyklus.** Im Zellzyklus unterscheidet man **Mitose** und **Interphase.**

Die **Mitose** wird in folgende Phasen unterteilt (Abb. 1).
- I: Zu Beginn der Mitose wird die Membran des Zellkerns aufgelöst. Die DNA wird aufgerollt, die Doppelchromosomen werden im Lichtmikroskop sichtbar. Die Spindelfasern entstehen.
- II, III: Die Chromosomen sind in der Zellmitte in einer Ebene angeordnet und mit den Spindelfasern verbunden.
- IV: Die Doppelchromosomen werden getrennt. Je eines der beiden identischen Chromosomen wandert nun mithilfe der Spindelfasern zu einem Pol.
- V: An jedem Pol wird eine neue Kernmembran gebildet, die die Chromosomen umschließt. Gleichzeitig verlieren die Chromosomen wieder ihre aufgerollte Struktur und können im Lichtmikroskop nicht mehr unterschieden werden. Das Cytoplasma wird auf die entstehenden Tochterzellen aufgeteilt; die Zellen durch Membranen vollständig getrennt. Es sind zwei Zellen mit gleichen Erbinformationen entstanden; die Mitose ist beendet.

In der folgenden **Interphase** wächst die Zelle und nimmt ihre Stoffwechselfunktion wahr. Während einer bestimmten Zeit in der Interphase findet die identische Verdopplung jedes Chromosoms, also jedes DNA-Moleküls, statt. Die beiden Chromosomen bleiben im Centromer verbunden. Damit ist der Ausgangszustand vor einer erneuten Mitose wieder erreicht.

Die Zunahme an Zellen während des Wachstums eines Lebewesens ist auf den Vorgang der Mitose zurückzuführen. Durch Mitose entstehen aus einer Zelle 2, 4, 8, 16, … erbgleiche Zellen.

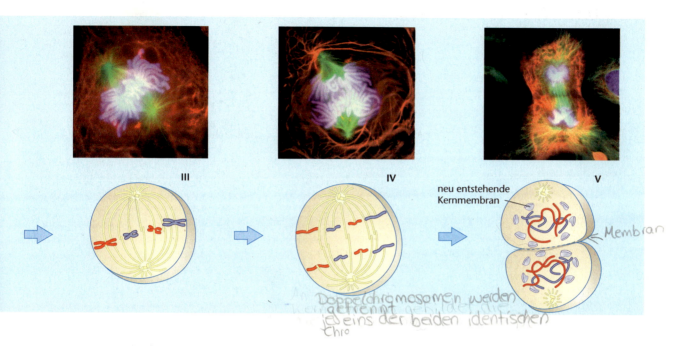

1 **Kurzvortrag Mitose.** Bereite einen Kurzvortrag von 3 bis 5 Minuten über die Mitose vor. Verwende dazu Abbildung 1.

2 **Zellen in der Mitose.** Ordne die Zellen in der Abbildung 2 den Phasen der Abbildung 1 zu. Begründe deine Zuordnung.

3 **Phasendauer im Zellzyklus.** Werte die Abbildung 3 aus.

4 **Mitose-Modelle planen und präsentieren.** Plant im Team die Darstellung der Mitose in Form eines Modells, das der Veranschaulichung dienen soll. Verständigt euch über Materialien und Vorgehensweise. Fertigt zusammen das Modell an und präsentiert es. Lasst euch von der Klasse zurückmelden, wie gut die Veranschaulichung der Mitose mit dem Modell gelungen ist.

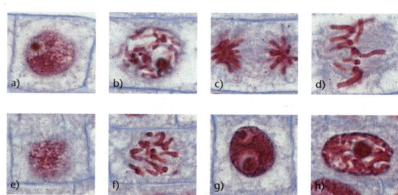

2 *Mitose in der Wurzelspitze einer Zwiebel*

| Zelltyp | Interphase bis zur Verdoppelung der DNA | Dauer der Verdoppelung der DNA | Mitose |
|---|---|---|---|
| blutbildendes Knochenmark | 2 | 8 | 0,7 |
| Dünndarm | 6 | 8 | 0,7 |
| Dickdarm | 22 | 8 | 0,7 |
| Speiseröhre | 170 | 8 | 0,7 |
| Haut | 989 | 8 | 0,7 |
| Leber | 9990 | 8 | 0,7 |

3 *Phasendauer im Zellzyklus in Stunden*

## 9.4 Meiose – Bildung der Geschlechtszellen

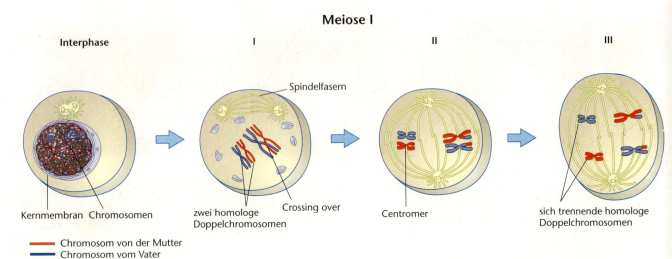

1 *Schematischer Ablauf der Meiose*

Der Vorgang, bei dem die Geschlechtszellen gebildet werden, heißt **Meiose.** Die Meiose findet bei der Frau in den Eierstöcken und beim Mann in den Hoden statt. Sie besteht immer aus zwei Teilungsschritten, der Meiose I und der Meiose II.

Zu Beginn der **Meiose I** hat die Verdopplung der DNA-Moleküle in der Ursprungszelle bereits stattgefunden. Jedes Chromosom liegt jetzt in Form von zwei homologen Doppelchromosomen vor (Abb. 1). In der Phase I lagern sich die homologen Doppelchromosomen zusammen. Man spricht von der Paarung der homologen Doppelchromosomen. Bei diesem Vorgang kann es vorkommen, dass einzelne Abschnitte der Doppelchromosomen ausgetauscht werden, so dass zum Beispiel ein Doppelchromosom vom Vater nun DNA-Abschnitte vom Doppelchromosom der Mutter enthält und umgekehrt. Den Vorgang bezeichnet man als Stückaustausch oder **Crossing over.** In den anschließenden Phasen II bis IV werden die Doppelchromosomen so auf die Tochterzellen verteilt, dass von jedem Paar Doppelchromosomen ein Exemplar in jeder Tochterzelle vorliegt. Dabei ist es völlig zufällig, ob das Doppelchromosom von der Mutter oder das vom Vater in die neue Zelle gelangt. Auch die beiden Gonosomen werden zufällig auf die beiden Tochterzellen verteilt. Die Zahl der Chromosomen wird bei dieser Teilung also halbiert. Es entstehen zwei Tochterzellen mit je einem Doppelchromosom (Phase V).

An diese erste Teilung schließt sich eine zweite Teilung an, die **Meiose II** (Abb. 1). In der Phase VI ordnen sich die Doppelchromosomen der Tochterzellen in der Mitte der Zelle an. Anschließend werden die einzelnen Chromosomen eines jeden Doppelchromosoms getrennt und zu den Zellpolen gezogen. Nach dem Ende der Teilung, Phase IX, liegen vier haploide Zellen vor. Diese Zellen besitzen nicht die gleichen Erbinformationen, da die Chromosomen vom Vater und der Mutter zufällig verteilt wurden.

Beim Mann entstehen aus den in der Meiose gebildeten Zellen die Spermien. Aus einer Ursprungszelle entstehen vier Spermien. Bei der Frau wird bei den Teilungen der Meiose das Zellplasma ungleich verteilt. Es entstehen aus der Ursprungszelle eine große Zelle, die zukünftige Eizelle, und drei sehr kleine Zellen, die nahezu kein Zellplasma enthalten. Man nennt sie Polkörperchen. Sie gehen später zugrunde. Bei der anschließenden Befruchtung verschmelzen Eizelle und Spermazelle. Es entsteht die diploide Zygote.

## Meiose II

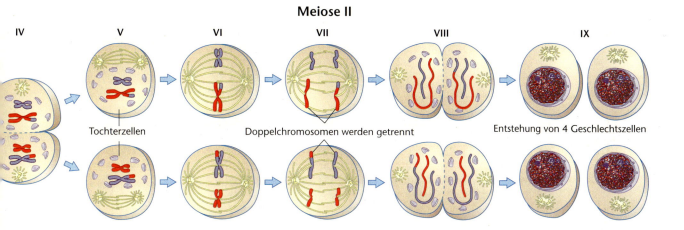

IV   V Tochterzellen   VI   VII Doppelchromosomen werden getrennt   VIII   IX Entstehung von 4 Geschlechtszellen

**1 Meiose.** Beschreibe den Ablauf der Meiose in eigenen Worten (Abb. 1). Gliedere deine Ausführungen.

**2 Mitose/Meiose.** Ordne die folgenden Begriffe und Aussagen der Mitose und/oder der Meiose zu.
- A – erbgleiche Teilung
- B – Verringerung der Chromosomenzahl
- C – haploide Zellen
- D – diploide Zellen
- E – Centromer
- F – Bildung von Geschlechtszellen
- G – Crossing over
- H – homologe Doppelchromosomen
- I – Paarung homologer Doppelchromosomen
- J – Eine neue Kernhülle wird gebildet.
- K – DNA-Moleküle trennen sich.

**3 Schema der Meiose.** Zeichne ein Schema für die Meiose einer Zelle mit zwei verschiedenen Doppelchromosomen und Gonosomen wie in Abbildung 1. Ordne die Begriffe diploid und haploid den Abschnitten zu.

**4 Geschlechtschromosomen.** In welcher Phase der Meiose entscheidet sich, ob eine Spermazelle ein X oder ein Y-Chromosom enthält? Begründe deine Ansicht.

**5 Zellteilungen im menschlichen Leben.** Beschreibe die in Abbildung 2 dargelegten Vorgänge und gib für die Zellen 1–7 jeweils die Anzahl und Art der Chromosomen an.

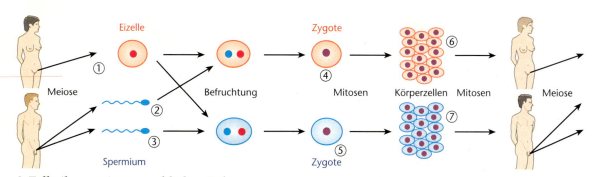

**2** *Zellteilungen im menschlichen Leben*

## 9.5 Genetische Variabilität

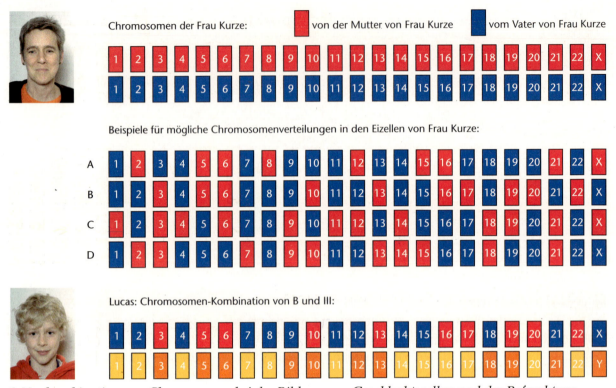

**1** *Neukombination von Chromosomen bei der Bildung von Geschlechtszellen und der Befruchtung*

Die Körperzellen eines Menschen enthalten Chromosomen von dessen Mutter und Vater. In der Abbildung 1 ist vereinfacht davon ausgegangen, dass die Hälfte der Chromosomen von Frau Kurze von ihrer Mutter, die andere Hälfte von ihrem Vater stammt. Die Chromosomen werden bei der Bildung der Eizellen von Frau Kurze neu kombiniert, wobei eine unglaublich große Zahl von Kombinationsmöglichkeiten besteht (Abb. 1 A–D). Der gleiche Vorgang findet bei der Spermienbildung des Vaters statt (Abb. 1 I–IV). Durch die Befruchtung erfolgt anschließend die Kombination von mütterlichen und väterlichen Chromosomen in der Zygote. Die Zygote, und damit alle Zellen des daraus entstehenden Kindes, enthält so eine andere Kombination der Chromosomen als die Zellen der Eltern. Eine Neukombination erfolgt also sowohl bei der Bildung der Geschlechtszellen als auch bei der Befruchtung. Dadurch entsteht eine große Vielfalt, die auch **genetische Variabilität** genannt wird.

Alle Erbinformationen, die auf einem Chromosom liegen, werden gemeinsam vererbt. Sie stellen gewissermaßen ein Paket dar. Durch den Austausch von DNA zwischen homologen Doppelchromosomen beim Crossing over in der Meiose werden die Erbinformationen eines Chromosoms neu zusammengestellt. Dies hat zur Folge, dass dadurch die genetische Variabilität weiter erhöht wird.

Von Generation zu Generation hat die Fortpflanzung durch Geschlechtszellen zur Folge, dass die Erbinformationen neu gemischt werden. Es entstehen immer neue Kombinationen der Erbinformationen. Mit Ausnahme eineiiger Zwillinge haben alle Menschen neben gemeinsamen auch unterschiedliche Erbinformationen. Dies trifft auf alle Organismen zu, die sich geschlechtlich fortpflanzen. Infolge der unterschiedlichen Erbinformationen unterscheiden sich die einzelnen Individuen in ihren erblichen Eigenschaften.

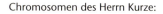

Beispiele für mögliche Chromosomenverteilungen in den Spermazellen von Herrn Kurze:

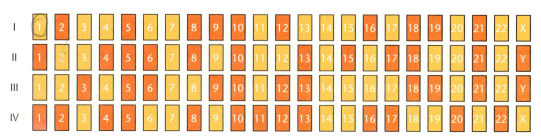

Isabel: Chromosomen-Kombination von A und IV:

**1 Kombinationsmöglichkeiten berechnen.**
Die Zahl der Kombinationsmöglichkeiten der Chromosomen väterlicher und mütterlicher Herkunft bei der Bildung der Geschlechtszellen berechnet sich bei diploiden Organismen nach folgender Formel:

$x = 2^y$

wobei gilt:
x = Zahl der Kombinationsmöglichkeiten

$y = \dfrac{\text{Gesamtzahl der Chromosomen (n)}}{2}$

Berechne die Zahl der Kombinationsmöglichkeiten.

**2 Vergleich der Kinder.**
a) Vergleiche die Chromosomen-Kombinationen der beiden in Abbildung 1 dargestellten Kinder.
b) Vergleiche die Chromosomen-Kombinationen von Geschwistern allgemein mit der von eineiigen Zwillingen.

**3 Kombinationsmöglichkeiten von Chromosomen.**
a) Frau und Herr Kurze erwarten ein weiteres Kind, einen Jungen. Zeichne unter Bezug auf Abbildung 1 eine Kombinationsmöglichkeit in dein Heft.
b) Zeichne zwei mögliche Chromosomenverteilungen in den Eizellen von Isabel in dein Heft.

**4 Fragen zum Thema „Individuum und Individualität".** Das Wort Individuum kommt aus dem Lateinischen und heißt wörtlich übersetzt „das Unteilbare". Die Eigenarten und Eigentümlichkeiten eines einzelnen Menschen machen seine Individualität aus.
a) Entwirf Fragen zum Thema „Individuum und Individualität".
b) Erörtert, welche eurer Fragen sich mithilfe von naturwissenschaftlichen Methoden klären lassen. Welche Fragen können die Naturwissenschaften nicht beantworten?

## 9.6 Gen – Protein – Merkmal

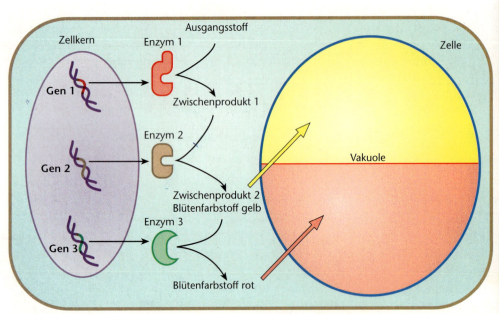

**1** *Genwirkkette zur Blütenfarbe bei der Gauklerblume*

Verschiedene Zuchtsorten der Gauklerblume haben eine unterschiedliche Blütenfarbe (Abb. 1). Untersuchungen haben ergeben, dass die Blütenfarbe vom Bau eines DNA-Abschnittes in einem bestimmten Chromosom abhängt. Dieser Abschnitt ist für die Blütenfarbe zuständig.

Eine Funktionseinheit der DNA, die die Information für die Herstellung eines Proteins trägt, bezeichnet man als **Gen.** Das entsprechende Protein ist das zugehörige **Genprodukt.**

Eine große Gruppe der Proteine sind Enzyme, die Stoffwechselreaktionen katalysieren. Im Falle der Blütenfarbe der Gauklerblume ist in dem Gen die Information für die Bauanleitung eines Enzyms gespeichert. In den Zellen des Kronblattes wird dieses Enzym produziert. Zusammen mit anderen Enzymen bewirkt es, dass ein roter Farbstoff in der Zelle hergestellt wird. Der Farbstoff wird in der Vakuole der Zelle gespeichert und verleiht der Blüte die entsprechende Farbe. Die rote Farbe ist das für uns sichtbare **Merkmal.** In diesem Fall handelt es sich um ein erbliches Merkmal, weil es durch ein Gen bestimmt wird.

Häufig sind für die Ausbildung eines erblichen Merkmals mehrere Enzyme und damit die entsprechenden Gene erforderlich. So werden zur Herstellung des Blütenfarbstoffes bei der Gauklerblume mehrere Enzyme benötigt, weil die Synthese des Stoffes über mehrere Stufen verläuft. Jede Reaktion dieses Herstellungsprozesses wird von einem anderen Enzym katalysiert (Abb. 1). Im Falle der Gauklerblume ist nur die letzte Reaktion und damit nur ein Enzym verantwortlich, ob der hergestellte Farbstoff gelb oder rot aussieht. Die Abfolge von Stoffwechselreaktionen in dieser Art bezeichnet man als **Genwirkketten.** Das erbliche Merkmal, hier zum Beispiel die Blütenfarbe, ist das Ergebnis der Genwirkkette. Die Gene einer Genwirkkette müssen dabei nicht auf dem gleichen Chromosom liegen.

Die meisten Merkmale von Lebewesen sind nicht nur erblich bestimmt. Sie werden durch das Zusammenwirken von Genen und Umwelt bestimmt. Manche Merkmale eines Lebewesens werden nur durch die Umwelt beeinflusst.

**A:** Die Eizelle und der Pollen enthalten die Gene für die Gauklerblume. Nach der Befruchtung sind dadurch die Merkmale der Gauklerblume festgelegt. Die Gene sind damit der wichtigste Teil der Vererbung. Jedem Merkmal ist ein Gen zugeordnet, zum Beispiel das Merkmal „rote Blütenfarbe".

**B:** Bei der Gauklerblume gibt es rote Blüten und gelbe Blüten. Wenn man die Pflanzen kreuzt, kommt es darauf an, welche Merkmale aus dem Pollen kommen und welche aus der Eizelle. Wird die neue Blüte rot und stammte der Pollen von einer rot blühenden Pflanze, so stammt das Merkmal vom Pollen.

**C:** Häufig werden zur Ausbildung eines Merkmals viele Gene benötigt. Man spricht dann von einer Genwirkkette. Das ist auch bei der Blütenfarbe der Gauklerblume der Fall. Wenn nun ein Gen der Genwirkkette fehlt, so hat die Blume keine Blütenfarbe. Sie ist dann weiß, da das Merkmal „Blütenfarbe" nicht ausgebildet werden kann.

**D:** Auch bei der Blütenfarbe liegt eine Genwirkkette vor. Das Merkmal „rot" ist das Produkt dieser Kette, also das Genprodukt. Interessant ist bei der Züchtung, von welcher Elternpflanze die Genwirkkette vererbt wird. Sie bestimmt dann die Blütenfarbe.

**E:** Die Blütenfarbe ist bei der Bestäubung wichtig. Wenn eine Pflanze merkt, dass sie nicht von den Bienen bestäubt wird, ändert sie die Proteine, die die Genprodukte sind. So kann sie bestimmen, ob ihre Blüten rot oder gelb werden. Vielleicht kann die Pflanze ja auch aussuchen, welche Gene für sie besser sind.

*2 Aussagen – falsch oder richtig?*

Genwirkketten können wesentlich komplexer sein, als sie in Abbildung 1 dargestellt sind. So können aus einem Ausgangsstoff mehrere Zwischenprodukte entstehen oder mehrere Stoffe werden von einem Enzym zu einem neuen Stoff zusammengebaut.

Soll eine Genwirkkette erforscht werden, muss zunächst ermittelt werden, welche Stoffe und Gene daran beteiligt sind. Anschließend werden in einer Versuchsreihe die einzelnen Gene ausgeschaltet und jeweils überprüft, welche Stoffe noch von der Zelle gebildet werden können. Daraus lässt sich rekonstruieren, in welcher Reihenfolge die Stoffe durch die Genwirkkette gebildet werden.

| Zerstörung von Gen | Stoffe, die nicht mehr gebildet werden |
|:---:|:---:|
| 1 | B, C, E, F |
| 2 | F |
| 3 | C, E, F |
| 4 | E, F |
| 5 | D, E, F |

A = Ausgangsstoff; F = Endstoff; B, C, D, E = Zwischenprodukte

*3 Untersuchung einer Genwirkkette*

**1 Genwirkkette.**
a) Beschreibe die Genwirkkette in Abbildung 1.
b) Überlege, welche Folgen es in Hinblick auf das Merkmal Blütenfarbe hätte, wenn das Gen 3 in den Zellen der Blüte seine Funktion verlieren würde.

**2 Sind die Aussagen richtig?** Überprüfe anhand der Grundwissenseite, ob die Formulierungen in Abbildung 2 richtig sind. Begründe deine Entscheidung ausführlich. Berichtige die Aussagen in den Fällen, die du als nicht korrekt bewertet hast.

**3 Erforschung einer Genwirkkette.** Stelle aus den Angaben in Abbildung 3 eine mögliche Genwirkkette auf.

## 9.7 Mutationen

**1** *Normal gefärbter Tiger und weißer Tiger*

Die DNA kann durch Einflüsse von außen verändert werden. Solche Einflüsse sind zum Beispiel UV-Strahlung, radioaktive Strahlung, Röntgenstrahlung oder auch eine Reihe von Chemikalien, wie sie zum Beispiel im Zigarettenrauch enthalten sind. Manche Veränderungen der DNA erfolgen auch ohne erkennbare äußere Einwirkung. Heute weiß man, dass Veränderungen der DNA häufig vorkommen. Die Zelle verfügt über Mechanismen, die Veränderungen in der DNA reparieren können, doch nicht immer gelingt eine Reparatur. Bleibende Veränderungen der DNA nennt man **Mutationen.**

Wenn eine Körperzelle mutiert, kann das dazu führen, dass das entsprechende Genprodukt in dieser Zelle nicht mehr funktionstüchtig ist. Wird der Stoffwechsel der Zelle dadurch schwer gestört, stirbt die Zelle. Manche Mutationen haben keine Auswirkungen auf die Lebensfähigkeiten der Zelle. Mutationen in Körperzellen werden bei der Zellteilung an die Tochterzellen weitergegeben. Bei manchen Mutationen gerät die Steuerung der Zellteilung außer Kontrolle. Teilt sich die Zelle aufgrund solcher Mutationen immer weiter, kann ein Tumor entstehen. Mutationen von Körperzellen werden nicht vererbt.

Bei mehrzelligen Lebewesen wird eine Mutation nur dann an die Nachkommen übertragen, wenn die Mutation in einer Zelle stattfindet, aus der sich eine Geschlechtszelle bildet. Eine solche Zelle gehört der **Keimbahn** an. Darunter versteht man die Abfolge derjenigen Zellen, ausgehend von der Zygote, aus denen sich schließlich die Geschlechtszellen entwickeln (Abb. 3). Werden Mutationen durch die Geschlechtszellen weitergegeben, besitzen alle Körperzellen des neuen Lebewesens diese veränderte Erbinformation. So fehlt dem Tiger in Abbildung 1 der rote Farbstoff im gesamten Fell.

Mutationen können nachteilig, vorteilhaft oder ohne erkennbare Auswirkungen sein. Mutationen tragen zur genetischen Variabilität einer Art bei. Bei Veränderungen der Umwelt hat möglicherweise ein Individuum mit einer solchen Mutation einen Überlebensvorteil, während andere Individuen mit der Veränderung nicht zurechtkommen. Mutationen sind in der Geschichte der Lebewesen, der Evolution, eine Ursache für Neues.

**2** *Schneehase im Winter und im Sommer*

**1 Diploide Organismen.** Begründe, warum bei diploiden Organismen eine Fehlfunktion nicht immer auftritt, obwohl die Mutation, die diese Fehlfunktion zur Folge hat, auf einem Chromosom vorhanden ist.

**2 Bedeutung von Mutationen in der Evolution.** Der Schneehase ist mit dem Feldhasen eng verwandt; er stammt wahrscheinlich von ihm ab. Er lebt im hohen Norden in schneereichen Gebieten. Im Gegensatz zum Feldhasen hat er im Winter ein weißes Fell (Abb. 2). Stelle eine begründete Hypothese zur Entstehung der weißen Fellfarbe beim Schneehasen auf.

**3 Bedeutung von Mutationen in der Ökologie.** Nach wiederholtem Einsatz von Insektiziden beobachtet man häufig, dass die bekämpften Insekten wieder an Zahl zunehmen, nun aber gegen das Insektengift resistent sind. Abbildung 4 zeigt die Vorgänge, die dazu führen. Beschreibe diese Vorgänge. Erläutere die Rolle von Mutationen dabei.

**4 Bedeutung von Mutationen in der Medizin.** Abbildung 5 zeigt den typischen Verlauf der Behandlung eines Aids-Patienten mit dem Medikament 3TC, das die Vermehrung von HI-Viren verhindern soll. Interpretiere die Abbildung und nimm zur Anwendung des Medikaments in der Aids-Therapie Stellung.

**5 Röntgen.** Begründe, warum beim Röntgen besonders die Geschlechtsorgane durch Blei abgeschirmt werden und man Schwangere nicht röntgt.

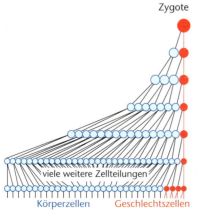

**3** *Keimbahn*

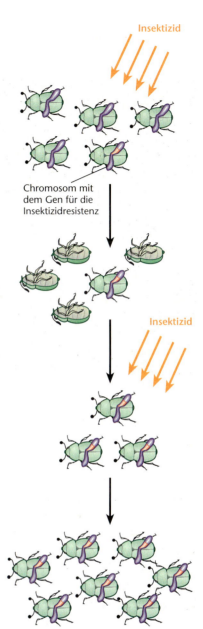

**4** *Resistenzbildung bei Insekten*

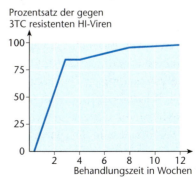

**5** *Behandlungsergebnis von Aids-Patienten mit 3TC*

**217**

Arbeitsmaterial

## 9.8 Gregor Mendels Versuche zur Vererbung

GREGOR MENDEL (1822–1884), ein Augustinermönch, hat als erster genauere Erkenntnisse darüber gewonnen, wie es zur Ähnlichkeit zwischen Eltern und ihren Nachkommen kommt (Abb. 1). Er nutzte für seine Untersuchungen Erbsenpflanzen. MENDEL säte in mehreren Versuchen gelbe und grüne Erbsensamen aus. Die Pflanzen wuchsen heran und entwickelten Blüten (Abb. 3). Bei der Bestäubung der Blüten gelangt unter natürlichen Bedingungen nur Pollen der eigenen Blüte auf die Narbe. Dieser Vorgang wird **Selbstbestäubung** genannt. Nach der Befruchtung entwickeln sich die Samen, die man Erbsen nennt. Sie liegen in einer Hülse (Abb. 3). Einige der Erbsenpflanzen, die sich bei MENDELs Versuchen entwickelten, enthielten in der Hülse gelbe und grüne Samen. MENDEL zog daraus den Schluss, dass jede Pflanze zwei Erbfaktoren in sich tragen müsse, die die Ausbildung dieser Merkmale bewirken. Diese Erbfaktoren werden heute als **Gene** bezeichnet. MENDEL nannte Pflanzen mit grünen und gelben Samen **mischerbig,** da er davon ausging, dass sie sowohl Gene für grüne als auch für gelbe Samenfarbe aufwiesen. Die Gene für die Samenfarbe konnten nach seiner Hypothese entweder zur Ausbildung von grüner oder gelber Samenfarbe führen. Diese beiden möglichen Ausprägungen des Gens werden heute **Allele** genannt.

1 *Gregor Mendel*

Die meisten Erbsenpflanzen enthielten in den Hülsen entweder nur gelbe oder nur grüne Erbsen. MENDEL säte diese Erbsen erneut aus. Nach dem Heranwachsen der Erbsenpflanzen fand in den Blüten Selbstbestäubung statt. Aus den ausgesäten gelben Erbsen wuchsen in der nächsten Generation Erbsenpflanzen heran, die ausschließlich gelbe Erbsen in ihren Hülsen enthielten. Erbsenpflanzen, die aus grünen Samen hervorgingen, erzeugten nur grüne Erbsensamen. Erbsenpflanzen, die in vielen weiteren Generationen immer ausschließlich die gleiche Samenfarbe aufwiesen, nannte MENDEL **reinerbig.** Seiner Hypothese nach besaßen sie zwei identische Allele für die Ausprägung des Merkmals Samenfarbe.

Als Elterngeneration für weitere Untersuchungen wählte MENDEL ausschließlich die von ihm herangezogenen, reinerbigen Erbsenpflanzen. Er bestäubte in einem ersten Versuch Erbsenpflanzen aus gelben Samen mit Pollen von Erbsenpflanzen aus grünen Samen. Da dieses unter natürlichen Bedingungen nicht geschieht, führte er eine **künstliche Fremdbestäubung** durch (Abb. 2). Bei der Auswertung dieser Versuche mittels statistischer Analyse konnte er mathematische Gesetzmäßigkeiten feststellen, die er veröffentlichte. Sie blieben aber unbeachtet und wurden erst Anfang des 20. Jahrhunderts wieder entdeckt.

2 *Künstliche Fremdbestäubung bei Erbsenpflanzen*

3 *Erbsenpflanzen mit Blüten, Hülsen und Samen*

**1 Künstliche Fremdbestäubung.** Beschreibe anhand von Abbildung 2, wie die künstliche Fremdbestäubung abläuft. Begründe, warum MENDEL ein solch kompliziertes Verfahren gewählt hat.

**2 MENDELs Versuchsansatz.** MENDEL suchte die Erbsenpflanzen, die er als Elterngeneration für seine Vererbungsversuche nutzte, sehr sorgfältig aus. Er verwendete nur Erbsenpflanzen, die reinerbig für das untersuchte Merkmal waren. Um dies herauszufinden führte er Vorzuchten durch, bei denen jeweils Selbstbestäubung stattfand. Die Ergebnisse einiger Vorzuchten für das Merkmal „gelbe" beziehungsweise „violette Blütenfarbe" sind in Abbildung 4 dargestellt. Die Vorzucht 1a und 1b führte er mit gelb blühenden Erbsenpflanzen. Die Zahl der daraus entstehenden Pflanzen mit den beiden unterschiedlichen Blütenfarben ist in der folgenden Zeile dargestellt (Abb. 4). Aus diesen ersten Nachkommen wählte er wieder eine Pflanze zur Selbstbestäubung aus, die die gleiche Blütenfarbe wie die Elterngeneration hatte. Deren Nachkommen sind in der nächsten Zeile dargestellt. Dieses Verfahren führte er über mehrere Generationen durch. Bei den Vorzuchten 2a und 2b verfuhr er genauso, nur dass er immer Pflanzen mit violetten Blüten zur Selbstbestäubung auswählte.
a) Beschreibe MENDELs Versuchsergebnisse. Bei welchen Vorzuchten konnte er von reinerbigen Pflanzen ausgehen? Begründe deine Entscheidung.
b) Welche Allele weisen die Pflanzen der Elterngeneration der verschiedenen Vorzuchten auf?

|  | Vorzucht 1a | Vorzucht 1b | Vorzucht 2a | Vorzucht 2b |
|---|---|---|---|---|
| Eltern-generation | gelb | gelb | violett | violett |
| 1. Nachkommen-generation | 24 / 0 | 14 / 0 | 2 / 11 | 0 / 13 |
| 2. Nachkommen-generation | 15 / 0 | 17 / 0 | 0 / 9 | 0 / 15 |
| 3. Nachkommen-generation | 23 / 1 | 21 / 0 | 3 / 11 | 0 / 11 |
| 4. Nachkommen-generation | 19 / 0 | 11 / 0 | 3 / 13 | 0 / 18 |
| 5. Nachkommen-generation | 17 / 0 | 13 / 0 | 1 / 17 | 0 / 14 |
| 6. Nachkommen-generation | 16 / 2 | 16 / 0 | 1 / 16 | 0 / 19 |

4 *Versuchsergebnisse von Mendels Vorzuchten*

**3 Hypothesen zur Vererbung.** Vergleiche anhand der Abbildung 5 die Hypothese von FRANCIS GALTON zur Vererbung der Erbanlagen mit der von MENDEL. Nenne wesentliche Unterschiede.

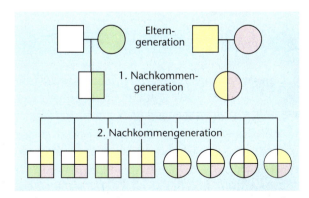

5 *Theorie von Galton 1822–1911 zur Weitergabe der Erbanlagen*

## 9.9 Mendel stellt Regeln zur Vererbung auf

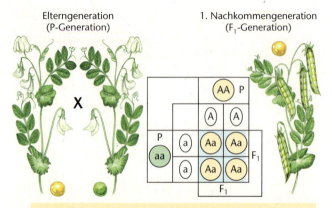

**1. Mendelsche Regel** – Uniformitätsregel
Wenn reinerbige Individuen einer Art gekreuzt werden, die sich in einem Merkmal unterscheiden, dann ist bei allen Nachkommen in der F₁-Generation das betrachtete Merkmal gleich (uniform).
A = Erbanlage für gelbe Samenfarbe
a = Erbanlage für grüne Samenfarbe

**1** *Uniformitätsregel*

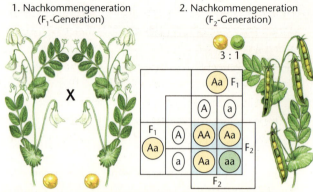

**2. Mendelsche Regel** – Spaltungsregel
Wenn in Bezug auf ein Merkmal mischerbige Individuen der F₁-Generation miteinander gekreuzt werden, treten in der F₂-Generation beide betrachteten Merkmale im Zahlenverhältnis 3:1 wieder auf.
A = Erbanlage für gelbe Samenfarbe
a = Erbanlage für grüne Samenfarbe

**2** *Spaltungsregel*

MENDEL führte eine künstliche Fremdbestäubung mit einer reinerbigen Erbsenpflanze aus grünen Samen und einer reinerbigen Pflanze aus gelben Samen durch. Die beiden Pflanzen sind die Elterngeneration, die so genannte Parental-Generation (P-Generation). Die Samen, die die erste Nachkommengeneration oder auch 1. Filialgeneration ($F_1$-Generation) bildeten, waren ausschließlich gelb. Aus den Ergebnissen dieser Versuche leitete er die **Uniformitätsregel** ab (Abb. 1).

MENDEL säte die gelben Erbsen der $F_1$-Generation aus und untersuchte die Samen, die sich nach Selbstbestäubung an den Erbsenpflanzen entwickelten. Sie stellen die 2. Filialgeneration, die $F_2$-Generation, dar. Die neu entstandenen Pflanzen besaßen neben Hülsen mit ausschließlich gelben beziehungsweise grünen Samen auch solche, die sowohl gelbe als auch grüne Samen enthielten. Aus der Tatsache, dass sich dabei immer wieder das Zahlenverhältnis 3:1 zwischen gelben und grünen Samen ergab, leitete er die **Spaltungsregel** ab (Abb. 2). An der äußeren Erscheinung der $F_1$-Generation, hier den gelben Samen, kann man nicht erkennen, ob die Pflanzen auch ein Allel für die Ausprägung der grünen Samenfarbe besitzen.

Deshalb unterscheidet man das Erscheinungsbild eines Lebewesens, den **Phänotyp**, von seinem **Genotyp**.

MENDELs Beobachtungen lassen sich anhand eines Erbschemas erklären (Abb. 1). Im Genotyp weisen die reinerbigen Individuen der P-Generation je zwei gleiche Allele, gelb/gelb (AA) beziehungsweise grün/grün (aa), für das Merkmal „Samenfarbe" auf. Jedes Elternteil gibt nur eines seiner beiden Allele an die Nachkommen der $F_1$-Generation weiter, ein Elternteil das Allel für gelbe Samen und das andere ein Allel für grüne Samen. Die Individuen der $F_1$-Generation erhalten auf diese Weise von ihren Eltern für das Merkmal „Samenfarbe" zwei unterschiedliche Allele (Aa). Trotz zweier unterschiedlicher Allele entwickelt sich in der $F_1$-Generation nur der Phänotyp „gelbe Samen". Das Allel für gelbe Erbsen setzt sich also bei der Ausbildung des Phänotyps durch. MENDEL nannte dieses Allel **dominant**, das Allel für den nicht ausgebildeten Phänotyp „grüne Samen" **rezessiv**. Wenn sich bei mischerbigen Individuen ein dominantes Allel gegenüber einem rezessiven durchsetzt, spricht man von einem **dominant-rezessiven Erbgang**.

**1 Kreuzungsversuche MENDELs.**
a) Erläutere das Erbschema der Spaltungsregel (Abb. 2). Gib das Zahlenverhältnis der verschiedenen Phänotypen und Genotypen an.
b) In Abbildung 3 sind Ergebnisse von weiteren Kreuzungsversuchen MENDELs zusammengestellt. Ermittle für jedes untersuchte Merkmal, welches Allel für die Ausbildung des dargestellten Merkmals dominant und welches rezessiv ist. Begründe deine Aussagen. Berechne jeweils das Zahlenverhältnis der Phänotypen in der $F_2$-Generation.

**2 Vererbung der Fellfarbe bei der Maus.** Eine reinerbige weiße Maus wird mit einer reinerbigen schwarzen Maus gekreuzt. Die Erbanlage für die schwarze Fellfarbe bei Mäusen ist dominant. Zeichne ein Erbschema für die $F_1$-Generation. Finde passende Symbole für die Phänotypen und Genotypen. Verfahre für die $F_2$-Generation entsprechend. Beschreibe deine Ergebnisse und vergleiche sie mit MENDELs Ergebnissen.

**3 Vererbung beim Mais.** Der Blütenstand der Maispflanze, der Maiskolben, besteht aus vielen kleinen Einzelblüten. Aus jeder Einzelblüte entsteht ein Maiskorn. Reinerbiger gelber wird mit reinerbigem blauen Mais gekreuzt (Abb. 4). Die Individuen der $F_1$-Generation werden wieder miteinander gekreuzt. Welcher Generation ist der Maiskolben mit den gelben und blauen Maiskörnern zuzuordnen? Was kannst du über die Allele und den Erbgang aussagen? Zeichne ein Erbschema.

**4 Modellversuch zur Spaltungsregel.**
a) Besorge 100 Centstücke und zwei Kästen. Lege 50 Münzen in jeden Kasten. Nun verbinde einem Mitschüler/einer Mitschülerin die Augen und fordere ihn/sie auf, aus jedem Kasten jeweils eine Münze zu holen und sie paarweise auf den Tisch zu legen. Es sind ebenso wie bei den Genotypen der $F_2$-Generation drei Kombinationsmöglichkeiten vorhanden, nämlich Kopf/Kopf, Kopf/Zahl und Zahl/Zahl. Nachdem alle Münzen gelegt sind, zähle aus, wie häufig jede Kombination aufgetreten ist. Wiederhole diesen Versuch mehrmals und vergleiche das Zahlenverhältnis der entstandenen Kombinationen mit dem Zahlenverhältnis der Genotypen in der $F_2$-Generation in Abbildung 2.
b) Stelle dar, inwieweit dieser Versuch auch die Vorgänge bei der Meiose und der Befruchtung modellhaft repräsentiert.

## Erstellen eines Erbschemas

**Methode**

Im Erbschema werden die Gene durch Buchstaben symbolisiert. Dominante Allele werden mit großen Buchstaben, rezessive mit entsprechenden kleinen Buchstaben bezeichnet. Der Großbuchstabe steht im Genotyp vorne.
Der Phänotyp in Bezug auf die Samenfarbe wird zum Beispiel durch grün beziehungsweise gelb gefärbte Kreise veranschaulicht.

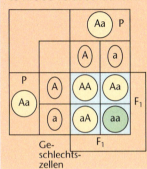

2 Pflanzen (P) die aus gelben Samen entstanden sind, werden gekreuzt.

Phänotypen und Genotypen der daraus entstandenen Nachkommen ($F_1$).

| Färbung der Samen | gelb | grün | P: gelbe oder grüne Samen<br>$F_1$: nur gelbe Samen<br>$F_2$: 6022 gelbe Samen und 2001 grüne Samen |
|---|---|---|---|
| Gestalt der Samen | rund | runzelig | P: runde oder runzlige Samen<br>$F_1$: nur runde Samen<br>$F_2$: 5474 runde Samen und 1850 runzelige Samen |
| Gestalt der Hülse | einfach gewölbt | eingeschnürt | P: einfach gewölbte oder eingeschnürte Hülsen<br>$F_1$: nur einfach gewölbte Hülsen<br>$F_2$: 882 einfach gewölbte und 299 eingeschnürte Hülsen |
| Färbung der Hülse | grün | gelb | P: grüne oder gelbe Hülsen<br>$F_1$: nur grüne Hülsen<br>$F_2$: 428 grüne Hülsen und 152 gelbe Hülsen |

**3** *Versuchsergebnisse Mendels*

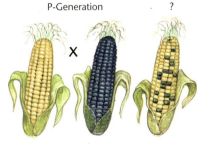

**4** *Maiskolben*

221

Arbeitsmaterial

## 9.10 Die Mendelsche Regel von der Neukombination

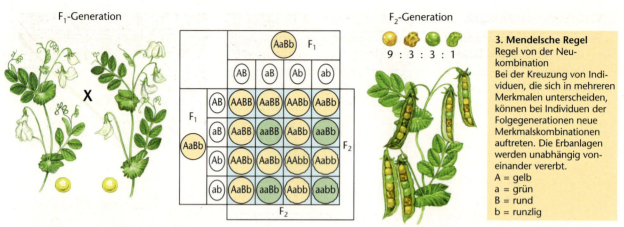

1 *Regel von der Neukombination*

MENDEL kreuzte auch Erbsenpflanzen, bei denen sich zwei Merkmale unterschieden, nämlich Farbe und Form der Samen (Abb. 1). Er wählte als Elterngeneration reinerbige Erbsenpflanzen mit glatten, gelben Samen und solche mit grünen, runzeligen Samen. Nach der Fremdbestäubung bildeten sich in den Hülsen ausschließlich gelbe und glatte Samen. Sie bilden die $F_1$-Generation. Bei der Kreuzung der Pflanzen der $F_1$-Generation untereinander entwickelten sich insgesamt 556 Samen. MENDEL zählte 315 gelb-glatte, 101 gelb-runzelige, 108 grün-glatte und 32 grün-runzelige Samen. Er errechnete daraus für die vier unterschiedlichen Phänotypen ein Zahlenverhältnis von ungefähr 9:3:3:1. Er wiederholte diese Kreuzung mehrfach. Dabei erhielt MENDEL immer ähnliche Ergebnisse. Die Merkmalskombination „grün-runzelige" Samen, die in der $F_1$-Generation gefehlt hatte, trat in der $F_2$-Generation erneut auf. Es waren aber auch zwei völlig neue Phänotypen, nämlich gelb-runzelige und grün-glatte Samen, entstanden. Bei einer Kreuzung von Lebewesen, die sich in zwei Merkmalen unterscheiden, können in der $F_2$-Generation völlig neue Merkmalskombinationen auftreten. MENDEL nahm deshalb an, dass Allele unabhängig voneinander vererbt werden. Seine Ergebnisse fasste MENDEL in der **Regel von der Neukombination** als 3. Mendelsche Regel zusammen (Abb. 1).

MENDELs Ergebnisse lassen sich mithilfe eines Kreuzungsschemas nachvollziehen (Abb. 1). Die $F_1$-Generation besitzt einen einheitlichen Genotyp (AaBb) und einen einheitlichen Phänotyp (gelber, glatter Samen). Auch in diesem Fall trifft also die 1. Mendelsche Regel, die Uniformitätsregel, zu.

Von der $F_1$-Generation können vier unterschiedliche Kombinationen der Allele weitergegeben werden. Dies sind die Allelkombinationen AB, Ab, aB oder ab (Abb. 1). Für die $F_2$-Generation ergeben sich daher 16 Möglichkeiten, wie die Allele kombiniert werden können. In der $F_2$-Generation gibt es neun verschiedene Genotypen. Zwei neue Phänotypen, die weder in der P-Generation noch in der $F_1$-Generation vorkamen, treten auf: Erbsenpflanzen mit gelb-runzeligen Samen, deren Genotyp durch die Buchstaben AAbb oder Aabb gekennzeichnet ist, und Pflanzen mit grün-glatten Samen, die den Genotyp aaBB oder aaBb besitzen. Dieses Ergebnis lässt sich so erklären: Jede Pflanze der $F_1$-Generation besitzt für die beiden Merkmale „Samenfarbe" und „Samenform" jeweils zwei Allele. Diese trennen sich vor der Bestäubung und sind unabhängig voneinander. In den nachfolgenden Generationen können sie neu kombiniert werden.

**1 Vererbung der Fellfarbe beim Rind – ein Erbgang mit zwei Merkmalspaaren.** Einfarbige rotbraune Rinder wurden mit schwarzgescheckten Rindern gekreuzt (Abb. 2, 3). Die Rinder der $F_1$-Generation sind einfarbig schwarz. Diese Rinder werden wiederum untereinander gekreuzt. Welche Allele sind dominant, welche rezessiv? Lege ein Kreuzungsschema für die $F_2$-Generation an und notiere, welchen Genotyp und welchen Phänotyp die Individuen aufweisen. Verwende für die Allele geeignete Buchstaben und überlege dir, wie du den Phänotyp darstellen kannst.

**2 Vererbung des Fells beim Meerschweinchen.** In Abbildung 4 findest du einen Ausschnitt aus einer alten Schullehrtafel zur 3. Mendelschen Regel. Ermittle zunächst die Genotypen der P-Generation und der $F_1$-Generation. Begründe, welche Phänotypen in der $F_2$-Generation entstehen werden und in welchem Verhältnis sie auftreten.

**3 Vererbung der Hülsenfarbe.** Zwei reinerbige Erbsenpflanzen werden gekreuzt. Ein Elternteil ist aus gelbem, rundem Samen entstanden, der in einer grünen Hülse heranreift. Der andere Elternteil hat sich aus grünem, runzeligem Samen entwickelt, dessen Hülse vor der Reife gelb gefärbt war (Abb. 5). Das Allel für die Ausbildung der grünen Hülsenfarbe ist dominant. Stelle ein Kreuzungsschema für die $F_1$- und die $F_2$-Generation auf. Welche Geno- und Phänotypen entstehen in der $F_2$-Generation? Berechne das Verhältnis der Geno- und Phänotypen.

**4 Weiße Leistenkrokodile.** In einem Zoo gibt es ein Leistenkrokodil mit einem weißen Panzer und roten Augen, ein so genanntes Albino-Krokodil. Diese Merkmale sind auf rezessive Allele zurückzuführen. Alle anderen Krokodile besitzen einen bräunlichen Panzer und grünliche Augen (Abb. 6). Man kennt kein Leistenkrokodil, das einen bräunlichen Panzer und rote Augen oder einen weißen Panzer und grünliche Augen aufweist. Es ist noch nie gelungen, durch Kreuzungen weiße Krokodile mit grünlichen Augen zu züchten. Inwiefern ist dies ein Widerspruch zu MENDELs Aussage, dass Allele unabhängig voneinander vererbt werden? Stelle begründete Hypothesen auf, die diesen Widerspruch erklären.

*2 Schwarzgescheektes Rind*

*3 Rotbraunes Rind*

*4 Alte Schullehrtafel*

gelbe, runde Samen Hülse grün  grüne, runzelige Samen Hülse gelb

*5 Samen- und Hülsenfarbe von Erbsen*

*6 Leistenkrokodil*

## 9.11 Intermediäre Erbgänge

**1** *Wunderblumen mit roten, weißen und rosa Blüten*

Einige Jahrzehnte nach MENDELs Untersuchungen führte KARL CORRENS, ein deutscher Forscher, Vererbungsversuche mit der Wunderblume durch. Die Wunderblume kommt in einer rot blühenden und in einer weiß blühenden Form vor (Abb. 1). CORRENS überprüfte zunächst die Reinerbigkeit der Elternpflanzen. Dann kreuzte er weißblütige Wunderblumen mit rotblütigen Pflanzen. Sämtliche Pflanzen der $F_1$-Generation entwickelten rosa gefärbte Blüten (Abb. 1, 2a). Diese Blütenfarbe kam in der Elterngeneration nicht vor. Die Allele des Gens für die Ausbildung der Blütenfarbe wirken bei der Ausbildung des Phänotyps offensichtlich beide gleich stark. Dies bezeichnet man auch als Kodominanz. CORRENS nannte diesen Erbgang zwischenelterlichen oder **intermediären Erbgang.**

Die rosa blühenden Wunderblumen der $F_1$-Generation wurden in einem weiteren Schritt untereinander gekreuzt. In der $F_2$-Generation traten rosa blühende, aber auch wieder wie in der Elterngeneration weiß und rot blühende Individuen auf. (Abb. 2b). Die Blütenfarben Rot, Rosa und Weiß traten dabei im Zahlenverhältnis von 1:2:1 auf.

MENDEL hatte angenommen, dass in der $F_2$-Generation drei verschiedene Genotypen im Verhältnis 1:2:1 entstehen. Das Zahlenverhältnis der Genotypen stimmt beim dominant-rezessiven Erbgang nicht mit dem Verhältnis der Phänotypen überein. Beim intermediären Erbgang ergibt sich dieses Verhältnis auch für den Phänotyp. MENDELs Vermutungen wurden also auch durch die Versuchsergebnisse von CORRENS bestätigt.

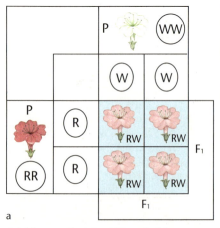
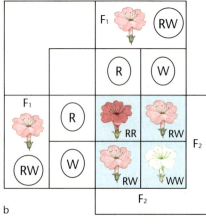

**2** *Erbgang bei der Wunderblume*

> **Anwendung der 2. MENDELschen Regel beim intermediären Erbgang.**
> Wenn in Bezug auf ein Merkmal mischerbige Individuen der $F_1$-Generation miteinander gekreuzt werden, treten in der $F_2$-Generation die Merkmale der P-Generation wieder auf, aber auch das Merkmal der $F_1$-Generation. Das Zahlenverhältnis ist 1:2:1.

*3 Minorkarasse-Hühner*

**1 Minorkarasse-Hühner.** Bei der Kreuzung schwarzer Hühner mit weißen Hühnern entstehen Hühner mit einem mosaikartig gefärbten Gefieder, diese wird auch Minorka-Rasse genannt. In Abbildung 3 ist ein Erbgang dieser Kreuzung dargestellt. Notiere für die mit Ziffern gekennzeichneten Tiere den Genotyp. Verwende zum Beispiel S für Schwarz und W für Weiß. Kann der Versuch, die Minorka-Form reinerbig weiterzuzüchten, erfolgreich sein? Begründe deine Ansicht.

**2 CORRENS Versuchsergebnisse.** In der $F_2$-Generation zählte CORRENS bei seinem ersten Versuch 121 Wunderblumen mit weißen Blüten und 119 mit roten Blüten, 241 Wunderblumen besaßen rosa Blüten. In einem anderen Versuch wurden in der $F_2$-Generation 187 rote, 186 weiße und 372 rosa blühende Wunderblumen gezählt. Berechne jeweils die Zahlenverhältnisse und werte die Ergebnisse aus.

**3 Erbgang mit zwei Merkmalspaaren.** Es wird eine Kreuzung einer reinerbigen Wunderblume mit weißen Blüten und hellgrünen Blättern mit einer reinerbigen Wunderblume, die rote Blüten und dunkelgrüne Blätter besitzt, durchgeführt. Kein Allel ist dominant. Welche Phänotypen und welche Genotypen erhält man? Gib die Ergebnisse für die $F_1$- und die $F_2$-Generation an.

**4 Dunkelfaktor beim Wellensittich.** Der Dunkelfaktor ist für die Dunkelheit der Grundfarbe des Wellensittichs verantwortlich. Es gibt drei Gefiederfarben (Abb. 4). Die Züchter nennen sie hellgrün (a), dunkelgrün (b) und olivgrün (c). Olivgrün besitzt zwei Allele des Dunkelfaktors. Bei den in Abbildung 4 dargestellten Wellensittichen handelt es sich um zwei reinerbige Eltern sowie einen Nachkommen. Begründe, ob es sich um einen intermediären oder dominant-rezessiven Erbgang handelt. Ordne die Tiere den Generationen zu.

*4 Gefiederfarbe von Wellensittichen*

**5 Rückkreuzung bei der Rose.** Bei der Kreuzung einer Rose mit gelber Blüte und einer mit roter Blüte entstehen in der $F_1$-Generation Rosen mit orangen Blüten (Abb. 5). Stelle den Erbgang bis zur $F_2$-Generation dar, wenn die Rose mit roter Blüte mit einer Rose mit oranger Blüte gekreuzt wird.

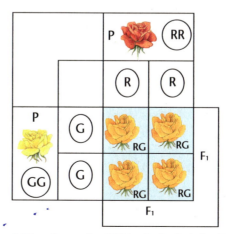

*5 Vererbung der Blütenfarbe bei der Rose*

## 9.12 Züchtungsmethoden

Durch Kreuzung verschiedener Wildgräser entstanden die heutigen Getreidesorten. Im Laufe der Züchtung erhöhte sich die Zahl der Chromosomen im Genom der Pflanzen. Wildgras 1 hat zum Beispiel 14 Chromosomen, Triticale 42.

1 *Wildformen und Zuchtformen bei Getreidesorten. Die Buchstaben A, B, E, R stehen jeweils für alle Chromosomen der entsprechenden Pflanze.*

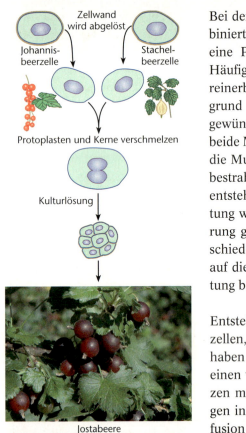

2 *Züchtung der Jostabeere durch Protoplastenfusion*

Bei der Züchtung gibt es unterschiedliche Verfahren, die auch kombiniert werden können. Bei der **Auslesezüchtung** wird ein Tier oder eine Pflanze mit einem gewünschten Merkmal weiter vermehrt. Häufig wird dabei durch Rückkreuzung angestrebt, ein Merkmal reinerbig zu erhalten. Bei der **Kombinationszüchtung** werden aufgrund der Mendelschen Regeln zwei Individuen gekreuzt, die je ein gewünschtes Merkmal reinerbig besitzen. Die Nachkommen sollen beide Merkmale reinerbig aufweisen. Die **Mutationszüchtung** erhöht die Mutationsrate bei Pflanzensamen (zum Beispiel durch Röntgenbestrahlung), mit der Absicht, dass dabei auch positive Mutationen entstehen, die dann durch Auslesezüchtung und Kombinationszüchtung weitergegeben werden. Bei vielen Pflanzen hat man die Erfahrung gemacht, dass der Ertrag höher ausfällt, wenn man zwei verschiedene reinerbige Pflanzen kreuzt. Die Ertragssteigerung ist dabei auf die mischerbige $F_1$-Generation beschränkt. Diese Art der Züchtung bezeichnet man als **Heterosiszüchtung.**

Entstehen bei der Meiose durch einen Fehler diploide Geschlechtszellen, erhält man bei der Befruchtung **polyploide** Organismen. Sie haben einen vielfachen Chromosomensatz. Haben sie zum Beispiel einen vierfachen Chromosomensatz, sind sie tetraploid. Viele Pflanzen mit polyploidem Chromosomensatz sind lebensfähig und bringen in der Regel größere Früchte hervor. Auch durch Protoplastenfusion kann man polyploide Pflanzen erhalten. Dabei werden zwei Pflanzenzellen durch Stromstöße dazu gebracht, miteinander zu verschmelzen. So werden auch neue Arten gezüchtet (Abb. 2).

**3** *Mutationszüchtung*

**1 Mutationszüchtung.** Beschreibe die Vor- und Nachteile der Mutationszüchtung (Abb. 3). Gib den günstigsten Zeitpunkt für die Anwendung der Mutagene an und begründe deine Meinung.

**2 Merkmalkombination durch Züchtung.** Bei der diploiden Lupine existieren zwei reinerbige Formen. Die erste enthält Bitterstoffe in ihren Früchten, besitzt aber eine Hülse, die unempfindlich gegen Aufplatzen ist. Die zweite Sorte hat Früchte ohne Bitterstoffe, jedoch platzen die Hülsen bei der geringsten Berührung auf. Das Merkmal „Bitterstoffe (B)" ist dabei dominant über das Merkmal „ohne Bitterstoffe (b)" und das Merkmal „unempfindlich gegen Berührung (p)" rezessiv gegenüber dem Merkmal „empfindlich (P)". Durch Kombinationszüchtung soll aus beiden Sorten eine neue Sorte gezüchtet werden, deren Früchte ohne Bitterstoffe sind und deren Hülsen unempfindlich gegen das Aufplatzen sind. Beschreibe, wie man am besten diese neue Sorte erhalten kann, und begründe den aufgezeigten Weg.

Bei den meisten Pflanzen entstehen die männlichen Geschlechtszellen nicht unmittelbar aus der Meiose. Aus den haploiden Zellen am Ende der Meiose entsteht durch Zellteilung erst eine mehrzellige haploide Spore, das Pollenkorn. Man nennt sie Mikrospore. In ihr bilden sich durch Mitosen die Geschlechtszellen.
Zellen des haploiden Pollenkorns werden in Gewebekultur mit Colchizin behandelt. Colchizin verhindert die Ausbildung der Spindelfasern in der Mitose. Dadurch erfolgt keine Trennung der Doppelchromosomen. So entsteht eine nicht lebensfähige Zelle ohne Chromosomen und eine diploide Tochterzelle. Aus ihr wächst nach Auswaschung des Giftes in der Kultur eine reinerbige, diploide Pflanze heran.

**5** *Mikrosporenkultur*

**3 Mikrosporenkultur.** Die Mikrosporenkultur wird verwendet, um möglichst schnell Inzuchtlinien herzustellen. Darunter versteht man reinerbige Organismen, die zu Züchtungszwecken eingesetzt werden (Abb. 5).
**a)** Stelle den Ablauf in einem Fließdiagramm dar.
**b)** Fertige eine Skizze zur entscheidenden Zellteilung an, die den Einsatz von Colchizin deutlich werden lässt. Beschränke dich dabei auf eine Zelle mit zwei Chromosomen.

**4 Gewebekultur.** Die Abbildung 4 beschreibt eine Methode, um aus einzelnen Zellen von Pflanzen wieder ganze Pflanzen zu regenerieren. Beschreibe den Ablauf dieser Methode. Begründe, warum diese Gewebekulturmethode als Schlüssel für viele moderne Züchtungsmethoden bei Pflanzen angesehen werden kann.

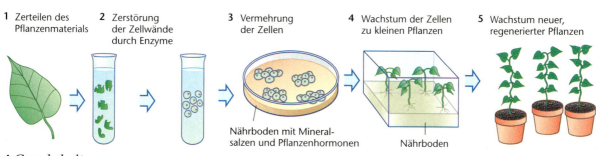

**4** *Gewebekultur*

## 9.13 Modifikationen

**1** *Chinesische Primel, weiß und rot blühend*

**2** *Russenkaninchen, schwarzweiß und mit weißem Fell*

Die chinesische Primel wird von Gärtnern mit weißen oder roten Blüten angeboten (Abb. 1). Beide Pflanzen können aus dem gleichen Samen gezogen werden. Wird die chinesische Primel kurz vor dem Aufblühen bei Temperaturen unter 30 Grad Celsius gehalten, bringt sie rote Blüten hervor. Bei Temperaturen über 30 Grad Celsius entwickeln sich hingegen weiße Blüten, die auch bei anschließender Abkühlung erhalten bleiben. Bei der chinesischen Primel verursachen also Umwelteinflüsse die Ausprägung des Merkmals „Blütenfarbe". Diese aufgrund von Umwelteinflüssen unterschiedlich ausgeprägten Merkmale nennt man **Modifikationen**. Wird Samen der weiß blühenden Form der chinesischen Primel ausgesät, so entwickeln sich bei Temperaturen unter 30 Grad Celsius erneut Primeln mit roten Blüten. Wenn die Primeln bei höheren Temperaturen gehalten werden, bilden sich weiße Blüten aus. Modifikationen werden also nicht vererbt.

Das weiße Russenkaninchen ist eine Zuchtform unseres Hauskaninchens. Hält man Jungkaninchen des gleichen Wurfes in Ställen bei unterschiedlichen Temperaturen, so unterscheiden sich die Tiere bald durch ihre Fellfärbung. Die Tiere, die im warmen Stall leben, sind fast reinweiß. Die Tiere im kalten Stall zeigen an den Körperspitzen, den kältesten Teilen des Körpers, dunkle Färbungen. Sie haben schwarze Pfoten, schwarze Schwanzspitzen, Ohren und Nasen (Abb. 2). In einem Kontrollversuch wurde das schwarze Haar entfernt und die Tiere wurden in einem warmen Stall untergebracht. Unter diesen Bedingungen wuchsen die Haare weiß nach.

Buchenblätter, die von demselben Baum stammen, weisen unterschiedliche Längen auf (Abb. 3). Beim Messen der Länge zeigt sich, dass bestimmte Längen häufiger sind als andere. Sehr kurze und sehr lange Blätter sind selten, mittellange dagegen verhältnismäßig häufig. Da die Buchenblätter alle von derselben Pflanze stammen, kann die unterschiedliche Länge nur auf unterschiedlich wirkende Umwelteinflüsse zurückzuführen sein. Schon an demselben Zweig sind die Blätter verschieden lang, da nicht alle gleich gut mit Mineralsalzen und Wasser versorgt werden. Längenunterschiede können auch durch die unterschiedliche Lichtintensität, der die Blätter ausgesetzt sind, verursacht werden. Die Buche besitzt für die Ausbildung des Merkmals „Blattlänge" erblich festgelegte Grenzen, innerhalb derer sie auf bestimmte Umwelteinflüsse wie Lichtintensität oder Temperatur mit unterschiedlicher Blattlänge reagieren kann. Den Bereich, in dem ein Tier oder eine Pflanze mit Abwandlungen des Phänotyps auf Umwelteinflüsse reagieren kann, nennt man **Reaktionsnorm**. Die Reaktionsnorm weist bestimmte Grenzwerte auf. So wird ein Buchenblatt niemals länger als 20 Zentimeter. Die Reaktionsnorm ist genetisch festgelegt, sie bleibt bei allen Nachkommen gleich.

## 1 Modifikation.

**a)** Beschreibe mögliche Ursachen für die unterschiedliche Blattlänge der in Abbildung 3 dargestellten Blätter, die alle von demselben Baum stammen. Wie könnte man beweisen, dass die unterschiedliche Blattlänge nicht genetisch bedingt ist?

**b)** Wissenschaftler nennen die Form der Modifikation bei den Buchenblättern fließende Modifikation, während die Modifikation bei den Russenkaninchen umschlagende Modifikation genannt wird. Definiere diese beiden Formen und grenze sie voneinander ab.

## 2 Unterschiedliche Größe von Bohnensamen.

In Abbildung 4 sind zwei unterschiedlich lange Bohnensamen dargestellt, die von derselben Elternpflanze stammen. Diese beiden Bohnensamen ließ man unter unterschiedlichen Umweltbedingungen zu Bohnenpflanzen heranwachsen. Der Pflanze, die aus dem kleinen Samen heranwuchs, bot man günstige, der Pflanze, die aus dem großen Samen heranwuchs, ungünstige Umweltbedingungen. Die Bohnensamen, die von den Pflanzen gebildet wurden, waren wieder unterschiedlich groß. Beschreibe das Ergebnis und erkläre es.

## 3 Modifikationskurve.

Die Länge von Bohnensamen, die durch Selbstbestäubung an einer Bohnenpflanze entstanden, kann in einer Kurve dargestellt werden (Abb. 5).

**a)** Beschreibe diese Kurve. Die X-Achse ist nicht benannt. Was wird auf ihr abgetragen?

**b)** Würde man die Größe der Menschen in Deutschland grafisch auftragen, ergäbe sich eine ähnliche Kurve. Begründe, warum dies keine Modifikationskurve ist.

## 4 Anzahl der Roten Blutkörperchen bei unterschiedlicher Höhe.

Bei zwölf Teilnehmern einer Hochgebirgsexpedition wurde über längere Zeit die Anzahl der Roten Blutkörperchen gemessen (Abb. 6). Beschreibe die Veränderungen. Worauf führst du die Veränderungen zurück? Begründe, warum manche Hochleistungssportler an hoch gelegenen Orten wie z. B. Mexico-Stadt trainieren.

## 5 Variabilität.

Beschreibe die genetische Variabilität und die Variabilität durch Modifikation. Grenze beide Begriffe voneinander ab.

3 *Modifikation bei Buchenblättern eines Baumes*

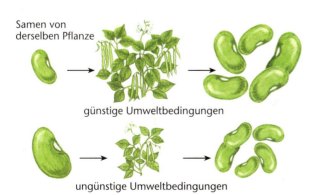

4 *Modifikation bei Bohnensamen*

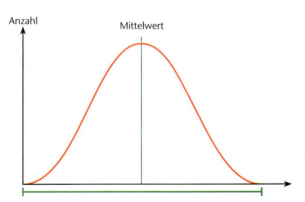

5 *Modifikationskurve*

| Datum | Höhe | Anzahl der Roten Blutkörperchen (Durchschnittswerte der zwölf Teilnehmer) |
|---|---|---|
| 10.4. | 210 m | 4,5 Mio./mm$^3$ |
| 12.5. | 1350 m | 5,2 Mio./mm$^3$ |
| 28.5. | 3050 m | 6,6 Mio./mm$^3$ |
| 21.6. | 4050 m | 7,7 Mio./mm$^3$ |
| 27.6. | 5500 m | 8,3 Mio./mm$^3$ |

6 *Zahl der Roten Blutkörperchen bei unterschiedlicher Höhe*

## Erstellen einer Modifikationskurve mit Excel©

In der Tabelle der Abbildung 1 ist die Länge von Bohnen, die von einer Pflanze geerntet wurden, aufgeführt. Diese Daten kann man auch anhand einer grafischen Darstellung als Diagramm deutlich machen. Dafür eignet sich ein Tabellenverarbeitungsprogramm wie zum Beispiel Excel©.

Zuerst muss man die Tabelle eingeben. Dazu überträgt man die Daten und die Überschriften (Anzahl und Länge).

| Anzahl | Länge |
|--------|---------|
| 2 | 7–10 mm |
| 9 | 11–14 mm |
| 13 | 15–18 mm |
| 17 | 19–22 mm |
| 13 | 23–26 mm |
| 9 | 27–30 mm |
| 2 | 31–34 mm |

1 *Bohnenlänge*

1. Man markiert die erste Tabellenspalte ohne die Überschrift. (Abb. 2: grau markierter Bereich). Die Markierung ist sehr wichtig, sie entscheidet über die Art der Darstellung.

2. In der Symbolleiste das Symbol für den Diagramm-Assistenten anklicken oder über das Menü „Einfügen" den Eintrag „Diagramm" auswählen.

3. Es öffnet sich der Diagramm-Assistent, der durch die Bearbeitung führt. Man kann nun entscheiden, welche Art der Darstellung man auswählen möchte. Man entscheidet sich in diesem Fall für die Liniendarstellung mit Datenpunkten (Abb. 2 ☐1).

4. Über die Schaltfläche „Weiter" (Abb. 2 ☐2) führt der Assistent durch die weiteren Menüpunkte, in denen man zum Beispiel im Register „Legende" die Position der Legende verändern kann oder im

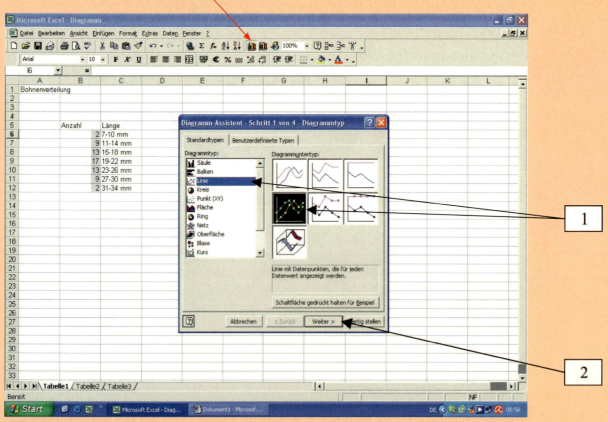

2 *Diagrammtyp auswählen*

Register „Datenbeschriftungen" zusätzlich noch die Werte in das Diagramm eintragen kann.

All diese Menüpunkte können am Ende nachträglich über das Kontextmenü (Diagramm markieren und dann rechte Maustaste betätigen) geändert werden.

Sinnvoll wäre allerdings bei diesem Diagramm sofort im Schritt 3 von 4 (Abb. 3 ③) im Diagramm-Assistenten in der Kategorie Titel (Abb. 3 ④) den Diagrammtitel, Rubrikenachse und Größenachse mit dem jeweiligen Text in der nebenstehenden Abbildung einzutragen.

**5.** Über die Schaltfläche „Weiter" (Abb. 3 ⑤) führt der Diagramm-Assistent zum letzten Menüpunkt (Schritt 4 von 4).

Hier gibt es die Möglichkeit über den Menüpunkt „Zurück" nochmal etwas zu ändern oder aber man entscheidet sich für den Menüpunkt „Weiter". Hier hat man die Auswahl, ob das Diagramm neben der Tabelle eingefügt werden soll oder aber in einem neuen Tabellenblatt.

Entscheidet man sich jedoch gleich für den Menüpunkt „Fertig stellen", so erhält man ein fertiges Diagramm, das neben der Tabelle dargestellt wird.

Störend in diesem Diagramm ist die Legende „ Reihe 1" (Abb. 4 ⑥). Man kann ein Diagramm nachträglich bearbeiten, indem man, wie bereits oben im Text erwähnt, das Kontextmenü, in diesem Fall für die Legende, öffnet. Hierzu markiert man die Legende (den Text „Reihe 1 mit linker Maustaste anklicken). Man öffnet das Menü, indem man die rechte Maustaste betätigt. Es öffnet sich ein Menü, das sich ausschließlich mit der Legende befasst. Es wird der Befehl „Markierung löschen" ausgewählt.

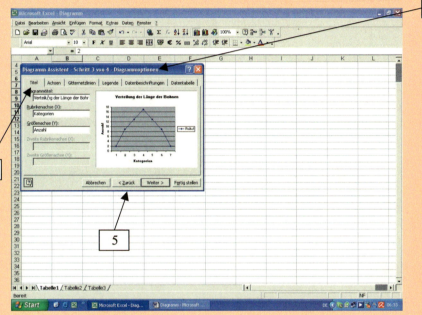

**3** *Diagrammoptionen*

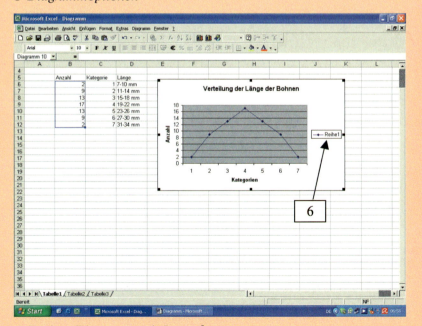

**4** *Fertiges Diagramm mit Legende*

**231**

# 9.14 Chromosomentheorie der Vererbung

MENDEL folgerte aus seinen Versuchen auf die Existenz von Erbfaktoren, ohne Kenntnis von der Bedeutung von Zellkern und Chromosomen zu haben. Nach MENDELs Tod entdeckten Zellforscher 1884, dass in Geschlechtszellen nur halb so viele Chromosomen wie in den Körperzellen enthalten sind. Man erkannte, dass die Reduktion der Chromosomenanzahl bei der Keimzellenbildung durch die Meiose mit der von MENDEL vermuteten Reduktion der Zahl der Erbfaktoren in Einklang stand (Abb. 1). Nach MENDEL werden die Erbfaktoren der Keimzellen so an die Nachkommen weitergegeben, dass sie nach der Befruchtung doppelt vorhanden sind. Je ein Erbfaktor beziehungsweise Gen stammt vom Vater, eines von der Mutter (Abb. 1). Dass die Chromosomen in Körperzellen paarweise vorkommen, war gegen Ende des 19. Jahrhunderts ebenfalls bekannt. Man erkannte auch, dass die genetische Information im Zellkern lokalisiert ist und über Keimzellen weitergegeben wird. Diese Ergebnisse der Zellforschung konnten also die Versuchsergebnisse MENDELs erklären (Abb. 1, 2). Daher stellte man 1903 die Theorie auf, dass die Chromosomen die Träger der Erbanlagen (Gene) sind. Man nannte diese Theorie die „Chromosomentheorie der Vererbung".

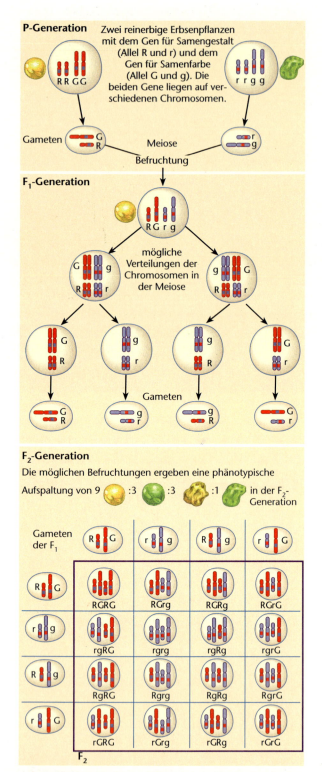

1 Mendels Versuchsergebnisse und die Chromosomentheorie der Vererbung

| Ergebnisse MENDELS | Ergebnisse der Zellforschung |
|---|---|
| 1. Die Erbfaktoren bewahren bei der Weitergabe durch die Generationen ihre Eigenständigkeit. | 1. Die Chromosomen werden als selbstständige Einheiten durch die Generationen weitergegeben. Die Gene sind auf den Chromosomen lokalisiert. |
| 2. In den Körperzellen ist für jedes Merkmal ein Erbfaktorenpaar vorhanden. | 2. Die Chromosomen sind in den Körperzellen paarweise vorhanden. |
| 3. In jede Geschlechtszelle gelangt je ein Erbfaktor dieses Paares. | 3. Bei der Meiose gelangt von den beiden homologen Chromosomen jeweils eines in die Geschlechtszellen. |
| 4. Die Erbfaktoren eines Paares werden unabhängig voneinander auf die Geschlechtszellen verteilt. Sie können bei der Befruchtung neu kombiniert werden. | 4. Bei der Geschlechtszellenbildung werden die homologen Chromosomen unabhängig voneinander auf die Geschlechtszellen verteilt. Sie können bei der Befruchtung neu kombiniert werden. |

2 Mendels Ergebnisse und die der Zellforschung

Heute weiß man, dass auf jedem Chromosom zahlreiche Gene lokalisiert sind. MENDEL stellte in seiner Regel der Neukombination (3. Mendelsche Regel) die Hypothese auf, dass die Erbfaktoren unabhängig voneinander von einer Generation zur nächsten weitergegeben werden. Diese von MENDEL postulierte unabhängige Weitergabe von Erbfaktoren (Genen) ist nur gegeben, wenn die Gene auf unterschiedlichen Chromosomen liegen.

---

**Allel:** Zwei Gene, die auf den homologen Chromosomen am gleichen Ort liegen, das heißt für dasselbe Merkmal zuständig sind, bezeichnet man als allele Gene oder Allele.

allele Gene oder Allele

**reinerbig (homozygot):** zwei gleichartige Allele für die Ausprägung eines Merkmals

RR

**mischerbig (heterozygot):** zwei verschiedene Allele für die Ausprägung eines Merkmals

Rr

**Genotyp:** die Gesamtheit der Erbinformation eines Lebewesens im Zellkern

**Phänotyp:** das Erscheinungsbild eines Lebewesens

**dominant-rezessiver Erbgang:** Beim dominant-rezessiven Erbgang tritt im Phänotyp nur eines der Allele zutage, und zwar das dominante. Das andere Allel wird vom dominanten unterdrückt und als rezessiv bezeichnet. Am Phänotyp kann man nicht erkennen, ob das dominante Gen homo- oder heterozygot auftritt.

**intermediärer Erbgang:** Beim intermediären Erbgang liegen zwei verschiedene Allele vor. Sie wirken gleich stark und sind im Phänotyp sichtbar.

**haploid:** Zellen, die den einfachen Chromosomensatz besitzen (n)

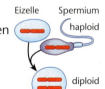
Eizelle  Spermium
haploid
diploid
befruchtete Eizelle

**diploid:** Zellen, die den doppelten Chromosomensatz besitzen (2n)

**Autosomen:** die Gesamtheit der nicht geschlechtsbestimmenden Chromosomen; jeweils zwei Chromosomen sind homolog zueinander

**Gonosomen:** Geschlechtschromosomen, beim Menschen X- und Y-Chromosom

X   Y

**genetische Variabilität:** Die Erbinformation von Eltern und ihren Nachkommen ist ähnlich, aber niemals identisch. Ursachen dafür sind:
– die zufällige Verteilung der homologen väterlichen und mütterlichen Chromosomen in der Meiose bei der Keimzellenbildung
– die freie, zufällige Kombination der Keimzellen bei der Befruchtung
– Mutationen.

**modifikatorische Variabilität:** die nichterbliche, umweltbedingte Veränderung des Phänotyps innerhalb einer Reaktionsnorm, die durch die Gene vorgegeben ist

**3** *Kleines Lexikon der Genetik*

## 10.1 Genetisch bedingte Behinderung: Trisomie 21

25 Kinder lernen gemeinsam in dieser Klasse. Eins von ihnen ist Merle. Sie ist ein Kind mit Trisomie 21.

Merle hat zwei ältere gesunde Geschwister. Nach der Geburt war Merle häufig krank, unter anderem musste ein Herzfehler operiert werden. Heute ist sie fit und mit ihrer besonderen Art in der Klasse beliebt. Schreiben und lesen fällt ihr zwar viel schwerer als den anderen Kindern, dafür ist sie fast immer gut gelaunt und hilfsbereit.

**1** *Merle – ein Kind mit Trisomie 21*

Als behindert gelten Menschen, die in ihrem Lernen, im sozialen Verhalten, in der sprachlichen Kommunikation oder in ihren motorischen Fähigkeiten so weit beeinträchtigt sind, dass ihre Teilnahme am Leben in der Gesellschaft wesentlich erschwert ist. Sie bedürfen besonderer pädagogischer Förderung. Viele Behinderungen entstehen während des Lebens durch Unfall oder Krankheit. Angeborene Behinderungen sind meistens durch Vererbung oder neue Mutationen bedingt.

Ein Beispiel dafür ist die Trisomie 21, auch Down-Syndrom genannt. Unter 700 Neugeborenen befindet sich im Durchschnitt ein Kind mit Trisomie 21 (Abb. 1). Im Karyogramm des Kindes zeigt sich, dass das Chromosom 21 drei Mal in Form von Doppelchromosomen vorkommt (Abb. 2). Die Ursache liegt in einer ungleichmäßigen Verteilung der Chromosomen bei der Meiose der Eizellenbildung. Die Häufigkeit dieses Fehlers steigt mit zunehmendem Alter der Mutter an (Abb. 5).

Die individuelle Ausprägung der Behinderung bei Trisomie 21 variiert sehr stark. Während einige Kinder eine starke geistige Behinderung zeigen, können andere sogar eine Fremdsprache erlernen. Durch Einrichtungen wie Integrationsgruppen und -klassen in Kindergärten und Schulen wird versucht, die Behinderten zu integrieren und zu fördern.

Schwangeren über 35 Jahren oder Eltern, die bereits ein Kind mit Trisomie 21 haben, wird eine genetische Beratung empfohlen (Abb. 4). Unter bestimmten Umständen wird die Durchführung einer Amniozentese empfohlen (Abb. 3). Durch diese Untersuchung ist eine Trisomie 21 des ungeborenen Kindes zu erkennen.

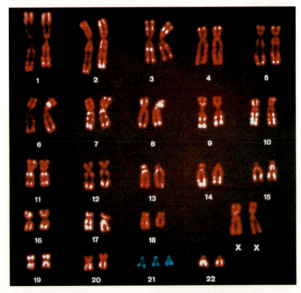

**2** *Trisomie 21 im Karyogramm, gefärbt*

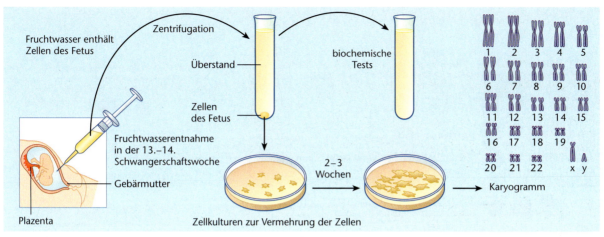

**3** *Amniozentese*

**1 Alter und Trisomie 21.** Werte mithilfe des Grundwissentextes Abbildung 5 aus.

**2 Amniozentese.** Die Amniozentese ist ein wichtiges Verfahren der vorgeburtlichen Diagnostik. Beschreibe den Ablauf anhand von Abbildung 3.

**3 Vier Positionen zur Amniozentese.** Schwangeren, die über 35 Jahre alt sind, wird häufig die Durchführung einer Amniozentese empfohlen. Im Folgenden werden vier mögliche Positionen dazu genannt:
– Ich will nichts wissen und werde keine Amniozentese machen lassen.
– Ich traue mir ein Leben mit einem behinderten Kind nicht zu und werde gegebenenfalls abtreiben.
– Ich will das Ergebnis wissen, werde aber nicht abtreiben, wenn eine Trisomie 21 vorliegt.
– Ich weiß gar nicht, wie ich mich verhalten soll.
Erläutere für jede der vier Positionen, welche Überlegungen zu der Aussage geführt haben könnten.

**4 Genetische Beratung.** Simuliert für ein Elternpaar (Mutter: 39 Jahre, Vater 40 Jahre) in der Frühschwangerschaft die genetische Beratung hinsichtlich Trisomie 21 (Abb. 4).

---

**Was soll genetische Beratung leisten?**
Bei der genetischen Beratung versuchen Fachleute, dem Einzelnen, dem Paar oder der Familie zu helfen …
1) die medizinischen Fakten einschließlich der Diagnose des mutmaßlichen Verlaufs und der zur Verfügung stehenden Behandlungen zu erfassen;
2) den erblichen Anteil der Erkrankung und das Wiederholungsrisiko für bestimmte Verwandte zu begreifen;
3) eine Entscheidung zu treffen, die ihrem Risiko, ihren familiären Zielen, ihren ethischen und religiösen Wertvorstellungen entspricht und in Übereinstimmung mit dieser Entscheidung zu handeln und
4) sich so gut wie möglich auf die mögliche Behinderung des betroffenen Familienmitgliedes einzustellen.

**4** *Was soll genetische Beratung leisten?*

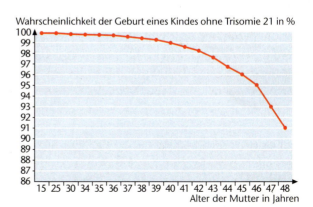

**5** *Häufigkeit der Trisomie 21*

**235**

Arbeitsmaterial

# Untersuchung von Stammbäumen

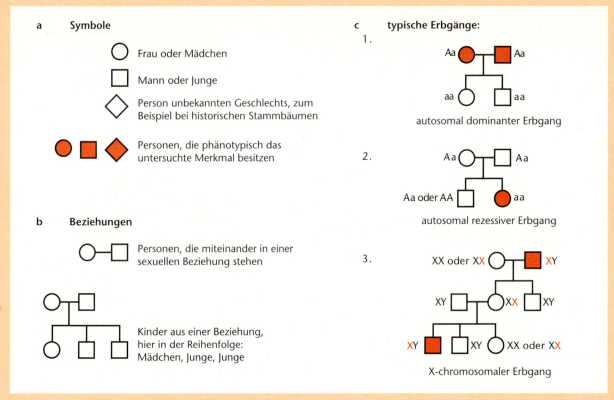

**1** *Informationen zum Lesen von Stammbäumen*

Ahnenforschung und der Stammbaum der eigenen Familie sind für viele Menschen von großem Interesse. Um die verwandtschaftlichen Verhältnisse übersichtlich darzustellen, wird der Stammbaum grafisch mit Symbolen gezeichnet (Abb. 1a, b).

Will man herausfinden, wie ein Merkmal vererbt wird, muss man die Mendelschen Regeln beachten. Beim Menschen werden bestimmte Merkmale dominant oder rezessiv vererbt. Allele dominanter Merkmale werden durch Großbuchstaben gekennzeichnet, rezessive durch Kleinbuchstaben. Manche Menschen haben zum Beispiel erblich verkürzte Finger (Abb. 2). Das Merkmal Kurzfingrigkeit wird dominant vererbt. Man kann das entsprechende Allel also mit dem Buchstaben K benennen. Ein Mensch, der in seinen Erbinformationen die Kombination KK oder Kk besitzt, hat also die verkürzten Finger. Der Buchstabe k steht hier für das rezessive Allel.

Ist das zu untersuchende Gen auf einem Autosom, spricht man von einem **autosomalen Erbgang.** Befindet sich ein Gen auf einem Gonosom (Geschlechtschromosom), spricht man von einem **gonosomalen Erbgang.** Häufig wird angeführt, auf welchem Geschlechtschromosom sich das Gen befindet, zum Beispiel „X-chromosomaler Erbgang", wenn das Gen auf einem X-Chromosom liegt.

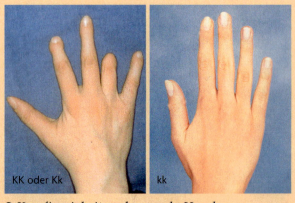

**2** *Kurzfingrigkeit und normale Hand*

236

**1 Stammbäume und ihr Vererbungsmuster.**
Ordne folgende ungeordnete Aussagen je einem Stammbaum der Abbildung 3 zu. Begründe die Zuordnung. Gib jeweils an, wie das Merkmal vererbt wird.

**A:** Nur Männer haben das Merkmal.
Merkmalsträger haben immer einen Vater, der auch Merkmalsträger ist.
Alle Söhne eines Mannes mit dem Merkmal besitzen das Merkmal auch.

**B:** Die Merkmalsträger haben häufig Eltern ohne das Merkmal.
Die Eltern von Merkmalsträgern sind normalerweise Überträger, die das Merkmal nicht besitzen.
Beide Geschlechter sind betroffen.

**C:** Fast nur Männer sind betroffen.
Betroffene Männer haben in der Regel Eltern ohne das Merkmal.
Normalerweise ist die Mutter eine Überträgerin ohne Merkmalsausbildung, kann aber betroffene männliche Verwandte haben.
Frauen können das Merkmal besitzen, wenn der Vater betroffen ist und die Mutter eine Überträgerin oder Merkmalsträgerin ist.

**D:** Mindestens ein Elternteil der Person mit dem Merkmal ist auch Merkmalsträger.
Beide Geschlechter sind betroffen.
Das Merkmal wird von beiden Geschlechtern übertragen.

**E:** Beide Geschlechter sind betroffen, Frauen häufiger als Männer.
Wenn die Mutter das Merkmal besitzt, hat das Kind eine Wahrscheinlichkeit von 50 %, das Merkmal zu bekommen.
Wenn der Vater betroffen ist, haben alle seine Töchter das Merkmal, aber nicht seine Söhne.

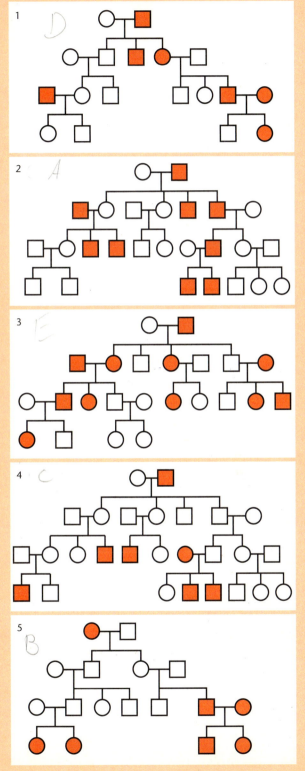

**3** *Verschiedene Stammbäume*

237

## 10.2 Anwendungen von Stammbaumuntersuchungen

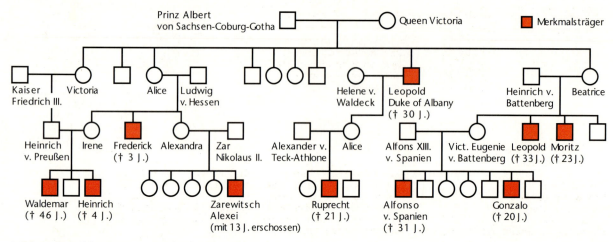

**1** *Bluterkrankheit im europäischen Hochadel*

Bei der Bluterkrankheit ist die Blutgerinnung gestört. Harmlose Verletzungen können dadurch lebensbedrohend sein. Die Bluterkrankheit wird vererbt. Sie war besonders im Adel weit verbreitet (Abb. 1). Treten in einer Familie Erbkrankheiten auf, lässt sich aus dem Stammbaum häufig ermitteln, wie groß die Wahrscheinlichkeit für ein weiteres Kind ist, die Erbkrankheit zu haben (Abb. 2). Dies ist wichtig für eine genetische Beratung, wenn Eltern aus Familien, in denen Erbkrankheiten vorkommen, vor der Entscheidung stehen, ein weiteres Kind zu bekommen.

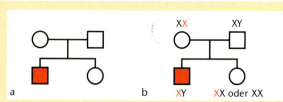

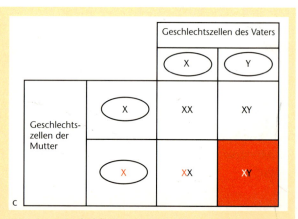

Ein Elternpaar hat einen Sohn, der Bluter ist und eine gesunde Tochter (a). Keiner der Eltern ist Merkmalsträger. Bei der Frage, wie groß die Wahrscheinlichkeit ist, dass ein weiteres Kind mit der Bluterkrankheit geboren wird, geht man so vor: Das Merkmal wird X-chromosomal-rezessiv vererbt. Daraus ergeben sich die Genotypen bezüglich des Merkmals (b). Die Wahrscheinlichkeit, dass das Merkmal in der nächsten Generation auftritt, muss für jedes weitere Kind neu betrachtet werden. Dazu muss man alle möglichen Geschlechtszellen des Vaters mit den möglichen Geschlechtszellen der Mutter im Erbschema kombinieren (c).

Die vier Möglichkeiten zeigen, dass zu 50 % Söhne gezeugt werden, wobei die Wahrscheinlichkeit, dass ein Sohn bluterkrank ist, 1:1 beträgt. Zu 50 % treten Töchter auf, die alle gesund sind, wobei sie zu 50 % Überträgerinnen des Gens für das Merkmal Bluterkrankheit sind. Die Wahrscheinlichkeit für das Auftreten des Blutermerkmals im Phänotyp beträgt also 1:3.

**2** *Wahrscheinlichkeit für ein Merkmal*

**A**
Von Natur aus lockige Haare treten bei der Kombination ll, glatte Haare bei LL und gewellte Haare bei Ll auf.

**B**
Ein vorgezogener Haaransatz wird durch ein dominantes Allel H, ein gerader Haaransatz durch die Kombination hh hervorgerufen.

**C**
Ein rezessives Allel d bewirkt, dass das oberste Daumenglied weit zurückgebogen werden kann.

**G**
Jemand hat von Natur aus Sommersprossen im Gesicht, wenn die Kombination der Allele Rr oder RR ist. Sommersprossen fehlen bei der Kombination rr.

**D**
Bedingt durch die Kombination zweier rezessiver Allele pp wird fast kein Pigment in die Regenbogenhaut eingelagert. Dann ist die Augenfarbe blau.

**E**
Ein dominantes Allel F bewirkt, dass auf einem oder mehreren der mittleren Fingerglieder Haare wachsen. Das Fehlen von Haaren auf dem mittleren der drei Fingerglieder aller Finger wird durch die Kombination ff hervorgerufen.

**F**
Die Kombination OO oder Oo bewirkt, dass die Ohrmuschel unten ein freies Ohrläppchen hat, bei oo ist das Ohrläppchen an die Kopfhaut angewachsen.

**3** *Vererbte Merkmale beim Menschen*

**1 Genetische Vielfalt.** Abbildung 3 zeigt genetisch bedingte Merkmale des Menschen. Es wird angenommen, dass jede dieser Eigenschaften nur durch ein Allelpaar eines autosomalen Gens hervorgerufen wird. Untersucht anhand dieser Angaben die genetische Vielfalt in eurer Klasse. Überlegt vorab, wie ihr dabei vorgehen wollt.

**2 Rot-Grün-Sehschwäche.** Der Erbgang ist X-chromosomal-rezessiv. Zeichne den Stammbaum der Familie von Mr. SCOTT und trage alle Genotypen der Familienmitglieder ein. Werte dazu den Text in Abbildung 4 aus. Erkläre, warum eine Rot-Grün-Sehschwäche bei Männern häufiger vorkommt als bei Frauen.

**3 Verwandtenehen.** Nimm anhand der Abbildung 5 zum Verbot von Ehen zwischen Geschwistern und der Warnung vor Verwandtenehen begründet Stellung.

„Ich kenne kein Grün in der Welt. Vor einigen Jahren habe ich meine Tochter mit einem vornehmen Mann vermählt. Am Tage vor der Hochzeit kam er in einem neuen Mantel aus bestem Stoff in mein Haus. Ich war sehr gekränkt, dass er, wie ich glaubte, in Schwarz gekleidet war, der Farbe der Trauer. Ich sagte ihm, er solle gehen und den Mantel wechseln. Aber meine Tochter sagte, dass mich meine Augen trögen. Der Mann trug einen feinen weinroten Mantel. Dieser aber war für meine Augen schwarz. Es handelt sich um ein altes Familienleiden. Mein Vater hatte genau dieselbe Krankheit. Meine Mutter und eine meiner Schwestern konnten fehlerfrei sehen. Meine zweite Schwester war farbuntüchtig wie ich. Sie hatte zwei Söhne, die beide an dieser Krankheit litten. Ihre Tochter war dagegen normalsichtig. Ich selber habe einen Sohn und eine Tochter, die beide alle Farben ohne Ausnahme sehen können. Das Gleiche gilt für meine Frau. Der Bruder meiner Mutter hat denselben Fehler wie ich."

**4** *Im Jahr 1777 schrieb Mr. Scott diesen Brief an einen Freund*

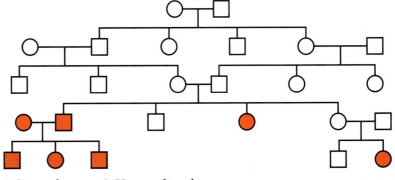

**5** *Stammbaum mit Verwandtenehe*

## 10.3 Der Mensch – Gene und Umwelt

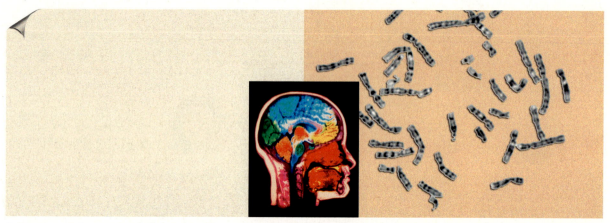

*1 Der Mensch: ein Produkt seiner Umwelt und/oder seiner Gene?*

Wenn du diese Zeilen liest, arbeiten Millionen Nervenzellen in deinem Gehirn an der Informationsverarbeitung. Dein Gehirn hat sich vor und nach deiner Geburt unter Beteiligung der ererbten Gene von deinem Vater und deiner Mutter zu einem komplexen Organ entwickelt. Dass du lesen und sprechen kannst, wurde dir auch durch deine Gene ermöglicht. Dass du speziell deine Muttersprache gut verstehst, ist dagegen deinem Elternhaus und damit deiner Umwelt zu verdanken.

In der Diskussion darüber, ob der Mensch Produkt seiner Umwelt und/oder seiner Gene ist, gibt es drei grundlegende Positionen (Abb. 1, 2). Die Position des **genetischen Determinismus** nimmt an, dass der Mensch und sein Verhalten allein durch seine Gene festgelegt ist. In der gegensätzlichen Position des **Umwelt-Determinismus** kommt der Mensch als „tabula rasa", als „unbeschriebenes Blatt", auf die Welt und wird allein durch die Umwelt zu dem, was er ist. Diese beiden extremen Positionen übersehen, dass Gene und Umwelt keine Gegensätze sind, die sich ausschließen. Wie das Beispiel der Sprache zeigt, arbeiten Gene und Umwelt im Menschen zusammen. Angeboren und erlernt sind miteinander verschränkt.

Bei seiner Geburt ist ein Mensch kein „unbeschriebenes Blatt". Die Millionen Jahre währende Evolution des Menschen hat Angepasstheiten hervorgebracht, zum Beispiel im Hirnaufbau, im Wahrnehmungsvermögen, in den Emotionen, im Verhalten und im Lern- und Gedächtnisvermögen. Der heutige Mensch trägt sein evolutionäres Erbe in Form von Genen in sich. Zum evolutionären Erbe des Menschen gehört auch, dass er mit einem Gehirn ausgestattet ist, das ein einzigartiges Lern- und Gedächtnisvermögen ermöglicht. Gene sind in Wechselwirkung mit der Umwelt maßgeblich an der Ausbildung und Tätigkeit des Gehirns eines Menschen beteiligt. Allerdings legen Gene einen Menschen nicht schicksalhaft fest. Vielmehr ermöglicht das Gehirn individuelles Verhalten, individuelle Erfahrungen, individuelle Gedächtnisinhalte und individuelle Gefühle. Gene und Umwelt wirken also untrennbar im Menschen zusammen. Menschen sind weder allein durch ihre Gene festgelegt noch sind sie allein Produkt ihrer Umwelt.

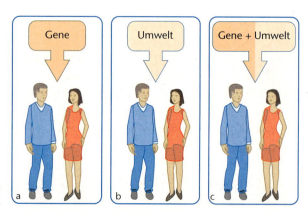

*2 Drei grundlegende Positionen*

**1 Gene und/oder Umwelt?** Erläutere anhand der Abbildungen und des Textes auf der Grundwissenseite die drei in Abbildung 2 dargestellten Positionen. Zeige am Beispiel des Spracherwerbs begründet auf, welche Positionen nicht zutreffen und welche Positionen zutreffen.

**2 Modelle zum Zusammenwirken von Genen und Umwelt.**
a) Beschreibe das Modell in Abbildung 3 im Hinblick auf das Zusammenwirken von Genen und Umwelt im Menschen. Erläutere die Positionen I, II und III in Abbildung 3.
b) „Tatsächlich ähneln unsere Erbanlagen nicht so sehr einem Programm, das einen Computer steuert, als einer Partitur, die nur unter ganz spezifischen Umweltbedingungen ... zum Klingen gebracht, ja eigentlich zum Leben erweckt wird." Erläutere anhand der Abbildung 4 das Zusammenwirken von Genen und Umwelt im Modell.

**3 Gedankenexperiment: Folgerungen für verschiedene Aspekte des menschlichen Lebens.** Diskutiert für jeden der nachfolgenden Lebensbereiche, welche Folgerungen und Konsequenzen sich ergeben würden, wenn a) der genetische Determinismus zutreffen würde, b) der Umwelt-Determinismus zutreffen würde (Abb. 2):
– Erlernen einer Fremdsprache
– Geschlechterrolle als Mann oder Frau
– aggressives Verhalten gegenüber anderen Menschen.

**4 „Tabula rasa", das „unbeschriebene Blatt" – Ist alles möglich?** Von JOHN B. WATSON (1878–1958), einem Lernforscher, stammt folgende Formulierung: „Gebt mir ein Dutzend gesunde, gut gebaute Kinder und meine eigene spezifische Welt, um sie darin großzuziehen, und ich garantiere, dass ich irgendeines aufs Geratewohl herausnehme und es so erziehe, dass es irgendein beliebiger Spezialist wird, zu dem ich es erwählen kann – Arzt, Jurist, Künstler, Kaufmann, ja sogar Bettler und Dieb, ungeachtet seiner Talente, Neigungen, Absichten, Fähigkeiten und Herkunft seiner Vorfahren."
Ordne diese Behauptung einer der drei Positionen in Abbildung 2 begründet zu. Diskutiert und bewertet die Behauptung WATSONS.

**3** *Gene und Umwelt*

**4** *Modell für das Zusammenwirken von Genen und Umwelt*

# Basiskonzepte zum Thema „Vererbung"

**Methode**

Die nachfolgenden Sachverhalte stammen aus dem Inhaltsfeld „Vererbung". Wenn du die nachfolgende Aufgabe bearbeitest, kannst du Auskunft darüber bekommen, ob du das Wesentliche verstanden hast und darüber, wie gut du Basiskonzepte zuordnen kannst.

**1 Aufgabe:** Ordne jedem der nachfolgenden Sachverhalte ein oder mehrere Basiskonzepte zu. Begründe die von dir gewählte Zuordnung.

**1.** Der Zellkern ist ein Kompartiment, in dem Erbinformationen gespeichert sind. Dazu gehören die Bauanleitung für die Zellen und die Entwicklung des Körpers, die Informationen für den Stoffwechsel und für die Fortpflanzung.

**2.** Versuche zur Kerntransplantation haben gezeigt, dass in jeder Körperzelle mit Zellkern die Gesamtheit der Erbinformationen eines Lebewesens, das Genom, vorhanden ist. Die Träger der Erbinformationen im Zellkern sind die Chromosomen. Jedes Chromosom besteht aus einem langen DNA-Molekül. In den Körperzellen befindet sich der doppelte (diploide) Chromosomensatz.

**3.** Der Grund für die Erbgleichheit der Körperzellen eines Vielzellers ist der Vorgang der Mitose. Bei der Mitose werden zuvor identisch verdoppelte Chromosomen so auf die beiden neu entstehenden Zellen verteilt, dass jede von ihnen identische Erbinformationen hat.

**4.** Die Verdopplung von Zellen durch Mitose ist Grundlage für das Wachstum eines vielzelligen Lebewesens.

**5.** Meiose heißt der Vorgang, bei dem aus Zellen mit diploidem Chromosomensatz Geschlechtszellen mit einfachem (haploidem) Chromosomensatz gebildet werden. Bei der Befruchtung werden die beiden Chromosomensätze der Geschlechtszellen zu einem diploiden Chromosomensatz neu zusammengefügt.

**6.** Bei der Meiose und bei der Befruchtung werden Erbanlagen neu kombiniert. Das ist der Grund dafür, dass bei allen Lebewesen mit geschlechtlicher Fortpflanzung die Nachkommen genetische Variabilität zeigen. Genetische Variabilität ist eine unter mehreren Voraussetzungen für die Bildung neuer Arten.

**7.** Erbinformationen sind in der DNA chemisch verschlüsselt. Ein Gen ist ein Abschnitt der DNA, der die Information für die Bildung eines Proteins enthält. Proteine wirken bei der Ausbildung erblicher Merkmale mit, zum Beispiel als Enzyme bei der Bildung eines Blütenfarbstoffs.

**8.** Mutationen sind bleibende Veränderungen der DNA. Viele Mutationen sind schädlich, manche können jedoch vorteilhaft sein. Solche Mutationen sind in der Geschichte der Lebewesen Ursprung für neue Merkmale.

**9.** GREGOR MENDEL (1822–1884) hat Regeln der Vererbung von dominant-rezessiven Erbgängen aufgestellt. Heute lassen sich die MENDELschen Regeln mit Ergebnissen der Zellforschung und dem Wissen um Chromosomen und Gene erklären. Die Vererbungsregeln spielen unter anderem in der Tier- und Pflanzenzüchtung und bei der Untersuchung von Familienstammbäumen eine Rolle.

**10.** Merkmalsunterschiede zwischen Individuen einer Art können genetisch bedingt sein oder umweltbedingt. Sind sie umweltbedingt, nennt man sie Modifikationen. In den meisten Fällen wirken Umwelt und Gene bei der Ausprägung des Phänotyps eines Lebewesens zusammen.

**11.** Menschen sind weder allein durch ihre Gene festgelegt, noch sind sie allein Produkt ihrer Umwelt. Gene und Umwelt wirken im Menschen untrennbar zusammen.

Methode

Vererbung

243

# Sexualerziehung

## 11.1 Pubertät

**Pubertät** bedeutet Geschlechtsreifung. Dieser Begriff umfasst die gefühlsmäßigen und körperlichen Veränderungen, die in dem Zeitraum stattfinden, in dem ein Mädchen zu einer geschlechtsreifen Frau und ein Junge zu einem zeugungsfähigen Mann werden. Die Pubertät kann schon im Alter von 9 Jahren oder erst mit 16 Jahren einsetzen. Verantwortlich für den genauen Zeitpunkt ist ein Bereich des Zwischenhirns, der Hypothalamus.

**Hormone** sind chemische Stoffe, die als Botenstoffe wirken. Sie werden in speziellen Zellen gebildet und meistens mit dem Blut transportiert. Verschiedene Organe im Körper enthalten Zellen, die für ganz bestimmte Hormone passende Rezeptoren besitzen. Werden Hormone gebunden, lösen sie in den betreffenden Organen Stoffwechselvorgänge aus. Mit Beginn der Pubertät beginnen viele durch Hormone gesteuerte Vorgänge.

Die Nervenzellen des Hypothalamus geben so genannte Freisetzungshormone an die Hirnanhangsdrüse, die Hypophyse, ab (Abb. 1, 2). Dies führt dazu, dass die Hypophyse zwei Arten von Hormonen ins Blut abgibt: das **F**ollikel **s**timulierende **H**ormon (FSH) und das **l**uteinisierende **H**ormon (LH). Diese Hormone gelangen zu den männlichen Keimdrüsen, den Hoden, beziehungsweise zu den weiblichen Keimdrüsen, den Eierstöcken. Unter dem Einfluss der Hypophysenhormone werden in den Keimdrüsen die Geschlechtshormone gebildet. Das Hormon LH bewirkt in den Hoden die Bildung der männlichen Geschlechtshormone. Sie werden unter dem Namen Androgene zusammengefasst, zu denen auch das Testosteron gehört. Die Androgene bewirken gemeinsam mit dem FSH, dass in den Hoden die männlichen Geschlechtszellen, die Spermien, heranreifen. Zusätzlich lösen sie das Wachstum von Hoden und Penis aus. Die Geschlechtsorgane erlangen ihre volle Funktionsfähigkeit. Nachdem sich die Geschlechtsorgane, die auch als primäre Geschlechtsmerkmale bezeichnet werden, weiterentwickelt haben, prägen sich auch die sekundären Geschlechtsmerkmale aus. Dies sind bei

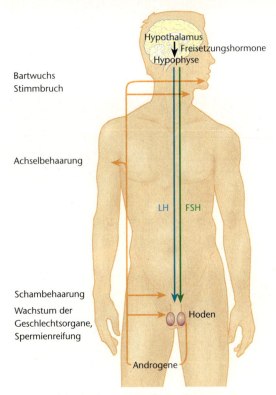

**1** *Geschlechtshormone beim Mann*

einem Jungen: Bartwuchs, Achsel-, Scham- und sonstige Körperbehaarung sowie Wachstum des Kehlkopfes, das zum Stimmbruch und schließlich zur tieferen Stimmlage führt.

In den Eierstöcken werden zwei Gruppen von weiblichen Geschlechtshormonen gebildet, die Östrogene und die Gestagene (Abb. 2). Die Abgabe der Hormone erfolgt nach und nach in einem bestimmten zeitlichen Muster. Östrogene entstehen vor allem unter dem Einfluss von FSH, Gestagene unter dem Einfluss von LH. Die Geschlechtshormone bewirken, dass die Eierstöcke wachsen und Eizellen heranreifen. Als sekundäre Geschlechtsmerkmale wachsen die Brustdrüsen, und die Achsel- und Schambehaarung bilden sich aus.

In der Pubertät setzt unter dem Einfluss der Geschlechtshormone bei beiden Geschlechtern ein vermehrtes Längenwachstum ein. Dabei verändern sich auch die Körperformen: Bei vielen Jungen bilden sich breitere Schultern aus. Bei vielen Mädchen prägen sich die Hüften stärker aus.

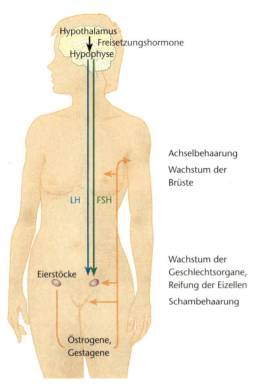

2 Geschlechtshormone bei der Frau

**1 Hormone.** Erstelle eine Tabelle mit den Spaltenüberschriften Hormone, Ausgangsort, Zielort, Wirkung und trage zu den in Abbildung 1 und 2 aufgeführten Hormonen entsprechende Angaben ein.

**2 Mitesser und Akne.**
a) Beschreibe die Entstehung von Mitessern und Akne mithilfe der Abbildung 3.
b) Leite aus dem Text eine begründete Vermutung ab, warum besonders häufig Jungen von Akne betroffen sind.

**3 Basiskonzepte.** Gib mithilfe der Methodenseite „Basiskonzepte" an, welche Basiskonzepte auf diese Doppelseite zutreffen.

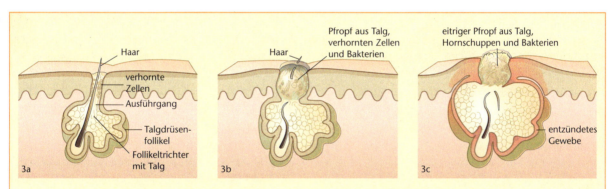

Vor allem Jugendliche in der Pubertät leiden unter Akne: Gerötete, große Pickel bilden sich im Gesicht, im Brust- und oberen Rückenbereich und an den Seiten der Oberarme. Diese Pickel entstehen durch eine Veränderung der Talgdrüsenfollikel (Abb. 3a). Normalerweise sondern die Talgdrüsen Talg in den Follikeltrichter ab. Der Talg schwemmt verhornte Zellen durch den Ausführgang des Follikels aus. Bei Akne kleben die verhornten Zellen zusammen und verstopfen den Ausführgang. Es entsteht ein sogenannter Mitesser – eine Ansammlung von Talg vermischt mit verhornten Zellen (Abb. 3b). Wenn in den Mitesser Bakterien einwandern, kann es zur Entzündung des Talgdrüsenfollikels kommen. Es entstehen oberflächlich mit Eiter gefüllte Bläschen (Abb. 3c). In tieferen Hautschichten können sich sehr schmerzhafte Knoten bilden. Akne entsteht vor allem bei Menschen mit entsprechender genetischer Veranlagung. Werden dann in der Pubertät von den männlichen Keimdrüsen vermehrt Androgene ins Blut abgegeben, regen diese die Talgdrüsen zu einer vermehrten Talgbildung an. Bei Frauen hemmen Östrogene die Entstehung von Akne. Wenn kurz vor der Menstruation der Östrogenspiegel niedrig ist, bilden sich auch bei ihnen vermehrt Pickel. Akne ist nicht ansteckend. Für die Betroffenen ist Akne oft eine große seelische Belastung. In den meisten Fällen kann der Hautarzt oder die Hautärztin helfen.

3 Entstehung von Akne

## 11.2 Geschlechtsreife bei Jungen

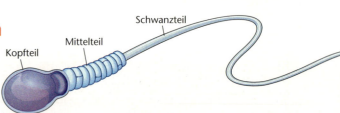

**2** *Aufbau eines Spermiums*

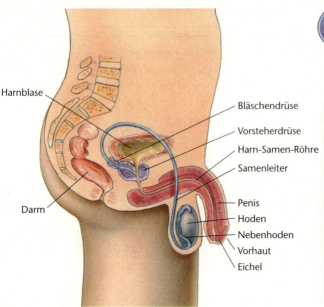

**1** *Geschlechtsorgane des Mannes*

**3** *Spermien*

In der Pubertät setzt die Entwicklung der Spermien ein. Spermien werden während des ganzen Lebens eines Mannes gebildet. Das bedeutet, dass ein Mann sein ganzes Leben lang zeugungsfähig ist. Ein Spermium ist etwa 0,06 Millimeter groß und gehört zu den kleinsten Zellen des menschlichen Körpers. Es besteht aus einem Kopfteil, einem Mittelteil und einem Schwanzteil (Abb. 2, 3). Das Kopfteil enthält den Zellkern mit den Chromosomen. Das sind die Träger der Erbinformation. Das Mittelteil liefert die Energie für die Fortbewegung des Spermiums. Durch das Schlagen des Schwanzteils erfolgt die Fortbewegung. Die Spermien werden in den Hoden gebildet. Von dort gelangen sie in die Nebenhoden, in denen sie vollständig ausreifen und gespeichert werden (Abb. 1). Die Spermien bleiben in den Nebenhoden über Wochen befruchtungsfähig und werden dann wieder abgebaut. Bevor es zu einem Samenerguss kommt, werden die Spermien durch die Samenleiter weiterbefördert. Dabei passieren sie die Bläschendrüse und die Vorsteherdrüse, die Prostata. Dort werden sie jeweils mit einem Sekret angereichert. Sekrete und Spermien bilden zusammen das Sperma. Im Bereich der Vorsteherdrüse vereinigen sich die beiden Samenleiter mit der Harnröhre zur Harn-Samen-Röhre, die umgeben von Schwellkörpern durch den Penis führt. Bei sexueller Erregung sind diese Schwellkörper stark mit Blut gefüllt, was zu einer Versteifung (Erektion) des Penis führt. Beim Samenerguss wird das Sperma herausgeschleudert. Die damit verbundene gefühlsmäßige starke Erregung ist der Orgasmus. Bei Frauen ist für das sexuelle Erleben bis hin zum Orgasmus die Stimulation der Klitoris wichtig.

Die erlangte Geschlechtsreife macht es notwendig zu lernen, mit der eigenen Sexualität angemessen umzugehen. Dazu gehört, dass die eigenen sexuellen Bedürfnisse nur so weit ausgelebt werden, dass die Bedürfnisse anderer dabei nicht missachtet werden. Hierbei ist auch Verhütung wichtig, insbesondere die richtige Benutzung eines Kondoms. Es schützt bei sachgemäßer Anwendung nicht nur vor einer Schwangerschaft sondern auch vor einer HIV-Infektion. In einer sexuellen Beziehung übernehmen beide Partner gemeinsam die Verantwortung sowohl für die Verhütung als auch für eine mögliche Schwangerschaft.

## Rating-Skala

In Meinungsumfragen werden häufig Rating-Skalen eingesetzt, da sie sehr vielseitig und einfach zu handhaben sind. Bei diesem Verfahren werden die Befragten aufgefordert, ihre Haltung zu einer bestimmten Fragestellung in einer abgestuften Skala grafisch einzuschätzen. Diese Rating-Skalen geben durch Zahlen und/oder Formulierungen Abstufungen vor, die die Entscheidungen der Befragten erleichtern (Abb. 1). Im Gegensatz zu reinen Ja/Nein-Entscheidungen (Abb. 2) werden sie dem Empfinden der befragten Personen häufig eher gerecht und können so detailliertere Ergebnisse liefern. Es werden bei Rating-Skalen in der Regel 5 bis 7 Abstufungen als Antwortmöglichkeiten vorgegeben.

Beispielfrage:
Sind folgende Eigenschaften deiner Einschätzung nach typisch männlich?

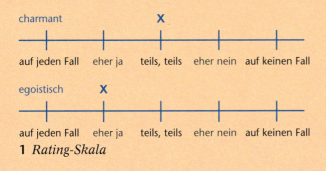

1 *Rating-Skala*

| Eigenschaften | Ja | Nein |
|---|---|---|
| charmant | x | |
| egoistisch | | x |
| … | | |

2 *Ja/Nein-Befragung*

**1 Eine Befragung durchführen.** Welche Eigenschaften sind deiner Meinung nach typisch männlich?
Antwortmöglichkeiten: charmant, egoistisch, einfühlsam, eitel, gefühlskalt, geizig, großspurig, humorvoll, hysterisch, mutig, natürlich, nörgelig, sentimental, stur, unpünktlich, untreu, unvernünftig, verschwendungssüchtig, wehleidig, zärtlich, zuverlässig.
**a)** Führe die Befragung nach dem Ja/Nein-Prinzip durch.
**b)** Führe die gleiche Befragung nach dem Rating-Prinzip durch. Wähle folgende Skala:

4 – auf jeden Fall
3 – eher ja
2 – teils, teils
1 – eher nein
0 – auf keinen Fall.

Vergleiche dein Ergebnis mit dem deiner Mitschüler und Mitschülerinnen. Gibt es Unterschiede zwischen den Ergebnissen von Jungen und Mädchen?
**c)** Stelle das Ergebnis deiner Befragung grafisch dar. Für die Ja/Nein-Befragung eignet sich ein Säulendiagramm. Überlege, wie du die Ergebnisse der Rating-Befragung sinnvoll darstellen kannst.

**2 Männliche Geschlechtsorgane.** Beschreibe die Stationen von der Entstehung von Spermien bis zu ihrem Abbau bzw. Verlassen des Körpers.

**3 Samen oder Spermien?** Pflanzen bilden Samen, aus denen neue Pflanzen heranwachsen können. Begründe, warum man heute den Begriff „Samen" für die männlichen Spermien ablehnt.

**4 Spermien und Temperatur.** Spermien sind während der Reifephase sehr temperaturempfindlich. Sie benötigen eine Temperatur von 34 °C – 35 °C. Erläutere den Zusammenhang zwischen der Temperatur und der Lage der männlichen Geschlechtsorgane.

# 11.3 Geschlechtsreife bei Mädchen

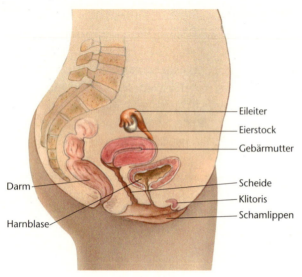

1 *Geschlechtsorgane der Frau*

Mit Beginn der Pubertät reifen in den Eierstöcken unter dem Einfluss des Follikel stimulierenden Hormons (FSH) in Abständen von etwa 28 Tagen Follikel heran (Abb. 2). In jedem Zyklus reift normalerweise nur ein Follikel aus. Im Leben einer Frau sind das insgesamt etwa 450 Follikel. Ein Follikel hat eine kugelige Form und ist durch Zellschichten abgegrenzt. Die innen liegenden Granulosazellen haben zwei Funktionen: Ihre Zellen bilden weibliche Geschlechtshormone und sie betten eine Eizelle ein. Während der Follikelreifung bildet sich im Inneren eine Follikelhöhle aus. Sie ist mit Flüssigkeit gefüllt und vergrößert sich zunehmend. Im ausgereiften Follikel liegt die Eizelle schließlich an dessen Rand. Ein reifer Follikel kann im Durchmesser bis zu zwei Zentimeter groß sein. Die in ihm liegende Eizelle gehört mit 0,2 Millimeter Durchmesser zu den größten Zellen des menschlichen Körpers. Sie besteht aus dem Zellkern, in dem sich die Chromosomen, die Träger der Erbinformation, befinden. Ein weiterer Bestandteil der Eizelle ist der Dotter, der viele Nährstoffe enthält. Der reife Follikel gelangt an die Oberfläche des Eierstocks. Dort kommt es zum Eisprung: Der Follikel platzt auf, die Eizelle wird mit der Follikelflüssigkeit ausgeschwemmt und vom Trichter des nahe gelegenen Eileiters aufgenommen (Abb. 2). Die Eileiter sind mit einer Schleimhaut ausgekleidet, die mit Flimmerhärchen besetzt ist. Deren Bewegung führt dazu, dass ein Flüssigkeitsstrom entsteht, mit dem die Eizelle in Richtung Gebärmutter bewegt wird.

Eine Eizelle ist nach dem Eisprung nur wenige Stunden befruchtungsfähig. Sie befindet sich in diesem Zeitraum im oberen Teil des Eileiters. Damit sie befruchtet werden kann, müssen Spermien bis dorthin gelangen. Eine befruchtete Eizelle kann sich in die Gebärmutterschleimhaut einnisten, eine unbefruchtete Eizelle wird abgebaut.

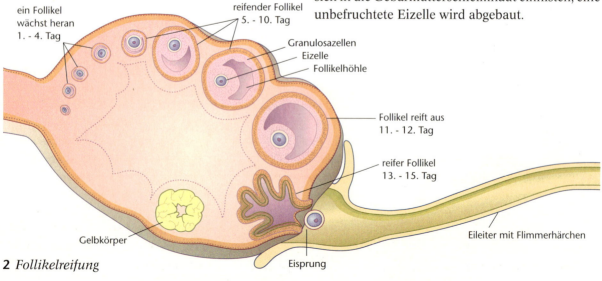

2 *Follikelreifung*

Fortpflanzung+Vererbung

## Pubertät: Der nervige Umbau im Gehirn

**Hirnforscher fanden eine überraschende Begründung dafür, warum Teenies manchmal unausstehlich sein können.**

Im einen Moment sind sie lieb und zuvorkommend, im nächsten völlig gereizt und mies gelaunt. Bei Kindern, die gerade die Pubertät durchmachen, kann die Stimmung sehr schnell wechseln. Bislang dachte man, dass Hormone schuld daran seien. Hirnforscher haben herausgefunden, dass nicht nur Hormone, sondern auch der Umbau von Nervenverbindungen im Gehirn für die unterschiedlichen Gemütslagen verantwortlich sind. Vor allem im Stirnhirn würden in diesem Alter etliche neue Verbindungen zwischen den Nervenzellen geknüpft.

Die Folge: Jugendliche verlieren in dieser Umbauphase viel von ihrer Fähigkeit, die Gefühle ihrer Mitmenschen richtig einzuschätzen. Ungefähr ab dem elften Lebensjahr büßen die Kinder ihr Gespür für mitmenschliche Situationen geradezu „im Sturzflug" ein. Die sich daraus ergebende Unsicherheit und Verwirrung in gefühlsbeladenen Situationen sei ein Grund dafür, dass Teenager gereizt reagieren und das Leben oft als „unfair" empfinden. Nach einiger Zeit legen sich die plötzlichen Stimmungsschwankungen.

**Erläuterungen:**
Nervenzellen: Milliarden von ihnen sind im Gehirn unter anderem am Verhalten, an der Informationsverarbeitung, an Lernen und Gedächtnis, Willenshandlungen, Sprache und an der Entstehung von Gefühlen beteiligt. Im Durchschnitt hat jede Nervenzelle über tausend Verbindungen zu anderen Nervenzellen.
Stirnhirn: Der Bereich des Großhirns über den Augen.

*3 Stimmungsschwankungen in der Pubertät*

**1 Follikelreifung.** Beschreibe mithilfe von Abbildung 2 die Stadien im Verlauf der Follikelreifung.

**2 Größenvergleich von Eizellen.** Eizellen können sehr unterschiedlich in ihrer Größe sein. Begründe, warum die menschliche Eizelle und die eines Huhns unterschiedlich groß sind.

Hühner-Ei     Menschen-Ei •

**3 Pubertät – Der nervige Umbau im Gehirn.** Lies den Text in Abbildung 3. Schließe dann das Buch. Halte einen freien Kurzvortrag zum Thema „Der nervige Umbau im Gehirn".

**4 Suche Partner/Partnerin.** Gib für jede Bekanntschaftsanzeige aus Abbildung 4 an, ob sie von einem Mann oder einer Frau stammt. Begründe deine Zuordnung.

Bin 23, 174, blond, mag verrückte Ideen, schätze gute Gespräche, große und kleine Kunst, Kneipen, mitreißende Kinofilme u. Theaterstücke. Suche lebendiges, unternehmungslustiges „Gegenstück". Bin begeisterungsfähig, auch gern sportlich u. mag die Natur. Schreib trotz aller Wenn und Aber! Chiffre …

Ich, 23, suche gefühlsbetontes, aber auch energisches „Gegenstück" zum Verlieben. Du solltest an einer echten Beziehung und an mir interessiert sein und trotzdem du selbst sein. Eher flippig als durchschnittlich, selbstbewusst und offen. Ich bin ein bisschen kompliziert, mag Musik, über alles reden und suche noch nach meinem Weg. Bild wäre toll. Chiffre …

Ich, 22, Zwilling, suche nervenstarkes „Gegenstück", mit dem man lachen, reden, träumen und weggehen kann, das weiß, dass das Wir auch aus zwei Ichs besteht. Chiffre …

Ich, 22/176, schlank, sportlich, attraktiv, mag die Natur, Bücher, Skifahren, Musik von Klassik bis Liedermacher, gemütliche Kneipen, Zärtlichkeit und vieles mehr. Suche passendes „Gegenstück"! Bitte Brief mit Bild. Chiffre …

*4 Bekanntschaftsanzeigen*

## 11.4 Hormonelle Regulation des weiblichen Zyklus

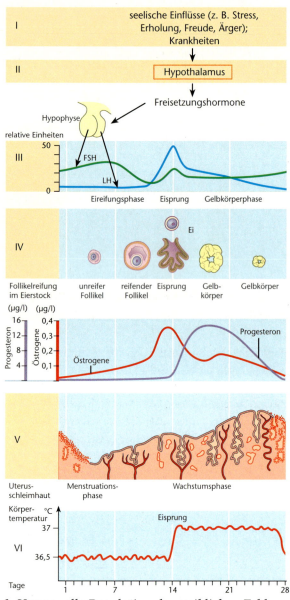

1 *Hormonelle Regulation des weiblichen Zyklus*

Geschlechtsreife bei einem Mädchen oder einer Frau bedeutet, dass in den Eierstöcken in durchschnittlich 28-tägiger Abfolge jeweils eine befruchtungsfähige Eizelle heranreift. Diese zyklischen Vorgänge werden durch Hormone verschiedener Hormondrüsen gesteuert. Aber auch äußere Einflüsse wie Stress oder Krankheiten haben Einfluss auf die Hormonproduktion (Abb. 1, I). Der erste Tag der Regelblutung wird als erster Tag des Zyklus gezählt.

Vom Hypothalamus, einem Teil des Zwischenhirns, wird die zeitliche Abfolge der Vorgänge vorgegeben (Abb. 1, II). Vom Hypothalamus gelangen Freisetzungshormone in die nur wenige Zentimeter entfernte Hypophyse (Hirnanhangsdrüse, Abb. 1, III). Dort beeinflussen sie die Freisetzung von Hormonen aus der Hypophyse. Das Follikel stimulierende Hormon (FSH) bewirkt, dass innerhalb der ersten 14 Tage des Zyklus eine Eizelle im Follikel heranreift (Abb. 1, IV). Für die vollständige Reifung ist das luteinisierende Hormon (LH) notwendig. Wenn es in einer bestimmten Konzentration im Blut vorliegt, platzt der reife Follikel und gibt die Eizelle frei (Abb. 1, IV). Man spricht von Eisprung oder Ovulation. Die Eizelle gelangt in den Eileiter und ist nun einige Stunden befruchtungsfähig. Aus dem Follikel entsteht der so genannte Gelbkörper.

Der heranreifende Follikel und der Gelbkörper bilden auch Hormone (Abb. 1, IV). In der ersten Hälfte des Zyklus werden zunehmend Östrogene freigesetzt, in der zweiten Hälfte zusätzlich Gestagene, vor allem Progesteron. Östrogene und Gestagene wirken auf die Schleimhaut der Gebärmutter (Abb. 1, V). Unter ihrem Einfluss wird die Gebärmutterschleimhaut nach der Menstruation um etwa sechs Millimeter dicker. Die Gebärmutterschleimhaut ist darauf vorbereitet, dass sich nach der Befruchtung der Eizelle der Embryo einnisten kann. Kommt es nicht zu einer Befruchtung, entwickelt sich der Gelbkörper zurück und stellt seine Hormonproduktion ein. In der Folge kommt es zur Menstruation. Östrogene und Gestagene haben Rückwirkungen auf Hypothalamus und Hypophyse. Östrogene hemmen die Freisetzung von FSH. Deshalb reift gewöhnlich nur eine Eizelle in einem Zyklus heran. Östrogene fördern die LH-Freisetzung, sodass es zum Eisprung kommt. Progesteron hemmt die LH-Freisetzung. Das hat zur Folge, dass sich der Gelbkörper zurückbildet.

Auch die Körpertemperatur verändert sich während des Zyklus (Abb. 1, VI). Ein bis zwei Tage nach dem Eisprung steigt die Temperatur.

252  Steuerung+Regelung

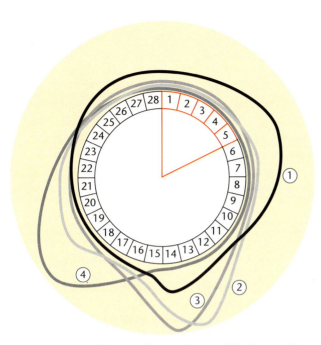

**2** *Hormonelle Regulation des weiblichen Zyklus in Kreisdarstellung*

**3** *Verteilung der Häufigkeit von a) Zykluslänge und b) Tag des Eisprungs bei geschlechtsreifen Frauen*

**1** **Weiblicher Zyklus.** Beschreibe mithilfe der Grundwissenseite und der Abbildung 1 den Zyklus für die Tage 1, 5, 10, 15, 20, 25.

**2** **Hormonelle Regulation des weiblichen Zyklus.** Ordne den verschiedenen Kurven in Abbildung 2 je ein Hormon zu. Begründe deine Zuordnungen.

**3** **Häufigkeitsverteilungen.** Werte die Abbildung 3 aus. Was ist dargestellt? Welche Aussagen lassen sich der Abbildung entnehmen?

**4** **Menstruationskalender mit dem Computer erstellen.** In Abbildung 4 findest du eine Vorlage für einen Menstruationskalender. Du kannst dir einen Menstruationskalender am PC erstellen.

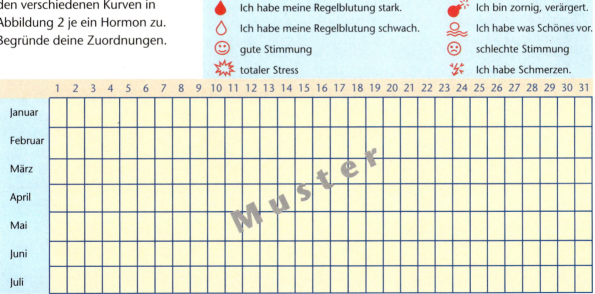

**4** *So könnte ein Menstruationskalender aussehen*

Arbeitsmaterial

## 11.5 Befruchtung und Einnistung

**1** Bis etwa sechs Stunden nach dem Eisprung können Spermien die Eizelle befruchten. Sobald der Kopfteil eines Spermiums in die Eizelle eingedrungen ist, verändert sich die Oberfläche der Eizelle so, dass keine weiteren Spermien eindringen können. Bei der Befruchtung verschmelzen die Kerne von Eizelle und Spermium.

**2** Etwa 30 Stunden nach der Befruchtung teilt sich der Embryo in zwei identische Tochterzellen. Es folgen mehrere Teilungen, aus denen jeweils kleinere, aber identische Zellen hervorgehen. Bis zum 8-Zellen-Stadium, das etwa 60 Stunden nach der Befruchtung vorliegt, könnte aus jeder Zelle ein neuer Mensch entstehen.

**3** Etwa drei Tage nach der Befruchtung erreicht der Embryo die Gebärmutter. In diesem Stadium wird er als Blasenkeim bezeichnet. Es haben viele Zellteilungen stattgefunden. Einige Zellen haben eine äußere Hülle gebildet und ernähren den Embryo. An diese Hüllzellen haben sich von innen her Zellen angelegt, aus denen sich der Embryo entwickelt. Außerdem entsteht bei den Zellumlagerungen eine mit Flüssigkeit gefüllte Höhle, die zu der Bezeichnung Blasenkeim geführt hat.

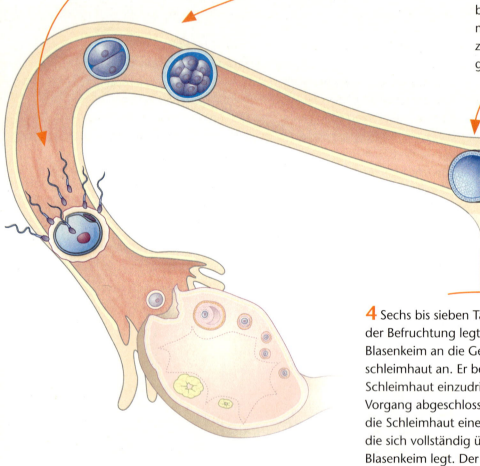

**4** Sechs bis sieben Tage nach der Befruchtung legt sich der Blasenkeim an die Gebärmutterschleimhaut an. Er beginnt, in die Schleimhaut einzudringen. Ist der Vorgang abgeschlossen, bildet die Schleimhaut eine Zellschicht, die sich vollständig über den Blasenkeim legt. Der Embryo ist neun bis zehn Tage nach der Befruchtung eingenistet und die Schwangerschaft beginnt.

**1** *Befruchtung und die ersten Lebenstage des Embryos*

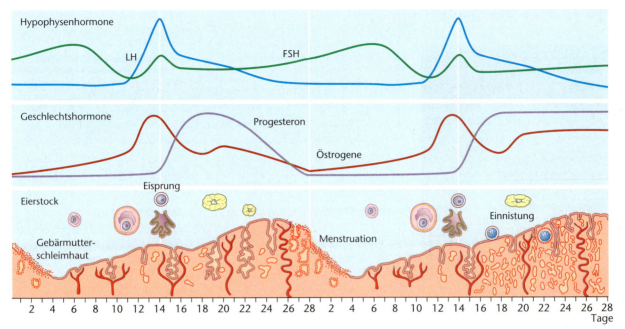

2 *Veränderungen in der Schwangerschaft im Vergleich zum normalen Zyklus*

**1 Vom Eisprung zur Einnistung.** Zeichne eine Zeitachse und trage darin möglichst genau den Ort und die Vorgänge ein, die in der Zeitspanne vom Eisprung bis zur Einnistung des Embryos geschehen.

**2 Beispiele für Veränderungen in der Schwangerschaft.** Beschreibe anhand der Abbildung 2 die Veränderungen, die mit der Einnistung des Embryos einhergehen. Vergleiche mit dem normalen Zyklusverlauf.

**3 Das Schwangerschaftshormon HCG.** Sobald der Embryo eingenistet ist, bilden seine Hüllzellen ein Hormon mit dem Namen humanes Choriongonadotropin, HCG. HCG bewirkt, dass der Gelbkörper erhalten bleibt und weiterhin Hormone bildet. HCG wird in den mütterlichen Blutkreislauf abgegeben. Ein wenig gelangt auch in den Urin der Mutter. Später in der Schwangerschaft bildet die Plazenta selbst Progesteron und Östrogene.
a) Begründe, warum der Nachweis von HCG im Urin als Schwangerschafts-Nachweis dient.
b) Erkläre, welche Bedeutung die hohen Progesteron- und Östrogengehalte während der Schwangerschaft haben.
c) Begründe, warum während einer Schwangerschaft keine weiteren Eizellen heranreifen.

**4 Zwillinge.** Beschreibe anhand der Abbildung 3 die Entstehung eineiiger und zweieiiger Zwillinge.

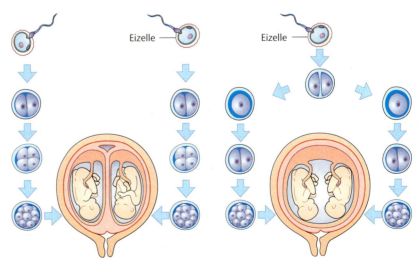

3 *Unterschiedliche Entstehung von Zwillingen*

255

## 11.6 Die Plazenta

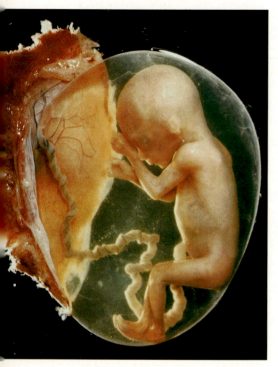
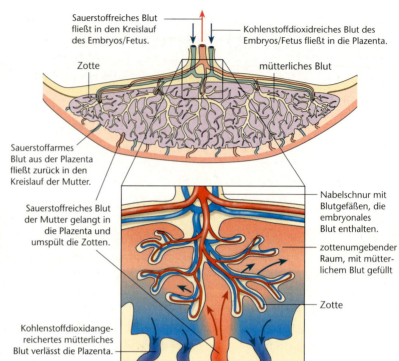

**1** *Fetus mit Plazenta*  **2** *Aufbau der Plazenta*

Der in der Gebärmutter eingenistete Blasenkeim bildet mit seinen äußeren Zellen kleine Fortsätze aus. Diese werden Zotten genannt. Die Zotten wachsen in die Gebärmutterschleimhaut ein und verzweigen sich stark. Die starken Verzweigungen und der von ihnen durchdrungene Bereich der Gebärmutterschleimhaut bilden zusammen die **Plazenta** (Abb. 1, 2). Der Embryo, der nach zehn Wochen Schwangerschaft Fetus genannt wird, ist über die Nabelschnur mit der Plazenta verbunden. Sein Herz pumpt pro Minute fast sein gesamtes Blutvolumen einmal durch die Plazenta. Dabei fließt sein kohlenstoffdioxidreiches Blut durch die Nabelschnur und gelangt in die Blutgefäße der Zotten. Die Zotten werden vom mütterlichen Blut umspült. Hier nimmt das Blut des Embryos Sauerstoff auf und gibt Kohlenstoffdioxid ab und fließt durch die Nabelschnur zurück zum Embryo. Dabei kommt es nicht zur Durchmischung des embryonalen mit dem mütterlichen Blut. Die Membran der Zotten ist auch für andere im Blut gelöste Stoffe durchlässig. Vom mütterlichen Blut gelangen Wasser, Vitamine, Fette und Eiweiße ins embryonale Blut. Das bedeutet, dass der Embryo über die Plazenta ernährt wird. In umgekehrter Richtung gelangen Wasser, Harnstoff und andere Stoffwechselprodukte aus dem Blut des Embryos in das mütterliche Blut.

Bestimmte schädliche Stoffe im mütterlichen Blut können die Plazenta passieren und somit in den Blutkreislauf des Embryos gelangen. Dazu gehören Viren. Zum Beispiel stören Rötelnviren zwischen dem 21. und 40. Tag nach der Befruchtung die Entwicklung von Herz und Gehirn des Embryos. Alkohol kann zu schwerwiegenden Fehlbildungen führen. Insbesondere kann das Gehirn des heranwachsenden Menschen dauerhaft geschädigt werden. Nikotin bewirkt, dass sich die Gefäße der Plazenta verengen. Die daraus folgende eingeschränkte Blutversorgung des Embryos kann zu einem deutlich geringeren Geburtsgewicht führen.

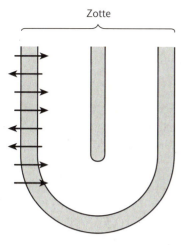

3 *Austauschvorgänge in der Plazenta*

4 *Alkohol? Nein danke!*

**1 Weg des Blutes.** Kohlenstoffdioxidreiches Blut verlässt den Embryo und gelangt in die Nabelschnur. Beschreibe mithilfe der Abbildung 2 den weiteren Weg des embryonalen Blutes und die Vorgänge in den Zotten.

**2 Plazenta.** Übertrage die Abbildung 3 vergrößert in dein Heft und beschrifte sie mithilfe des Grundwissentextes.

**3 Alkohol in der Schwangerschaft.** Formuliere eine oder mehrere Schlagzeilen, die vor der Gefahr von Alkoholkonsum in der Schwangerschaft warnen (Abb. 4).

**4 Contergan früher – heute.**
a) Werte das Diagramm in Abbildung 5 aus. Inwiefern stützen die Daten die Annahme, dass Thalidomid Grund für die Fehlbildungen war?

b) Erläutere, welche generelle Problematik bei der Einnahme von Medikamenten in der Schwangerschaft am Beispiel „Contergan" deutlich wird.

Im Oktober 1957 kam das Medikament „Contergan", ein Beruhigungs- und Schlafmittel, in den Handel. Es galt als besonders wirksam und gut verträglich. In den Jahren 1958 bis 1961 wurden allein in Deutschland etwa 4000 Kinder geboren, die besonders durch Fehlbildungen an Armen und Beinen auffielen, die aber häufig auch an Fehlbildungen der Ohren und inneren Organe litten. Der Verdacht kam auf, dass „Contergan" für die Fehlbildungen bei den Kindern verantwortlich war. Im November 1961 wurde „Contergan" aufgrund massiven Drucks durch die Presse und Öffentlichkeit vom Markt genommen.

Der Wirkstoff von „Contergan" heißt Thalidomid. Thalidomid gelangt ins Blut des Embryos und führt zu den beschriebenen Fehlbildungen. Thalidomid ist heute wieder ein Thema:

Zwischenzeitliche Untersuchungen haben gezeigt, dass Thalidomid eine stark entzündungshemmende Wirkung hat. Daher wird dieses Medikament in Deutschland zum Beispiel bei schmerzhaften Geschwüren und Krebserkrankungen eingesetzt. Thalidomid wird in Deutschland kostenlos abgegeben, aber nur an den behandelnden Arzt, der die Verwendung schriftlich begründen muss.

5 *Informationen zu Contergan*

## 11.7 Schwangerschaft und Geburt

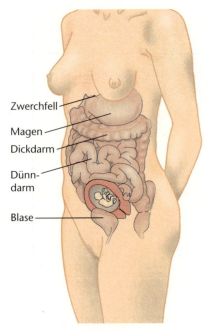
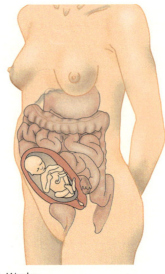
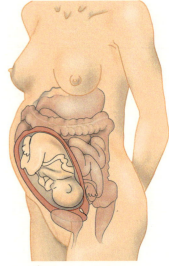

16. Woche
Die Gebärmutter vergrößert sich schnell, die Schwangerschaft wird äußerlich erkennbar.

28. Woche
Haut und Bauchmuskulatur beginnen sich stark zu dehnen.

**1** *Veränderungen während der Schwangerschaft*

Eine Schwangerschaft dauert im Durchschnitt 270 Tage oder etwa neun Monate. Der **Embryo** ist in der Gebärmutter von Fruchtwasser und Fruchtblase umgeben. Er ist am Anfang des zweiten Entwicklungsmonats etwa einen Zentimeter, am Ende des zweiten Monats bereits vier Zentimeter groß. Zu diesem Zeitpunkt sind an den Gliedmaßen Finger und Zehen zu erkennen. Am Ende des dritten Monats sind alle Organe angelegt. Damit ist die Embryonalzeit abgeschlossen und man spricht vom **Fetus.** Der Fetus ist nun neun Zentimeter groß. In der Fetalzeit wachsen und reifen die angelegten Organe. Obwohl der Fetus schon einige Wochen den Kopf drehen und Arme und Beine bewegen kann, spürt seine Mutter die Bewegungen erstmals etwa im vierten Monat. Das Gehör des Fetus ist so entwickelt, dass er Geräusche aus der Außenwelt wahrnehmen kann. Ab dem siebten Schwangerschaftsmonat sind die Organe ausgebildet, auch wenn sie ihre volle Funktionsfähigkeit erst mit der Geburt erlangen. In den letzten Monaten bis zur Geburt wächst der Fetus erheblich und nimmt stark an Gewicht zu. Etwa in der 34. Woche dreht sich der Fetus meistens mit dem Kopf in Richtung Gebärmutterausgang und verbleibt so bis zur Geburt.

In der fortschreitenden Schwangerschaft verändern sich die hormonellen Verhältnisse bei der Frau. So bewirken die vermehrt gebildeten Östrogene, dass die Hypophyse angeregt wird, das Hormon Prolactin auszuschütten. Unter dem Einfluss der weiblichen Geschlechtshormone sowie des Prolactins wachsen die Brustdrüsen. Am Ende der Schwangerschaft führt der Einfluss weiterer Hormone dazu, dass sich die Gebärmutter in immer kürzer werdenden Abständen stark zusammenzieht. Durch diese so genannten Wehen wird der Fetus mit dem Kopf voran gegen den Gebärmutterhals gedrückt. Dieser weitet sich, die Fruchtblase platzt und das Fruchtwasser fließt ab. Die anschließenden Wehen pressen den Fetus durch die Scheide aus dem mütterlichen Körper. Zwei bis drei Minuten nach der Geburt fließt kein Blut mehr durch die Nabelschnurgefäße, und die Nabelschnur kann durchtrennt werden. Etwa eine halbe Stunde nach der Geburt wird die Plazenta abgestoßen und zusammen mit einem Teil der Nabelschnur als so genannte Nachgeburt ausgeschieden.

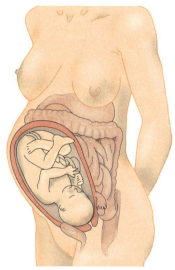
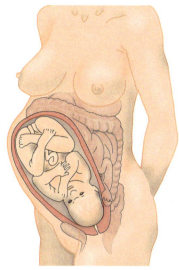
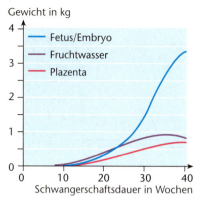

36. Woche
Die Gebärmutter drückt Darm und Zwerchfell nach oben.

40. Woche
Der Kopf des Babys rutscht tiefer ins Becken.

**2** *Gewichtsveränderungen im Laufe der Schwangerschaft*

**1 Schwangerschaft.** Beschreibe die Bildfolge in Abbildung 1. Überlege, auf welche Weise man einer schwangeren Frau im Alltagsleben behilflich sein kann.

**2 Schwangerschaftsverlauf.** Ordne die Formulierungen entsprechend dem zeitlichen Verlauf in der richtigen Reihenfolge an: alle Organe angelegt – Blasenkeim in Gebärmutterschleimhaut eingenistet – Finger und Zehen an den Gliedmaßen erkennbar – Bewegungen des Fetus spürbar – Kerne von Eizelle und Spermium verschmolzen – Fetus Schädellage eingenommen – befruchtete Eizelle mehrfach geteilt – Entwicklung des Embryos in der Fruchtblase begonnen – Organe vollkommen ausgebildet.

**3 Gewichtszunahme.**
a) Beschreibe die Abbildung 2 und werte sie aus.

b) Berechne für die 20., 30. und die 40. Schwangerschaftswoche das Gesamtgewicht von Fetus, Fruchtwasser und Plazenta.

**4 Umstellung des Blutkreislaufs.** Nach der Geburt ändern verschiedene Organe des Neugeborenen ihre Funktionsweise. Betroffen sind insbesondere Lunge und Herz. Beschreibe mithilfe der Abbildung 3 den Blutkreislauf des Fetus und des Neugeborenen und arbeite die Unterschiede heraus.

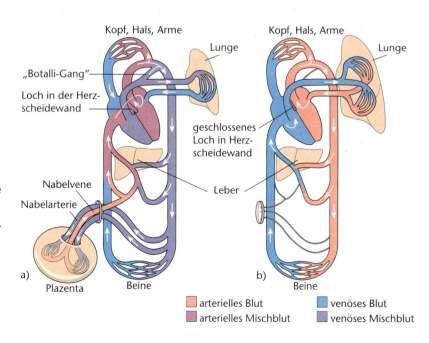

**3** *Blutkreislauf von a) Fetus und b) Neugeborenem*

259

Arbeitsmaterial

## 11.8 Hormonelle Empfängnisverhütung

Der wirksamste Schutz vor einer ungewollten Schwangerschaft ist die hormonelle Empfängnisverhütung. Sie erfolgt durch die Einnahme der „Pille". Unter dem Begriff „Pille" werden Medikamente zusammengefasst, die künstlich hergestellte weibliche Geschlechtshormone enthalten. Sie werden auch als **Kontrazeptiva** bezeichnet. Diese Medikamente greifen ihrer hormonellen Zusammensetzung entsprechend auf unterschiedliche Weise in den weiblichen Zyklus ein. Sie haben das Ziel, entweder den Eisprung (Ovulationshemmer), das Aufsteigen der Spermien („Minipille") oder das Einnisten des Blasenkeims in die Gebärmutterschleimhaut zu verhindern („Pille danach").

Von den hormonellen Verhütungsmitteln werden diejenigen am häufigsten eingenommen, die den Eisprung verhindern. Sie enthalten eine gleich bleibende Menge an Östrogenen und bestimmte Mengen an Gestagenen während der gesamten Einnahmedauer von 21 Tagen (Abb. 1). Danach folgen sieben einnahmefreie Tage oder sieben Tabletten ohne Wirkstoffe. Die Hormone in diesen Präparaten wirken auf den Hypothalamus und infolge davon auch auf die Hypophyse. Sie bewirken, dass die Ausschüttung des Follikel stimulierenden Hormons (FSH) und des luteinisierenden Hormons (LH) stark heruntergesetzt wird. Durch die zu geringen Mengen FSH wird einerseits die Follikelreifung gestört, andererseits wird die körpereigene Östrogenproduktion stark verringert. Zu wenig LH im Blut verhindert den Eisprung (Abb. 1).

Anstelle der körpereigenen Östrogene bewirken nun die künstlich zugeführten Östrogene und Gestagene den Aufbau der Gebärmutterschleimhaut. Die Hormone sind so dosiert, dass der Aufbauvorgang beendet und die neu gebildete Schleimhaut abgestoßen wird. So entsteht auch unter der Einnahme dieser Hormonpräparate eine Blutung. Sie ist meistens schwächer als eine normale Regelblutung.

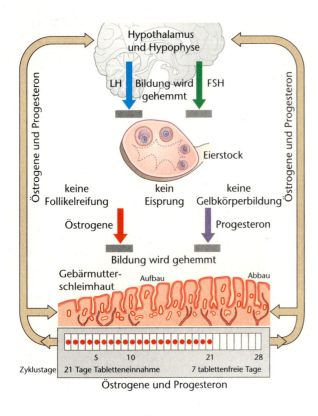

**1** *Die Wirkung der Pille*

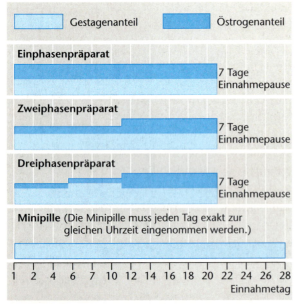

**2** *Hormonelle Zusammensetzung verschiedener Pillentypen*

**1** „Pillen".
a) Beschreibe anhand der Abbildung 1 die Wirkungsweise der „Pille".
b) Vergleiche die verschiedenen Pillentypen (Abb. 2).

**2 Geschichte der hormonalen Empfängnisverhütung.** Es war schon um 1900 bekannt, dass der Eierstock Hormone abgibt. Um genauere Erkenntnisse zu gewinnen, führte der Wissenschaftler HABERLANDT in den Jahren 1919 bis 1921 verschiedene Versuche an Kaninchen durch. Bei Kaninchen erfolgt der Eisprung etwa zehn Stunden nach der Begattung. Die Tragzeit dauert ca. 28 bis 30 Tage. Ein Versuch, der an mehreren Tieren durchgeführt wurde, begann damit, dass bei einem geschlechtsreifen Kaninchen B, das schon einmal Junge geworfen hatte, die Rückenhaut aufgeschnitten wurde (Abb. 3). Dann setzte man die Eierstöcke eines trächtigen Kaninchens A unter die Hautstelle und vernähte die Wunde. Nach dieser Eierstocktransplantation wurde Kaninchen B isoliert gehalten und anschließend mehrfach gedeckt.
a) Wann hätte Kaninchen B nach Versuchsbeginn erstmalig Junge werfen können? Wann ist bei Kaninchen B eine Befruchtung erfolgt? Über wie viele Wochen ist keine Befruchtung erfolgt?
b) Was kannst du aus dem Versuchsergebnis schließen?

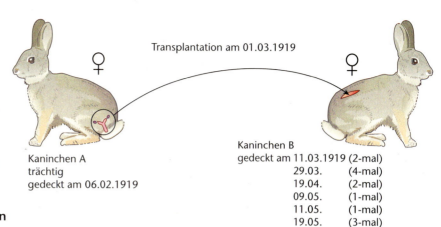

Kaninchen A
trächtig
gedeckt am 06.02.1919

Kaninchen B
gedeckt am 11.03.1919 (2-mal)
           29.03.    (4-mal)
           19.04.    (2-mal)
           09.05.    (1-mal)
           11.05.    (1-mal)
           19.05.    (3-mal)
           24.05.    (3-mal)
           22.06.    Kaninchen B
                            wirft drei Junge

**3** *Kaninchen im Transplantationsversuch*

---

**Zusammensetzung**
Arzneilich wirksame Bestandteile
1 Dragee enthält 0,1 mg Levonorgestrel und 0,02 mg Ethinylestradiol

**Anwendungsgebiete**
Hormonale Empfängnisverhütung

**Gegenanzeigen**
Sie dürfen die Pille nicht anwenden bei:
– Schwangerschaft
– Lebererkrankungen
– Gefäß- und Stoffwechselerkrankungen
– Raucherinnen.

**Vorsichtsmaßnahmen für die Anwendung und Nebenwirkungen**
Vor Beginn der Anwendung hormonaler Empfängnisverhütungsmittel soll eine gründliche allgemeine sowie gynäkologische Untersuchung durchgeführt werden.
Bei Raucherinnen, die hormonhaltige Arzneimittel zur Schwangerschaftsverhütung anwenden, besteht ein erhöhtes Risiko, an zum Teil schwerwiegenden Folgen von Gefäßveränderungen (z. B. Herzinfarkt, Schlaganfall) zu erkranken. Das Risiko nimmt mit zunehmendem Alter und steigendem Zigarettenkonsum zu.

**Wodurch kann die empfängnisverhütende Wirkung herabgesetzt werden?**
Einnahmefehler, Erbrechen oder Darmkrankheiten mit Durchfall, die gleichzeitige längere Einnahme bestimmter Medikamente sowie sehr seltene individuelle Stoffwechselstörungen können die schwangerschaftsverhindernde Wirkung beeinträchtigen.

**Eigenschaften**
Die Hormonpille bietet bei vorschriftsgemäßer Anwendung auf mehrfache Weise Schutz vor einer Schwangerschaft. Ein befruchtungsfähiges Ei kann im Allgemeinen nicht heranreifen; der Schleim im Gebärmutterhals verändert sich, sodass der männliche Samen nicht weit genug vordringen kann.

**4** *Beipackzettelausschnitt einer Hormonpille*

**3** **Auszug aus einem Beipackzettel (Abb. 4).** Erläuterung: Levonorgestrel ist ein Gestagen, Ethinylestradiol ein Östrogen.
a) Erkläre, woran du erkennst, um welche Art von Kontrazeptivum es sich handelt.
b) Fasse zusammen, welche Probleme bei der Einnahme von hormonellen Verhütungsmitteln auftreten können und welche Maßnahmen der Hersteller jeweils empfiehlt.

# 11.9 Partnerschaft und Verhütung

| Methode/Mittel | Anwendung | Wirkung | Pearl-Index | Hinweise |
|---|---|---|---|---|
| Pille | Hormontabletten zur täglichen Einnahme | verhindert Reifung des Eies bzw. dessen Einnistung | 0,03–0,1 | verschreibungspflichtiges Medikament; regelmäßige Kontrolle durch Frauenarzt/-ärztin; verschiedene Nebenwirkungen möglich |
| Kondom | dünner Gummischutz, der über den steifen Penis gezogen wird | verhindert das Eindringen der Spermien in die Scheide | 2–7 | unkompliziert in der Anwendung; jederzeit verfügbar; preisgünstig erhältlich in Apotheken und Drogeriemärkten; Schutz vor Geschlechtskrankheiten |
| chemische Verhütungsmittel | Creme, Gel, Zäpfchen werden etwa 15 Min. vor dem Geschlechtsverkehr in die Scheide eingeführt | tötet in einem Zeitraum von einer Stunde Spermien ab, bildet Sperre vor Gebärmuttermund | 5–20 | erhältlich in Apotheken und Drogeriemärkten; als alleinige Methode nicht zu empfehlen |
| Temperaturmessung | Messen und Aufschreiben der morgendlichen Temperatur; Temperaturanstieg nach dem Eisprung um etwa 0,4 °C | sexuelle Enthaltsamkeit um den Zeitraum des Eisprungs | 1–10 | Erfahrung und sorgfältige Durchführung sind notwendig; falsche Ergebnisse, wenn der Temperaturanstieg aus anderen Gründen erfolgt |

1 *Ausgewählte Verhütungsmittel und -methoden im Vergleich*

Verliebtsein ist ein starker Gefühlszustand, der die ganze Person erfasst. Die verliebte Person wünscht sich sehnlichst, dass ihre Gefühle erwidert werden. Die innige Beziehung zwischen zwei Menschen kann Bestand haben, wenn die beiden Achtung und Vertrauen zueinander entwickeln und Verständnis für Wünsche und Bedürfnisse des anderen haben. Wichtig für eine dauerhafte Partnerschaft ist, dass Probleme offen und ehrlich angesprochen werden. Bei Streit bleiben die Partner fair zu einander, verletzen und erniedrigen sich nicht. Eine dauerhafte Bindung wird auch durch einen verantwortlichen Umgang mit Sexualität gestärkt.

Obwohl die meisten Menschen viele Jahrzehnte Sexualität erleben, besteht der Wunsch, ein Kind zu zeugen, häufig nur in einem bestimmten Zeitraum. Daher ist die **Empfängnisverhütung** ein ganz wesentlicher Aspekt des verantwortlichen Umgangs mit Sexualität. Informationen zur Verhütung oder Beratungen geben Frauenärzte und -ärztinnen in ihrer Praxis und in Beratungsstellen. Die

262 Fortpflanzung+Vererbung

Grundwissen

Gespräche unterliegen der Schweigepflicht. Untersuchung und Beratung werden von der Krankenkasse bezahlt, ebenso für Jugendliche verschiedene Verhütungsmittel. Die Entscheidung, welches Verhütungsmittel angewendet wird, sollten sich beide Partner genau überlegen. Das gewählte Verhütungsmittel muss entsprechend den Anweisungen des Herstellers eingesetzt werden. Ein Maß für die Zuverlässigkeit einer Verhütungsmethode ist der Pearl-Index (Abb. 1). Der Pearl-Index gibt die ungewollten Schwangerschaften pro 1200 Anwendungsmonate an.

Wenn ein Verhütungsmittel nicht richtig angewendet wurde oder wenn es zu einem ungeschützten Geschlechtsverkehr gekommen ist, kann in Notfällen der Arzt die „Pille danach" verschreiben. Dieses Hormonpräparat löst eine Blutung aus und verhindert so die Einnistung des Embryos hat jedoch viel Nebenwirkungen. Trotz dieser vielen Möglichkeiten, eine Empfängnis zu verhüten, wurden in Deutschland im Durchschnitt der Jahre 2000 bis 2005 jährlich 133 000 Embryonen abgetrieben, das sind 15 % aller entstandenen Schwangerschaften.

Zum verantwortlichen Umgang mit Sexualität gehört auch der Schutz vor der Übertragung von krankmachenden Viren und Bakterien. Aids wird durch das HI-Virus hervorgerufen, das bei infizierten Menschen in Körperflüssigkeiten wie im Sperma und in der Scheidenflüssigkeit vorkommt. Bestimmte Bakterien verursachen Erkrankungen wie Tripper und Syphilis. Diese Bakterien werden beim Geschlechtsverkehr übertragen. Um bleibende Schäden zu verhindern, muss eine Erkrankung so früh wie möglich medikamentös behandelt werden. Wird beim Geschlechtsverkehr ein Kondom benutzt, ist die Gefahr einer Ansteckung stark verringert.

Wenn eine Frau ungewollt schwanger geworden ist, beginnt oft ein schwieriger Entscheidungsprozess. Dabei spielt in vielen Fällen die Frage eine wichtige Rolle, ob die Schwangerschaft fortgesetzt wird. Das Ungeborene hat ein eigenes Recht auf Leben. Beim **Schwangerschaftsabbruch** entfernt ein Arzt oder eine Ärztin den Embryo aus der Gebärmutter. Jeder Schwangerschaftsabbruch ist problematisch. In Deutschland ist der Schwangerschaftsabbruch unter ganz bestimmten Bedingungen straffrei. Die rechtlichen Regelungen und Fristen sind im Paragraphen 218a des Strafgesetzbuches niedergeschrieben.

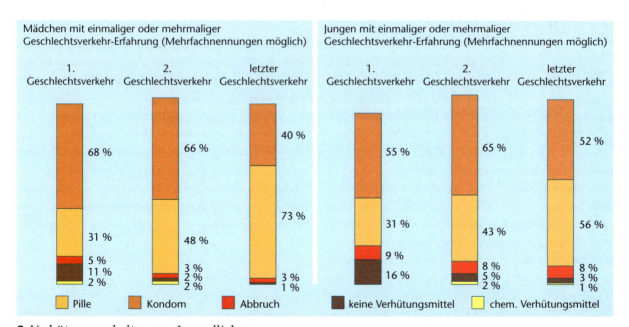

**2** *Verhütungsverhalten von Jugendlichen*

**263**

Grundwissen

## Informationen mithilfe des Internets beschaffen

Durch das Internet steht die größte Bibliothek zur Verfügung, die man sich vorstellen kann. Mithilfe von Suchprogrammen – man nennt sie auch Suchmaschinen – wie „Google", „lycos", „fireball", „yahoo" und kannst du dir über ein Suchwort Internetseiten anzeigen lassen.

Gehe wie folgt vor (hier am Beispiel Google) (Abb. 1):

1. Gib in das Adressfeld die Adresse www.google.de ein.
2. Dort, wo der Cursor blinkt, gib ein Stichwort oder mehrere Stichwörter ein.
3. Beschränke die Suche auf „Seiten auf Deutsch".
4. Klicke den Button „Google Suche" an. Das Internet wird dann nach Einträgen durchsucht, in denen dein Stichwort vorkommt.

*1 Stichwortsuche*

Um dich zum Beispiel über Verhütungsmethoden zu informieren, gibst du diesen Begriff als Stichwort ein. Das Wichtigste bei der Suche sind die richtigen Stichwörter, um brauchbare beziehungsweise überschaubare Suchergebnisse zu bekommen.

Aus den Suchergebnissen kannst du dir jetzt interessante Internetseiten auswählen, indem du auf den jeweiligen Link klickst. Eine gute Informationsquelle ist unter anderem www.loveline.de der Bundeszentrale für gesundheitliche Aufklärung (BzgA, www.bzgA.de) (Abb. 2).

*2 Internet-Seite der Bundeszentrale für gesundheitliche Aufklärung*

Möchtest du einen Text, den du auf einer Internetseite gefunden hast, in deine Aufzeichnungen in einer Textdatei einfügen, dann gehe folgendermaßen vor: Markiere den Textabschnitt. Starte das Kontextmenü (rechte Maustaste) und wähle „Kopieren" aus. Nun wechsele zu deinen Aufzeichnungen in Word und füge den Text an die passende Stelle durch das Menü „Bearbeiten" und dann „Einfügen" ein.

Möchtest du den Text nur ausdrucken, so markiere den Text und wähle aus dem Menü „Datei" den Befehl „Drucken". In dem Druckfenster wähle im Bereich „Seitenbereich" die Option „Markierung".

Es ist sinnvoll, interessante Internet-Adressen zu speichern. Diese gespeicherten Adressen nennt man Favoriten. Bei einigen Browsern heißen sie auch Lesezeichen. Durch das Hinzufügen der Adressen zu den Favoriten brauchst du beim nächsten Aufruf nicht wieder über eine Suchmaschine zu suchen oder lange Adressen einzugeben.

**3** *Favoriten mit angelegten Ordnern*

**4** *Ordnungssystem der Favoriten mit Unterordnern*

So trägst du Adressen als Favoriten ein:

**1** Rufe den Menüpunkt „Favoriten" auf. Die Liste der bereits gespeicherten Internetseiten wird sichtbar.

**2** Wähle den Menüpunkt „Zu den Favoriten hinzufügen".

**3** Klicke anschließend OK an. Die Internetadresse wird in die Liste der Adressen eingetragen.

In den Favoriten kannst du auch ein Ordungssystem aus Ordnern aufbauen, mit dessen Hilfe du Adressen schneller wiederfindest. Du kannst beispielsweise die Ordner Sport, Mathematik, Englisch und Biologie anlegen (Abb. 3), indem du nach „Zu Favoriten hinzufügen" über „Erstellen in" neue Ordner anlegst und sie benennst. Jedem Ordner kann man noch Unterordner zuordnen (Abb. 4). Der Ordner Biologie könnte folgende Unterordner beinhalten:

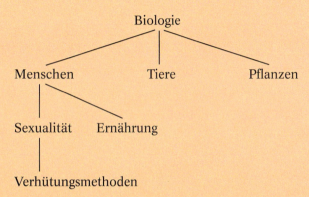

Um Bilder aus dem Internet zu ziehen, kann man bei Google nach Eingabe des Stichwortes auf die Rubrik „Bilder" klicken (Abb. 5).

Suche per Mausklick aus der Auswahl das gewünschte Bild heraus. Im Kontextmenü (rechte Maustaste) kann man das Bild in einem eigenen Ordner speichern (Menüpunkt „Bild speichern unter") oder man kopiert das Bild direkt in den Text an die passende Stelle (Menüpunkt „kopieren" und in Worddatei „Bearbeiten" und „Einfügen").

**5** *Bildersuche*

Stationen eines Lebens – Verantwortung für das Leben

Embryonen und Embryonenschutz

Verantwortlicher Umgang mit dem eigenen Körper

Organspender werden?

# Individualentwicklung des Menschen

## 12.1 Embryonenschutz

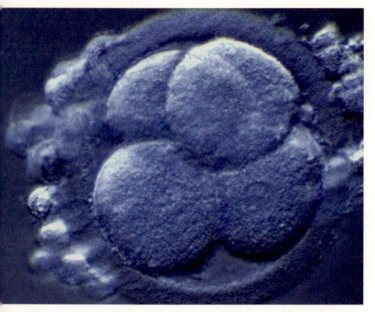

1 *Ein Mensch, zwei Tage nach der Befruchtung, ca. 1/10 mm Durchmesser, mit Hilfszellen*

„Die Würde des Menschen ist unantastbar. Sie zu achten und zu schützen ist Verpflichtung aller staatlichen Gewalt", lautet es im Paragrafen 1 des Grundgesetzes der Bundesrepublik Deutschland. Ist ein Embryo auf dem Wege zum Menschen oder ist er bereits ein Mensch? Wann hat ein Embryo Recht auf Leben? Wann hat er Menschenwürde? Die Antworten auf diese Fragen haben große Bedeutung, zum Beispiel für die Frage, ob man Embryonen für medizinische Zwecke nutzen darf oder nicht. In Einklang mit der katholischen und evangelischen Kirche und in Übereinstimmung mit der Rechtssprechung des Bundesverfassungsgerichtes wird im Deutschen **Embryonenschutzgesetz** der Zeitpunkt der Kernverschmelzung von Eizelle und Spermazelle als Beginn menschlichen Lebens festgelegt, und „wo menschliches Leben existiert, kommt ihm Menschenwürde zu" (Bundesverfassungsgericht 1975). Durch Teilungen entstehen aus der befruchteten Eizelle zunächst 2, dann 4, 8, 16 Zellen und so weiter (Abb. 1). Die Zellen sind untereinander erbgleich. Bis etwa zum 8-Zellen-Stadium kann aus jeder einzelnen Zelle ein Embryo heranwachsen. Man nennt diese Zellen **totipotent**.

Das Embryonenschutzgesetz definiert auch totipotente Zellen als Embryo mit Menschenwürde.

Der Wunsch nach einem gesunden Kind hat in Verbindung mit Fortschritten in der Genanalyse zur so genannten **Präimplantationsdiagnostik**, abgekürzt **PID**, geführt (Abb. 2). Damit ist die Erkennung von erblichen Krankheiten nach künstlicher Befruchtung und vor dem Einbringen des Embryos in die Gebärmutter gemeint. Bei der PID wird einem Embryo etwa drei Tage nach der künstlichen Befruchtung eine der totipotenten Zellen entnommen und genetisch untersucht. Werden Chromosomenschäden festgestellt, wird der Embryo verworfen. Werden keine Schäden festgestellt, wird er in die Gebärmutter eingebracht und kann sich dort weiterentwickeln.

Die PID ist in Deutschland und einigen anderen Ländern verboten, in anderen dagegen nicht.

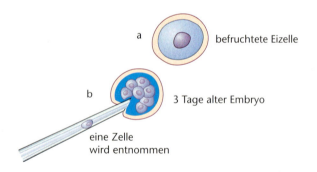

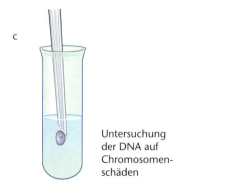

2 *Präimplantationsdiagnostik*

**Deutschland, aus dem Gesetz zum Schutz von Embryonen, 1991:** Als Embryo im Sinne dieses Gesetzes gilt bereits die befruchtete, entwicklungsfähige menschliche Eizelle vom Zeitpunkt der Kernverschmelzung an, ferner jede einem Embryo entnommene totipotente Zelle, die sich bei Vorliegen der dafür erforderlichen weiteren Voraussetzungen zu teilen und zu einem Individuum zu entwickeln vermag. Dem menschlichen Embryo kommt Menschenwürde und Schutz der Lebensrechte zu.

**Ulrich Steinvorth (*1941), deutscher Philosoph:** Menschen unterliegen erst dann dem Tötungsverbot, wenn sie Individualität zeigen. Individualität ist gegeben, sobald keine Möglichkeit mehr zur Zwillingsbildung besteht. Das ist in der Regel ab dem 14. Tag nach der Befruchtung der Fall.

**Prophet Mohammed (570–632), Begründer des Islam:** „Die Schöpfung eines jeden von euch wird im Leibe seiner Mutter in vierzig Tagen als Samentropfen zusammengebracht, danach ist er ebenso lang ein Blutklumpen, danach ist er ebenso lang ein kleiner Klumpen Fleisch, dann wird zu ihm der Engel gesandt, der ihm den Lebensgeist (Seele, Ruh) einhaucht." Diese Aussage wird in zweierlei Weise interpretiert: a) Bis zur Einhauchung der Seele dauert es 40 Tage, b) bis zur Einhauchung der Seele dauert es drei mal vierzig Tage. Je nach Interpretation beginnt menschliches Leben für einen Moslem mit dem 40. bzw. dem 120. Tag.

**Judentum:** Der Embryo gilt als schutzwürdiger Mensch, sobald er beseelt ist. Die Beseelung erfolgt am 49. Tag. Ein Embryo, der nicht beseelt und auch noch nicht in die Gebärmutter eingenistet ist, wird als Präembryo bezeichnet. Der Präembryo ist nur ein potenzielles menschliches Wesen ohne menschlichen Charakter. Diese Auffassung gilt z. B. für Embryonen im Reagenzglas.

**Buddhismus:** Einen Embryo in der ersten Phase seines Lebens zu töten ist dasselbe wie Tötung eines Menschen. Denn bereits wenn Same und Eizelle zusammenkommen und ein Wesen aus dem so genannten Zwischenzustand zwischen altem und neuen Leben in diese Verbindung eintritt, beginnt im gleichen Moment die neue Existenz, die zunächst „Phase der Menschwerdung" genannt wird. Die „Phase der Menschwerdung" gehört bereits zur „Phase des Menschseins", die es zu schützen gilt.

**Anlehnung an § 218a des Strafgesetzbuches (Deutschland):** Nach § 218 des Strafgesetzbuches ist ein Schwangerschaftsabbruch in Deutschland verboten. Der § 218a nennt Bedingungen, unter denen der Schwangerschaftsabbruch straffrei ist. In Anlehnung an den § 218a des Strafgestzbuches fordern manche, dass menschliches Leben erst nach der Phase des straffreien Schwangerschaftsabbruchs, also nach der 12-Wochen-Frist, beginnt.

**Britisches Recht:** Bis zum 14. Tag nach der Befruchtung handelt es sich beim Embryo um artspezifisches menschliches Leben („human life"), dem mit Respekt zu begegnen ist. Vor der Einnistung in die Gebärmutter ist er aber noch kein individuelles menschliches Leben („human being").

**Denkweise in der Tradition von Immanuel Kant (1724–1804), einem Philosophen der Aufklärung:** Menschliches Leben ist um seiner selbst willen, also ohne Bezug auf aktuelle Eigenschaften und Fähigkeiten wie denken, sprechen und urteilen können, moralisch schutzwürdig. Das Recht auf Leben und Unversehrtheit gilt als unumstößlich und absolut. Entscheidendes Kriterium für den Lebensbeginn ist die Verschmelzung von Ei- und Samenzelle, da es sich dabei um die einzige „willkürfreie" und eindeutig feststellbare Zäsur handelt.

**3** *Einige Positionen zur Frage „Wann beginnt menschliches Leben?"*

**1 Wann beginnt menschliches Leben?** Ordne die in Abbildung 3 dargestellten Standpunkte zur Frage „Wann beginnt menschliches Leben?" nach dem Zeitpunkt, an dem einem Embryo Menschenwürde zugesprochen wird. Vergleicht und diskutiert die verschiedenen Positionen.

**2 Genanalyse vor der Einnistung?**
**a)** Erläutere anhand der Abbildung 2 das Verfahren der Präimplantationsdiagnostik. Mit welchen rechtlichen Begründungen wird die PID in Deutschland vermutlich abgelehnt?
**b)** Sammele Argumente pro und Argumente kontra PID.

## 12.2 Fortpflanzungsmedizin

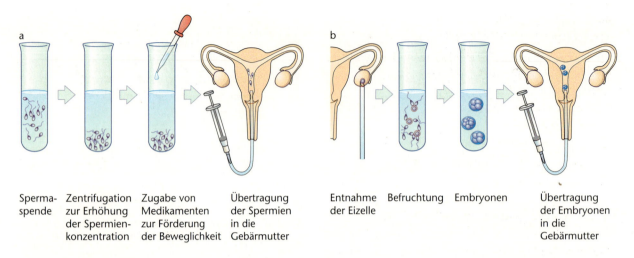

| Sperma-spende | Zentrifugation zur Erhöhung der Spermien-konzentration | Zugabe von Medikamenten zur Förderung der Beweglichkeit | Übertragung der Spermien in die Gebärmutter | | Entnahme der Eizelle | Befruchtung | Embryonen | Übertragung der Embryonen in die Gebärmutter |

**1** *Verschiedene Methoden medizinischer Fortpflanzungstechnik: a) künstliche Besamung, b) künstliche Befruchtung*

Man schätzt, dass in Deutschland zwei Millionen Paare ungewollt kinderlos sind. Manche Paare überlegen, ob sie ein Kind adoptieren. Andere Paare wünschen sich ein eigenes Kind. In vielen Fällen kann die Unfruchtbarkeit durch Psychotherapie, medikamentöse Behandlung oder durch Operationen behoben werden. Wenn das nicht hilft, stehen verschiedene medizinische Fortpflanzungstechniken zur Verfügung. Ihnen ist gemeinsam, dass Teilbereiche des Fortpflanzungsgeschehens außerhalb des Körpers stattfinden.

Bei der **künstlichen Besamung** werden Spermien konzentriert und mit einer Kanüle in die Gebärmutter übertragen (Abb. 1 a).

**Künstliche Befruchtung** (**In-vitro-Fertilisation**), ist eine Technik, bei der Eizellen außerhalb des Körpers im Reagenzglas befruchtet werden (Abb. 1 b). Durch Hormongaben wird die Reifung der Eizellen und später dann der Eisprung in den Eierstöcken der betreffenden Frau stimuliert. Kurz vor dem Eisprung werden die reifen Eizellen mit Hilfe einer feinen Kanüle abgesaugt. Im Reagenzglas werden sie mit Spermien zusammengebracht und befruchtet. Die entstandenen Embryonen werden im Stadium von vier bis acht Zellen in die Gebärmutter übertragen. Das nennt man **Embryotransfer.** In Deutschland dürfen pro künstlicher Befruchtung maximal drei Embryonen herangezogen werden, die alle zurückgepflanzt werden müssen.

Nach deutschem Recht müssen die Partner für eine künstliche Befruchtung verheiratet sein oder in einer eheähnlichen Gemeinschaft leben. Eine Fremdspende ist verboten, in einigen anderen Ländern jedoch erlaubt. Eine **Leihmutterschaft** ist in Deutschland nach dem Embryonenschutzgesetz ebenfalls verboten, in bestimmten anderen Ländern jedoch nicht. Unter Leihmutterschaft versteht man, dass eine fremde Frau und nicht die Eizellspenderin den Embryo austrägt.

Heute ist es möglich, Spermien, Eizellen und auch frühe Embryonen bei minus 196 Grad Celsius in flüssigem Stickstoff tiefzugefrieren. Man spricht von **Kryokonservierung** (Abb. 3). So können sie aufbewahrt und später wieder aufgetaut werden. Ungefähr 50 bis 80 Prozent der so eingefrorenen Eizellen oder Spermien überleben die Prozedur. In Deutschland dürfen befruchtete Eizellen und Embryonen nicht tiefgefroren werden.

**1 Vergleich verschiedener medizinischer Fortpflanzungstechniken.** Erstelle in Form einer tabellarischen Übersicht einen Vergleich der natürlichen Vorgänge bei der Fortpflanzung mit den in Abbildung 1 dargestellten Fortpflanzungstechniken. Beachte dabei folgende Gesichtspunkte:
– Herkunft der Eizelle(n)
– Herkunft der Spermien
– Ort der Befruchtung
– Zeitpunkt der Befruchtung
– Ort der ersten Zellteilungen des Embryos
– Ort der Einnistung des Embryos.

**2 Ein Wunschkind um jeden Preis?** Welche menschlichen Probleme siehst du in den Fällen der Abbildung 4 für alle Beteiligten? Diskutiere im Hinblick auf die Frage „Ein Wunschkind um jeden Preis?".

**3 Späte Erstgeburten.** „Eine wesentliche Ursache für ungewollte Kinderlosigkeit liegt darin, dass Paare immer später ein Kind haben wollen. Am fruchtbarsten ist eine Frau im dritten Lebensjahrzehnt, danach wachsen die Probleme. Eine 20-Jährige wird, wenn sie einen Kinderwunsch hat – statistisch gesehen – nach fünf Menstruationszyklen schwanger, eine 40-Jährige erst nach zwanzig."
**a)** Beschreibe Abbildung 2. Nenne mögliche Ursachen für die Veränderungen.
**b)** Welcher Zusammenhang könnte zwischen dem in Abbildung 2 sichtbaren Trend und der zunehmenden Nachfrage nach künstlicher Befruchtung bestehen?

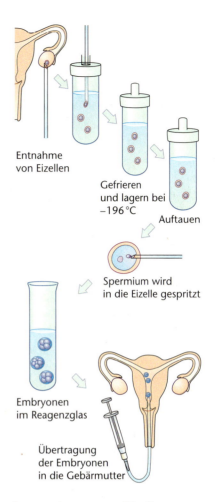

**3** *Kryokonservierung von Eizellen*

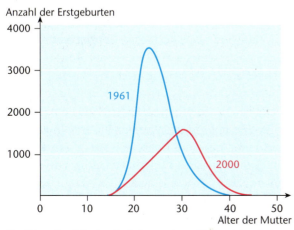

**2** *Alter der Mutter bei der ersten Geburt im Jahr 1961 und 2000*

**Fall 1: „Das späte Kind"**
Beschreibe die in Abbildung 3 dargestellte Technik. Erläutere die Abbildungsunterschrift. Mit dieser Technik gelang es, eine 55-jährige Frau Mutter werden zu lassen.

**Fall 2: „Ein Kind für ein lesbisches Paar"**
Ein lesbisches Paar möchte mit Hilfe medizinischer Fortpflanzungstechnik ein Kind bekommen. Erläutere ein mögliches Verfahren.

**Fall 3: „Kind mit fünf Eltern"**
In den USA gibt es Kinder mit fünf Eltern: Die biologischen Eltern (Eizellspenderin und Samenspender), eine Leihmutter und die beiden sozialen Eltern, die sich ein Kind gewünscht haben und bei denen es aufwächst. Beschreibe die medizinischen Fortpflanzungstechniken, die in diesem Fall notwendig sind.

**4** *Ein Wunschkind um jeden Preis?*

## Ethisches Bewerten

**Leihmutterschaft:** Eine Leihmutter ist eine Frau, die für eine andere Frau ein Kind austrägt. Meistens erfolgt die Leihmutterschaft gegen Bezahlung. Nach künstlicher Befruchtung wird der Embryo in einem sehr frühen Entwicklungsstadium in die Gebärmutter der Leihmutter übertragen. Nach der Geburt überlässt die Leihmutter der anderen Frau das Kind. Die Geschlechtszellen für die künstliche Befruchtung können unterschiedlicher Herkunft sein, zum Beispiel von Partnern in einer Ehe oder von einer fremden Eizellspenderin und/oder einem fremden Samenspender stammen. In den USA, wo Leihmutterschaft nicht verboten ist, gibt es Kinder mit „fünf Eltern": die sozialen Eltern, die das Kind bestellt haben und es aufziehen wollen, eine Eizellspenderin und ein Samenspender als genetische Eltern sowie die Leihmutter als biologischer Elternteil. Leihmutterschaft ist in Deutschland und einigen anderen Ländern verboten, in anderen Ländern dagegen nicht. Juristisch gilt in Deutschland diejenige Frau als Mutter, die das Kind geboren hat.

**Der Fall:** Sabine (31) und ihr Ehemann Sven (33) wünschen sich seit einigen Jahren sehnlichst ein eigenes Kind. Sabine wurde im Alter von 25 Jahren wegen einer Erkrankung die Gebärmutter entfernt. Sie kann daher das Kind nicht selbst austragen. Ihre Hoffnung besteht darin, eine Leihmutter in den USA zu finden, die ihr Kind austrägt. Die Eizellen für die künstliche Befruchtung sollen von Sabine, die Spermazellen von ihrem Mann stammen. Über das Internet hat Sabine Adressen für Leihmütter ausfindig gemacht und erste Kontakte geknüpft. Eine Frau hat sich bereit erklärt, für 25 000 Dollar das Kind auszutragen und es nach der Geburt Sabine und Sven zu überlassen. Rein finanziell betrachtet würden beide die Summe aus Erspartem aufbringen. Nun steht das Ehepaar vor der Entscheidung. Sabine ist für die Leihmutterschaft, Sven dagegen.

**Wie soll sich das Paar entscheiden?**

**1** *Leihmutterschaft – Beispiel für ein ethisches Dilemma*

Ethisches Bewerten bedeutet, Handlungen von Menschen anhand von Wertvorstellungen als moralisch gut (richtig) oder moralisch schlecht (falsch) zu bewerten und diese Urteile zu begründen (Abb. 2).

Im Biologieunterricht geht es dabei nicht um alltägliches Verhalten einzelner Menschen, sondern um Handlungen in medizinischen und biologischen Bereichen. Vor allem sind das solche Bereiche, in denen es um die Verantwortung des Menschen gegenüber sich selbst, für andere Menschen, für andere Lebewesen und für die Umwelt geht. Beispiele sind die Forschung an Embryonen, moderne Fortpflanzungsmedizin, Anwendungen der Gentechnik, Sterbehilfe, Organtransplantationen, Tierversuche und Eingriffe in Ökosysteme.

**Ethisches Bewerten erfolgt am besten in einer Abfolge von Schritten:**

**1** Die biologischen oder medizinischen Sachverhalte werden geklärt. Bei der Auswertung von Texten und anderen Materialien werden sachliche Informationen sorgfältig von Wertungen unterschieden.

**2** Erste Abstimmung durch Handheben bei geschlossenen Augen zu folgender Frage (nur der Lehrer oder die Lehrerin weiß also zunächst das Ergebnis): Hat die Person richtig oder falsch gehandelt?

**3** Was ist der Kern des Dilemmas? Erörterung im Plenum.

**4** Aufzählen der Handlungsmöglichkeiten der Beteiligten sowie aller Wertvorstellungen, die mit diesen Handlungsmöglichkeiten verbunden sind (Plenum).

**5** Die Klasse wird in eine Pro- und eine Contragruppe und diese jeweils in Untergruppen von drei bis vier Schülerinnen und Schülern aufgeteilt. In den Gruppen werden Pro- beziehungsweise Contra-Argumente gesammelt und jeweils in eine Rangfolge gebracht.

**6** Diskussion über die Ergebnisse der Pro- und Contragruppen im Plenum. Dabei werden folgende Regeln beachtet:
– Kein Argument darf von der Diskussion ausgeschlossen werden.
– Persönliche Angriffe unterbleiben; die mündlichen Beiträge werden nicht nach gut oder schlecht bewertet.
– Diskussionsregel: Der jeweils letzte Redner oder die letzte Rednerin der einen Gruppe (zum Beispiel der Contragruppe) ruft einen Schüler oder eine Schülerin der anderen Gruppe (Progruppe)

auf, der oder die sich durch Handheben gemeldet hat.

**7** In den Pro- und Contragruppen werden die Argumente der jeweiligen Gegenseite bewertet und in eine Rangfolge gebracht.

**8** Die Ergebnisse der Pro- und Contragruppen werden im Plenum erörtert.

**9** Die zweite Abstimmung erfolgt, jeder entscheidet sich nach seinem persönlichen ethischen Urteil. Das Ergebnis wird mit der ersten Abstimmung verglichen.

**1** **Ethisches Bewerten an einem Beispiel.**
**a)** Führt in der Klasse eine ethische Bewertung des Beispiels in Abbildung 1 durch. Beachtet dabei die hier dargestellte Abfolge von Schritten.
**b)** Sammelt Vorschläge für Themen, die für eine ethische Bewertung besonders geeignet sind. Diskutiert eure Vorschläge.

---

**Wertvorstellungen, Werte:** Unter Wertvorstellungen oder Werten versteht man wichtige und wünschenswerte Eigenschaften, die Menschen Dingen, Ideen oder Handlungen anderer Menschen zuschreiben. Dabei können verschiedene Menschen unterschiedliche Wertvorstellungen haben: Was einem Menschen als wertvoll erscheint, kann bei einem anderen nur einen geringen Wert haben. Eine kleine Auswahl von Werten gibt folgende Aufzählung: Menschlichkeit, Freiheit, Gesundheit, Vertrauen, Besitz, Wohlstand, Schutz des Lebens, Gerechtigkeit, Schönheit, Wahrheit, Toleranz, Meinungsfreiheit, Zuverlässigkeit, Solidarität, Macht, Hilfsbereitschaft, Sicherheit, Nachhaltigkeit, Erfolg, Pünktlichkeit, gutes Benehmen, Selbstbestimmtheit. Manche Werte können in einem Konkurrenzverhältnis zueinander stehen, zum Beispiel Wohlstand und Nachhaltigkeit oder Gesundheit und Schutz des Lebens.

**Gesellschaftliche Werte** sind solche, die von einer Gesellschaft oder zumindest ihrem überwiegendem Teil anerkannt werden. Allerdings kann sich im Laufe der Zeit die Bedeutung von Werten in einer Gesellschaft verändern. Man spricht dann von Wertewandel. In freien, demokratischen Gesellschaften werden Wertvorstellungen diskutiert und können sich verändern.

**Moral:** Unter Moral versteht man gesellschaftliche Vorstellungen darüber, welche Handlungen von Menschen als sittlich gut oder sittlich schlecht zu bewerten sind. Als moralischer Maßstab dienen dabei oftmals gesellschaftlich anerkannte Werte. So wird zum Beispiel eine Lüge als moralisch schlecht bewertet, weil sie unter anderem gegen den gesellschaftlich anerkannten Wert der Wahrheit verstößt.

**Ethik** ist das Nachdenken über Moral und gesellschaftliche Werte. Ethik fragt auch nach Gründen, warum eine Handlung moralisch gut oder schlecht, richtig oder falsch sein soll.

**Dilemma:** Unter einem Dilemma versteht man eine Situation ähnlich einer Zwickmühle, in der sich zwei Handlungsmöglichkeiten so entgegenstehen, dass jede Entscheidung zu einem unerwünschten Resultat führt („egal was man macht, man macht etwas falsch"). In Hinblick auf Wertvorstellungen spricht man von einem Dilemma, wenn jede denkbare Entscheidung zur Verletzung einer Wertvorstellung führt.

**2** *Wichtige Begriffe für ethisches Bewerten*

## 12.3 Das menschliche Leben – von der Befruchtung bis zum Tod

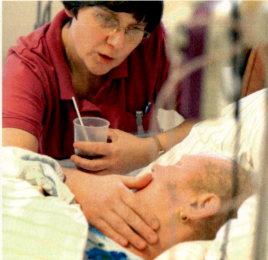

1

Die individuelle Entwicklung eines jeden Menschen beginnt damit, dass bei der **Befruchtung** Erbanlagen väterlicher und mütterlicher Herkunft zusammengefügt werden. Bis zur neunten Schwangerschaftswoche wird der im Mutterleib heranwachsende Mensch **Embryo**, dann bis zur Geburt **Fetus** genannt. In der Embryonalzeit bilden sich die inneren Organe aus und in der Zeit als Fetus reifen die Organe heran.

Das Gehirn des Menschen ist darauf eingerichtet, ein Leben lang viel zu lernen. In den ersten sechs Lebensjahren wird durch Spielen und durch Nachahmung so viel gelernt wie in keinem anderen Lebensabschnitt. Die meisten Fähigkeiten eines Menschen entwickeln sich durch das Zusammenwirken von vererbten Anlagen und Lernvorgängen. Dafür ist das Erlernen einer Wortsprache ein Beispiel. Ein Mensch im ersten Lebensjahr wird als **Säugling**, im Alter von ein bis fünf Jahren als **Kleinkind** und bis zum Alter von dreizehn Jahren als **Kind** bezeichnet.

Mit der Pubertät treten körperliche und seelische Veränderungen ein. In die Jugendzeit fallen bei vielen Menschen die erste große Liebe und erste sexuelle Erfahrungen. Die Bezeichnung **Jugendlicher** wird in Deutschland meistens für Menschen im Alter von vierzehn bis achtzehn Jahren verwendet. Mit dem Prozess des Erwachsenwerdens geht einher, dass man zunehmend Verantwortung für sich selbst und für andere Menschen übernimmt. Bei einem **Erwachsenen** geht man davon aus, dass er alle für das eigene Leben notwendigen Entscheidungen selbst treffen kann. Familie, Partner, Freunde und der Beruf stehen bei den meisten Erwachsenen im Mittelpunkt ihres Lebens.

Altern ist ein unausweichlicher Prozess. Allerdings ist die **Lebenserwartung** stark gestiegen. Im Jahr 1871 betrug die durchschnittliche Lebenserwartung eines neugeborenen Jungen in Deutschland 39,1 Jahre, die eines neugeborenen Mädchens 42,1 Jahre. Ein im Jahr 2004 geborener Junge hat eine durchschnittliche Lebenserwartung von 81,7 Jahren, ein 2004 geborenes Mädchen 87,8 Jahre. Wissenschaftlich werden mit „Altern" alle nicht umkehrbaren Veränderungen in den Lebensfunktionen bezeichnet – von der befruchteten Eizelle bis zum Tod. Den Übergang vom Leben zum Tod bezeichnet man als Sterben. Mit dem Tod sind alle Lebensfunktionen eines Individuums unwiederbringlich erloschen. Altern, Sterben und Tod sind normale Vorgänge im Leben.

**Was machen wir all die Lebensjahre?**
- 24 Jahre und vier Monate verschlafen wir.
- Sieben Jahre arbeiten wir für den Lebensunterhalt.
- Fünf Jahre und sechs Monate sehen wir fern.
- Dem Essen sind fünf Jahre gewidmet.
- Immerhin zwei Jahre und zehn Monate plaudern und tratschen wir.
- Nur etwas weniger Zeit, nämlich zwei Jahre und sechs Monate, verbringen wir im Auto.
- Zwei Jahre und zwei Monate kochen wir und bereiten Essen vor.
- Ein Jahr und zehn Monate lernen wir im Klassenzimmer und Hörsaal und bilden uns fort.
- Einkaufen benötigt im Leben etwa ein Jahr und sechs Monate.
- Neun Monate sind wir auf dem Weg zur Arbeit.
- Ebenfalls neun Monate spielen wir mit unseren Kindern.
- Sechs Monate sitzen wir auf der Toilette und ebenso viele Monate stecken wir im Stau.
- Drei Monate sitzen wir in Kneipen herum und drei Monate verbringen wir beim Arzt.
- Acht Wochen machen wir während der Arbeit Pause.
- Zwei Wochen lang küsst der Durchschnittsdeutsche in seinem Leben.
- Ebenfalls zwei Wochen betet er.

*2 Zeit-Bilanz eines Durchschnittsdeutschen*

**1 Lebensabschnitte.** Fertige auf einer ganzen Seite in deinem Heft einen Zeitstrahl an, der 85 Jahre umfasst. Trage die auf der Grundwissen-Seite dick gedruckten Begriffe in der richtigen Position auf diesem Zeitstrahl auf. Beschreibe wichtige Ereignisse und Prozesse in den einzelnen Lebensabschnitten.

**2 Bildunterschriften.** Suche zu Abbildung 1 und zu Abbildung 3 eine passende, aussagekräftige Bildunterschrift. Diskutiert über eure Vorschläge.

**3 Poster: Zeit-Bilanz.** Überlegt, auf welche Weise die Angaben in Abbildung 2 grafisch in einem Poster dargestellt werden können. Fertigt nach Rücksprache mit eurem Lehrer oder eurer Lehrerin ein Poster an.

3

**4 Jungbrunnen.** Im Jungbrunnen von LUCAS CRANACH aus dem Jahre 1546 macht ein magisches Wasser die Menschen wieder jung. Beschreibe und deute Abbildung 4. Hat der Wunsch, möglichst lange jung zu bleiben, auch heutzutage Bedeutung? Wie verhält sich die Werbung in Zeitungen zu diesem Thema?

*4 Im Jungbrunnen von Lucas Cranach (dem Älteren) 1546*

275

Arbeitsmaterial

## 12.4 Pflegeberufe

**1** *Krankenpflege*

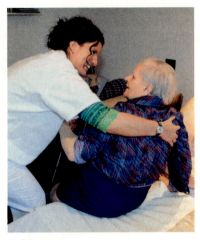

**2** *Altenpflege*

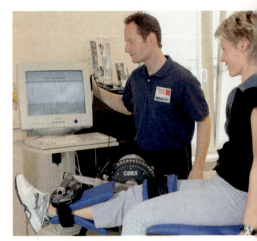

**3** *In der Rehabilitationsklinik*

Kurz vor 6.00 Uhr ist Frau Schmidt im Krankenhaus. Frau Schmidt arbeitet hier als **Krankenschwester** in der chirurgischen Abteilung und hat heute Frühschicht. Um 6.00 Uhr erfolgt die Übergabe von der Nachtschicht. Die Krankenschwestern des Frühdienstes werden über Besonderheiten und Vorfälle während der Nacht informiert und zum Beispiel über die Medikamentenzuteilung für jeden Patienten eingewiesen. Nach der Übergabe werden die Patienten versorgt: Waschen, Temperatur messen, Medikamente verteilen, Betten machen. Gleichzeitig müssen Patienten, die zur Operation am Tag anstehen, besonders versorgt werden. Um 7.15 Uhr erfolgt die Visite: Der zuständige Arzt besucht in Begleitung der Krankenschwester jedes Zimmer und begutachtet die Patienten. Verbände werden gewechselt und eventuell neue Medikamente verordnet. Die Krankenschwester assistiert dabei und hält alles schriftlich fest.

Um 8.15 Uhr beginnt das Austeilen des Frühstücks. Nachdem die Tabletts wieder eingesammelt wurden, wird die Visite ausgearbeitet: Alle Daten werden in den Computer eingegeben und die Anweisungen des Arztes umgesetzt. So muss bei einigen Patienten erneut Blut abgenommen und zur Untersuchung gegeben werden. Frau Müller muss am nächsten Tag zum Röntgen in eine Spezialpraxis, dazu wird ein Termin vereinbart und der Transport organisiert. Im Laufe des Vormittags werden drei neue bereits angemeldete Patienten aufgenommen. Die Schwester weist sie in den Tagesablauf in der Klinik ein und besorgt die Unterlagen für den Chirurgen: Krankheitsgeschichte, Angaben über Allergien und vieles mehr. Zwischendurch wird noch ein Mädchen mit Verdacht auf Blinddarmentzündung eingeliefert und der Arzt alarmiert. Um 12.00 Uhr beginnt das Austeilen des Mittagessens. Nochmals werden die Patienten versorgt. Um 13.00 Uhr erfolgt dann die Übergabe an den Spätdienst.

In der **Altenpflege** liegt der Schwerpunkt der Pfleger und Pflegerinnen mehr auf der Betreuung. Viele der alten Menschen sind bettlägerig. Ihre Lage muss häufig verändert werden, damit sie nicht wund werden. Manche können nicht mehr selbstständig essen, ihnen muss die Nahrung angereicht werden. Viele können nicht alleine gehen und müssen begleitet werden. Windeln wechseln, zur Toilette begleiten, Organisieren von zum Beispiel Krankengymnastik und Arztterminen sowie medizinische Betreuung gehören zum Alltag. Daneben müssen die alten Menschen beschäftigt werden, damit sie möglichst geistig und körperlich fit bleiben.

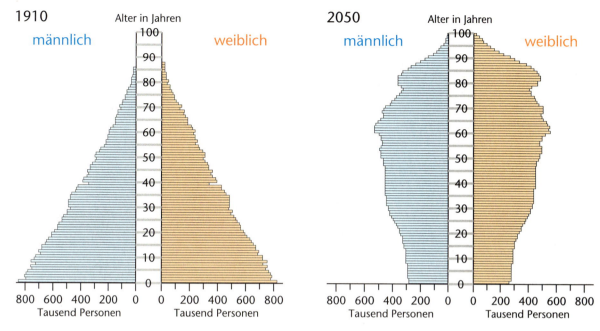

4 *Altersaufbau der Bevölkerung in Deutschland im Jahre 1910 und im Jahr 2050 (geschätzt)*

- Hohes Maß von Verantwortungsbereitschaft und Eigenständigkeit
- Gute physische und psychische Gesundheit
- Lernwille
- Kreativität
- Flexibilität
- Mindestalter 16 Jahre
- Realschulabschluss ist in der Regel eine Voraussetzung

5 *Anforderungen an Pflegeberufe*

**1 Tätigkeiten einer Krankenschwester.**
a) Nenne die Tätigkeiten, die Frau Schmidt während der Frühschicht ausführen muss.
b) Erkläre mithilfe des Grundwissentextes und der Abbildung 6, warum die in Abbildung 5 genannten Anforderungen für den Pflegeberuf von Bedeutung sind.

**2 Berufsaussichten in Pflegeberufen.** Erkläre, anhand der Abbildung 4, warum die Arbeitsplätze in den Pflegeberufen als sehr sicher angesehen werden.

**3 Warum pflegen Menschen ihre Mitmenschen?**
Überlege dir Gründe, warum sich jemand für einen Beruf im Pflegebereich entscheidet.

Pflegeberufe bieten eine überdurchschnittliche Sicherheit der Arbeitsplätze. Die Einsatzmöglichkeiten sind vielfältig und es gibt viele Möglichkeiten zur Fort- und Weiterbildung mit entsprechenden Aufstiegschancen.
Altenpfleger und Altenpflegerinnen arbeiten hauptsächlich in der stationären Pflege, zum Beispiel in Altenheimen, in der ambulanten Pflege, Kurzzeitpflege, Tagespflege und im Bereich betreutes Wohnen. Nach einer Krankenpflegeausbildung oder Kinderkrankenpflege gibt es Arbeitsmöglichkeiten im stationären Bereich unterschiedlicher Fachkliniken, in Ambulanzen, in Arztpraxen, bei Krankenkassen, in der häuslichen Pflege und in Tageskliniken. Weiterbildungsmöglichkeiten sind zum Beispiel: Leitung einer Krankenstation, Zusatzausbildungen für die Kinderintensivpflege, den Operationsbereich und Anästhesie, Ausbildung zur Hygienefachkraft oder ein Studium der Pflegepädagogik, der Pflegewissenschaft oder des Pflegemanagements.

6 *Einsatzmöglichkeiten in Pflegeberufen*

## 13.1 Ernährung im Wandel

Wir wachsen, wir denken, wir atmen, wir bewegen uns. Unsere Körpertemperatur beträgt konstant 37 Grad Celsius. Für diesen und andere Lebensvorgänge benötigt unser Körper Energie, die er mit den Nährstoffen Kohlenhydrate, Fette und Eiweiße zu sich nimmt. Mit der Nahrung versorgen wir unseren Körper außerdem mit Mineralstoffen, Vitaminen, Spurenelementen und Wasser.

Kohlenhydrate und Fette sind die wichtigsten Energielieferanten (Abb. 2). Für Wachstum und Entwicklung von Geweben sind vor allem Eiweiße, Vitamine, Mineralsalze und Spurenelemente von Bedeutung. Eiweiße und Vitamine haben auch wichtige Funktionen bei der Regulation von Stoffwechselvorgängen in unserem Körper. Unsere Nahrung sollte die für unseren Organismus notwendigen Nährstoffe in ausreichender Menge, im richtigen Verhältnis und in der richtigen Form enthalten. Man spricht dann von einer **vollwertigen Ernährung.** Abwechslungsreiche Kost gewährleistet die Vollwertigkeit unserer Nahrung. Sind einzelne Nahrungsbestandteile zu wenig oder zu viel in unserer Nahrung enthalten, spricht man von einer **einseitigen Ernährung.** Dadurch können ernährungsbedingte Erkrankungen auftreten.

Essen ist mehr als nur Nahrungsaufnahme. Viele Faktoren beeinflussen unsere Ernährung. Wir essen nicht nur, wenn wir Hunger haben. Manche Menschen belohnen sich zum Beispiel mit einem guten Essen für eine erbrachte Leistung oder essen aus Kummer. Edle Speisen können eine gesellschaftliche Position dokumentieren. Viele Menschen essen gern in Gesellschaft.

Gesellschaftliche Veränderungen haben veränderte Ernährungsgewohnheiten zur Folge. Krankheiten, die durch veränderte Essgewohnheiten und Bewegungsmangel hervorgerufen werden können, gelten deshalb auch als Zivilisationskrankheiten. Typisch für unser heutiges Essverhalten ist zum Beispiel die Eile, mit der häufig gegessen wird.

1 *Eine Mahlzeit*

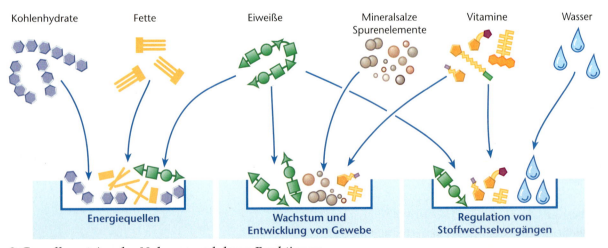

2 *Grundbausteine der Nahrung und deren Funktionen*

278  Stoff-+Energieumwandlung, Entwicklung

| Zur Zeit der Frühmenschen | Heute |
|---|---|
| • Iss möglichst viel.<br>• Iss möglichst viel Fett.<br>• Vermeide Lebensmittel mit geringem Energiegehalt.<br>• Iss, wann immer du dazu die Möglichkeit hast.<br>• Bewege dich nur, wenn es sein muss. | • Iss nicht zu viel.<br>• Iss wenig Fett.<br>• Vermeide energiereiche Lebensmittel.<br>• Iss nicht dauernd zwischendurch.<br>• Bewege dich möglichst viel. |

3 Ernährungsregeln früher und heute

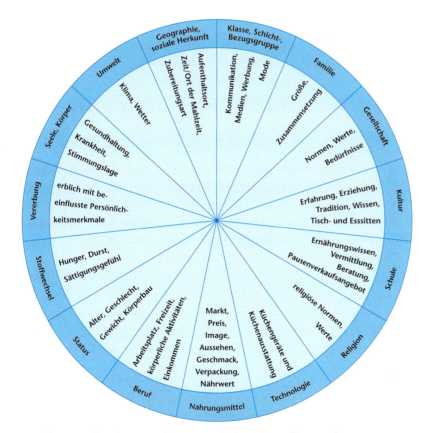

4 Faktoren, die das Ernährungsverhalten beeinflussen können

**1** **Bedeutung der Nahrungsbestandteile.** Fasse die wesentlichen Aussagen der Abbildung 2 in wenigen Merksätzen zusammen.

**2** **Betrachte Abbildung 1.** Wie wirkt die dargestellte Situation auf dich? Beschreibe Gefühle und nenne Begriffe, die du mit der dargestellten Situation verbindest.

**3** **Ernährungsregeln früher und heute.**
**a)** Vergleiche die in der Abbildung 3 formulierten Ernährungsregeln. Erläutere, inwiefern die Ernährungsregeln zur jeweiligen Lebensweise passen.
**b)** Interpretiere die folgende Aussage: „Was gesunde Ernährung ist, ändert sich mit den Bedingungen, unter denen Menschen leben." Finde Beispiele, die diese Meinung bestätigen können.

**4** **Faktoren, die das Ernährungsverhalten beeinflussen können.** In Abbildung 4 sind Faktoren genannt, die die Nahrungswahl beeinflussen können. Erläutere acht dieser Faktoren an selbst gewählten Beispielen. Begründe, welche Beispiele für dich besonders zutreffend sind?

**5** **Essverhalten und Übergewicht.** Erläutere, inwiefern unser heutiges Essverhalten eine Ursache für Übergewicht sein kann.

279

## 13.2 Gesunde Ernährung, aber wie?

Die Lebensmittel sind in sieben Gruppen unterteilt.

Täglich sollten aus jeder der Gruppen Lebensmittel ausgewählt werden.

Die Größe der Kreissegmente gibt an, welchen Anteil die Lebensmittelgruppen an der Tageskost haben sollten.

Weitere Empfehlungen der Deutschen Gesellschaft für Ernährung:
– Bereite die Speisen schmackhaft und schonend zu.
– Nimm dir Zeit, genieße dein Essen.
– Bewege dich viel.

**1** *Der Ernährungskreis – Empfehlungen für gesunde Ernährung*

Umfragen belegen, dass die Bundesbürger genaue Vorstellungen von gesunder Ernährung haben. Im Alltag ist die Realisierung einer ausgewogenen Ernährung jedoch oft schwierig. Um dies zu erleichtern, formuliert die Deutsche Gesellschaft für Ernährung Ernährungsempfehlungen (Abb. 1).

In den vergangenen Jahrzehnten hat in den westlichen Industrienationen der Anteil an übergewichtigen Personen in allen Altersgruppen zugenommen. Übergewicht entsteht durch Überernährung, also wenn dem Körper mehr Energie durch Nährstoffe zugeführt wird, als er benötigt. Übergewicht verursacht ein erhöhtes Risiko von Folgeerkrankungen wie der Zuckerkrankheit oder Herz-Kreislauf-Erkrankungen. Neben Ernährungsfehlern ist Bewegungsmangel die Hauptursache dieser Entwicklung. Insofern ist regelmäßige Bewegung der wirkungsvollste Schutz vor Übergewicht.

International wird heute oft der Körpermasse-Index (body-mass-index, BMI) als Maß für die Beurteilung der Körpermasse verwendet. Der BMI berechnet sich folgendermaßen:

$$BMI = \frac{\text{Körpermasse in kg}}{\text{Körpergröße in m} \cdot \text{Körpergröße in m}}$$

Abhängig vom Alter gelten unterschiedliche Grenzwerte für Übergewichtigkeit (Abb. 2). Als einziges Kriterium für die Beurteilung von Übergewicht bei Jugendlichen ist der BMI jedoch nur begrenzt geeignet.

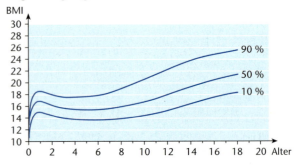

**2** *BMI bei Kindern und Jugendlichen. Es ist angegeben, wie viel Prozent der Gleichaltrigen einen niedrigeren BMI-Wert haben.*

**1 Gesunde Ernährung in Theorie und Praxis.**
**a)** In Abbildung 4 ist eine Ernährungspyramide dargestellt. Die breite Basis bilden die Nahrungsmittel, die häufig verzehrt werden sollen. Vergleiche die in dieser Ernährungspyramide enthaltenen Empfehlungen mit denen der Deutschen Gesellschaft für Ernährung (Abb. 1). Notiere in einer Tabelle Übereinstimmungen und Unterschiede.
**b)** Welche Ernährungsempfehlungen der Abbildung 1 berücksichtigst du bereits? Von welchen kannst du dir vorstellen, dass du sie berücksichtigen könntest, welche möchtest du nicht berücksichtigen? Begründe deine Entscheidung.
**c)** Fasse die Umfrageergebnisse, die der Abbildung 5 zu entnehmen sind, zusammen. Erläutere mögliche Ursachen, die zu den Unterschieden zwischen Ideal und Realität führen.

**2 Berechnung des body-mass-index.** Erwachsene Personen mittleren Alters mit einem BMI größer als 25 gelten als übergewichtig. Ab einem BMI größer 30 geht man von starkem Übergewicht aus. Ein BMI unter 19 spricht für Untergewichtigkeit. Berechne für die in Abbildung 3 genannten Personen den BMI und interpretiere die Ergebnisse.

**3 Lebensmittel und Werbung.**
**a)** Erläutere, welche Informationen der Abbildung 6 zu entnehmen sind.
**b)** Untersuche Zeitschriftenwerbung. Notiere, für welche Lebensmittel wie oft geworben wird. Fertige mit den von dir ermittelten Daten eine der Abbildung 6 ähnliche Grafik an.

|  | Körpergröße | Körpermasse |
| --- | --- | --- |
| Angelina Jolie (Schauspielerin) | 1,70 m | 57,0 kg |
| Heidi Klum (Model) | 1,78 m | 54,0 kg |
| Michael Ballack (Fußballer) | 1,89 m | 80,0 kg |
| Ralf Möller (Mister Universum) | 1,97 m | 130,0 kg |

**3** *Körpergröße und Körpermasse verschiedener bekannter Personen*

**4** *Ernährungspyramide*

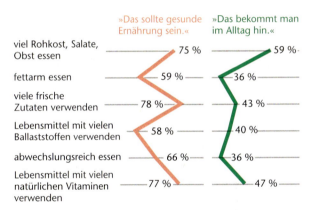

**5** *Umfrageergebnis zur Ernährung, Selbsteinschätzung der Befragten*

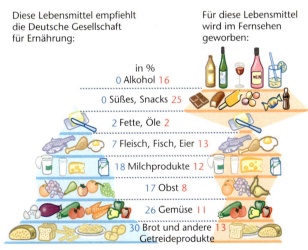

**6** *Lebensmittel und Werbung*

**281**

## Methode

# Versuche durchführen

Biologen, Physiker und Chemiker sowie andere Naturwissenschaftler versuchen, die Gesetzmäßigkeiten der Natur zu erforschen und zu verstehen. Ein Weg, um Erkenntnisse über die Natur zu gewinnen, sind Versuche.

Versuche werden nach einem bestimmten Ablauf durchgeführt (Abb. 2). Hier geht es um die Frage, ob Kochen von Orangensaft den Gehalt an Vitamin C verändert?

**1** *Der Gehalt an Vitamin C in Orangensaft kann mit Teststreifen gemessen werden*

| | |
|---|---|
| Beobachtung | Mit Teststreifen kann man nachweisen, dass Gemüse und Obst Vitamin C enthält. Bei der Zubereitung von Essen werden Vitamin-C-haltige Nahrungsmittel oft erhitzt und gekocht. |
| Problemfrage | Wie beeinflusst drei Minuten langes Kochen den Gehalt an Vitamin C in frisch gepresstem Organsaft? |
| Hypothesen (Vermutungen) | Hypothese 1: Die Vitamin-C-Konzentration bleibt unverändert.<br>Hypothese 2: Die Vitamin-C-Konzentration erhöht sich.<br>Hypothese 3: Die Vitamin-C-Konzentration nimmt ab. |
| Versuch: Planung, Durchführung | Zwei Gläser werden mit frisch gepresstem Orangensaft je zur Hälfte gefüllt. Ein Glas wird nicht erhitzt (Kontrollversuch), die Flüssigkeit im anderen Glas wird erhitzt und drei Minuten gekocht, anschließend abgekühlt. Danach wird mit Teststäbchen in beiden Gläsern der Vitamin-C-Gehalt gemessen. |
| Ergebnis | Der Vitamin-C-Gehalt ist in drei Minuten lang gekochtem Orangensaft geringer als in ungekochtem Orangensaft. |
| Ergebnis-Auswertung in Bezug auf die Hypothesen | In diesem Versuch wurde die Hypothese 3 bestätigt, die beiden anderen Hypothesen nicht. |
| Fehlerdiskussion | Welche Fehlerquellen könnten dem Ergebnis zu Grunde liegen? Zum Beispiel: Teststreifen zu alt, nicht mehr brauchbar; Teststreifen nicht lange genug in die Flüssigkeit getaucht; durch das Kochen ging viel Flüssigkeit verloren, so dass Stoffe in der Flüssigkeit konzentrierter wurden, … |
| Übertragung | Es wird geprüft, ob das Ergebnis auf ähnliche Sachverhalte übertragen werden kann, zum Beispiel auf Gemüsesaft oder gekochte Kartoffeln. Unter Umständen ergeben sich neue Problemfragen, die weitere Versuche erfordern. |

**2** *Durchführung eines Versuchs*

**3** Die Messergebnisse des Versuchs

---

15. März 2006

Versuchsprotokoll

Beobachtung: Gemüse und Früchte werden oftmals bei der Nahrungszubereitung gekocht.
Problemfrage: Wird durch Kochen der Vitamin-C-Gehalt beeinflusst?
Hypothesen: (1) Der Vitamin-C-Gehalt bleibt unverändert, (2) nimmt zu, (3) nimmt ab.
Versuch: Vitamin-C-Teststäbchen; frisch gepresster Orangensaft; zwei Gläser etwa halb voll mit gleichem Volumen Orangensaft befüllt; der Inhalt des einen Glases wird erhitzt und drei Minuten gekocht; anschließend abkühlen lassen; dann messen; der Kontrollversuch wird nicht erhitzt.
Ergebnis: Der Vitamin-C-Gehalt ist in drei Minuten lang gekochtem Orangensaft geringer als in ungekochtem Orangensaft. Hypothese 3 bestätigt, die beiden anderen Hypothesen konnten in diesem Versuch nicht bestätigt werden.
Fehlerdiskussion: Die Teststreifen wurden unterschiedlich lang in die beiden Gläser eingetaucht; das könnte das Messergebnis beeinflusst haben.

**4** Beispiel für ein Versuchsprotokoll

Um die Ergebnisse von Versuchen zu dokumentieren, werden Protokolle geschrieben. Darin werden die Schritte des Versuchs beschrieben (Abb. 4). Ein sorgfältiges Protokoll ermöglicht es anderen, die Ergebnisse nachzuvollziehen und zu überprüfen.

**1** **Vitamin-C-Gehalt und Dauer des Kochens.** Entwirf eine Versuchsreihe, in der die Abhängigkeit des Vitamin-C-Gehalts von der Dauer der Kochzeit untersucht wird. Führe die Versuchsreihe durch und fertige ein Protokoll an.

# 13.3 Nahrung versorgt den Körper mit Energie

| Tätigkeiten | Kilojoule pro Stunde |
|---|---|
| ruhiges Liegen | 350 |
| ruhiges Stehen | 420 |
| Gehen, 3 km/h | 1000 |
| Gehen, 8 km/h | 2100 |
| Schwimmen, 0,6 km/h | 880 |
| Schwimmen, 4,2 km/h | 2500 |
| Radfahren, 9 km/h | 880 |
| Radfahren, 30 km/h | 3100 |
| Laufen, 11 km/h | 2200 |
| Laufen, 19 km/h | 4100 |
| Büroarbeit | ca. 380 – 470 |

1 *Ungefährer Gesamt-Energiebedarf eines 35-jährigen Mannes mit 70 kg Körpermasse*

| Alter | durchschnittlicher Energie-bedarf in kJ pro Tag | |
|---|---|---|
| 10–13 | Jungen | 9410 |
| 13–15 | Jungen | 10 460 |
| 15–19 | Jungen | 12 550 |
| 19–25 | Männer | 10 880 |
| 10–13 | Mädchen | 9000 |
| 13–15 | Mädchen | 9620 |
| 15–19 | Mädchen | 10 040 |
| 19–25 | Frauen | 9200 |

2 *Täglicher Gesamt-Energiebedarf und Alter*

Aufbau körpereigener Substanz dienen, werden sie in den Zellen bei der Zellatmung oxidiert. Dabei wird Energie frei, die der Körper nutzen kann.

Enthalten die mit der Nahrung aufgenommenen Nährstoffe mehr Energie, als vom Körper benötigt wird, kann es zu Übergewicht kommen. Überschüssige Kohlenhydrate werden in Fette umgewandelt und als Depotfett im Körper abgelagert. Es hängt von der Bilanz zwischen Nährstoffaufnahme und Energiebedarf ab, ob die Depotfette aufgebraucht oder vergrößert werden.

Die Bewegung unserer Muskeln, die Aufnahme und Verarbeitung von Sinnesreizen, Atmung, Herztätigkeit und die Aufrechterhaltung der Körpertemperatur: all dies sind Leistungen unseres Körpers, für die Energie benötigt wird. Auch in völliger Ruhe benötigt der Körper Energie, dieser Energiebedarf heißt **Grundumsatz.** Er beträgt beim Menschen etwa 6000–7000 Kilojoule pro Tag. Wenn wir Tätigkeiten verrichten, ist unser Energiebedarf höher (Abb. 1). Den über den Grundumsatz hinausgehenden Energiebedarf bezeichnet man als **Leistungsumsatz.** Der **Gesamtumsatz** ist die Summe aus Grundumsatz und Leistungsumsatz. Der Energiebedarf ist auch abhängig vom Alter und vom Geschlecht (Abb. 2).

Wir beziehen Energie aus dem Abbau von Nährstoffen. Diese Stoffe enthalten chemische Energie. Für die Energiefreisetzung sind vor allem Kohlenhydrate und Fette von Bedeutung. Bei der Verdauung werden die Nährstoffe zunächst in kleinere Bausteine zerlegt. Kohlenhydrate zum Beispiel in Glucose-Moleküle. Sofern die Moleküle nicht dem

---

**Was ist Energie ?**

• Energie kann in verschiedenen Formen auftreten. Man spricht zum Beispiel von elektrischer, mechanischer, chemischer oder von Wärme-, Bewegungs- oder Lichtenergie.

• Energie kann nicht neu geschaffen oder verbraucht werden. Sie wird immer nur von einer Energieform in eine andere umgewandelt.

• In Stoffen ist chemische Energie gespeichert. Die in der Nahrung enthaltenen Nährstoffe enthalten viel chemische Energie, die unser Körper teilweise nutzen kann. Wenn wir uns bewegen, wird diese Energie in Bewegungsenergie und Wärme umgewandelt.

• Die Einheit der Energie ist das Joule (J). 1000 J sind 1 Kilojoule (kJ). 4,18 kJ werden etwa benötigt, um einen Liter Wasser um ein Grad Celsius zu erwärmen.

• 1 g Kohlenhydrate liefern im Körper etwa 17 kJ Energie, 1 g Fett liefert etwa 39 kJ Energie.

3 *Stichwort: Energie*

284  Stoff-+Energieumwandlung

Grundwissen

| Nahrungsmittel 100 g enthalten: | Eiweiß in g | Fett in g | Kohlenhydrate in g |
|---|---|---|---|
| Joghurt | 3,9 | 3,7 | 4,6 |
| Käse | 28,7 | 29,7 | – |
| 1 Ei | 7,1 | 6,2 | 0,4 |
| Butter | 0,7 | 83,2 | 0,7 |
| Schweinefleisch | 16,4 | 19,0 | – |
| Mettwurst | 12,6 | 45,0 | – |
| Huhn | 22,8 | 0,9 | – |
| Fischstäbchen | 140 | 4,0 | 10,0 |
| Haferflocken | 13,5 | 7,4 | 66,4 |
| Reis | 7,4 | 2,2 | 75,4 |
| Nudeln | 13,3 | 2,78 | 71,9 |
| Roggenbrot, 2 Scheiben | 6,7 | 1,0 | 51,5 |
| Kartoffeln | 1,0 | 0,2 | 8,7 |

**4** *Nährstoffgehalt verschiedener Lebensmittel*

| Kohlenhydrate | Fett | Eiweiß |
|---|---|---|
| 35 g | 27 g | 30 g |

**5** *Nährstoffgehalt eines Hamburgers*

**1 Energie.**
a) Erläutere mit eigenen Worten, was du unter Energie verstehst. Veranschauliche deine Ausführungen durch geeignete Beispiele.
b) Erläutere die Begriffe Grundumsatz und Leistungsumsatz. Gib mithilfe von Abbildung 1 an, wie hoch der Grundumsatz ist. Berechne den Leistungsumsatz bei den dort genannten Tätigkeiten. Begründe die Unterschiede.

**2 Energie und Nahrung.**
a) Berechne an 3 Beispielen den Energiegehalt von jeweils 100 g der in Abbildung 4 genannten Lebensmittel.
b) Ein 15-jähriger Junge hat einen täglichen Energiebedarf von 12 550 kJ. Der Junge isst im Verlauf des Tages vier Scheiben Roggenbrot, 50 g Käse, 50 g Mettwurst, 50 g Butter, 100 g Kartoffeln und 200 g Schweinefleisch. Kann er seinen Energiebedarf damit decken?
c) Bei einer Mahlzeit isst eine Person 300 g Nudeln. Wie lange könnte sie mit der darin enthaltenen Energie gehen oder laufen? Verwende die Daten aus Abbildung 1 und 4.

**3 Ein Hamburger zwischendurch?** Der in Abbildung 5 abgebildete Hamburger wiegt 250 g. Er enthält 30 g Eiweiß, 35 g Kohlenhydrate und 27 g Fett. Berechne den Energiegehalt des Hamburgers. Wieviel Prozent des täglichen Energiebedarfs eines 15-jährigen Mädchens ließen sich damit decken? Berücksichtige die Daten aus Abbildung 2.

**4 Essen und Leben früher und heute.**
a) Vergleiche die in Abbildung 6 dargestellten Lebens- und Ernährungsweisen.
b) Gib für jeden der in der Abbildung 6 genannten Aspekte mögliche Gründe für die Unterschiede an.
c) Eskimos essen sehr fett. Erläutere, inwiefern es sich für diese Personengruppe um eine sinnvolle Ernährungsweise handelt?

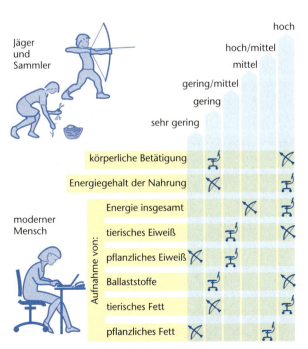

**6** *Essen und Leben früher und heute*

Arbeitsmaterial

## 13.4 Enzyme

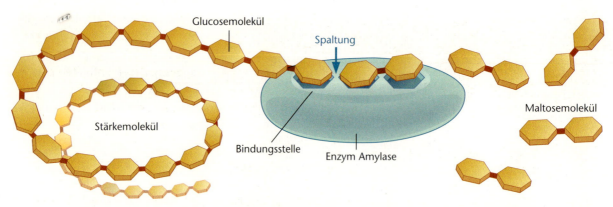

**1** *Umwandlung von Stärke zu Maltose durch das Enzym Amylase*

Die in der Nahrung enthaltenen Nährstoffe werden in unserem Körper verdaut. **Verdauung** bedeutet, dass Nährstoffmoleküle in kleine wasserlösliche Moleküle zerlegt werden. Diese Moleküle werden durch den Darm in das Blut aufgenommen und dann im Körper verteilt. Für die Verdauung werden **Enzyme** benötigt. Enzyme werden in allen Zellen des Körpers gebildet. Enzyme sind Proteine mit besonderen Eigenschaften. Sie beschleunigen ganz bestimmte chemische Reaktionen, ohne sich selbst dabei bleibend zu verändern. Man bezeichnet Enzyme daher auch als **Biokatalysatoren.** In vielen Fällen ermöglichen Enzyme erst, dass chemische Reaktionen im Körper stattfinden.

In unserem Speichel ist das Enzym Amylase enthalten. Dieses Enzym ist darauf spezialisiert, Stärkemoleküle zu spalten. Stärkemoleküle sind lange Ketten aus Glucosemolekülen. Durch Amylase wird Stärke in Maltosemoleküle gespalten (Abb. 1). Ein Maltosemolekül besteht aus zwei Glucosemolekülen.

Den Ablauf einer durch ein Enzym katalysierten Reaktion kann man sich so vorstellen (Abb. 2): Der Stoff, der chemisch verändert werden soll, heißt **Substrat.** Im beschriebenen Beispiel ist das die Stärke. Das Ergebnis der Umwandlung nennt man **Produkt,** im Beispiel Maltose. Jedes Enzym hat eine ganz bestimmte räumliche Struktur. In diese Struktur passt das Substrat. Zu Beginn der Reaktion bindet ein Substrat an das Enzym. Es bildet sich ein **Enzym-Substrat-Komplex.** Anschließend wird das Substrat verändert. Dabei entsteht ein Enzym-Produkt-Komplex. Dann lösen sich das Produkt oder die Produkte vom Enzym. Das Enzym kann erneut an ein Substrat binden.

Voraussetzung dafür, dass das Enzym wirkt, ist das genaue Passen des Substratmoleküls zum Enzym. Diese Situation ist vergleichbar mit dem Zusammenpassen zwischen einem Schlüssel und einem Schloss, deshalb spricht man von einem **Schlüssel-Schloss-Prinzip.** Zu einem Enzym passt meistens nur ein ganz bestimmtes Substrat. Andere Stoffe können von dem Enzym nicht umgesetzt werden. Enzyme sind **substratspezifisch.** Enzyme können an den passenden Substraten auch nur eine ganz bestimmte Veränderung vornehmen. Man sagt, Enzyme sind **wirkungsspezifisch.**

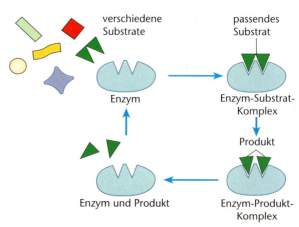

**2** *Ablauf einer Enzymreaktion*

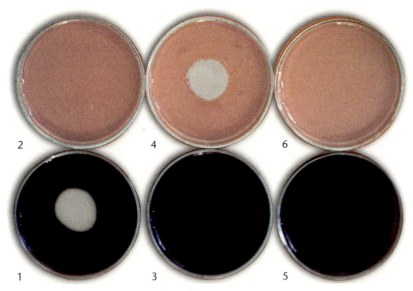

**3** *Versuchsergebnis Enzymwirkung*

### 1 Wirkung von Enzymen.
a) Beschreibe die Wirkungsweise eines Enzyms am Beispiel der Abbildung 2. Werden die anderen vorhandenen Substrate ebenfalls umgesetzt? Begründe.
b) Fertige eine zeichnerische Lösung entsprechend der Abbildung 2 zur Umsetzung eines anderen Substrats mit einem anderen Enzym an.

### 2 Ein Modellversuch zur Wirkungsweise von Enzymen.
a) Stelle ein Pappmodell nach der Abbildung 2 her. Das Modell soll für die Präsentation der Vorgänge mit einem Tageslichtprojektor geeignet sein. Demonstriere dann mit dem Modell die typische Wirkungsweise eines Enzyms.
b) Erläutere, welche Aspekte der Enzymwirkung durch das Modell veranschaulicht werden können und wodurch die Veranschaulichung geschieht.

### 3 Ein Versuch zur Enzymwirkung.
Für ein Experiment werden sechs Petrischalen mit Agar, einer gelartigen Substanz, gefüllt. Die Agarschalen 1, 3 und 5 enthalten Stärke. Die Stärke wird in diesen Agarschalen durch Iod-Kalium-Iodidlösung blau gefärbt. Die drei anderen Agarschalen 2, 4 und 6 enthalten Albumin, ein Eiweiß. Das Albumin verursacht eine Trübung des Agars.
Auf den Agar in den Petrischalen 1 und 2 wird in die Mitte etwas Speichel aufgetragen, auf den Agar der Petrischalen 3 und 4 eine Lösung des Enzyms Pepsin, den Platten 5 und 6 wird nichts zugesetzt. Nach einiger Zeit erkennt man ein Versuchsergebnis wie in Abbildung 3.
a) Beschreibe das Versuchsergebnis und finde eine Erklärung.
b) Formuliere einen Merksatz zur Wirkung des Enzyms Pepsin.
c) Erkläre, zu welchem Zweck die Versuchsansätze 5 und 6 durchgeführt werden.

### 4 Versuche zur Wirkungsweise von Katalase.
Im Stoffwechsel aller Organismen entsteht in geringen Mengen Wasserstoffperoxid ($H_2O_2$). Wasserstoffperoxid ist giftig. Zellen enthalten das Enzym Katalase. Dieses Enzym setzt Wasserstoffperoxid zu Wasser und Sauerstoff um.

$$2\ H_2O_2 \xrightarrow{\textit{Katalase}} 2\ H_2O + O_2$$

Wasserstoffperoxid → Wasser + Sauerstoff

a) Gib einen Teelöffel Trockenhefe in etwa 50 ml Wasser und rühre gut um. Fülle einen Erlenmeyerkolben etwa einen Zentimeter hoch mit dreiprozentiger Wasserstoffperoxidlösung (O, Xi). Gib dazu die vorbereitete Hefesuspension. Halte nach einer Minute einen glimmenden Holzspan in den Gasraum oberhalb der Flüssigkeit. Formuliere die Versuchsbeobachtungen und finde eine Erklärung.
b) Wiederhole das Experiment. Koche aber bei diesem Durchgang die Hefesuspension kurz auf, bevor du sie zur Wasserstoffperoxidlösung gibst. Vergleiche die Ergebnisse der Versuche a und b und finde eine Erklärung für die unterschiedlichen Ergebnisse.

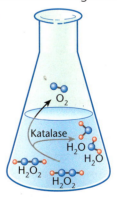

**4** *Katalasewirkung*

## 13.5 Verdauung von Kohlenhydraten

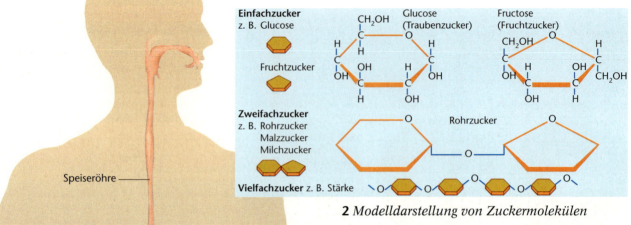

*2 Modelldarstellung von Zuckermolekülen*

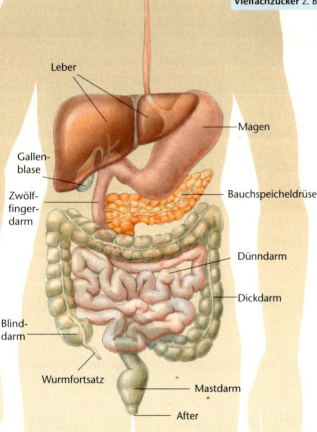

*1 Weg der Nahrung bei der Verdauung*

**Kohlenhydrate** bestehen aus den Elementen Kohlenstoff, Wasserstoff und Sauerstoff. Kohlenhydrate sind aus Zuckermolekülen aufgebaut. **Einfachzucker** bestehen nur aus einem Zuckermolekül. Die häufigsten Einfachzucker sind Glucose (Traubenzucker) und Fructose (Fruchtzucker). Saccharose (Rohrzucker) und Maltose (Malzzucker) sind **Zweifachzucker.** Saccharosemoleküle sind aus je einem Molekül Glucose und Fructose zusammengesetzt. Maltosemoleküle bestehen aus zwei Glucosemolekülen. Stärkemoleküle sind Ketten aus mehreren Hundert Glucosemolekülen.

Kohlenhydrate werden vor allem mit pflanzlicher Nahrung wie Brot, Nudeln, Kartoffeln oder Obst aufgenommen. Im Körper dienen sie hauptsächlich als Energielieferanten. In pflanzlicher Kost liegen Kohlenhydrate überwiegend in Form von Stärke vor. Im Verlauf der **Verdauung** werden die wasserunlöslichen Stärkemoleküle schrittweise in wasserlösliche Einfachzucker gespalten, die dann vom Darm in das Blut aufgenommen werden.

Bereits der Anblick der Nahrung regt die Mundspeicheldrüsen zur Ausschüttung von Speichel an. Im Speichel ist das Enzym Amylase enthalten, das Stärkemoleküle in Maltosemoleküle zerlegt. Der Speisebrei gelangt durch Speiseröhre und Magen in den Dünndarm. Die Bauchspeicheldrüse gibt Verdauungssäfte in den Zwölffingerdarm, den ersten Teil des Dünndarms, ab. Unter anderem sind darin Enzyme enthalten, die die Kohlenhydrate in Einfachzucker wie Glucose oder Fructose spalten. Das Enzym Maltase zum Beispiel spaltet Maltosemoleküle in Glucosemoleküle. Als Einfachzucker werden Kohlenhydrate durch die Dünndarmwand in das Blut aufgenommen und mit dem Blut zu allen Zellen des Körpers transportiert.

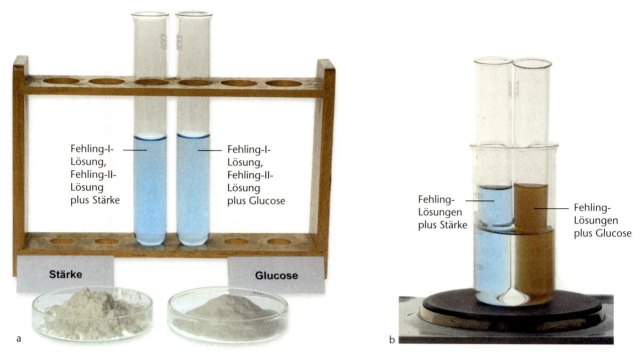

**3** *Fehling-Test, a) Ausgangssituation, b) Erhitzen der Reagenzgläser im Wasserbad*

**1** **Versuch: Nachweis von Zucker und Stärke in Nahrungsmitteln.**
a) Gib in vier Reagenzgläser je drei Milliliter Fehling-I($X_n$)- und Fehling-II-Lösung (C). Vermische die Lösungen. Gib dann in Reagenzglas
– 1 einige Haferflocken,
– 2 einige Apfelstückchen,
– 3 einige Zwiebelstückchen,
– 4 einige Brotkrümel.
Erwärme die Lösungen für einige Minuten in einem etwa 70 °C warmen Wasserbad. Erkläre die Versuchsbeobachtungen.
b) Überprüfe mit Iod-Kaliumiodidlösung, ob die in Versuch a untersuchten Nahrungsmittel Stärke enthalten.
c) Formuliere ein zusammenfassendes Ergebnis der Versuche a und b.

**2** **Die Wirkung von Speichel.**
a) Beschreibe die in Abbildung 4 dargestellten Versuche a, b und c.
b) Erläutere, welches Ergebnis du im Versuch c erwartest.

c) Beschreibe einen Versuch, mit dem du das von dir erwartete Versuchsergebnis in Versuch 3 praktisch belegen könntest. Wende dabei bekannte Nachweisreaktionen an.

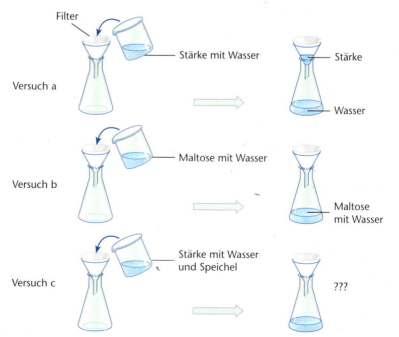

**4** *Versuch zur Wirkung von Speichel*

**289**

## Eine Mindmap in Teamarbeit erstellen

Wenn du ein Referat über das Thema „Nährstoffe" vorbereitest, hilft dir eine Mindmap, dein Wissen und deine Gedanken zu gliedern. Eine Mindmap erstellt man in sechs Schritten:

**1** **Mindmap in Teamarbeit erstellen.** Erstellt in Gruppen eine Mindmap zu einem selbst gewählten Thema aus dem Bereich „Ernährung und Lebensmittel". Plant und besprecht gemeinsam Eure Vorgehensweise. Erstellt die Mindmap. Sprecht rückblickend über positive und negative Aspekte Eurer Arbeit an der Mindmap.

### 1. Schritt
Nimm ein Blatt Papier und schreibe alle Begriffe auf, die dir zu deinem Thema einfallen. Du kannst die Stichpunkte auch aus einem Buch oder anderem Material entnehmen.

> **Nährstoffe**
> Kohlenhydrate werden von Pflanzen gebildet
> Fette liefern Energie
> Eiweiße
> Fleisch
> Getreide
> Einfachzucker
> Aufbau von Zellen
> Glycerin
> …

### 3. Schritt
Nimm ein zweites Blatt und schreibe dein Thema in die Mitte. Zeichne ein Oval um das Thema herum.

### 2. Schritt
Suche zu deinen Begriffen passende Oberbegriffe.

> **Nährstoffe**
> Kohlenhydrate
> * werden von Pflanzen gebildet
> * Getreide
> * Einfachzucker
> …
> Eiweiße
> * Fleisch
> * Aufbau von Zellen
> …
> Fette
> * liefern Energie
> * Glycerin
> …

### 4. Schritt
Zeichne ausgehend vom Oval in der Mitte so viele Hauptäste (rote Linien) auf dein Blatt, wie du Oberbegriffe gefunden hast. Schreibe dann an jeden Hauptast den Oberbegriff.

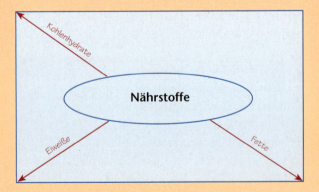

**5. Schritt**

Ordne deine Begriffe vom ersten Blatt den einzelnen Hauptästen zu. Dazu lässt du vom Hauptast einen Nebenast in einer anderen Farbe (blaue Linien) abzweigen. Schreibe die Begriffe auf die Nebenäste.

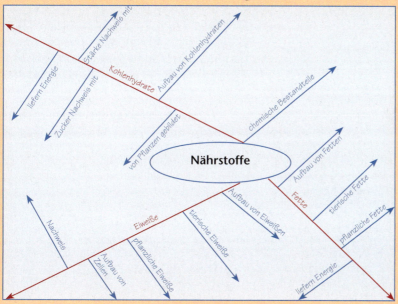

**6. Schritt**

Du kannst die Mindmap weiter untergliedern, indem du von den Nebenästen weitere Nebenäste wieder in einer anderen Farbe abzweigen lässt. Auch an diese Nebenäste werden die passenden Begriffe geschrieben.

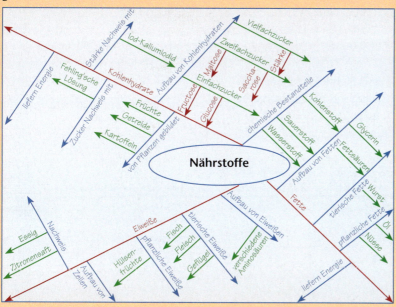

## 13.6 Verdauung im Überblick

> Unter Verdauung versteht man das Zerlegen von Nahrungsbestandteilen in kleinere wasserlösliche Bausteine unter Mitwirkung von Enzymen.

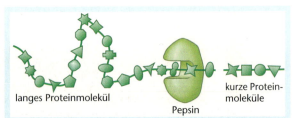

Die Magenwand sondert Salzsäure ab. Dadurch wird der Nahrungsbrei sauer. Der pH-Wert beträgt nun zwei. Unter diesen Bedingungen spaltet das Enzym Pepsin Proteine in kürzere Moleküle.

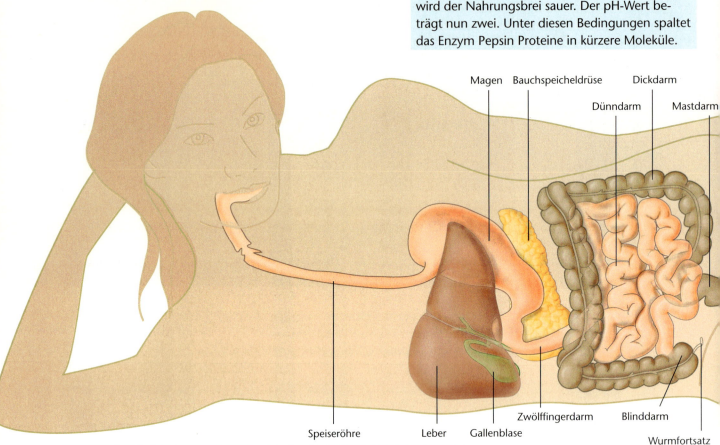

Im Mund wird die Nahrung durch Kauen zerkleinert und mit Mundspeichel zu einem Nahrungsbrei vermischt. Das Enzym Amylase spaltet Stärke in kleinere Bruchstücke, zum Beispiel zur Maltose.

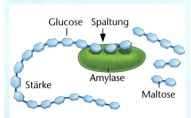

Die Gallenflüssigkeit enthält Gallensäuren, die Nahrungsfette in kleine Fetttröpfchen emulgieren.

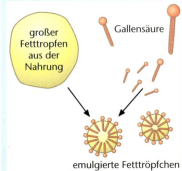

Die Bauchspeicheldrüse gibt Bauchspeicheldrüsenflüssigkeit in den Dünndarm ab. Bauchspeicheldrüsenflüssigkeit enthält viele Enzyme, zum Beispiel Amylase, Fett spaltende Lipasen und Eiweiße spaltende Enzyme wie Trypsin und Chymotrypsin.

Stoff-+Energieumwandlung, Struktur+Funktion

Grundwissen

Der Dünndarm ist knapp drei Meter lang und hat einen Durchmesser von vier Zentimeter. Die Dünndarmoberfläche ist stark gefaltet. Durch die Falten, Zotten und Ausstülpungen von Zellen beträgt die innere Oberfläche des Dünndarms ungefähr 240 m². Der Bau des Dünndarms ist ein Beispiel für das Prinzip der Oberflächenvergrößerung. Von der Dünndarmwand werden die durch die Einwirkung der Enzyme entstandenen kleinen Bausteine der Nährstoffe in den Körper aufgenommen und mit dem Blut und der Lymphe verteilt. Die Aufnahme der Nährstoffe nennt man Resorption.

After

Der Nahrungsbrei wird durch den Dünndarmsaft leicht alkalisch. Der pH-Wert beträgt nun acht. Im Dünndarm findet der wesentliche Teil der Verdauung der Nährstoffe statt.

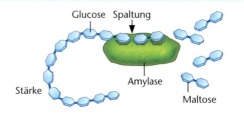

Das Enzym Amylase zerlegt Stärke vollständig in Maltose.

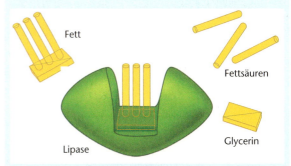

Das Enzym Lipase spaltet Fette in Glycerin und Fettsäuren.

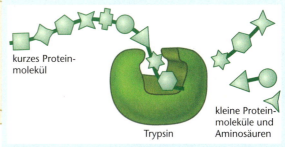

Die Enzyme Trypsin und Chymotrypsin spalten kurze Proteinmoleküle in noch kleinere Bestandteile.

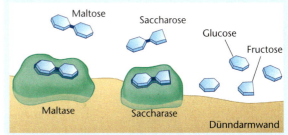

In der Dünndarmwand befinden sich unter anderem die Enzyme Maltase und Saccharase. Sie bauen Maltose und Saccharose zu Glucose und Fructose ab.

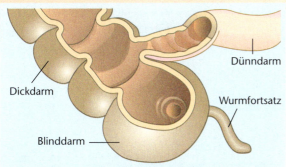

Im Dickdarm wird dem verbliebenen Nahrungsbrei Wasser entzogen. Zahlreiche Bakterien besiedeln den Dickdarm. Sie zersetzen Nahrungsbestandteile, die für das menschliche Verdauungssystem unverdaulich sind. Dabei produzieren sie auch bestimmte Vitamine, die für die menschliche Gesundheit unverzichtbar sind.

**293**

Grundwissen

## 13.7 Entstehung von Drogensucht

Die Entstehung einer Drogensucht zu erklären ist nicht einfach. Man hat zu diesem Zweck verschiedene Modelle entwickelt. Eines davon ist das 4M-Modell (Abb. 1). Ein Vorteil dieses Modells ist, dass es die vier Bereiche Mensch, Milieu, Mittel und Markt berücksichtigt. So wird deutlich, dass man die Gründe für die Entstehung einer Sucht nicht allein in der betreffenden Person finden kann. Aber auch ein aus Rauchern bestehender Freundeskreis macht aus einem Jugendlichen nicht automatisch einen Raucher. Wichtig ist zusätzlich, wie leicht der Jugendliche an die Zigaretten kommt und ob er sie überhaupt bezahlen kann.

**Mensch**

Das Selbstwertgefühl eines Menschen und seine Möglichkeiten, Belastungen zu ertragen, Probleme zu lösen, Gefühle auszudrücken sowie Beziehungen zu anderen Menschen zu knüpfen, sind entscheidende Faktoren, die an der Entwicklung einer Sucht beteiligt sind oder sie verhindern können.

**Mittel**

Auch die Droge selbst ist an der Entwicklung einer Abhängigkeit beteiligt.
Dabei sind folgende Fragen wichtig:

– Wie wirkt die Droge?
– Wie muss sie aufgenommen werden?
– Wie schnell gewöhnt sich der Körper an die Droge?
– Welche Begleit- und Entzugserscheinungen treten auf?

**Milieu**

Unter Milieu versteht man die Umgebung, den Lebensbereich eines Menschen.

Auch Vorbilder, die einen Menschen stark beeinflussen, sind an der Entwicklung eines Suchtverhaltens beteiligt. Zum Milieueinfluss zählen insbesondere die Familie, Freunde und Freundinnen, die Clique sowie die Gesellschaft mit bestimmten Trinkbräuchen, Gesetzen und Modevorschriften.

**Markt**

Das Drogenangebot, der Preis und die Werbung für Drogen sind nicht zu unterschätzende Faktoren bei der Entwicklung einer Sucht.

**1** *4M-Modell zur Entstehung einer Drogensucht*

„In der Schule lief es damals gar nicht gut. Meine Mutter sagte dauernd: ‚Mensch, Max, wenn du dich nicht endlich anstrengst, versaust du dir dein ganzes Leben. Du kannst nicht immer nur Spaß haben, sondern musst auch etwas leisten. Eine Lehrstelle
5 oder gar einen Studienplatz kannst du mit deinem Zeugnis vergessen. Glaubst du, dass du mit dieser Haltung später einmal eine Frau bekommen wirst?' So richtig angefangen hat es mit dem Alkohol nach unseren Fußballspielen im Vereinsheim. Als wir mit der B-Jugend Meister geworden waren, kam unser Trainer mit zwei
10 Kisten Bier zu uns in die Kabine. Wir feierten ausgelassen und tranken gemeinsam. Wir tranken eine Runde nach der anderen. Und plötzlich merkte ich, dass ich mich verändert hatte. War ich sonst eher schüchtern, so war ich jetzt völlig aufgedreht und akzeptiert. Wir hatten alle einen unheimlichen Spaß miteinander. Und auch
15 den Mädchen, die mittlerweile zu uns ins Vereinsheim zum Feiern gekommen waren, fiel meine Veränderung auf. Sonja kam sogar auf mich zu und sagte: ‚Mensch, du bist ja heute gar nicht so langweilig wie sonst! Du kannst ja echt cool sein!' In den nächsten Wochen fing ich an, regelmäßig zu trinken. Ich wollte einfach immer
20 ein cooler Typ sein. Dabei merkte ich zunächst gar nicht, dass ich immer mehr trank. Aus zwei Bier wurden drei, vier und schließlich fünf Bier. Und das jeden Abend! Der Alkohol half mir aber nicht nur, meine Schüchternheit zu besiegen. Immer häufiger griff ich in unangenehmen Situationen zur Flasche. Auch die lästigen Haus-
25 aufgaben fielen mir so viel leichter. Meine Eltern haben von alldem überhaupt nichts bemerkt. Wohl auch, weil sie selbst gern einen tranken. Und im Supermarkt hat auch niemand nach unserem Ausweis gefragt, wenn wir neuen Alkohol holten. Zum Glück bekam ich viel Taschengeld. Wohl aus schlechtem Gewissen, denn
30 meine Eltern waren nur selten zu Hause, weil sie den ganzen Tag in unserem Angel- und Bastelwaren-Geschäft arbeiteten. Die Schule habe ich schließlich geschmissen und eine Ausbildung als Einzelhandelskaufmann angefangen. Leider hat mich mein Chef vor zwei Wochen beim Wodka Trinken während der Arbeitszeit
35 erwischt. Wenn er mich noch einmal mit einer Fahne bei der Arbeit antrifft, schmeißt er mich raus. Hoffentlich halte ich durch!"

**2** *Alkoholsucht: Aus einem Interview mit Max S.*

**1 Gedanken zum Foto.**
Betrachte das Hintergrundfoto in Abbildung 1. Schreibe deine Gedanken über Zusammenhänge zwischen Foto und Sucht auf.

**2 Analyse eines Fallbeispiels.**
Erkläre mithilfe des 4M-Modells die in Abbildung 2 dargestellte Entwicklung der Alkoholsucht von Max S.

**3 Das Eisberg-Modell.** Neben dem 4M-Modell gibt es weitere Modelle, mit deren Hilfe man versucht, die Ursachen und Bedingungen einer Sucht zu ergründen. Das in Abbildung 3 dargestellte Eisberg-Modell ist eines davon.
a) Zeichne Abbildung 3 ab.
b) Erläutere das Modell und ergänze im unteren Teil weitere sinnvolle Begriffe.
c) Diskutiere Vor- und Nachteile des Modells bei der Erklärung von Sucht.

**4 Sucht und Sehnsucht.**
Nimm Stellung zu folgender Aussage: „Sucht kommt nicht von Drogen, sondern von unerfüllter Sehnsucht, gestorbenen Träumen, zerstörten Illusionen, verdrängten Gefühlen, zurückgehaltenen Tränen und heruntergeschluckter Wut."

**3** *Das Eisberg-Modell zum Drogenkonsum*

**Methode**

# Ein Portfolio anlegen

Ein Portfolio ist eine Mappe, in der du Materialien zu einem Thema sammelst. Begleitend zum Unterricht kannst du eigene Materialien anfertigen und sie gemeinsam mit weiteren Unterlagen aus dem Unterricht sinnvoll zusammenstellen. Was du zusammenträgst, hängt von deinem persönlichen Interesse, deiner Kreativität und deiner Fähigkeit ab, das Gelernte in einer Form zu präsentieren, die originell und überzeugend ist.

Überlege dir zunächst, welches Ziel du mit deinem Portfolio verfolgst. Wichtig ist, dass du die zur Verfügung stehende Zeit realistisch einschätzt. Wenn du vier Wochen Zeit hast, dann solltest du dir ein Ziel vornehmen, das auch in dieser Zeit zu verwirklichen ist. Zielformulierungen könnten z. B. lauten:

„In den nächsten vier Wochen möchte ich zeigen, welche Möglichkeiten es gibt, mit täglichen Problemen und Konflikten umzugehen, ohne Drogen zu nehmen oder süchtiges Verhalten zu zeigen."

„In den kommenden vier Wochen möchte ich mein Wissen über eine Drogensucht (Heroinsucht) und eine Verhaltenssucht (Abenteuersucht) vertiefen."

„Die Weltgesundheitsorganisation (WHO) versteht unter Gesundheit einen ‚Zustand vollkommenen körperlichen, sozialen und geistigen Wohlbefindens'. – In den nächsten vier Wochen möchte ich verschiedene Möglichkeiten erarbeiten, in diesem Sinne ein gesundes Leben zu führen."

Gestalte anschließend ein passendes Deckblatt und notiere darauf dein Ziel. In dein Portfolio kannst du alle „Dokumente" aufnehmen, die dem Erreichen deines Ziels dienen. Diese Dokumente können z. B. Textausschnitte aus Büchern, Zeitungsausschnitte, Material aus dem Internet, Beschreibungen von Unterrichtssituationen, Ergebnisse von Gruppenarbeiten, ein Bericht über eine Fernsehsendung und natürlich auch eigene Überlegungen zum Thema sein. Entscheidend ist, dass nicht irgendetwas gesammelt wird, sondern eine begründete Auswahl getroffen wird. Damit du nicht zu viel Material zusammenstellst, prüfe jeweils, ob du mit dem Material deinem Ziel näher kommst. Wenn dies nicht der Fall ist, nimmst du es nicht in deine Sammlung auf. Stellst du aber fest, dass das neue Material besser geeignet ist als das alte, tauschst du es aus. Diesen Austausch vermerkst du dann in einem „mitwachsenden" Inhaltsverzeichnis und begründest ihn.

In regelmäßigen Abständen, z. B. jede Woche, solltest du mit deinen Mitschülern oder deinem Lehrer/deiner Lehrerin betrachten, welches Ziel du dir gesetzt hast und was du bisher erreicht hast. Solltet ihr hierbei feststellen, dass die Zeit nicht ausreichen wird, denkt gemeinsam über eine neue Zielformulierung nach oder arbeite verstärkt an deinem Portfolio.

Am Ende deiner Arbeit wird in einem Schlusstext dargestellt, was dir beim Anfertigen des Portfolios besonders viel Spaß gemacht hat und was dir schwergefallen ist. Auch auf einzelne Materialien kannst du hier nochmals eingehen. Welches Material gefällt dir am besten? An welchem Material hast du am meisten gelernt?

---

– Was hat mich veranlasst, dieses Material anzufertigen bzw. auszuwählen?

– Welche neuen Erkenntnisse habe ich mit dem Material gewonnen?

– Wo gab es beim Anfertigen dieses Materials für mich Probleme? Was habe ich beim Lösen dieser Probleme gelernt?

– Weshalb passt das Material zu meinem Ziel?

– Welche Fragen sind für mich bei diesem Material noch offen?

– Wenn ich dieses Material noch einmal erstellen könnte, was würde ich anders machen?

**1** *Diese Fragen helfen dir, die Auswahl deiner Materialien zu begründen*

**Methode**

---

**Seite 1**

## Portfolio zum Thema:
„Suchtgefahren und Gesundheit" von …

### Mein Ziel

In den nächsten vier Wochen möchte ich zeigen, welche Möglichkeiten es gibt, mit täglichen Problemen und Konflikten umzugehen,
ohne Droge

---

**Seite 2**

## Inhaltsverzeichnis

Seite 3: Problem- und Konflikt-Tagebuch eines ganz normalen
Montags. Was passiert ist und wie ich reagiert habe.

Seite 4: „Alltagsbeobachtung" (selbst verfasstes Gedicht)

Seite 5: „Gemeinsam statt einsam"
(Foto meiner Tonplastik aus dem Kunstunterricht)

6: ~~Verhaltenssüchte~~
ersetzt durch: Wo zeigen wir im Alltag süchtiges Verhalten?
Was könnten wir stattdessen tun?
(Begründung: Ich habe das Material „Verhaltenssüchte" aus
dem Portfolio genommen und ersetzt, weil es nur allgemein
die verschiedenen Formen auflistet, ohne zu zeigen, wo sie
auftreten und was man dagegen tun kann. Dies ist aber gerade
das Ziel, das ich mit diesem Portfolio verfolge.)

7: ~~Legale und illegale Drogen~~
ersetzt durch: Was kann ich dagegen tun, wenn mich meine
Freunde zum Rauchen überreden wollen?
(Begründung: Ich habe das erste Material ersetzt, weil es hier
nicht um die verschiedenen Drogenarten gehen soll, sondern
um Möglichkeiten, wie deren Konsum vermieden werden kann.
Deshalb habe ich das Beispiel zum Rauchen und Gruppenzwang neu in mein Portfolio aufgenommen.)

8: So geht es nicht! (Ein Auszug aus Ann Ladiges' Jugendbuch
„Hau ab, du Flasche!")

yer (Text und Noten)

---

**Seite 7**

Was kann ich dagegen tun, wenn mich meine Freunde zum Rauchen
überreden wollen?

Bei meinen Freunden erfahre ich Anerkennung und Zuneigung.
Gemeinsam etwas zu unternehmen macht viel Spaß. Mit ihnen fühle
ich mich stark. Aber muss ich auch das mitmachen, was mir nicht gefällt? Muss ich z. B. auch rauchen, nur weil die meisten in der Gruppe
auch rauchen?

Ich kann einfach mitmachen, rauchen und
– meine eigene Abneigung gegen das Rauchen verdrängen,
– mich vor der Auseinandersetzung mit meinen Freunden drücken,
– meinen Ärger über den Zwang, den meine Freunde auf mich

---

**Seite 10**

Probleme gehören zum Leben – Lösungen auch

Die folgenden Ratschläge können bei d
innerhalb einer Gruppe helfen:

1. Der Ort des Gesprächs sollte möglich
   Alle Beteiligten sollen sich gleich woh
2. Der Zeitpunkt muss geeignet sein. Je
   Zeit und Ruhe mitbringen, damit das
   geführt werden kann.
3. Das Problem muss genau benannt w
4. Jede und jeder spricht für sich. Wenn
   muss sie bzw. er die Möglichkeit zum
5. Die wenigsten Probleme haben nur e
   Beteiligten zunächst alle möglichen L
   sammen. Die unterschiedlichen Vors
   bewertet oder abgelehnt werden.
6. Gemeinsam werden die Lösungsvors
   alle leben können.
7. Gemeinsam gefundene Lösungen sin
   zu werden. Also muss auch jede und
   dem Gespräch auch Taten folgen. Da
   am besten sofort die Aufgabenverteil
   weiß, was sie und er zu tun hat.

*2 Beispielseiten*

---

## Rückmeldung

Meine Eindrücke zu deinem Portfolio
von _____
an _____

– Das hat mir an deinem Portfolio gut gefallen:
_____
_____

– Das hat mir nicht ganz so gut gefallen:
_____
_____

– Das habe ich anhand meines Portfolios gelernt:
_____
_____

– Außerdem ist mir an deinem Portfolio noch Folgendes aufgefallen:
_____
_____

## 13.8 Die soziale Seite der Sucht

Maike und Uwe, beide 16 Jahre alt, sind seit drei Wochen zusammen. Schnell hat Maike bemerkt, dass ihr neuer Freund häufig Bier trinkt. Ihr Gespräch ist auf der linken Seite wiedergegeben. Rechts ist der Kommentar eines Pädagogen zu diesem Gespräch abgedruckt.

MAIKE: Ich finde es schrecklich, dass du offensichtlich auf jeder Party betrunken bist.

UWE: Ich weiß gar nicht, was du dagegen hast, wenn ich auf Partys ein paar Bier trinke.

5 MAIKE: Alkohol ist total ungesund. Das weißt du doch genau.

UWE: So viel, dass es ungesund sein könnte, trinke ich ja nicht. Guck mich doch an, sehe ich etwa krank aus? Außerdem trinken alle meine Freunde Alkohol auf Partys.

10 MAIKE: Mit meinen Freunden aus unserem Basketball-Team feiere ich auch oft. Da muss allerdings keiner Alkohol trinken, um akzeptiert zu werden. Wenn alle trinken, bist du doch gerade dann cool, wenn du es nicht machst.

UWE: Wenn ich es nicht mache, bin ich nicht cool,

15 sondern raus aus unserer Clique! Und das will ich nicht. In der Clique sind nämlich alle immer gut drauf!

MAIKE: Glaubst du denn, ich sei immer schlecht drauf? Und überhaupt: Wer sagt denn, dass du immer gut drauf sein musst? Ich mag dich doch auch, wenn du mal nicht

20 so gut drauf bist.

UWE: Ich höre andauernd „immer". Ich geh mit meinen Freunden doch nur am Wochenende auf Partys und auch nur dann trinke ich etwas.

MAIKE: Etwas? Du hättest dich gestern mal sehen

25 sollen! Bei einigen aus eurer Clique habe ich das Gefühl, dass sie erst richtig auftauen und den Mund aufkriegen, wenn sie ein paar Bier intus haben. Doch nicht nur das, mittlerweile trinken einige schon nachmittags nach der Schule!

30 UWE: Du meinst Martin und Jens. Was sollen die denn auch sonst machen? Den ganzen Tag bei ihren Eltern herumhängen? Mit denen streiten sie sich doch nur von morgens bis abends. Und in dem Dorf, in dem sie wohnen, können sie nichts machen, außer im Bushäuschen

35 abzuhängen, zu reden und ein Bier zu trinken.

MAIKE: Sie könnten ja zur Abwechslung auch mal etwas Sinnvolles machen. Von Jens weiß ich, dass er dieses Schuljahr wiederholen muss, wenn er so weitermacht. Mit dem Zeugnis bekommt er bestimmt keinen

40 Ausbildungsplatz.

UWE: Oh, jetzt redest du schon wie meine Eltern!

A: Bereits hier wird deutlich, dass Jugendliche sich durchaus der gesundheitlichen Gefahren des Alkohols bewusst sind. Offensichtlich schätzen sie jedoch die vermeintlichen „Vorteile" wie z.B. soziale Anerkennung als höherwertig ein.

B: Hier geht es um die Funktion des Alkoholkonsums: Er dient als Mittel, um den Zusammenhalt innerhalb einer Gruppe herzustellen. Gleichzeitig demonstrieren die jugendlichen Konsumenten damit Stärke und Unabhängigkeit.

C: Die gesellschaftlichen Werte und Erwartungshaltungen üben einen großen Druck auf die Menschen aus. Zu hinterfragen ist, wie Maike dies richtigerweise tut, inwieweit wir diesen Erwartungen jederzeit entsprechen müssen. Wichtig sind hierbei auch die Werbung und die Medien, die bestimmte Bedürfnisse erst erzeugen und so die Menschen innerhalb einer Gesellschaft bewusst beeinflussen, um damit viel Geld zu verdienen.

D: Auch hier wird die enorme soziale Bedeutung des Alkoholkonsums deutlich: Alkohol wirkt oft enthemmend und spannungsregulierend. Selbst ein ansonsten schüchterner Mensch geht im betrunkenen Zustand auf die Menschen zu. Die hierbei erfahrene soziale Anerkennung führt zu einer Steigerung seines Selbstwertgefühls. Leider bleibt dieses Gefühl meist auf den Rauschzustand begrenzt, so dass dieser Zustand immer wieder angestrebt wird und sich so eine Alkoholsucht entwickeln kann.

E: Typisch für die Situation vieler Jugendlicher in unserer heutigen Leistungsgesellschaft ist das Fehlen von Möglichkeiten, Abenteuer und Spannung zu erleben.

F: Viele Jugendliche machen sich bereits Gedanken über ihre Zukunft, während sie noch auf der Suche nach sich selbst sind. Dabei fehlen ihnen häufig Vorbilder, an denen sie sich orientieren können. Die Eltern kommen als Vorbilder immer weniger in Frage, weil die Jugendlichen sich von diesen zunehmend abzugrenzen versuchen.

**298** Information+Kommunikation

**1 Soziale Einflüsse.** Suche die Zeilen im Gespräch zwischen Uwe und Maike heraus, auf die sich die Kommentare A bis F des Pädagogen beziehen.

**2 Ich sage, was ich möchte.** Bekenne dich zu deiner eigenen Meinung. Erwarte aber von den anderen nicht, dass sie deine Meinung teilen. Hierbei ist es bereits sehr hilfreich, wenn du Ich-Aussagen statt verschlüsselter Botschaften formulierst. Ändere z. B.:
– Glaubst du nicht auch, du solltest …? in: Ich glaube, es wäre besser, wenn …
– Jeder glaubt, dass … in: Ich glaube, dass …
Formuliere weitere Beispielsätze um.

**3 Umgang mit Gruppenzwang.** Gebt an, welche Gefühle durch die einzelnen Fragen in Abbildung 1 angesprochen werden. Denkt euch selbst ähnliche Fragen aus, schreibt sie auf Karten und verteilt sie an eure Mitschüler.

Was machst du,
– wenn sich die meisten deiner Mitschülerinnen und Mitschüler auf eurer Klassenfahrt nachts heimlich zum Rauchen und Trinken treffen?
– wenn deine besten Freundinnen bzw. Freunde dich mit der Bemerkung begrüßen: „Du hast ja schon wieder zugenommen"?
– wenn dein Freund/deine Freundin sich nicht mehr mit dir trifft, weil seine/ihre Clique das so möchte?
– wenn dir auf einer Party eine Zigarette angeboten wird, obwohl alle wissen, dass du gar nicht rauchst?
– wenn du den Verdacht hast, dass in deiner Clique gekifft wird?

*1 Umgang mit Gruppenzwang*

Wer an die Reihe kommt, liest seine Karte laut vor und versucht, sie zu beantworten.

**4 Alkohol und Autofahren.** Schon kleinste Mengen Alkohol beeinflussen das Gehirn (Abb. 2). Mit bis zu 0,5 ‰ Blutalkohol ist bei uns das Autofahren nach einer 2-jährigen Probezeit erlaubt. Während der Probezeit gilt eine 0 ‰-Grenze.
a) Welche Gründe sprechen für die 0,5 ‰-Grenze?
b) Was spricht für eine 0 ‰-Grenze während der Probezeit?

**5 Argumente gegen einen übermäßigen Alkoholkonsum.** Du gehst mit deinem Freund oder deiner Freundin auf eine Party. Auf früheren Partys hast du keinen Alkohol getrunken und möchtest auch heute nicht damit anfangen. Plötzlich kommt dein Freund oder deine Freundin von der Theke zurück und fordert dich zum Trinken auf. Spielt diese Szene im Rollenspiel nach und verwendet dabei Argumente dieser Doppelseite.

unter 0,5 ‰:
Die Fähigkeit zur Raumabschätzung nimmt ab. Jugendliche und ältere Menschen sind besonders gefährdet. Die Unfallgefahr im Straßenverkehr erhöht sich um das Fünffache.

0,5 ‰ – 0,8 ‰:
Abnahme der Anpassungsfähigkeit der Augen an wechselnde Lichtverhältnisse. Die Empfindlichkeit der Augen für rotes Licht lässt nach. Bei einer Geschwindigkeit von nur 50 km/h verlängert sich der Anhalteweg um 14 m, weil sich die Reaktionszeit verlängert.

0,8 ‰ – 1,2 ‰:
Beginn der Euphorie und Enthemmung mit Überschätzung der eigenen Fähigkeiten. Das Blickfeld verengt sich erheblich. Der Angetrunkene nimmt nicht mehr ausreichend wahr, was auf ihn zukommt. Die Wahrnehmung von Gegenständen und die Raumabschätzung verringert sich stark. Die Hell-Dunkel-Reaktion der Augen ist erheblich gestört. Durch Blendung vom Gegenverkehr werden Menschen und Gegenstände zu spät wahrgenommen.

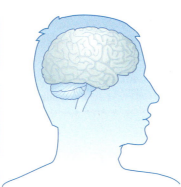

Das Gehirn ist beim Trinken von Alkohol unmittelbar betroffen. Bei einem 80 kg schweren Mann erreicht der Blutalkoholspiegel nach 1 Liter Bier ca. 0,6 ‰. Bei einer 60 kg schweren Frau erreicht der Blutalkoholspiegel nach 1 Liter Bier ca. 1‰.

1,2 ‰ – 2,4 ‰:
Erhebliche Minderung von Aufmerksamkeit und Konzentrationsfähigkeit. Deutlich ausgeprägte Euphorie und Enthemmung mit maßloser Überschätzung der eigenen Fähigkeiten. Stark verzögerte und gestörte Reaktionsabläufe. Leichte bis schwere Gleichgewichtsstörungen. Beginn der absoluten Fahruntüchtigkeit.

2,4 ‰ – 3,0 ‰:
Ausgeprägte Gleichgewichts- und Koordinationsstörungen. Schwer gestörte und verzögerte Reaktionsabläufe. Verminderte Erinnerungsfähigkeit, schwere Beeinträchtigung der Orientierungs- und Wahrnehmungsfähigkeit. Völliger Erinnerungsverlust und Bewusstseinstrübung bis zur Bewusstlosigkeit.

über 3 ‰:
Schwere akute Alkoholvergiftung mit Erinnerungslücken bis zum völligen Erinnerungsverlust. Bleibende organische Schäden sind möglich. Tiefe, eventuell tödlich verlaufende Bewusstlosigkeit.

*2 Wirkungen des Alkohols auf das Gehirn*

## 13.9 Essstörungen

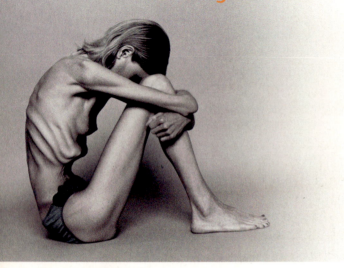

**1** *Magersucht*

Mit **Magersucht** wird eine krankhafte Essstörung bezeichnet, bei der eine Person ein Körpergewicht herbeiführt, das mindestens 15 Prozent unter dem Normalgewicht liegt. Magersüchtige versuchen so wenig wie möglich zu essen. Außerdem versuchen viele Magersüchtige, einen Gewichtsverlust durch Erbrechen, durch übertriebene körperliche Aktivität oder durch Medikamente wie Appetitzügler und Abführmittel herbeizuführen.

Magersüchtige leiden an einer Störung der Wahrnehmung des eigenen Körpers. Obwohl sie bereits extrem an Gewicht verloren haben, halten sie sich für zu dick (Abb. 1). Aufgrund der verzerrten Körperwahrnehmung verändert sich das Essverhalten. Die Betroffenen bemühen sich, weiter abzunehmen. Sie entwickeln eine extreme Angst, an Gewicht zuzunehmen. Das Vermeiden von Essen, die Kontrolle des Körpergewichts im Grammbereich und die Kontrolle von Hungergefühlen nehmen den zentralen Stellenwert in ihrem Leben ein. Der Gewichtsverlust und die Mangelernährung können schwerwiegende körperliche Veränderungen nach sich ziehen. Die Menstruation bleibt aufgrund hormoneller Störungen aus. Niedriger Blutdruck, verlangsamter Herzschlag, sinkende Körpertemperatur, Hautprobleme, Muskelschwäche und Haarausfall sowie Erkrankungen durch Vitamin- und Mineralsalzmangel begleiten häufig eine Magersucht. Magersüchtige sind häufig in einem Teufelskreis gefangen: Schon eine Zunahme von wenigen Gramm kann Panik auslösen, was wiederum zu noch strengerer Kontrolle des Essverhaltens führt. Weil der Körper jedoch bei einer derart gedrosselten Zufuhr an Nährstoffen schon bei geringer Nahrungsaufnahme ein paar Gramm zulegt, ist die nächste Runde im Teufelskreis der Magersucht vorgezeichnet.

Magersucht tritt besonders bei 15- bis 25-jährigen Frauen auf. In dieser Gruppe ist etwa ein Prozent magersüchtig. Wahrscheinlich wird Magersucht durch das Zusammenwirken mehrerer Faktoren ausgelöst. Gesellschaftliche Einflüsse wie ein übertriebenes Schlankheitsideal, das von Werbung und Filmen zusätzlich betont wird, spielen sicherlich eine Rolle – ebenso wie seelische Einflüsse, die Fähigkeit zur Konfliktlösung und psychische Bedingungen in der Familie der Betroffenen. Hinzu kommen möglicherweise auch biologische Ursachen wie zum Beispiel Veranlagungen.

Die Kontrolle über das Körpergewicht vermittelt den Betroffenen offenbar Selbstwertgefühl, Sicherheit und Anerkennung. Magersucht hat einige Aspekte mit anderen Süchten gemeinsam. Dazu zählt der Kontrollverlust, also die Unfähigkeit, mit dem Hungern aufzuhören, fehlende Einsicht in die Erkrankung sowie der Wiederholungszwang und die zunehmende soziale Isolation der Betroffenen.

Im Gegensatz zur Magersucht haben von **Ess-Brech-Sucht** Betroffene in der Regel ein normales Gewicht. Bei dieser Form der Essstörung folgen auf Heißhungerattacken mit Essanfällen und dem Verzehr großer Mengen an Nahrung selbst ausgelöstes Erbrechen oder Missbrauch von Medikamenten, um Gewichtszunahme zu verhindern (Bulimie). Gemeinsam mit der Magersucht ist die extreme Angst vor Gewichtszunahme. Sowohl Magersüchtige als auch Ess-Brech-Süchtige benötigen dringend ärztliche und psychologische Hilfe.

„In der heutigen Gesellschaft gilt ein Schönheitsideal, das insbesondere für Frauen einen schlanken, gesunden und schönen Körper fordert. Dieses Ideal begegnet Frauen unter anderem Tag für Tag in der Werbung oder in Zeitschriften. Etwa 20 Prozent der Frauen führen regelmäßig Schlankheitsdiäten durch. Nach einer erfolgreichen Diät erfährt die Person zunächst positive Konsequenzen (Komplimente, Stolz wegen ihrer Willensstärke). So kann es geschehen, dass Gewichtskontrolle und Schlanksein zu einer wichtigen Quelle für das Selbstbewusstsein werden. Es ist deshalb nicht verwunderlich, dass gerade junge Frauen, die während der Pubertät bezüglich ihres Körpers sehr unsicher sind, besonders anfällig für Essstörungen sind."

**2** *Ursachen und Symptome der Magersucht*   **3** *Schlankheitsideal*

**1 Ursachen und Symptome der Magersucht.** Erläutere jedes Element der Abbildung 2 mithilfe des Grundwissentextes.

**2 Vergleich von Magersucht und Ess-Brech-Sucht.**
a) Erläutere anhand von Abbildung 4 wesentliche Unterschiede von Magersucht und Ess-Brech-Sucht.
b) Begründe für beide Essstörungen, warum sie als „Sucht" bezeichnet werden können.

**3 Schlankheitsideal.**
a) Erörtert unter Bezug auf Abbildung 2, 3 und 5 die mögliche Bedeutung des gesellschaftlich vorgegebenen Schlankheitsideals für die Entstehung von Essstörungen wie Magersucht und Ess-Brech-Sucht.
b) Diskutiert die Frage, inwiefern Diäten einen Einstieg in die Entwicklung einer Essstörung bedeuten können.

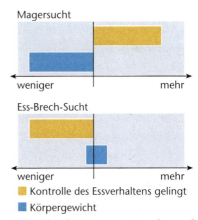

**4** *Vergleich von Magersucht und Ess-Brech-Sucht*

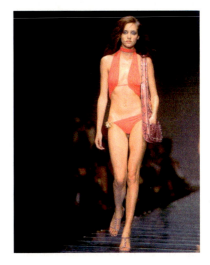

**5** *Mannequins 1948, 1968, 2005*

**301**

Arbeitsmaterial

## 14.1 Die Niere

Die Nieren sind unser wichtigstes Ausscheidungsorgan. Sie filtern schädliche Stoffe, wie Harnstoff, aus dem Blut, die dann mit dem Harn ausgeschieden werden. Die beiden etwa faustgroßen Nieren liegen beiderseits der Wirbelsäule in der Mitte des Rückens. Die Niere besteht aus drei Teilen: der Nierenrinde, dem Nierenmark sowie dem Nierenbecken (Abb. 2a, b).

In der stark durchbluteten Nierenrinde befinden sich etwa eine Million **Nephrone,** die kleinsten Funktionseinheiten der Niere. Jedes Nephron produziert Harn. Ein Nephron besteht aus einem Nierenkörperchen und einem Nierenkanälchen (Abb. 2c). Das Nierenkörperchen wird aus Blutkapillaren und der Bowman-Kapsel gebildet, die sich wie ein Becher über ein Kapillarenknäuel stülpt. An die Bowman-Kapsel schließt sich das Nierenkanälchen an.

Die Nierenkörperchen wirken wie ein Filter. Im Kapillarknäuel staut sich das Blut, weil das wegführende Blutgefäß einen kleineren Durchmesser hat als das zuführende. Der entstehende Druck presst Wasser und darin enthaltene kleine Teilchen, wie Salze, Glucose und Harnstoff, aus den Blutkapillaren in das Nierenkanälchen (Abb. 3). Das Filtrat bezeichnet man als **Primärharn.** Durch diesen Filtervorgang werden täglich 180 Liter Primärharn gebildet. Anschließend werden aus dem

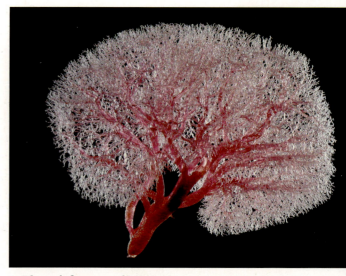

**1** *Blutgefäßsystem der Niere*

Primärharn bestimmte Stoffe, wie zum Beispiel Glucose und Vitamine, unter Energieaufwand zusammen mit Wasser wieder in das Blut transportiert. Dieser Vorgang, der Rückresorption genannt wird, findet im Nierenkanälchen statt. Von der großen Menge des Primärharns bleiben dadurch täglich nur etwa 1,5 Liter Harn übrig.

Jeweils mehrere Nierenkanälchen münden in ein Sammelrohr, das durch das Nierenmark zum Nierenbecken führt. Vom Nierenbecken aus fließt der Harn über den Harnleiter in die Blase. Der Harn enthält neben bestimmten Abfallstoffen Wasser und eine geringe Menge Mineralsalze. Die Nieren sorgen außerdem dafür, dass der Wassergehalt im Körper konstant gehalten wird.

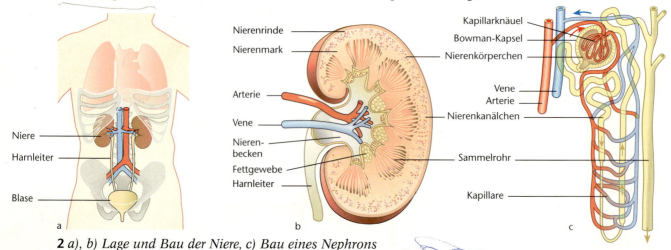

**2** *a), b) Lage und Bau der Niere, c) Bau eines Nephrons*

**Organtransplantation:** Verpflanzung von Organen von einem Menschen zum anderen, zum Beispiel Nieren, Herz, Knochenmark, Leber oder Augenhornhaut.
**Lebendspende:** Ein gesunder Mensch, oft ein Angehöriger, spendet einem anderen Menschen ein Organ. Meistens handelt es sich dabei um eine Niere.
**Herztod:** Wenn Atmung und Herzschlag aussetzen, spricht man von Herztod.
**Hirntod:** Wenn im Abstand von wenigstens 12 Stunden der dauerhafte, nicht rückgängig zu machende Verlust aller Hirnfunktionen einschließlich des Bewusstseins, keine Hirnströme und keine Hirndurchblutung festgestellt werden, spricht man von Hirntod. Im Zustand des Hirntodes kann maschinell die Herz- und Kreislauftätigkeit aufrecht erhalten und der Körper künstlich beatmet werden.
**Organspendeausweis:** Mit solch einem Ausweis kann jeder eine Erklärung zur Organspende abgeben, wobei man uneingeschränkt oder mit Einschränkungen der Organspende zustimmt. Vordrucke für solche Ausweise gibt es in Apotheken, Arztpraxen, Krankenhäusern und bei der Deutschen Stiftung Organtransplantation.
**Organhandel:** Unter Organhandel versteht man den illegalen Handel mit Organen lebender Menschen für Geld. In der Europäischen Union und in einer Reihe anderer Länder ist die illegale Lebendspende gegen Geld bei Strafe verboten.

**5** *Glossar zur Organspende*

**1 Nierenfunktion.** Beschreibe mithilfe der Abbildungen 2 und 3 die Harnbildung.

**2 Zusammensetzung des Harns.** An verschiedenen Stellen der Nephrone wurde die tägliche Durchflussmenge von Wasser, Salz, Glucose und Harnstoff bestimmt (Abb. 4). Ordne den Zeilen ① bis ⑤ in Abbildung 4 begründet einer der Positionen ⓐ bis ⓔ in Abbildung 3 zu. Ziffer ① gehört zu ⓐ, …

**3 Ethische Bewertung, Nierenspende und Nierentransplantation.** Führt die folgende Aufgabe arbeitsteilig durch.

a) Informiert euch anhand des Internets sowie der Abbildung 5 am Beispiel der Nieren über Organspende und Organtransplantationen. Recherchiert, wie man einer Organspende zustimmt und wie man diese ausschließt. Recherchiert ebenfalls Erfahrungsberichte von Nierenspendern und Nierenempfängern. Besorgt euch bei einer der Quellen, die in Abbildung 5 genannt sind, einen Vordruck zum Organspendeausweis.

b) Führt eine ethische Bewertung hinsichtlich der Frage durch: Darf man einem toten Menschen Organe, zum Beispiel die Nieren, entnehmen?

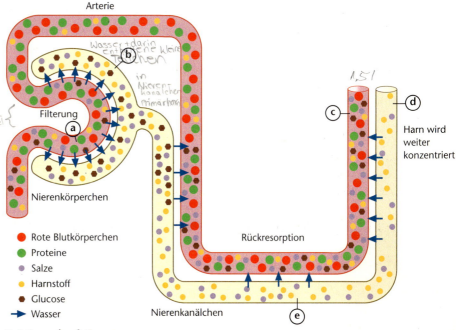

**3** *Nierenfunktion*

|   | Wasser | Salz | Glucose | Harnstoff |
|---|---|---|---|---|
| ① | 900 l | 7500 g | 900 g | 250 g |
| ② | 898,5 l | 7495 g | 900 g | 220 g |
| ③ | 180 l | 1500 g | 180 g | 50 g |
| ④ | 27 l | 30 g | 0 g | 35 g |
| ⑤ | 1,5 l | 5 g | 0 g | 30 g |

**4** *Tägliche Durchflussmenge an verschiedenen Stellen der Nephrone*

Arbeitsmaterial

## 14.2 Organtransplantation: Beispiel Blut

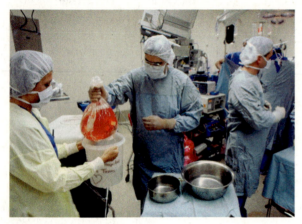

1 *Herztransplantation*

2 *Übertragung von Lammblut im Jahr 1671*

Bei vielen schwerwiegenden Organerkrankungen wie zum Beispiel Nieren- oder Herzversagen kann die Transplantation die einzig verbleibende Behandlungsmöglichkeit sein. Bei einer **Transplantation** überträgt man Organe, Gewebe oder auch nur Zellen eines Menschen, des Spenders, in den Körper des erkrankten Menschen (Abb. 1).

Die ersten Transplantationen waren Blutübertragungen (Abb. 2). Sie führten früher häufiger zum Tod des Patienten. Genauere Untersuchungen der Todesfälle zeigten, dass die feinen Äderchen durch verklumpte rote Blutzellen verstopft waren. Die roten Blutzellen und das Blutserum der verschiedenen Blutgruppen A, B, AB und 0 unterscheiden sich (Abb. 3). Auf der Oberfläche der roten Blutzellen befinden sich besonders geformte Proteine, die **Antigene.** Diese können mit einem im Serum befindlichen Stoff, der als **Antikörper** bezeichnet wird, reagieren. Treffen durch eine Bluttransfusion die Antigene des Spenders auf passende Antikörper im Serum des Empfängers, so verklumpen die Blutzellen. Antigen und Antikörper passen dabei wie Schlüssel und Schloss zueinander. Heute werden nur noch selten Vollblutübertragungen durchgeführt. In der Regel trennt man das Blut in seine wesentlichen Bestandteile und führt nur die fehlenden Bestandteile, zum Beispiel Blutserum oder Blutzellen, dem Empfänger zu.

Antigene befinden sich auf der Oberfläche jeder Zelle. Anhand der Antigene unterscheidet das Immunsystem körpereigene von körperfremden Zellen. Erkennt das Immunsystem transplantiertes Gewebe als fremd, so bekämpfen die weißen Blutzellen das fremde Gewebe. Die Zellen der transplantierten Organe müssen daher in ihren Oberflächen-Antigenen dem Empfänger ähneln, damit die Abstoßungsreaktion verhindert werden kann. Zusätzlich unterdrücken Medikamente die Abstoßungsreaktion des Immunsystems. Die durch Medikamente geschwächte Immunabwehr erhöht die Anfälligkeit für Infektionskrankheiten, so dass Transplantatempfänger ihre Lebensweise darauf einstellen müssen.

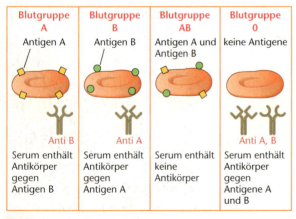

3 *Merkmale der vier Blutgruppen*

| Serum von | rote Blutzellen von |||||| 
|---|---|---|---|---|---|---|
|  | Störk | Pletschnig | Sturli | Erdheim | Zaritsch | Landsteiner |
| Störk | 🟠 | • | • | • | • | 🟠 |
| Pletschnig | 🟠 | • | 🟠 | 🟠 | • | 🟠 |
| Sturli | 🟠 | • | • | 🟠 | • | 🟠 |
| Erdheim | 🟠 | • | 🟠 | • | • | 🟠 |
| Zaritsch | 🟠 | • | • | 🟠 | • | 🟠 |
| Landsteiner | 🟠 | • | • | • | • | 🟠 |

🟠 nicht verklumpte Blutzellen    • verklumpte Blutzellen

**4** *Versuchsergebnisse von Landsteiner im Jahr 1901*

**1 Erforschung der Blutgruppen.** Der Arzt KARL LANDSTEINER untersuchte 1901 als Erster systematisch die Verklumpungsreaktion des Blutes. Er verwendete sein Blut und das seiner Mitarbeiter und trennte es in rote Blutzellen und Serum. Dann vermischte er jede Serumprobe mit jeder Blutzellenprobe und erhielt das in Abbildung 4 dargestellte Ergebnis.

a) Bestimme anhand der Versuchsergebnisse, wie viele verschiedene Blutgruppen LANDSTEINER identifiziert hat und welche Personen die gleiche Blutgruppe haben.

b) Ordne anhand des Grundwissentextes den einzelnen Versuchsteilnehmern – so weit wie möglich – begründet eine Blutgruppe zu.

**2 Blutgruppenbestimmung.** Erläutere die Ergebnisse der Blutgruppenbestimmung in Abbildung 6. Zeichne ein entsprechendes Kästchenfeld mit vier Zeilen und drei Spalten in dein Heft. Trage in jedes Feld die richtigen Antigene und Antikörper entsprechend der Abbildung 3 ein.

**3 Der Rhesusfaktor.** Blut kann außer Antigen A und B zusätzlich das Antigen D, den so genannten Rhesusfaktor, enthalten. Menschen mit Antigen D bezeichnet man als rhesuspositiv, ohne Antigen D als rhesusnegativ. Wenn ein rhesusnegativer Empfänger Blut eines rhesuspositiven Spenders erhält, werden im Körper Antikörper gegen das fremde Antigen D gebildet. Der Rhesusfaktor hat eine besondere Bedeutung für Kinder, bei denen der Vater rhesuspositiv und die Mutter rhesusnegativ ist. Die erste Schwangerschaft mit einem rhesuspositiven Kind hat für das Kind keine Folgen. Während der Geburt gelangt Blut des Kindes in den Blutkreislauf der Mutter. In einer zweiten Schwangerschaft mit einem rhesuspositiven Kind kann der Fetus stark geschädigt werden. Beschreibe mithilfe der Abbildung 5 die Ursache der entstehenden Probleme.

**4 Organtransplantation.** Als Spender für Organtransplantationen kommen häufig die Eltern, Geschwister und Verwandte in Frage. Begründe.

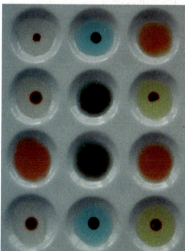

**6** *Testplatte zur Blutgruppenbestimmung*

| erste Schwangerschaft einer rhesusnegativen Frau mit einem rhesuspositiven Kind | erste Geburt | nach der ersten Geburt | zweite Schwangerschaft mit einem rhesuspositiven Kind |
|---|---|---|---|

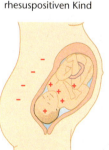 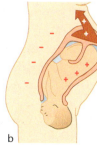 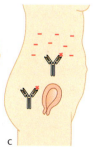 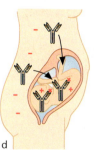

a    b    c    d

– rhesusnegatives Blut ohne Antigen D    + rhesuspositives Blut mit Antigen D    Y Antikörper gegen das Antigen D

**5** *Rhesusfaktor und Schwangerschaft*

305

Arbeitsmaterial

## 14.3 Berufsfeld Labor

1 *Laborarbeit*

2 *Aufwändige Laborapparatur*

Pünktlich um 8.00 Uhr erreicht Frau Sommer die Adler-Apotheke. Frau Sommer ist von Beruf **pharmazeutisch-technische Assistentin**, kurz PTA genannt (Pharmazie = Wissenschaft von den Arzneimitteln). Sie arbeitet seit drei Jahren in dieser Apotheke. Die Arbeit ist sehr vielfältig und macht ihr nach wie vor viel Spaß. Sie kann hier sehr selbstständig und eigenverantwortlich arbeiten. Gerade hat eine Kundin eine Salbe auf ärztliche Anordnung in Auftrag gegeben. Da heißt es, die Bestandteile genau abwiegen und vermischen, bis die Salbe fertig ist. Auch Teemischungen werden häufig auf Kundenwunsch hergestellt und verkauft. Grundsätzlich muss eine PTA über Medikamente gut Bescheid wissen. Nicht umsonst war Medikamentenkunde ein sehr umfangreiches Fach während der zweijährigen Ausbildung an der Fachschule. Danach folgte ein sechsmonatiges Praktikum in einer Apotheke und die Prüfung. Die Kunden werden bei den Medikamenten über die Dosierung informiert. Manchmal müssen sogar Zäpfchen oder Kapseln selbst hergestellt werden, wenn es ein spezielles Medikament nicht in der niedrigen Dosierung für Kleinkinder gibt, die der Kinderarzt verschrieben hat. Dazu kommt eine intensive Beratung der Kunden beim Kauf von Körperpflegemitteln, Kosmetikartikeln, Verbandstoffen oder rezeptfreien homöopathischen Arzneimitteln. Natürlich muss der Arzneimittelbestand überwacht werden, wobei die Haltbarkeit ein wichtiger Punkt ist. Frau Sommer muss dazu selbstverständlich mit dem Computer umgehen können. Bei Bedarf werden neue Artikel bestellt. Chemikalien und Tees werden auf Reinheit geprüft, bevor sie verwendet oder verkauft werden. Auch Serviceleistungen nehmen einen immer breiteren Raum ein: Kompressionsstrümpfe werden Kunden angemessen, Blutdruck, Blutzucker oder Cholesterin gemessen.

**Chemielaboranten** arbeiten überwiegend in Labors von Industrie, Universitäten und im Ernährungsgewerbe. Die Tätigkeiten sind dabei sehr stark von dem Betrieb abhängig, in dem sie beschäftigt sind. Größere Chemiefirmen unterhalten oft eigene Forschungslabors, in denen ein Laborant oder eine Laborantin an wechselnden Projekten arbeitet. Teamarbeit mit Chemikern und Technikern unterschiedlicher Fachrichtungen wird dabei erwartet. In manchen Labors werden zum Beispiel Boden- oder Wasserproben untersucht oder Lebensmittel auf Schadstoffe kontrolliert. Für all diese Tätigkeiten ist ein umfangreiches theoretisches Wissen und die Beherrschung der entsprechenden Analyseverfahren auf immer neuestem Stand mit den entsprechenden Geräten notwendig.

3 *Nachgebautes mittelalterliches Labor*

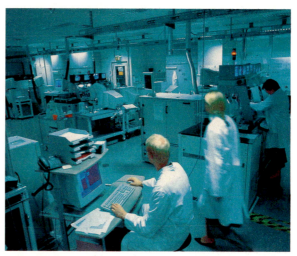

4 *Modernes Labor in der Gentechnik*

- Ausgeprägtes naturwissenschaftliches Interesse
- Technisch-physikalisches Verständnis
- Fähigkeit zur Teamarbeit
- Zuverlässigkeit und Sorgfalt
- Lernbereitschaft und selbstständige Arbeitsweise
- Eigeninitiative
- Permanente Weiterbildung
- Hohes Verantwortungsbewusstsein
- In der Regel ein guter Realschlabschluss

Die Ausbildung zur PTA beträgt zweieinhalb Jahre, die Laborantenausbildung dreieinhalb Jahre.

5 *Anforderungen an Laborberufe*

**1 PTA.** Fasse die im Grundwissentext beschriebenen Tätigkeiten von Frau Sommer in einer Tabelle zusammen und ordne sie den Unterrichtsfächern der Abbildung 6 zu.

**2 Anforderungen.** Begründe jeweils, inwieweit die in Abbildung 5 genannten Anforderungen für die Tätigkeit einer PTA notwendig sind.

**3 Labor früher und heute.** Vergleiche die Tätigkeiten im Labor früher (Abb. 3) und in einem modernen Genetiklabor (Abb. 4).

**4 Werbeplakat.** Entwirf ein Werbeplakat für den Beruf PTA oder Laborant.

| Stundentafel PTA | |
|---|---|
| Unterrichtsfächer | Stunden |
| Arzneimittelkunde | 280 |
| Allgemeine und pharmazeutische Chemie | 200 |
| Galenik (Zubereitung und Herstellung von Arzneimitteln) | 140 |
| Botanik und Drogenkunde | 100 |
| Gefahrstoff-, Pflanzenschutz- und Umweltkunde | 80 |
| Medizinproduktekunde | 60 |
| Ernährungskunde und Diätetik | 40 |
| Körperpflegekunde | 40 |
| Physikalische Gerätekunde | 40 |
| Mathematik | 80 |
| Pharmazeutische Gesetzes- und Berufskunde | 80 |
| Allgemeinbildende Fächer | 240 |
| Chemisch-pharmazeutische Übungen | 480 |
| Übungen zur Drogenkunde | 120 |
| Galenische Übungen | 500 |
| Apothekenpraxis einschließlich EDV | 120 |

6 *Unterrichtsstunden und Übungen einer PTA-Fachschule während der zweijährigen schulischen Ausbildung*

307

Arbeitsmaterial

# Basiskonzepte zum Thema „Individualentwicklung des Menschen"

Die nachfolgenden Sachverhalte stammen aus dem Inhaltsfeld „Individualentwicklung des Menschen". Wenn du die nachfolgende Aufgabe bearbeitest, kannst du Auskunft darüber bekommen, ob du das Wesentliche verstanden hast und darüber, wie gut du Basiskonzepte zuordnen kannst.

**1 Aufgabe:** Ordne jedem der nachfolgenden Sachverhalte ein oder mehrere Basiskonzepte zu. Begründe die von dir gewählte Zuordnung.

**1.** In der Fortpflanzungsmedizin wurden Methoden entwickelt, bei denen Teilbereiche des Fortpflanzungsgeschehens außerhalb des Körpers stattfinden, zum Beispiel bei der künstlichen Befruchtung. Bei der Präimplantationsdiagnostik werden nach künstlicher Befruchtung und vor der Einnistung Embryonen auf Erbkrankheiten untersucht und gegebenenfalls ausgelesen.

**2.** Eine Technik des künstlichen Klonens ist es, den Zellkern aus einer Körperzelle eines Spenders in eine entkernte Eizelle einzufügen. Beim reproduktiven Klonen wird der so entstandene Klonembryo in die Gebärmutter einer Frau übertragen. Der Klon ist hinsichtlich seiner genetischen Informationen identisch mit dem Spender des Zellkerns. Das Klonen von Menschen ist weltweit geächtet.

**3.** Die individuelle Entwicklung eines jeden Menschen beginnt mit der Befruchtung. In der etwa neun Monate währenden Schwangerschaft entwickelt sich das Ungeborene als Embryo und Fetus bis zur Geburt. Ein Mensch im ersten Lebensjahr wird als Säugling, im Alter von ein bis fünf Jahren als Kleinkind bezeichnet. Jugendlicher und Erwachsener sind weitere Zeiträume im Leben eines Menschen. Den Übergang vom Leben zum Tod bezeichnet man als Sterben. Mit dem Tod sind alle Lebensfunktionen eines Menschen unwiederbringlich erloschen.

**4.** Der Körper des Menschen ist ein System. Im Körper arbeiten Atmungsorgane, Verdauungsorgane, das Herz-Kreislauf-System, Nervensystem und Sinnesorgane sowie andere Organe arbeitsteilig zusammen.

**5.** Kohlenhydrate, Fette und Eiweiße sind Nährstoffe. Sie dienen der Energieversorgung des Körpers und als Baustoffe. Bei der Verdauung werden unter Mitwirkung von Enzymen Nährstoffe zu kleinen, wasserlöslichen Bausteinen abgebaut, die resorbiert werden können.

**6.** Enthalten die mit der Nahrung aufgenommenen Nährstoffe mehr Energie, als vom Körper benötigt wird, kann es zu Übergewicht kommen. Überschüssige Kohlenhydrate werden in Fette umgewandelt und als Fett im Körper abgelagert.

**7.** Enzyme sind in Zellen gebildete Proteine, die Reaktionen beschleunigen, ohne sich selbst dabei bleibend zu verändern. Zu einem Enzym passt meistens nur ein ganz bestimmtes Substratmolekül, das sich an das Enzym binden kann und zum Produkt umgesetzt wird. Man spricht von Substratspezifität eines Enzyms. Ursache der Substratspezifität ist die genaue Passung des Substrats zum Enzym. Dies nennt man: Schlüssel-Schloss-Prinzip.

**8.** Der Bau des Dünndarms ist ein Beispiel für den Zusammenhang von Bau und Funktion. Durch Falten, Zotten und Zellausstülpungen ist eine riesige Oberfläche vorhanden. Diese große Fläche begünstigt die Resorption, also die Aufnahme von Nährstoff-Bausteinen in Blut und Lymphe.

**9.** Alle Drogen, die süchtig machen können, wirken auf das Nervensystem, vor allem das Gehirn. Je nach Stoff und Dosis beeinflussen Drogen verschiedene Gehirnfunktionen. Dabei können auch langfristige und bleibende Veränderungen im Gehirn auftreten. Abhängigkeit und Wahrnehmungsstörungen sind Ausdruck solcher Veränderungen.

**10.** Auf der Oberfläche jeder Zelle befinden sich Antigene. Anhand dieser Antigene unterscheidet das Immunsystem körpereigene von körpefremden Zellen. Bei Organtransplantationen sollten die Oberflächen-Antigene der Zellen des transplantierten Organs den Oberflächen-Antigenen des Empfängers möglichst ähnlich sein, damit eine Abstoßungsreaktion verhindert wird.

Methode

# Individualentwicklung des Menschen

# Worterklärungen

**Adäquate Reize** sind solche Reize, auf die eine Sinneszelle besonders anspricht. Zum Beispiel ist Licht der adäquate Reiz für die Stäbchen und Zapfen in der Netzhaut des Auges.

**Aids** ist die Abkürzung für **a**cquired **i**mmuno-**d**eficiency **s**yndrome, erworbene Immunschwächekrankheit. Diese Infektionskrankheit wird durch das humane Immunschwäche-Virus (HIV) hervorgerufen.

**Akkomodation** nennt man die Anpassung des Auges an unterschiedliche Sehentfernungen durch Veränderung der Linsenwölbung. Bei der Nahakkomodation ist die Linse stärker gewölbt, bei der Fernakkomodation wird sie abgeflacht.

**Allele** sind zwei Versionen eines Gens, die auf den beiden homologen Chromosomen am selben Ort liegen, das heißt für dasselbe Merkmal zuständig sind.

**Allergie** ist eine Überempfindlichkeit des Immunsystems gegen bestimmte Stoffe, die als Antigen wirken. Häufige Allergien sind Pollenallergie, allergischer Hautausschlag und allergisches Asthma.

**Amniozentese** ist die Untersuchung von Fruchtwasser aus der Fruchtblase, in der der Embryo heranwächst. Mithilfe einer feinen Spritze wird durch die Bauchdecke der Mutter eine kleine Menge Fruchtwasser entnommen. Es enthält auch Zellen des Embryos. Die Zellen werden auf Gen- und Chromosomenveränderungen untersucht.

**Angepasstheiten** sind vorteilhafte Merkmale, mit denen Lebewesen an ihre Umwelt angepasst sind. Angepasstheiten sind im Laufe der Zeit durch natürliche Auslese entstanden und erblich festgelegt.

**Antibiotika** sind Stoffe, die das Wachstum von Mikroorganismen wie Bakterien hemmen oder sie abtöten. Antibiotika können künstlich hergestellt werden, in der Natur werden sie von Pilzen oder Bakterien produziert.

**Antigene** sind Oberflächenstoffe von Fremdkörpern oder Erregern, die vom Immunsystem als körperfremd erkannt werden und die eine Immunantwort hervorrufen, bei der Antikörper gebildet werden. Antigene und Antikörper reagieren miteinander nach dem Schlüssel-Schloss-Prinzip.

**Antikörper** sind Proteine, die von Zellen der spezifischen Immunabwehr gebildet werden und sich gegen Antigene richten. Antikörper und Antigene passen wie Schlüssel und Schloss zusammen.

**Art:** Alle Lebewesen, die sich untereinander fruchtbar fortpflanzen können, gehören zu einer biologischen Art. Meistens sind die Lebewesen einer Art durch Vererbung in den wesentlichen Merkmalen des Körperbaus, der Lebensweise und im Verhalten ähnlich. Lebewesen einer Art haben gleiche Ansprüche an ihre Umwelt.

**Ausgewogene Ernährung:** Man spricht von ausgewogener Ernährung, wenn die Nahrung alle Nährstoffe sowie Wasser, Vitamine, Mineralsalze und Ballaststoffe in der Mischung enthält, die ein Mensch braucht, um gesund und leistungsfähig zu bleiben.

**Autosomen** sind die Chromosomen eines Chromosomensatzes, die nicht zu den Geschlechtschromosomen (Gonosomen) gehören.

**Bakterien** sind mikroskopisch kleine, einzellige Lebewesen. Sie haben eine kugelige, spiralige oder stäbchenförmige Form. Bakterien gehören zur Gruppe der Prokaryoten. Sie haben keinen Zellkern und keine Zellorganellen wie die Eukaryoten. Manche Bakterien sind Krankheitserreger. Die weitaus meisten von ihnen sind wichtige Glieder im Naturhaushalt, zum Beispiel bei der Zersetzung von toten Lebewesen.

**Baustoffwechsel** ist die Bezeichnung für alle chemischen Reaktionen, die dem Aufbau und der Speicherung von Stoffen in einem Organismus dienen. Die Reaktionen des Baustoffwechsels benötigen Energie.

**Bedecktsamer** sind Pflanzen, deren Samenanlagen von einem Fruchtknoten umhüllt werden.

**Befruchtung** heißt der Vorgang, bei dem die beiden haploiden Chromosomensätze der Spermazelle und der Eizelle zum diploiden Chromosomensatz der Zygote verschmelzen. Im deutschen Embryonenschutzgesetz wird die Befruchtung als Beginn eines neuen Menschen betrachtet.

**Betriebsstoffwechsel** ist die Bezeichnung für den Abbau von energiereichen Stoffen im Organismus. Durch diesen Abbau wird für den Organismus nutzbare Energie bereitgestellt.

**Biodiversität** ist ein anderes Wort für biologische Vielfalt.

**Biomasse** ist die Masse aller Lebewesen, ihre organischen Stoffwechselprodukte sowie abgestorbene Organismen. Biomasse besteht aus organischen Stoffen, also hauptsächlich aus Kohlenstoffverbindungen. In Biomasse ist chemische Energie gespeichert.

**Biotop** ist die Bezeichnung für einen räumlich begrenzten Lebensraum, der ganz bestimmte abiotische Umweltbedingungen aufweist. Dazu gehören chemische und physikalische Eigenschaften des Bodens, des Wassers und Eigenschaften des Klimas. Ein Biotop ist Lebensraum für eine Biozönose (Lebensgemeinschaft).

**Biozönose** (Lebensgemeinschaft) ist die Gesamtheit der Lebewesen, die in einem Biotop (Lebensraum) vorkommt.

**Blütenpflanzen:** Eine Blütenpflanze besteht aus Spross und Wurzel. Der Spross hat eine Sprossachse und Blätter, zeitweise auch Blüten. Zu den Blütenpflanzen gehören Kräuter, Sträucher und Bäume, nicht aber Pilze, Moose, Farne und Algen.

**Blutzuckerspiegel** ist die Bezeichnung für die Konzentration von Glucose im Blut. Der Blutzuckerspiegel wird durch Hormone, unter anderem Insulin und Glukagon, geregelt.

**Chlorophyll** heißt der grüne Farbstoff in Blättern. Mithilfe des Chlorophylls können Pflanzen Sonnenlicht absorbieren und die Lichtenergie zum Aufbau von Glucose nutzen.

**Chloroplasten** sind von einer Doppelmembran umgebene Organellen, die sich in grünen Pflanzenzellen finden. Chloroplasten enthalten den Farbstoff Chlorophyll, mit dessen Hilfe Licht absorbiert und so für die Pflanze nutzbar gemacht wird. Chloroplasten sind die Orte der Fotosynthese.

**Chromosomen** sind in den Zellkernen eukaryotischer Zellen enthaltene fadenförmige Gebilde, die als Träger der Erbanlagen (Gene) eine große Rolle bei der Vererbung spielen. Der Chromosomensatz, also die Anzahl der in Länge und Form verschiedenen Chromosomen, ist für jede Art charakteristisch. Beim Menschen beträgt der diploide (doppelte) Chromosomensatz 2n = 46. Homologe Chromosomen sind die einander entsprechenden Chromosomen väterlicher und mütterlicher Herkunft. Ein einzelnes Chromosom besteht aus einem langen, stark aufgeknäulten DNA-Molekül, ein Doppelchromosom aus zwei identischen DNA-Molekülen.

**Destruenten** sind Lebewesen wie Würmer, Asseln, Bakterien und Pilze, die an der schrittweisen Zersetzung abgestorbener Biomasse, zum Beispiel tote Pflanzen und tote Tiere, beteiligt sind. Bei der vollständigen Zersetzung abgestorbener Biomasse entstehen Kohlenstoffdioxid, Wasser und Mineralsalze.

**Diploidie** bedeutet, dass die Körperzellen eines Organismus den doppelten (diploiden, 2n) Chromosomensatz besitzen mit homologen Chromosomen mütterlicher und väterlicher Herkunft.

**DNA** ist die Abkürzung für „deoxyribonucleic acid", die Desoxyribonukleinsäure. DNA ist ein sehr langes Molekül, das aus vielen Nukleotiden besteht. In der DNA gibt es vier verschiedene Nukleotide, die sich in der enthaltenen Base unterscheiden: A = Adenin, T = Thymin, C = Cytosin, G = Guanin. In der DNA ist bei allen Lebewesen die genetische Information verschlüsselt.

**Dominant-rezessiv** ist ein Erbgang dann, wenn bei Mischerbigkeit ein Allel den Phänotyp bestimmt. Dieses Allel ist dominant. Das rezessive Allel trägt nicht zur Merkmalsausbildung bei.

**Drogen** sind Stoffe, die auf das zentrale Nervensystem einwirken und Stimmungen, Bewusstsein und Wahrnehmung beeinflussen. Es gibt legale Drogen, wie zum Beispiel Nikotin, Alkohol, Psychopharmaka und illegale Drogen, wie zum Beispiel Heroin.

**Eiweiße:** siehe Proteine

**Embryo** ist die Bezeichnung für den heranwachsenden Menschen in der Gebärmutter während der ersten drei Schwangerschaftsmonate.

**Empfängnisverhütung:** Darunter werden verschiedene Methoden zusammengefasst, die eine Befruchtung oder Schwangerschaft verhindern sollen.

**Energie:** Für Bewegungen, Wachstum, konstante Körpertemperatur und vieles mehr benötigt jedes Lebewesen Energie. Sie ist in Nährstoffen als chemische Energie, aber auch in Licht enthalten. Energie kann nicht hergestellt werden oder verschwinden, sondern nur von einer Form in eine andere umgewandelt werden.

**Energieerhaltung:** Energie kann weder vernichtet noch neu geschaffen werden. Bei allen Energieumwandlungen bleibt die Energie vollständig erhalten, es ändert sich lediglich die Energieform. Im physikalischen Sinne sind daher solche Begriffe wie „Energieverlust", „Energieerzeugung" oder „Energieverbrauch" nicht stimmig, auch wenn sie umgangssprachlich häufig benutzt werden.

**Energiefluss** ist die Weitergabe von chemischer Energie in einem Ökosystem. Im Verlauf der Nahrungsketten wird Biomasse von den Produzenten über die Konsumenten weitergegeben. Mit der Biomasse wird chemische Energie transportiert. Ein Teil der Biomasse wird für den Aufbau von Körpersubstanz benötigt, der weitaus größere Teil für die Zellatmung. Bei der Zellatmung wird ein Teil der Energie in Wärme umgewandelt und an die Umwelt abgegeben. Deshalb spricht man auch von „Einbahnstraße der Energie".

**Enzyme** werden in allen Zellen des Körpers gebildet. Enzyme sind Proteine mit besonderen Eigenschaften. Sie setzen mit hoher Geschwindigkeit ganz bestimmte Stoffe (Substrate) zu Produkten um, ohne sich dabei selbst bleibend zu verändern. Jedes Enzym wirkt nur auf einen ganz bestimmten Stoff (Substratspezifität) und führt nur eine spezielle chemische Reaktion durch (Wirkungsspezifität). Grundlage für die Substratspezifität ist das Schlüssel-Schloss-Prinzip.

**Erbkrankheiten** beruhen auf Veränderungen von Erbanlagen durch Mutationen, die Krankheiten zur Folge haben. Wenn diese Veränderungen durch Vererbung an Nachkommen weitergegeben werden, spricht man von Erbkrankheiten.

**Essstörung:** Darunter versteht man krankhaftes Verhalten im Zusammenhang mit der Nahrungsaufnahme beim Menschen. Es gibt suchtartige Erkrankungen, die sich zum Beispiel in Form von Esssucht, Magersucht (Anorexie) und Ess-Brech-Sucht (Bulimie) bemerkbar machen.

**Ethik** ist das Nachdenken über Moral und gesellschaftliche Werte. Ethik fragt nach Gründen, warum eine Handlung gut oder schlecht, richtig oder falsch ist.

**Eukaryoten** sind Lebewesen mit Zellen, die einen Zellkern und Zellorganellen enthalten. In den membranumgrenzten Zellorganellen (auch Kompartimente genannt) können jeweils bestimmte Stoffwechselvorgänge räumlich getrennt ablaufen, ohne sich zu stören. Zu den Eukaryoten zählen alle Einzeller mit Zellkern sowie Pilze, Pflanzen, Tiere und der Mensch.

**Evolution** ist eine Entwicklung, bei der Arten von Lebewesen im Laufe langer Zeiträume allmählich aus anderen Arten hervorgehen und sich während dieser Entwicklung verändern. Antrieb der Evolution sind unter anderem Mutationen und natürliche Auslese (Selektion).

**Fossile Energieträger** sind Produkte aus Biomasse, die vor mehreren hundert Millionen Jahren aus abgestorbenen Lebewesen durch biologische und geologische Prozesse entstanden. Kohle, Erdöl und Erdgas gehören dazu. Ihre Energie ist letztlich auf das Sonnenlicht längst vergangener Zeiten zurückzuführen.

**Fossilien** sind versteinerte Überreste von Lebewesen aus früheren Erdzeitaltern. Sie geben Auskunft über Aussehen und Lebensweise der damaligen Lebewesen.

**Fotosynthese** heißt der Vorgang, bei dem Pflanzen aus den energiearmen Stoffen Wasser und Kohlenstoffdioxid mithilfe von Licht den energiereichen Stoff Glucose herstellen. Dabei wird Sauerstoff freigesetzt. Bei der Fotosynthese wird Lichtenergie zum Teil in chemische Energie, zum Teil in Wärme gewandelt. Fotosynthese ist der wichtigste Vorgang zur Bildung von Biomasse.

**Gedächtnis** ist die Fähigkeit des Gehirns, Informationen zu speichern und unter bestimmten Umständen wieder

**311**

abzurufen. Nach der Speicherzeitdauer unterscheidet man unter anderem das Arbeitsgedächtnis und das Langzeitgedächtnis.

**Gehirn:** Das Gehirn ist Teil des zentralen Nervensystems. Es gliedert sich in verschiedene Bereiche: Im Großhirn laufen die Denkvorgänge ab, hier entstehen Wahrnehmungen, es ist der Ort des Gedächtnisses und des Bewusstseins. Das Kleinhirn ermöglicht die Feinsteuerung von Bewegungen. Das Zwischenhirn regelt unter anderem den Wasserhaushalt und den Kreislauf. Das Mittelhirn steuert zum Beispiel den Pupillenreflex. Das Nachhirn stellt die Verbindung zum Rückenmark her und ist eine Schaltzentrale für wichtige Reflexe.

**Gen:** Dabei handelt es sich um einen Abschnitt auf der DNA, der die Information für die Bildung eines Proteins enthält. Proteine sind an der Ausbildung von Merkmalen beteiligt.

**Generationswechsel** weisen Lebewesen wie Farne und Moose auf, bei denen eine geschlechtliche Generation mit einer ungeschlechtlichen wechselt.

**Genetische Variabilität** (genetische Vielfalt) liegt vor, weil die Individuen einer Population Merkmalsunterschiede aufweisen und diese Unterschiede erblich bedingt sind. Genetische Variabilität hat zwei Ursachen: Neukombination der Erbanlagen bei der Bildung der Geschlechtszellen und der Befruchtung sowie Mutationen.

**Genom** bezeichnet die Gesamtheit aller Erbinformationen eines Lebewesens.

**Genotyp** heißt die Gesamtheit der Erbinformation eines Lebewesens im Zellkern. Im Gegensatz zum Phänotyp ist der Genotyp nicht unbedingt in den Merkmalen eines Lebewesens sichtbar.

**Gewebe:** Darunter versteht man einen Verband ähnlich gebauter Zellen mit gleichartiger Funktion.

**Gonosomen** sind die Chromosomen, die das Geschlecht des Menschen bestimmen. Der Mann besitzt als Geschlechtschromosomen jeweils ein X- und Y-Chromosom, die Frau hingegen zwei X-Chromosomen.

**Grundumsatz** heißt der Energiebetrag, den der Körper eines Menschen bei völliger Ruhe pro Tag benötigt.

**Haploid** sind Zellen, die einen einfachen Chromosomensatz (n) besitzen. Die Geschlechtszellen des Menschen sind haploid.

**Heterozygot** (mischerbig) sind Lebewesen, die zwei verschiedene Allele für die Ausbildung eines Merkmals besitzen.

**Homologe Chromosomen** sind die einander entsprechenden Chromosomen väterlicher und mütterlicher Herkunft. Homologe Chromosomen paaren sich in der Meiose.

**Homozygot** (reinerbig) sind Lebewesen, die zwei gleiche Allele für die Ausbildung eines Merkmals haben.

**Hormone** sind Botenstoffe, die in Hormondrüsen gebildet, an das Blut abgegeben und mit ihm im Körper verteilt werden. Jedes Hormon kann nur auf solche Zielzellen wirken, die nach dem Schlüssel-Schloss-Prinzip passende Rezeptoren besitzen. Unter Hierarchie des hormonellen Systems versteht man, dass es über- und untergeordnete Hormondrüsen gibt. Hormonsystem und Nervensystem arbeiten eng zusammen.

**Hygiene:** Darunter versteht man Maßnahmen, die dazu beitragen, Infektionskrankheiten beim Menschen zu verhindern, zum Beispiel keimfreies Trinkwasser, regelmäßige Entsorgung von Abfall, bestimmte Maßnahmen der Körperpflege.

**Immunisierung** ist die erworbene Widerstandskraft des Körpers gegen spezielle Krankheitserreger. Bei der aktiven Immunisierung werden abgeschwächte, abgetötete Erreger oder nur Bruchstücke von Erregern geimpft, so dass im Körper eine Immunantwort erfolgt, bei der gegen diese Antigene Gedächtniszellen gebildet werden. Bei der passiven Immunisierung werden erkrankten Menschen Antikörper aus dem Blut zuvor infizierter Tiere geimpft, die sich gegen das Antigen richten.

**Immunsystem:** Das Immunsystem erkennt Krankheitserreger, die in den Körper eingedrungen sind und bekämpft sie. Zum Immunsystem gehören unter anderem das blutbildende Knochenmark, die Mandeln, die Milz und die Lymphknoten. Die weißen Blutzellen des Blutes bekämpfen Krankheitserreger.

**Infektionskrankheiten** sind Krankheiten, die durch das Eindringen bestimmter Viren, Bakterien, Pilze oder anderer Mikroorganismen in den Körper hervorgerufen werden.

**Insulin** ist ein Hormon der Bauchspeicheldrüse. Es fördert die Aufnahme von Glucose in die Zellen von Leber und Muskeln und reguliert damit den Blutzuckerspiegel.

**Intermediärer Erbgang** ist die Bezeichnung für einen Erbgang, bei dem beide Allele eines Gens an der Ausbildung eines Merkmals beteiligt sind.

**In-vitro-Fertilisation (IVF)** bezeichnet die künstliche Befruchtung außerhalb des Körpers im Reagenzglas.

**Joule** ist die Maßeinheit für Energie.

**Karyogramm** nennt man die übersichtlich geordnete Darstellung der Chromosomen eines Menschen. Dabei werden Chromosomen aus einer bestimmten Phase der Mitose, in der die Chromosomen als Doppelchromosomen vorliegen, dargestellt. Karyogramme sind wichtig für die genetische Beratung.

**Kompartimentierung:** siehe Eukaryoten, Zellorganellen

**Konkurrenz** nennt man den Wettbewerb von Lebewesen um eine begrenzte Ressource. Das können zum Beispiel Licht und Mineralsalze bei Pflanzen oder Nahrung, Brutstätten und Geschlechtspartner bei Tieren sein.

**Konkurrenzausschlussprinzip:** Es besagt, dass die Umweltansprüche zweier Arten, die im gleichen Lebensraum vorkommen, niemals völlig gleich sein können. Unterschiede in den Umweltansprüchen verschiedener Arten vermindern die Konkurrenz.

**Konsumenten** (Verbraucher) sind die Tiere in einem Ökosystem. Sie ernähren sich von der Biomasse anderer Lebewesen. Konsumenten 1. Ordnung sind Pflanzenfresser, Konsumenten 2. Ordnung ernähren sich von pflanzenfressenden Tieren und sind selbst Nahrung für die Konsumenten 3. Ordnung.

**Lebensgemeinschaft:** siehe Biozönose

**Meiose** ist der Vorgang zur Bildung der Geschlechtszellen. Die Meiose führt zur Neukombination der Erbanlagen, so dass alle entstehenden Geschlechtszellen untereinander nicht erbgleich, sondern erblich verschieden sind. Meiose trägt ganz wesentlich zur genetischen Variabilität bei, die für Lebewesen mit sexueller Fortpflanzung typisch ist. Geschlechtszellen haben einen einfachen (haploiden) Chromosomensatz (n).

**Mitochondrien** sind von einer Doppelmembran umgebene Organellen, in denen die Zellatmung stattfindet. Mitochondrien werden daher bildhaft auch als „Kraftwerke der Zelle" bezeichnet.

**Mitose** heißt der Vorgang, bei dem im Verlauf der Zellteilung aus einer Zelle zwei Zellen entstehen, die untereinander und im Vergleich zur Zelle, aus der sie hervorgingen, erbgleich sind. Bei der Mitose werden zuvor identisch verdoppelte Chromosomen auf zwei Tochterzellen verteilt. Durch Mitose erhalten alle Körperzellen eines Lebewesens die gleiche genetische Information wie die befruchtete Eizelle.

**Modifikationen** sind Veränderungen im Phänotyp eines Lebewesens, die durch Umwelteinflüsse bedingt sind und nicht vererbt werden.

**Monokultur** bedeutet zum Beispiel, dass auf einer bestimmten Fläche nur eine einzige Baumart angepflanzt wird. Der Fichtenforst ist ein Beispiel für eine Monokultur.

**Mutationen** sind bleibende Veränderungen der genetischen Information. Mutationen können durch Fehler bei den molekularen Vorgängen in einer Zelle, zum Beispiel bei der DNA-Verdopplung, entstehen. Auch bestimmte physikalische oder chemische Einflüsse, die man mutagene Faktoren nennt, können Mutationen auslösen. Die meisten Mutationen sind schädlich für Lebewesen, manche Mutationen bringen jedoch auch Vorteile mit sich. Solche Mutationen sind die Grundlage für die Vielfalt der Lebewesen auf der Erde.

**Nachhaltigkeit** bedeutet, dass den Bedürfnissen der heutigen Menschen-Generation entsprochen wird, ohne die Bedürfnisse zukünftiger Generationen zu gefährden. Nachhaltig ist eine Entwicklung also dann, wenn sie nicht auf Kosten zukünftiger Generationen erfolgt. Umwelt (Ökologie), Wirtschaft (Ökonomie) sowie Soziales und Gesundheit sind die drei gleichrangigen Faktoren einer nachhaltigen Entwicklung.

**Nachwachsende Rohstoffe** sind pflanzliche Produkte, die vom Menschen nicht für die Ernährung genutzt werden sondern zum Beispiel zur Energiebereitstellung.

**Nacktsamer** sind Pflanzen, deren Samenanlagen nicht von einem Fruchtknoten umschlossen werden.

**Nährstoffe** sind energiereiche organische Verbindungen, die man in drei Gruppen unterteilt: Kohlenhydrate, Fette und Eiweiße. Die Aufnahme von Nährstoffen mit der Nahrung ist Voraussetzung für den Betriebs- und Baustoffwechsel. Nährstoffe liefern die Energie für die Aufrechterhaltung der Lebensvorgänge, zum Beispiel für Bewegungen und Körpertemperatur.

**Nahrungskette:** In einer Nahrungskette ist dargestellt, wer von wem gefressen wird. Eine Nahrungskette ist zum Beispiel: Eicheln → Waldmaus → Fuchs.

**Nahrungsnetz:** In Lebensräumen sind Nahrungsketten miteinander zu einem Nahrungsnetz verbunden, da es mehrere Lebewesen sind, die sich von einer Pflanzen- oder einer Tierart ernähren.

**Natürliche Auslese** (Selektion) ist ein anderer Ausdruck für unterschiedlichen Fortpflanzungserfolg der Lebewesen einer Art. Grundlage der natürlichen Auslese ist die genetische Variabilität. Lebewesen mit vorteilhaften Merkmalen haben eine höhere Wahrscheinlichkeit, sich fortzupflanzen und ihre Erbinformationen an die Nachkommen weiterzugeben als Lebewesen mit weniger vorteilhaften Merkmalen. Natürliche Auslese führt im Laufe der Evolution zu Angepasstheiten.

**Nervensystem:** Gehirn und Rückenmark bilden das zentrale Nervensystem. Der Teil des Nervensystems, der außerhalb des zentralen Nervensystems liegt, wird als peripheres Nervensystem bezeichnet.

**Neukombination** (Rekombination) bedeutet, dass im Vergleich zu den Eltern bei der Bildung der Geschlechtszellen durch Meiose und bei der Befruchtung Gene in neuer Kombination auftreten.

**Ökobilanz** meint die Auswirkungen auf die Umwelt, die ein Produkt von der Herstellung über die Nutzungsphase bis hin zur Entsorgung hat.

**Ökofaktoren** sind die Einflüsse der Umwelt, die auf ein Lebewesen wirken. Einflüsse, die nicht von Lebewesen ausgehen, werden abiotische Ökofaktoren genannt. Einflüsse hingegen, die von anderen Lebewesen ausgehen, werden als biotische Ökofaktoren zusammengefasst.

**Ökologische Nische** meint die Gesamtheit der Ansprüche einer Art an ihre Umwelt. Verschiedene Arten können nur dann dauerhaft nebeneinander leben, wenn sie sich in ihrer ökologischen Nische unterscheiden. Im Umkehrschluss bedeutet dies, dass zwei Arten nicht die gleiche ökologische Nische in einem Lebensraum haben können (Konkurrenzausschlussprinzip).

**Ökologischer Rucksack** ist die Bezeichnung für die gesamte Masse der Stoffe aus der Natur, die für die Herstellung, den Transport, die Benutzung und die Entsorgung eines Produktes, das heißt für die gesamte Produktkette, verbraucht wird.

**Ökosystem** nennt man das Beziehungsgefüge zwischen den Lebewesen einer Biozönose (Lebensgemeinschaft) und ihrem Biotop (Lebensraum). Die Lebewesen eines Ökosystems lassen sich in die drei Gruppen Produzenten, Konsumenten und Destruenten einteilen.

**Organ** ist ein Zusammenschluss von Geweben, die eine oder mehrere Aufgaben gemeinsam erfüllen.

**Organsystem:** Mehrere Organe erfüllen gemeinsam eine Aufgabe, zum Beispiel bei der Verdauung.

**Parasitismus** liegt vor, wenn sich ein Lebewesen einer Art, der Parasit, einseitig auf Kosten einer anderen Art, dem Wirt, ernährt. Der Wirt ermöglicht dem Parasiten zu überleben und sich fortzupflanzen. Bei dieser Form der Wechselwirkung hat der Wirt Nachteile, wird aber meistens vom Parasiten nicht getötet.

**Phänotyp** heißt das Erscheinungsbild eines Lebewesens. Der Begriff kann auch auf einzelne Merkmale eines Lebewesens angewandt werden. Der Phänotyp wird durch den Genotyp bestimmt.

**Population** ist die Bezeichnung für eine Gruppe von Lebewesen einer Art, die in einem bestimmten Gebiet lebt.

**Präimplantationsdiagnostik (PID)** heißt ein Verfahren,

**313**

bei dem nach künstlicher Befruchtung und vor Übertragung des Embryos in die Gebärmutter eine Chromosomen- und/oder Genanalyse durchgeführt wird. Die dafür entnommenen Zellen des Embryos sind totipotent, das heißt, sie können sich selbst zu einem vollständigen Embryo entwickeln. In Deutschland und einer Reihe anderer Länder ist die PID verboten.

**Pränatale Diagnostik** nennt man medizinische Untersuchungen am Embryo oder Fetus vor der Geburt.

**Produzenten** (Erzeuger) nennt man die grünen Pflanzen, weil sie durch Fotosynthese energiereiche Biomasse herstellen können.

**Prokaryoten** sind Lebewesen, deren Zellen im Gegensatz zu den Eukaryoten keinen Zellkern und keine Zellorganellen enthalten. Bakterien sind Prokaryoten.

**Proteine** sind Moleküle, die aus Aminosäuren aufgebaut sind. Jeder Organismus enthält viele tausend verschiedene Proteine mit jeweils unterschiedlicher Größe, Form und Aufgabe. Proteine sind maßgeblich an der Ausbildung erblicher Merkmale beteiligt.

**Reflex**: Bei einem Reflex wird direkt im zentralen Nervensystem eine Reaktion auf einen Reiz ausgelöst, ohne dass eine Verarbeitung und Entscheidung im Großhirn stattfindet.

**Regelung** ist die Bezeichnung für solche Vorgänge im Körper von Lebewesen, die bestimmte Bedingungen stabil halten. Im Zusammenhang mit Hormonen spricht man von hormoneller Regelung, zum Beispiel bei der Regelung des Blutzuckerspiegels.

**Reize** sind alle Einflüsse, die Informationen darstellen und von Vielzellern mithilfe der Sinnesorgane aufgenommen werden können.

**Reiz-Reaktions-Schema**: Ein Reiz-Reaktions-Schema umfasst Reizaufnahme durch Sinnesorgane, Informationsleitung durch Nerven, Informationsauswertung und Befehlszusammenstellung im Gehirn, Befehlsweitergabe über Nerven an Muskeln und Bewegung von Muskeln als Reaktion.

**Reproduktion** ist ein Fachbegriff für Fortpflanzung.

**Resistenz** liegt bei Bakterien vor, wenn sie durch Antibiotika nicht in ihrem Wachstum gehemmt werden. Man spricht in diesem Zusammenhang von resistenten Bakterienstämmen.

**Resorption** heißt der Vorgang, bei dem durch Verdauung entstandene kleine Moleküle des Kohlenhydrat- und des Eiweißabbaus vom Dünndarm in das Blut und die Moleküle des Fettabbaus in die Lymphe gelangen. Bei der Resorption spielen Diffusion und aktiver Transport eine Rolle.

**Risiko** bezeichnet die Wahrscheinlichkeit, mit der ein als negativ bewertetes Ereignis eintritt. In der Medizin sind Risikofaktoren alle Bedingungen, die die Wahrscheinlichkeit für eine Erkrankung erhöhen.

**Risikofaktoren** nennt man in der Medizin alle Faktoren, die die Gefahr einer Erkrankung deutlich erhöhen. Zu den Risikofaktoren für Herz-Kreislauf-Erkrankungen gehören unter anderem Rauchen und Bluthochdruck.

**Rückkopplung** ist die (Rück-)Wirkung einer veränderlichen Größe auf sich selbst. Eine Rückkopplung heißt positiv, wenn die Wirkungsbeziehung gleichsinnig ist: Je mehr … desto mehr … Bei negativer Rückkopplung besteht eine gegensinnige Beziehung: Je mehr … desto weniger, je weniger … desto mehr.

**Samenpflanzen** (Blütenpflanzen) bilden eine Gruppe der Pflanzen. Sie bilden Samen zur Ausbreitung, in denen der Embryo geschützt in der Samenschale ruht.

**Saprobionten** sind Lebewesen, vor allem Bakterien und Pilze, die totes organisches Material, zum Beispiel abgefallene Blätter, zersetzen und sich davon ernähren.

**Schlüssel-Schloss-Prinzip** meint allgemein, dass zwei Strukturen zueinander wie Schlüssel und Schloss passen. Substrat und Enzym, Hormon und Rezeptor sowie Antigen-Antikörper-Reaktion sind Beispiele für das Schlüssel-Schloss-Prinzip.

**Selektion**: siehe natürliche Auslese

**Sexualität** ist ein Begriff für seelische und körperliche Vorgänge, die mit der Geschlechtlichkeit eines Menschen zu tun haben, also mit dem Mann-Sein und Frau-Sein. Während bei vielen Tieren das Sexualverhalten allein auf die Fortpflanzung ausgerichtet ist, kommen beim Menschen weitere Bedeutungen hinzu. So dient Sexualität beim Menschen auch dem Gefühl der Zusammengehörigkeit und Verbundenheit der Partner und dem Erleben von Lust und Sinnlichkeit. Sich lieben, sich verstehen, vertraut sein, sich achten und aufeinander Rücksicht nehmen sind bei den meisten Menschen Voraussetzungen für sexuellen Kontakt.

**Sinneszellen** können Reize aus dem Körper oder aus der Umwelt aufnehmen und in elektrische Signale umwandeln. Diese werden über Nervenzellen zum Gehirn geleitet und dort ausgewertet.

**Sporenpflanzen** sind Pflanzen, die als Verbreitungsorgane Sporen haben. Sporen werden ohne geschlechtliche Vorgänge gebildet.

**Stammesgeschichte** beschreibt die Geschichte der Lebewesen und ihre Entwicklung in langen Zeiträumen.

**Stoffkreislauf** nennt man die Weitergabe von Stoffen (Biomasse) in einem Ökosystem von den Produzenten über Konsumenten zu den Destruenten. Diese schließen den Stoffkreislauf, weil sie bei der vollständigen Zersetzung Kohlenstoffdioxid und Mineralsalze bilden, die von den Produzenten wieder aufgenommen und bei der Fotosynthese genutzt werden.

**Stoffwechsel** ist ein Fachbegriff, mit dem alle Vorgänge bei der Aufnahme, beim Umbau und beim Ausscheiden von Stoffen bezeichnet werden. Mit Baustoffwechsel werden diejenigen chemischen Reaktionen bezeichnet, die dem Aufbau und der Speicherung von Stoffen in einem Organismus dienen. Im Betriebsstoffwechsel werden dagegen Stoffe abgebaut. Dadurch wird unter anderem Energie bereitgestellt. Bau- und Betriebsstoffwechsel sind in einem Organismus eng miteinander verzahnt.

**Sucht** bezeichnet den Zustand eines Menschen, in dem er kaum oder gar nicht fähig ist, auf Drogen oder bestimmte Verhaltensweisen zu verzichten.

**Sukzession** ist die zeitliche Abfolge von Lebensgemeinschaften in einem Lebensraum. Ein Beispiel ist die Abfolge der Besiedlung von Kahlschlägen in Wäldern durch verschiedene Pflanzen.

**Symbiose** ist die Bezeichnung für dauerhafte Wechselwirkungen zwischen zwei Arten von Lebewesen, bei denen beide Vorteile voneinander haben.

**Synapsen** heißen die verdickten Endigungen von Nervenzellen, die den Kontakt zu anderen Nervenzellen oder zu Muskel- und Drüsenzellen herstellen. Die Signalübertragung von den Synapsen erfolgt auf chemischem Wege durch Stoffe, die man Transmitter nennt.

**System:** Ein System besteht aus mehreren Teilen. Zwischen den Teilen eines Systems gibt es Beziehungen und Wechselwirkungen. Meistens arbeiten die Teile eines Systems zusammen. Biologische Systeme können unterschiedlich groß sein: Die ganze Erde, ein bestimmter Lebensraum, ein Lebewesen mit seinen Organen oder ein Organ eines Lebewesens sind Systeme.

**Totipotenz** ist die Fähigkeit einer Zelle, einen vollständigen Organismus zu bilden. Bei Säugetieren und beim Menschen sind nur die Zellen des sehr frühen Embryos – in der Regel bis zum 8-Zellstadium – totipotent. Das deutsche Embryonenschutzgesetz definiert totipotente Zellen als Embryo mit Menschenwürde.

**Umweltbedingte Merkmale** sind solche Merkmale, die durch Anpassung an Umweltbedingungen entstanden sind und nicht vererbt werden. Die Unterschiede in Größe und Struktur von Sonnen- und Schattenblättern der Rotbuche sind ein Beispiel für umweltbedingte Merkmale.

**Verdauung** ist der von Enzymen katalysierte Abbau von Nährstoffen in kleine wasserlösliche Moleküle. Dabei werden Kohlenhydrate zu Einfachzuckern, Eiweiße zu Aminosäuren und Fette zu Glycerin und Fettsäuren abgebaut.

**Viren** sind sehr klein. Sie können sich nicht selbstständig vermehren, sondern sind auf Wirtszellen angewiesen. Einige Viren sind Krankheitserreger.

**Wahrnehmung** bezeichnet den Vorgang im Gehirn, bei dem den von den Sinnesorganen kommenden Informationen eine Bedeutung zugeordnet wird.

**Wärme** ist eine Form von Energie, die kein Lebewesen in eine andere Energieform wandeln kann. Deshalb ist Wärme von Lebewesen nicht weiter nutzbar. Wenn nutzbare Energie in nicht mehr nutzbare Energie gewandelt wird, spricht man von Energieentwertung. Vor allem durch Wärmeverluste bei der Zellatmung verlieren Lebewesen nutzbare chemische Energie.

**Wechselwirkungen** können zwischen Lebewesen einer Art oder zwischen Lebewesen verschiedener Arten stattfinden. Letztere nennt man zwischenartliche Wechselwirkungen. Je nachdem, ob die Wirkungen vorteilhaft oder nachteilig sind, unterscheidet man verschiedene Formen zwischenartlicher Wechselwirkungen, zum Beispiel Symbiose, Konkurrenz, Räuber-Beute-Beziehung oder Parasitismus.

**Wirbeltiere:** Fische, Amphibien, Reptilien, Vögel und Säugetiere haben als gemeinsames Merkmal eine Wirbelsäule. Sie werden deshalb zum Stamm der Wirbeltiere zusammengefasst.

**Zellatmung** ist der schrittweise Abbau energiereicher organischer Stoffe, zum Beispiel Glucose, zu den energiearmen Stoffen Kohlenstoffdioxid und Wasser in den Zellen. Dabei wird Sauerstoff benötigt. Energie aus der Zellatmung ist Grundlage aller Lebensvorgänge von Pflanzen, Tieren, Menschen und anderen Lebewesen. Bei der Zellatmung wird ein beträchtlicher Teil chemischer Energie in Wärme gewandelt.

**Zelldifferenzierung** heißt der Vorgang, bei dem Zellen zu spezialisierten Zellen mit besonderer Struktur und Funktion werden. Muskelzellen, Nervenzellen, weiße Blutzellen und Leberzellen sind Beispiele für spezialisierte Zellen. Zelldifferenzierung kommt nur bei Vielzellern vor. Bei ihnen findet zwischen den spezialisierten Zellen Arbeitsteilung statt.

**Zellen** sind die kleinsten lebens- und vermehrungsfähigen Einheiten. Alle Zellen gehen durch Teilung aus anderen Zellen hervor, verfügen über Erbinformation in Form von DNA und benötigen Energie für ihre Lebensprozesse. Zellen sind von einer Membran umgeben, durch die Stoffe aufgenommen und abgegeben werden. Pflanzenzellen haben eine Zellwand aus Zellulose. Grüne Pflanzenzellen enthalten Chloroplasten, in denen Fotosynthese stattfindet.

**Zellkern:** Der Zellkern ist von einer Kernmembran umgeben. In ihm befinden sich die Chromosomen mit den Erbinformationen. Der Zellkern steuert die wesentlichen Prozesse in der Zelle.

**Zellorganellen** sind durch Membranen abgetrennte Reaktionsräume (Kompartimente) in Zellen. Durch diese Aufteilung wird gewährleistet, dass verschiedene Stoffwechselvorgänge gleichzeitig nebeneinander in einer Zelle ablaufen können und sich nicht gegenseitig stören. Beispiele für Zellorganellen sind Zellkern, Endoplasmatisches Retikulum, Mitochondrien und Chloroplasten.

**Zygote** ist die befruchtete Eizelle.

# Stichwortverzeichnis

abiotische Faktoren 14
ableiten 10
Abstammungstheorie 116
Acetabularia 205
Adlerfarn 51
Adrenalin 190, 194
Aids 178, 217
Akne 247
Algen 84
Alkohol 257, 299
Allel 233, 236
Allergie 186
Altenpflege 276
Alzheimer 161, 168
Ambolucetus 120, 124
Ameise 74, 77
Amniozentese 235
Amphibien 120, 138
Amsel 146
Amylase 286
analysieren 10
Angepasstheit 18, 22, 126
Anpassung 57
Antibiotika 174
Antigen 180
Antikörper 178, 181
Archaeopteryx 114, 120
Artenschutz 138
Artenvielfalt 143
Arthritis 187
Assel 84, 85
Atmung 42
Auge 154
Auslesezüchtung 226
auswerten 10
Autoimmunkrankheit 186
autosomaler Erbgang 236
Autosomen 206, 233
autotroph 34
Axon 158

Bach 14
Bakterien 17, 31, 84, 170, 174, 182
Bakterienkolonie 170, 175
Basiskonzepte 8, 106, 148, 200, 242, 308
Bauchspeicheldrüse 190, 194
Baum 47, 50
Baumfarn 69
Baummarder 80
Baustoffwechsel 44
Bedecktsamer 56
Befruchtung 254, 274
Begriffsnetz 73
begründen 10

BEHRING, EMIL VON 184
beobachten 10
beschreiben 10
Bestimmungsschlüssel 58
Betriebsstoffwechsel 44
beurteilen 10
Bevölkerungsentwicklung 104, 141, 277
bewerten 10
Biodiversität 48, 146
Biogasanlage 96
Biokatalysator 286
Biomasse 88
Biomassepyramide 82
Biosphäre 91
Biotop 16, 50
Biozönose 16, 50
Birkenporling 87
Birkenspanner 126
Blätter 57
Blätter, bestimmen 58
Blase 302
blinder Fleck 155
Blüte 18, 56, 69
Blütenpflanze 112, 143
Blut 304
Bluterkrankheit 238
Blutgruppe 304
Blutkreislauf 259
Blutweiderich 17
Blutzuckerspiegel 194, 196
Boden 50, 84
body-mass-index 280
Bohne 229
Brandrodung 144
Brunnenlebermoos 69
Buchdrucker 51
Buche 49, 229
Buchfink 80
Büschelmückenlarve 23
Buntspecht 21, 51, 80
Buschwindröschen 52
B-Zellen 181

Cheirolepis 122
Chemielaborant 306
chemische Verhütungsmittel 262
Chlorophyll 34, 46
Chloroplast 30, 42
Cholera 171
Chromosom 206, 208, 210, 212, 232, 234, 268
Chromosomentheorie 232
Contergan 257
Cortisol 190
Crossing over 210

Darm 288, 292
darstellen 10
DARWIN 116
Darwin-Finken 117
Dendrit 158
Depression 168
Destruenten 16, 24, 84, 86, 88, 92
Devon 122
Diabetes 196
Dilemma 273
Dinosaurier 115
diploid 207, 233
diskutieren 10
DNA 44, 204, 206
dominant 220
dominant-rezessiver Erbgang 220
Doppelchromosom 207
Drogensucht 294

Efeu 53
Eiche 49, 80
Eichelhäher 51
Eichenwickler 51
Eichenwicklerraupe 80
Eichhörnchen 80
Eierstock 190
Einfachzucker 288
Einnistung 254
Einzeller 28, 84
Eisprung 250, 252, 255
Eisvogel 137
Eiweiß 44, 278
Eiweißschicht 45
Embryo 254, 258, 274
Embryonenschutz 268
Embryonenschutzgesetz 268
Embryotransfer 270
Empfängnisverhütung 262
Endoparasit 188
Endoplasmatisches Retikulum 30
Endwirt 188
Energie 38, 40, 42, 82, 96, 284
Energiefluss 24
Entwicklung 9
Entwicklung des Lebens 112
Entwicklung, nachhaltig 96, 98
Enzym 286, 292
Erbschema 221
Erbse 220, 223
Erdaltertum 112

Erdkröte 138
Erdmittelalter 112
Erdneuzeit 112
Erdoberfläche 113
Erdspross 18, 52
Erdzeitalter 113
Erfindungen 131
erklären 10
erläutern 10
Erle 17
Ernährungskreis 280
Ernährungspyramide 281
Ernährungsregeln 279
Ernährungsverhalten 279
Ess-Brech-Sucht 300
Essstörung 300
Ethik 273
Ethisches Bewerten 272
Eukaryoten 30, 204
Evolution, Mensch 128
Evolutionstheorie 117
Excel© 230

Fadenwürmer 84
Farbensehen 155
Farn 50
Feder 114
Fehling 289
Feldmaus 78
Fett 44, 278, 292
Fetus 256, 258, 274
Fichte 49, 51, 80
Fichtenborkenkäfer 80
Fisch 120
Fliegenlarve 84
Fliegenpilz 87
Fließgewässer 14
Fluss 14
Follikel 250, 252
Fortpflanzungsmedizin 270
Fortpflanzung und Vererbung 8
Fossil 114
fossile Energieträger 46
Fossilien 110
Fotosynthese 34, 42, 44, 46, 82, 88, 112
Frauenhaarmoos 66
Fremdbestäubung 218
Fresszelle 180, 182
Froschlöffel 17
Frucht 18, 56, 69
Fruchtschale 45
Frühblüher 52
Frühmensch 128
Fuchs 81
Fuchsbandwurm 189

316

Gänsesäger 20
Geburt 258
Gedächtnis 166
Gedächtniszelle 180
Gehirn 129, 160
Gelbrandkäfer 17
Gen 214, 218, 240
Generationswechsel 64, 66, 68
genetische Beratung 235
genetische Variabilität 212, 233
genetischer Determinismus 240
Genom 204
Genotyp 220, 233
Genwirkkette 214
Geschlechtschromosom 211
Geschlechtshormon 246
Geschlechtsorgane, Frau 250
Geschlechtsorgane, Mann 248
Geschlechtszelle 33, 210
Gewebe 32, 90
Gewebekultur 227
Gletscher 95
Glockenblume 71
Glucose 34, 40, 42, 44, 194, 286, 288
Glukagon 190, 194
Goldhähnchen 54
Golgi-Apparat 30
gonosomaler Erbgang 236
Gonosomen 206, 233
Gräser 50, 55
Graureiher 17
Grippe 177
Große Sternmiere 51
Grünspecht 21, 81
Grundumsatz 284

Haarmoos 51
Habicht 81
Hallimasch 86, 87
haploid 207, 233
Harn 302
Haselnuss 51
Haubentaucher 17
Hausrotschwanz 136
Haut 152, 153
Hautfarbe 132
Helferzelle 180
HELMONT, JOHAN VAN 36
Herbar 58
Herzinfarkt 199

Heterosiszüchtung 226
Heuaufguss 27
HIV 178
Hoden 190
Holzkeule 87
Homo sapiens 132
Honigbiene 70, 73
Hormon 190, 246
hormonelle Empfängnis-verhütung 260
Hornblatt 17
Huhn 115
hormonelle Regulation 252
humorale Immunantwort 181
Hypophyse 160, 190, 246, 252, 258
Hypothalamus 160, 190, 246, 252
Hypothese 282
Hypothesen entwickeln 10

Ichthyostega 120, 122
Immunisierung 184
Immunsystem 180, 182, 183
Impfen 176
Impfung 184
Influenza 177
Influenzavirus 176
Information und Kommu-nikation 9
Inkubationszeit 170
Insekt 74
Insulin 190, 194, 196
intermediärer Erbgang 224, 233
Internet 264
Interphase 208, 210
interpretieren 10

Jahreslauf, Wald 52
JENNER, EDWARD 184
Jetztmensch 128
Jostabeere 226

Käfer 84
Kaninchen 228
Karyogramm 207, 234
Katalase 287
Keimbahn 216, 217
Keimling 45
Keuchhusten 171
Kiefer 49
Killerzelle 180

Kinderlähmung 177, 185
Klassenfahrt 99
Kleiner Fuchs 71
Kleinstgewässer 14
Klimabilanz 103
Klimawandel 94
Kniesehnenreflex 165
Knolle 52
Kohl 127
Kohlenhydrate 44, 278, 288
Kohlenstoffdioxid 34, 40, 42, 44, 88, 94
Kohlenstoff-Kreislauf 92
Kohlmeise 80
Kombinationszüchtung 226
Kommunikation 75
Kompartimentierung 30
Kondom 178, 262
Konkurrenz 18, 20, 54, 63
Konkurrenzausschluss-prinzip 54
Konsumenten 16, 24, 46, 80, 82, 88, 92
Kontrazeptiva 260
Kräuter 50
Krallenfrosch 205
Krankenschwester 276
Krebs 186, 187
Kreislauf-Wirtschaft 93
Krickente 20
Krötenschutz 139
Kryokonservierung 270
künstliche Befruchtung 270
künstliche Besamung 270
Kultur 130
Kulturpflanzen, Ursprung 147
Kurzfingrigkeit 236

Landschaftsverände-rungen 138
Laubwald 48
Lebenserwartung 274
Lebensgemeinschaft 62, 83
Lebensraum 136
Leihmutterschaft 270, 272
Leistenkrokodil 223
Leistungsumsatz 284
Lernen 166
Lernplakat 76
Lerntagebuch 72
Leukozyten 180
Libelle 17

Licht 152
Lichtenergie 34
Lichtmikroskop 26
Lichtnelke 71
Lichtsinneszellen 154
Lichtverhältnisse, Wald 52
Lungenfisch 122
Lymphozyten 183

Mäusebussard 78
Magersucht 300
Maltose 286
Masern 177
Meerschweinchen 223
Mehlkörper 45
Meiose 210
MENDEL, GREGOR 218, 220, 222, 224, 232
Menschwerdung 129
Menstruation 253, 255
Merkmal 214
Messel-See 111
Mikroskopieren 26
Mikrosporenkultur 227
Milben 84
Mindmap 290
Mineralsalze 68, 88, 278
Minorkarasse-Hühner 225
mischerbig 218, 233
Mischwald 48, 50
Mitochondrium 30, 40, 42
Mitose 208
mitteleuropäischer Wald 145
Modell 31, 43, 95, 111, 167, 295
Modifikation 228
Modifikationskurve 230
modifikatorische Variabi-lität 233
Molekül 90
Monokultur 48
Moos 50, 66
Moral 273
Mücke 17
Multiple Sklerose 187
Mundschleimhautzelle 27
Mundwerkzeuge, Insekt 70
Muskelzelle 32
Mutation 126, 174, 216
Mutationszüchtung 226

Nachhaltigkeit 98, 104
nachwachsende Rohstoffe 46
Nacktsamer 56

**317**

Nadelwald 48
Nährstoffe 290
Nahrungskette 80, 82
Nahrungsnetz 80
Nahrungspyramide 25
natürliche Auslese 126
Nebenniere 190
nennen 10
Nephron 302
Nerv 158, 162
Nervensystem 162
Nervensystem, Erkrankungen 168
Nervensystem, zentral 160
Nervenzelle 32, 154, 158, 160
Neukombination 126
Neukombination, Regel 222
Niere 302
Nierentransplantation 303

Oberflächenvergrößerung 31, 293
Ökobilanz 102
Ökofaktoren 62
Ökogramm 63
ökologischer Fußabdruck 100
ökologisches Gleichgewicht 80
ökologische Nische 54
ökologischer Rucksack 100, 102
Ökosystem 16, 50, 88, 88, 91
Östrogene 190, 252, 255
Organ 32, 90
Organismus 32, 90
Organsystem 32
Organtransplantation 182, 303, 304

Pantoffeltierchen 27, 28
Parasympathikus 162
Parkinson 168
Parthenogenese 22
Partnerschaft 262
PASTEUR 185
Penicillin 174
Pest 172
Pflanzengesellschaft 62
Pflanzenzelle 30
Pflegeberufe 276
Phänotyp 220, 233
pharmazeutisch-technische Assistentin 306

Photovoltaik 96
pH-Wert 143
Pille 260, 262
Pilze 84, 86
Pionierbaumarten 134
Pionierpflanzen 66
Plasmazelle 181
Plazenta 256
Polio 177
Pollen 135
polyploid 226
Population 78, 91, 126
Portfolio 296
Präimplantationsdiagnostik 268
Präsentation 118
PRIESTLEY, JOSEPH 37
Primel 228
Produkt 286
Produzenten 16, 24, 46, 80, 82, 82, 88, 92
Progesteron 190, 252, 255
Projektarbeit 99
Prokaryoten 30
Protein 214, 292
protokollieren 10
Pubertät 246, 251

Ragwurz 71
Rassismus 133
Rating-Skala 249
Raumschwelle 153
Reaktion 164
Reaktionsnorm 228
Reaktionszeit 165
Referat 172
Reflex 164
Regelkreis 193
Regenwald 144
Regenwurm 84, 85
Reiherente 20
reinerbig 233
Reiz 28, 152, 164
Rekonstruktion, Fossil 115
Reptilien 120
Resistenz 174, 217
Resorption 293
Rezeptor 180
rezessiv 220
Rhesusfaktor 305
Rind 223
Rinderbandwurm 188
Ringelwürmer 84
Risiko 198
Röteln 177
Rohrkolben 17

Rose 225
Rotbuche 51, 56, 62, 63
Rote Blutkörperchen 229
rote Blutzelle 32
Rote Liste 136
Rote Waldameise 75, 80
Rot-Grün-Sehen 155
Rot-Grün-Sehschwäche 239
Rückenmark 160, 162
Rückenschwimmer 17, 23
Rückkopplung 192

Säugetiere 120, 124
Salamander 123
Samen 68, 69
Samenpflanzen 69
Samenschale 45
Saprobionten 86
Sauerstoff 34, 40, 42, 112
Schadstoffgehalt 25
Schadstoffkonzentration 81
Scharbockskraut 52
Scharlach 171
Schattenblume 51
Schilddrüse 190
Schilf 17
Schilfrohr 18
Schimmelpilz 174
Schlüssel-Schloss-Prinzip 181, 286
Schlussbaumarten 134
Schnäbel, Enten 21
Schnecke 84
Schneehase 217
Schnirkelschnecke 126
Schwangerschaft 258, 305
Schwangerschaftsabbruch 263
Schwarzerle 63
Schwarzspecht 21
See 14, 16, 21
Seerose 17
Sehnerv 154, 160
Selbstbeobachtungsbogen 72
Selbstbestäubung 218
Selektion 126
Sinneszelle 33, 153
Skelett, Wirbeltiere 125
skizzieren 10
Spaltungsregel 220
Speichel 289
Sperber 81
Spermien 248
Spinne 84

Spitzschlammschnecke 17
Spore 68, 86
Sporenpflanze 68
Sprache 130
Springschwanz 84
Spurenelemente 278
Stäbchen 154
Stärke 35, 286
Stärkekorn 45
Stammbaum 120, 236, 238
Stammesgeschichte 110, 123, 125
stehendes Gewässer 14
Steinkauz 136
Stellung nehmen 10
Steuerung und Regelung 8, 192
Stichling 17
Stieleiche 63
Stockente 17
Stockschwämmchen 87
Stockwerkaufbau 144
Stockwerke, Wald 50, 52
Stoffkreislauf 24, 84, 88, 93, 145
Stoff- und Energieumwandlung 9
Stoffwechsel 28
Sträucher 50
Stress 142, 183
Struktur und Funktion 8
Substrat 286
substratspezifisch 286
Sucht 298
Süßgewässer 14
Sukzession 134
Symbiose 70, 86
Sympathikus 162
Synapse 158
System 9, 33, 90
System der Tiere 146

Taube 117
Tausendblatt 17
Tausendfüßer 84
Teich 14
Teichmuschel 17
Teichrose 18
Temperaturmessung 262
Testosteron 190
Tetanus 171
Theorie der natürlichen Auslese 117
Thyroxin 190
Tierzelle 30

**318**

Tiger 216
Tod 274
Toleranz 62
totipotent 268
Tramete 87
Transplantation 183
Treibhauseffekt 94
Treibhausgase 103
Trichterling 87
Trisomie 21 234
Triticale 226
Tröpfcheninfektion 170
Tümpel 14
Tundra 134
Typhus 171

Überprüfen
Umwelt 98, 240
Umwelt-Determinismus 240
Uniformitätsregel 220
Urfisch 120
Urpferdchen 120

Variabilität und Angepasstheit 8
Variabilität, genetisch 126
Verdauung 286, 288, 292
Vererbung, Regeln 220
vergleichen 10
Verhütung 262
Versuch 36, 282
Versuch, Fotosynthese 35
Vielzeller 112
Viren 176, 178, 180
Vitamin C 282
Vitamine 278
Vögel 120
Vögel, bedrohte Arten 137
Vormensch 128
Vorzugsbereich 62

Wachstumsbereich 62
Wachstumskurven 105
Wälder, Stressoren 142
Wärme 152
Wahrnehmung 152
Wahrnehmung, optisch 156
Wahrscheinlichkeit 198, 238
Wal 124
Wald 48, 52, 134, 140
Waldentwicklung 89
Walderkundung 60
Waldkiefer 56, 62
Waldmaus 81

Waldmeister 53
Waldwirtschaft 140
Wasserfloh 17, 22
Wasserläufer 17
Wasserlilie 17
Wasserlinse 17
Wasserpest 17, 34
Wasserstoffauto 96
Wasserverbrauch 102
weiblicher Zyklus 252
Weide 17
Weiher 14
weiße Blutzelle 33
Weizen 45, 226
Wellensittich 225
Werte 273
Wildgras 226
Windpocken 177
Wirbeltiere 84, 112, 120
wirkungsspezifisch 286
Wirtschaft 98
Wunderblume 224
Wundstarrkrampf 171
Wurmfarn 64

Zapfen 154
zeichnen 10
Zellatmung 40, 42, 88
Zelldifferenzierung 32
Zelle 30, 90, 204
Zellkern 30, 204
Zellorganell 90
Zellteilung 208, 211
zelluläre Immunantwort 181
Zellzyklus 208
Zersetzer 84
Zielzelle 190
Zuckerrübe 45
Züchtungsmethode 226
Zunderschwamm 87
zusammenfassen 10
Zweifachzucker 288
Zwiebelzelle 27
Zwillinge 255
Zwischenwirt 188

# Bildquellennachweis

actionpress, Hamburg: 96.1 b, 226.1 a, 226.1 b – g; AKG, Berlin: 116.1, 131.2 a + b, 140.2, 168.1 (F: F: The Munch Museum/The Munch Ellingsen Group/VG Bild-Kunst, Bonn 2006), 184.1 a + b, 218.1, 275.4, 304.2, 307.3 (F: F: dpa); Uwe Anders, Destedt: 3.3, 8.4, 11.5, 34.1, 41.3, 45.3; Toni Angermayer, Holzkirchen: 107.4 (F: Pfletschinger), 117.4 b (F: Reinhard), 12.4 (F: Pfletschinger), 136.2, 137.4, 139.2 a, 21.7 b, 74.1 a + b (F: Pfletschinger), 77.1 (F: Pfletschinger), 77.3 (F: Pfletschinger); Arco Digital Images, Lünen: 225.4 a + b (F: O. Diez), 228.2 b (F: H. Reinhard), 78 oben (F: D. Usher), 81.2 li. (F: J. De Meester); Associated Press, Frankfurt: 191.3, 301.5 a + b; Astrofoto, Sörth: 12.5, 47.4, 91.2 a, 107.5; BayWa AG, München: 47.5; © Bibliographisches Institut & F.A. Brockhaus AG, Mannheim: 9.3, 109.4, 128.1, 149.2 c; Bildarchiv Preußischer Kulturbesitz, Berlin: 5.1, 130.1 a; Blickwinkel, Witten: 64.3 (F: R. Koenig), 78.1 (F: F. Hecker); Bonnier Alba AG, Stockholm: 32.1 e (F: Lennart Nilsson), 33.1 g (F: Lennart Nilsson), 33.1 i (F: Lennart Nilsson), 33.1 k (F: Lennart Nilsson), 154.1 c (F: Lennart Nilsson), 256.1 (F: Lennart Nilsson); Boulder bvba, Belgium: 8.2 (F: Werner van Stehen), 12.1 (F: Werner van Stehen), 107.1 (F: Werner van Stehen); comet photoshopping, Zürich: 134.1 a (F: Frank Hecker/Silvestris); Corbis, Düsseldorf: 241.4 a (F: Alfredo Dagli Orti); Deutsche Diabetesstiftung, Martinsried: 187.2 i, 198.1 d, 201.2 i; DRK – Blutspendedienst West: 305.6; Todd Eberle: 133.3; ESC - European Society of Cardiology: 199.4 (F: Adapted by Keil U., Fitzgerald T., Gohlke H., Wellmann J. and Hense H.W. from the European Guidelines on CVD Prevention. Third Joint European Societies' Task Force on Cardiovascular Disease Prevention in Clinical Practice. De Backer G., Ambrosioni E., Borch – Johnsen K. et al. European Journal of Cardiovascular Prevention and Rehabilitation 2003; 10(F: Suppl 1): S1-S78. Reproduced with permission of ESC. © 2003 ESC); eye of science, Reutlingen: 8.1, 57.3 a + b, 90.1 c – e; F1 Online, Frankfurt: 192.2 a, 266.1 b (F: RFJohnér), 275.3 (F: RFJohnér), 309.1 b (F: RFJohnér); Michael Fabian, Hannover: 280.1; Agentur Focus, Hamburg: 130.1 b (F: Michael Lange), 133.2 b (F: Susanne Rogozinski), 133.2 c (F: Fred Mayer/Magnum), 133.2 d (F: Thomas Hoepker/Magnum Photos/Aboriginal Art), 133.2 e (F: Olivier Martel/Icone), 133.2 f (F: Michael Peuckert), 133.2 g (F: Mireille Vautier), 135.2 a – e (F: 2002 Meckes/Ottawa/eye of science), 158.2 (F: Steve Gschmeissner), 160.2 (F: CNRI), 161.3 a-c (F: SPL), 169.5 (F: Dr. Robert Friedland/ SPL), 176.Hintergrund (F: 2002 MPI Tübingen/eye of science), 186.2 (F: Meckes/Ottawa/eye of science), 187.2 c (F: SPL), 187.2 g, 196.1, 201.2 c (F: SPL), 201.2 g, 202.1 a (F: A. Syred/Science Photo Library), 205.3 (F: Alexis Rosenfeld/SPL), 207.3 b (F: A. Syred/Science Photo Library), 243.1 a (F: A. Syred/Science Photo Library), 266.1 (F: SPL/Coneyl Jay ), 266.1 a, 266.3 a, 268.1, 293.2, 293.3, 302.1, 309.1 (F: SPL/Coneyl Jay), 309.1 a, 309.3 a, 70.2 (F: Meckes/EOS); Foto Schiffner, Borkum: 109.1, 149.1; Fotografie Rixe, Braunschweig: 34.3, 197.3, 262.1 d, 294.1; Andreas Fritz, Lübeck: 11.4; Galerie Beckel Odille Boicos, Paris: 169.3 a – e; Hans Glader, Isselburg: 136.1; Gesamtverband des deutschen Steinkohlebergbaus, Essen: 47.6; Gesellschaft für ökologische Forschung, München: 95.5 a + b (F: Gesse); Getty Images, München: 257.4 (F: The Image Bank), 304.1 (F: Louie Psihoyos/Science Faction); A.Greiner – Photo-Center, Braunschweig: 22.1, 142.1; Volker Hartz, Braunschweig: 139.2 b; A. Hauck, Pfalzgrafenweiler: 19.4, 19.5, 27.5, 27.6, 202.1 c, 229.3, 233.3 i, 243.1 c; Walter Hauenstein, Schweiz: 35.6 a + b, 43.4 a; Rainer Hausfeld, Vechta: 134.1 b, 134.1 c, 228.1 a, 228.1 b; Hessisches Landesmuseum, Darmstadt: 110.2 a – c; Dr. Thomas Huk, Braunschweig: 9.2, 109.7, 126.1, 149.2 f, 174.1; IFA-Bilderteam, Ottobrunn: 12.6 (F: Poguntke), 94.1 a (F: Poguntke), 107.6 (F: Poguntke), 139.2 c; Institut für Medizinische Genetik, Universitätsmedizin Berlin, CVK: 236.2 a; Institut für wissenschaftliche Fotografie Kage, Lauterstein: 174.2 + 3, 187.2 d, 201.2 d; Institut für Zoologie der Universität Berlin: 3.2 (F: Prof. Dr. K. Hausmann, Berlin), 9.4 (F: Prof. Dr. K. Hausmann, Berlin), 28.1 (F: Prof. Dr. K. Hausmann, Berlin); Robert Issing, Güntersleben: 98.2; Jahreszeiten Verlag, Hamburg: 236.2 b; Juniors Bildarchiv, Ruhpolding: 173.2 a, 225.4 c; Florian Karly, München: 207.3 a, 233.3 f, 233.3 g, 240.1 b; Kelly Taylor Illustration, St. Paul USA: 124.1 b; kes-online, München: 187.4 (F: Prof. Füeßl); Klaus G. Kohn, Braunschweig: 19.3, 34.2, 98.1, 152.1 a, 156.1, 156.2, 165.3, 187.2 a, 192.1 a, 199.2, 201.2 a, 202.2 c, 212.1 a – d, 234.1, 243.2 c, 262.1 a, 262.1 b, 262.1 c, 272.1, 282.1, 283.3, 289.3 a, 289.3 b; Daniela Kühne, Reutlingen: 300.1; Dr. Christian Laforsch, Universität München, Department Biologie II, München: 23.5; laif, Köln: 96.1 c, 96.2, 187.1, 201.1; Landesamt für Wasserwirtschaft, München: 15.1 d (F: Bayer); Lieder, Ludwigsburg: 32.1 a, 32.1 c, 209.2 a – h; Look, München: 11.2 (F: Konrad Wothe), 202.1 b (F: Konrad Wothe), 216.1 (F: Konrad Wothe), 243.1 b (F: Konrad Wothe); Mauritius, Mittenwald: 15.1 e (F: Rust), 40.1 b (F: Phototake), 44.1 d (F: Layer), 44.1 e (F: Theissen), 44.1 g (F: PictureArts), 44.1 h (F: Chassot), 44.1 i, 85.3 (F: Schrempp), 90.1 b (F: Hiroshi Higuchi), 94.1 b (F: Dennis), 96.3, 135.4 (F: Image State), 162.3 (F: Kempkens), 170.1 a, 170.1 c (F: Phototake), 198.1 c (F: Rutz), 202.2 b (F: Phototake), 233.3 h (F: Workbookstock.com), 234.2 (F: Phototake), 243.2 b (F: Phototake), 266.2 a (F: age fotostock), 266.2 b (F: Foodpix), 278.1 (F: age fotostock), 285.5 (F: Foodpix), 309.2 a (F: age fotostock), 309.2 b (F: Foodpix); Münchner Stadtmuseum, Sammlung Graphik und Gemälde: 141.4; Peter Muller Fotograrie & Tekst, den Haag: Umschlag; Museum für Naturkunde der Humboldt Universität Berlin: 11.6, 114.1; NASA, Washington: 46.1 (F: Gene Feldmann), Nationalparkverwaltung Bayerischer Wald, Grafenau: 12.2 (F: Rainer Pöhlmann), 48.1 c (F: Rainer Pöhlmann), 107.2 (F: Rainer Pöhlmann); naturganznah: 226.2; NEHS GmbH, Egmating: 12.7, 96.1 a, 107.7; Niedersächsisches Landesmuseum Hannover: 141.3; Okapia KG, Frankfurt: 3.1 (F: Hilgert), 6.1 (F: Manfred P. Kage), 8.3 (F: Dan McCoy), 15.1 f (F: E. Schacke/Naturbild), 14.1 a (F: Hilgert), 23.3 (F: R. Birke), 44.1 b, 47.3 (F: Manfred Danegger), 64.2, 67.1 b (F: K. G. Vock), 67.2 (F: Hans Reinhard), 69.2 (F: K.G. Vock), 70.1 (F: Karin Montag), 73.1 (F: Karin Montag), 81.2 re. (F: Alfred Krug), 117.4 a (F: Cyril Rusos), 124.1 a (F: Wothe/SAVE), 126.2 (F: Breck P. Kent), 139.5 (F: Wilhelm Irsch), 170.1 b (F: NAS/Blair Seitz), 173.2 b (F: Manfred P. Kage), 173.2 c (F: Dr. Gary Gaugler), 182.1 (F: Manfred P. Kage), 182.2 (F: Manfred P. Kage), 187.2 f (F: Manfred P. Kage), 20.2 (F: Francois Merlet), 201.2 f (F: Manfred P. Kage), 204.2 b (F: NAS/Dr. W. Fawcett), 217.2 a (F: Brock May/NAS), 217.2 b (F: Ted Levin), 219.3 b (F: Maximilian Stock Ltd./Animals), 223.6 (F: Jack Green), 233.3 a (F: NAS/Dr. W. Fawcett), 240.1 a, 248.3 (F: NAS/David M. Phillips); Photothek, Berlin: 9.1, 202.1, 243.1; Picture Press, Hamburg: 274.1; picture-alliance, Frankfurt: 168.2 (F: dpa), 186.1 (F: Hans Reinhard/Okapia), 196.2 (F: dpa), 241.4 b, 257.5 a (F: epd), 266.1 c (F: dpa), 266.3 b (F: dpa/ZB), 274.2 (F: dpa), 276.1 (F: dpa), 276.2 (F: dpa/dpaweb), 276.3 (F: dpa/dpaweb), 306.1 (F: dpa/ZB), 306.2 (F: ZB), 307.4 (F: dpa), 309.1 c (F: dpa), 309.3 b (F: dpa/ZB); Martin Ratermann, Vechta: 58.1; Reinhard-Tierfoto, Heiligkreuzsteinach: 20.4, 53.4, 53.6, 71.9, 83.3 b, 86.1, 91.2 c + d, 117.4 c, 117.4 d, 219.3 a, 222.2, 223.3, 224.1 a – c, Reinhard-Tierfoto, Heiligkreuzsteinach: 228.2 a, 233.3 b; Ulrike Richter, Malsch: 14.1 b; Dr. Conly L. Rieder, Wadsworth Center, Albany, New York: 208.1 a – f; Bernd Römmelt, München: 20.3; Scala Instituto Fotografico Editoriale, Florenz: 140.1; Bildagentur Schapowalow, Hamburg: 244.1 (F: Zoellner); aus: Michael Schmitt: Wie sich das Leben entwickelte, S. 40, Mosaik Verlag, 1994: 20.1; Wolfgang Schulenberg, Vechta: 7.1, 251.3; Prof. Dr. E.-D. Schulze, Max-Planck-Institut für Biogeochemie, Jena: 53.5; Silvestris, Kastl: 15.1 g (F: Natura/Lindenburger), 21.7 a, 21.7 c, 23.4 (F: Hecker); Staatl. Museum für Naturkunde, Karlsruhe: 109.2 (F: Volker Griener), 110.1 (F: Volker Griener), 149.2 a (F: Volker Griener); Franz Stoppel, Bakum: 15.1 h, 155.3, 157.3, 187.2 b, 201.2 b; Südzucker, Mannheim: 44.1 c (F: F: Wilhelm Dürr); Superbild, München: 6.2 (F: F: Orédia Photothéque), 44.1 f (F: F: NumberThree co. Ltd.), 83.3 a, 164.1 (F: Powell), 198.1 a (F: Orédia Photothéque), 198.1 b (F: B.S.I.P.); TopicMedia Service, Ottobrunn: 44.1 j (F: Frank Hecker), 48.1 a (F: Jürgen Lindenburger), 52.1 a + b, 56.1 a (F: Photopress Rose), 56.2 a (F: Photopress NIB), 62.1, 64.1 (F: Roger Wilmshurst), 214.1 b (F: J & C Sohns), 214.1 c (F: J & C Sohns); Ursula Trapp, Hannover: 4.3, 144.1; Ullstein Bild, Berlin: 301.5 c; Westendorf-Bröring, Vechta: 287.3; Wildlife, Hamburg: 4.1, 14.1 c (F: E. Arndt), 69.1 (F: Harms), 70.3, 78.2 (F: D. Harms), 90.1 a (F: D. Harms), 91.2 b (F: D. Harms); Wuppertal Institut, Wuppertal: 100.1 (F: Hans Kretschmer); Sven Zellner, München: 48.1 b

Die Screenshots der Seiten 118/119 entstanden unter Verwendung von Microsoft Windows 2000 und Microsoft PowerPoint 2000.

Die Screenshots der Seiten 230/231 entstanden unter Verwendung von Microsoft Windows 2000 und Microsoft Excel 2000.

Einbandgestaltung:

Andrea Heissenberg und Jennifer Kirchhof, Braunschweig unter Verwendung einer Aufnahme von Peter Muller Fotograrie & Tekst, den Haag

Grafiken:

Julius Ecke, www.naturstudiendesign.de: 5.2, 16.1, 21.5, 21.6, 24.1,25.2, 26.1, 26.2, 27.4, 27.7, 29.2, 29.3, 29.4, 29.5, 29.6, 29.7, 30.1, 30.2, 31.3, 31.5, 31.6, 32.1 b, 32.1 d, 32.1 f, 32.2, 33.1 h, 33.1 j, 33.1 l, 40.1 c, 41.2, 41.4, 42.1, 42.2, 42.3, 43.4 b, 43.5, 53.3 c, 55.2, 55.3, 61.3, 61.4, 62.2, 62.3, 63.4, 63.5, 75.2, 75.3, 79.6, 82.1, 83.2, 83.4, 88.1, 90.1 f, 93.2, 93.3, 102.1, 104.1, 105.2, 105.3, 105.4, 105.5, 109.5, 109.6, 113.2 ,115.3, 116.2, 121.3, 123.3, 129.3, 129.4, 133.2 a, 135.3, 135.5, 141.5, 143.3, 147.2, 149.2 d + e, 187.2 e, 187.2 h, 152.1 b, 153.2, 153.3, 154.1 a + b, 158.1, 159.3, 159.4, 160.1, 161.4, 161.5, 162.1, 162.2, 163.4, 165.2, 167.3, 169.4, 170.2, 171.4, 171.5, 175.5, 176.1 ,176.2, 177.5, 178.1, 179.4, 180.1, 181.2, 181.3, 183.3, 183.7, 184.2, 185.3, 187.3, 188.1, 189.2, 189.4, 190.1, 191.2, 194.1, 195.2, 201.2 e, 201.2 h, 202.2 a, 204.1, 204.2 a, 205.4, 205.5, 205.6, 206.1, 208.1, 210.1, 211.2, 214.1 a, 217.3 – 5, 226.2, 227.3, 227.4, 229.5, 232.1 a + b, 233.3 e, 235.3, 235.5, 236.1, 237.3, 238.1, 238.2 a + b, 239.3, 239.5, 240.2, 243.2 a, 246.1, 247.2, 247.3, 248.1, 248.2, 250.1, 250.2, 252.1, 253.2, 253.3, 253.4, 254.1, 255.2, 255.3, 256.2, 257.3, 257.5 b, 258.1, 259.2, 259.3, 260.1, 260.2, 261.3, 263.2, 268.2, 270.1, 271.2, 271.3, 278.2, 279.3, 279.4, 280.2, 281.4 – 6, 285.6, 286.1, 286.2, 287.4, 288.1, 288.2, 289.4, 292.1, 301.2, 301.4, 302.2, 303.3, 304.3, 305.5

Christine Henkel, Dahmen: 12.3, 18.1 + 2, 19.6, 36.1 + 2, 40.1 a, 50.1, 54.1 a + b, 55.4, 56.1 b, 56.2 b, 58.3, 59.4, 65.4, 65.6, 66.1 a, 68.1, 79.7, 87.3, 89.4, 107.3, 111.3, 117.3, 129.2, 144.2, 145.4, 146.1, 166.1, 167.2, 218.2, 219.4, 219.5, 220.1, 220.2, 221.1, 221.2, 222.1, 223.4 + 5, 224.2, 225.3, 225.5, 229.4, 233.3 c + d, 284.2, 284.1

Mario Kessler/die Kleinert, München: 109.3, 112.1, 114.2, 115.5, 122.1, 125.2, 149.2 b

Satz und Grafik Partner, Walter Laß, Meitingen: 44.1 a, 79.4, 92.1, 125.3, 127.3, 143.2, 155.2, 157.4, 157.6, 157.7, 192.1 b, 192.2 b, 193.3, 193.4, 195.3, 207.2, 212.1, 241.3, 290.1, 305.4

Schwanke & Raasch, Hannover: 4.2, 11.3, 22.2, 37.3, 39.1, 39.2, 45.2, 52.1 c, 53.3 a, 53.3 b, 60.1, 60.2 ,71.4, 71.5, 71.7, 71.8, 74.1 c, 77.2, 80.1, 84.1, 85.2, 86.2, 93.5, 94.2 ,94.3, 95.4, 96.4, 97.5, 109.8, 120.1, 127.4, 132.1, 149.2 g, 277.3

Technisch-Graphische Abteilung Westermann, Braunschweig: 138.1

Es war nicht in allen Fällen möglich, die Inhaber der Bildrechte ausfindig zu machen und um Abdruckgenehmigung zu bitten. Berechtigte Ansprüche werden selbstverständlich im Rahmen der üblichen Konditionen abgegolten.